AF536701

Mahāmudrā und Vipassanā

ISBN: 978-3-944885-07-0

www.norbu-verlag.de

Lektorat: Kerstin Barthel

Umschlaggestaltung und Satz: Gerd Pickshaus
Umschlagfoto vorne: © Burkhard Dörwaldt
Umschlagfoto hinten: © Fred von Allmen

Druck: Steinmeier GmbH & Co.KG, Deiningen

Gedruckt auf alterungsbeständigem, säurefreiem Papier
aus chlorfrei gebleichtem Zellstoff

Mahāmudrā und Vipassanā

Gewahr Sein

Unterweisungen zur
Einsichtsmeditation
und Retreat-Praxis

Tilmann (Lhündrup) Borghardt

Ursula Flückiger

Fred von Allmen

NORBU VERLAG

Inhaltsübersicht

Zweiter Tag

Dritter Tag

Sechster Tag

Siebter Tag

Achter Tag

Anhang

Geleitwort von Tsoknyi Rinpoche

Mit der zunehmenden Verbreitung des Buddhismus im Westen wächst unter den Praktizierenden die Erkenntnis, dass sie von anderen Traditionen viel lernen und dadurch die eigene Meditationspraxis mit Schätzen aus anderen buddhistischen Zugängen bereichern können. So findet ein inspirierender gegenseitiger Austausch statt. Das vorliegende Buch von Tilmann Lhündrup, Ursula Flückiger und Fred von Allmen ist das bemerkenswerte Ergebnis eines Experimentes genau dieser Art.

Drubwang Tsoknyi Rinpoche

Vorwort von Jack Kornfield

Wir leben in außergewöhnlichen Zeiten, mitten in einer technologischen Revolution, mit Weltraumforschung, Gentechnik und Smartphones, wo uns Suchmaschinen wie Google mit hunderttausendmal mehr Informationen beliefern als der gesamte Inhalt der großen Bibliothek von Alexandrien. Und doch haben es all die äußeren Entwicklungen, das Internet, die Biotechnologie oder die Medizinaltechnik nicht vermocht, andauernde Kriege, Rassismus und die Zerstörung der Umwelt zu verhindern. Diese äußeren Entwicklungen müssen jetzt durch vergleichbare innere Entwicklungen wettgemacht werden – zum Wohle unseres eigenen Lebens und dem des Planeten.

Um dies zu ermöglichen, müssen wir jetzt auf das Erbe der Menschheit zurückgreifen: Methoden und Werkzeuge der inneren Entwicklung und des Erwachens. Unter den geschicktesten von ihnen sind die buddhistischen Lehren und Traditionen. Glücklicherweise ist der Schatz der buddhistischen Lehren, der während Tausenden von Jahren in abgelegenen Dschungeln und Bergklöstern kultiviert und erhalten wurde, jetzt bei uns im Westen zugänglich geworden. Aber um diese Praktiken zu verstehen, zu verwirklichen und zu verkörpern ist es äußerst hilfreich, Lehrer und Mentorinnen zur Verfügung zu haben, welche sie in authentischer Weise verstehen.

In diesem Buch werden zwei große Strömungen der Praxis, Vipassanā und Mahāmudrā, in geschickter, praktischer, tiefgründiger und einladender Weise vereint. Und die drei erfahrenen Lehrerinnen und Lehrer, welche Ihnen diese Unterweisungen präsentieren, Fred von Allmen, Ursula Flückiger und Tilmann Lhündrup, haben ihr Leben diesen Praktiken gewidmet und tanzen hier miteinander den wunderbaren Tanz inspirierender Dharma-Lehren, um Ihnen die allen gemeinsame innewohnende Essenz zu zeigen. Die äußeren Formen dieser Traditionen mögen sehr verschiedenartig erscheinen, aber wenn Sie sorgfältig hinhören, werden Sie in beiden denselben befreienden Aufruf zum Erwachen des Herzens hören und dasselbe »Aufzeigen der Natur des Geistes« wahrnehmen. Dies ist die »gute Nachricht« dieser Lehren: Sie können dem Gewahrsein selbst vertrauen. Es ist Ihre eigene wahre Natur. Und Sie können mit dem großen Herz des Mitgefühls leben.

Nehmen Sie sich Zeit, wenn Sie diese Seiten durchlesen.
Lassen Sie die bestens beschriebenen Praktiken einsinken und
Ihr Leben verändern.

In dieser Verbindung der Mahamudra- und
Vipassanā-Traditionen …
werden Sie Weisheit vereinigt mit Freude finden,
werden Sie geschickte Mittel entdecken, um Schwierigkeiten
und Ängste in Leichtigkeit und Wohlbefinden zu
verwandeln,
werden Sie erfahren, wie Geduld und Entspannung mit
Hingabe und Mut vermählt werden können,
werden Sie lernen, wie Mitgefühl und Güte mit der tiefen
»Weisheit der Leerheit« vereinigt werden.

Das spirituelle Leben ist nicht als grimmige Pflichterfüllung gedacht. Es ist vielmehr das Erwachen zum Mysterium des Lebens und zu dem, was heilig ist. Es ist ein Pfad zu Glück und zu einem offenen, vertrauensvollen Herzen. Es ist die Erkundung der besten aller menschlichen Möglichkeiten.

Die hier offerierten Lehren sind gut am Anfang, gut in der Mitte und gut am Ende. Mögen Sie davon genährt werden. Und mögen sie allen fühlenden Wesen zum Wohle gereichen.

Jack Kornfield
Spirit Rock Meditation Center
2014

Mahāmudrā und Vipassanā

Gewahr Sein

Unterweisungen zur
Einsichtsmeditation
und Retreat-Praxis

Tilmann (Lhündrup) Borghardt
Ursula Flückiger
Fred von Allmen

Mögen diese Unterweisungen viele Herzen erreichen
und auch die Erwachten erfreuen!

Einführung

Im Geiste gegenseitiger Wertschätzung

Alle Unterweisungen in diesem Buch gehen zurück auf zwei einwöchige Gruppenretreats im Meditationszentrum Beatenberg im Berner Oberland (Schweiz). Wir drei Lehrenden schöpften dabei jeweils aus unseren Erfahrungen in zwei oder drei verschiedenen buddhistischen Traditionen. Es war uns eine große Freude, miteinander zu praktizieren, voneinander zu lernen, beim abwechselnden Unterrichten aufeinander aufzubauen und so die verschiedenen Unterweisungen zur Erkenntnis-Meditation und zum Öffnen des Herzens zusammenfließen zu lassen. In den vorliegenden Lehren finden sich Elemente der burmesischen und thailändischen Vipassanā-Traditionen, der Mahāmudrā-Meditation der tibetischen Kagyü-Linie und der Geistesschulung in Bodhicitta, der altruistischen Motivation, wie sie allgemein im Mahāyāna-Buddhismus gelehrt wird.

Als Praktizierende und Lehrende war und ist es uns ein Anliegen, der Neigung zu Engstirnigkeit und Sektierertum in uns selbst entgegenzuwirken. Jeder von uns hat Erfahrungen mit anderen Lehrtraditionen gemacht, nicht nur mit der eigenen, und wir haben dies als sehr wertvoll erlebt. Deshalb haben wir uns in gegenseitiger Wertschätzung auf ein gemeinsames Lernen und Lehren eingelassen. Diese Haltung der gegenseitigen Wertschätzung möchten wir nun durch dieses Buch auch nach außen zum Ausdruck bringen und bestärken. Hoffentlich gelingt es uns dabei zugleich, aus dem großen Schatz der verschiedenen buddhistischen Praxiswege einige für die persönliche Praxis besonders relevante Lehren aufzuzeigen.

Der Praxisweg hat im Mahāmudrā genau wie im Vipassanā und in allen anderen buddhistischen Erkenntnis-Traditionen zwei Aspekte, die einander ergänzen und so unerlässlich sind für das Erwachen wie die beiden Flügel eines Vogels für das Fliegen. Die erste unerlässliche Qualität der Geistesschulung ist Weisheit – das Erkennen der letztendlichen Natur des Geistes und aller Dinge, ein Erkennen, das von täuschenden und quälenden Geisteszuständen befreit. Der zweite ebenso notwendige Aspekt ist das große Mitgefühl, das sich in unermüdlichem liebevollen Wirken zum Wohle der Lebewesen ausdrückt. Diese beiden sind die gemeinsame Grundlage der hier angesprochenen Traditionen.

Beide, Mahāmudrā und Vipassanā, sind in sich selbst vollständige Wege. Doch haben sie spezifische Vorgehens- und Sichtweisen entwickelt, die für die jeweils andere Tradition bereichernd sein können. Diese beiden Praxiszugänge zusammenzuführen, ist ein im Buddhismus bislang noch recht ungewöhnliches Experiment. Es ermöglichte den Teilnehmenden der Retreats (wie jetzt auch den Leserinnen und Lesern), wertvolle Anstöße aus einem ihnen noch nicht vertrauten Ansatz zu bekommen. Auf diese Weise erhielten sie einen breiteren Zugang zu Sichtweisen und Methoden, die ihre Praxis fördern und das eigene Verständnis vertiefen.

Vipassanā-Praktizierende, auf einem Pfad des graduellen Fortschreitens in Richtung befreiende Erkenntnis, können davon profitieren, dass die Erläuterungen der Mahāmudrā-Tradition einen direkten Zugang zum Erkennen der Natur des eigenen Geistes aufzeigen.

Ebenso können Mahāmudrā-Praktizierende (vor allem solche, die nicht an den klassischen Dreijahres-Retreats teilgenommen haben) von den vielen praktischen Anregungen der Vipassanā-Tradition profitieren, insbesondere von der unterstützenden Struktur der Vipassanā-Retreats, die es ermöglicht, in relativ kurzer Zeit in recht tiefe Sammlung und Erkenntnis vorzudringen.

Die beiden Traditionen wurden in diesem Retreat zusammengeführt, indem die Lehrenden abwechselnd vormittags, nachmittags und abends Anleitungen aus ihrer jeweiligen Lehr-Tradition gaben. Diese konnten von den Kursteilnehmenden in angeleiteten Meditationen und in den darauffolgenden stillen Meditationsphasen auf natürlich-fließende Weise in die eigene Praxis integriert werden. Es ist unser Wunsch, dies auch Leserinnen und Lesern zu ermöglichen, die nicht am Retreat teilnehmen konnten. Daher folgt das Buch in seiner Struktur dem Ablauf des Retreats und es bietet sich an, zu Hause den aufeinander aufbauenden Erläuterungen in diesem Buch zu folgen und sie eventuell auch in kurzen persönlichen Retreats anzuwenden. Um dies zu unterstützen, werden auch die geleiteten Meditationen aus dem Gruppenretreat zur Verfügung gestellt. Oftmals führten die Unterweisungen direkt ins Meditieren, und auch den Lesern sei ans Herz gelegt, die entsprechenden Passagen dann kontemplativ-meditativ nachzuvollziehen. Sie sind im Text jeweils als »geführte Meditation« markiert. Anschließende Phasen der stillen Betrachtung ohne weitere Anleitung sind im Unterschied dazu als »stille Meditation« erwähnt – sie waren von sehr unterschiedlicher Dauer, von wenigen Minuten bis zu einer Dreiviertelstunde.

Die Meditationen von Mahāmudrā und von Vipassanā, die spezifisch dem Entwickeln von befreiender Erkenntnis dienen, sind relativ unabhängig von den Kulturen, in denen sie entstanden. Wir können sie praktizieren, ohne die kulturellen und religiösen Themen der Herkunftsländer einzubeziehen, und erfahren dadurch, wie sie sich auf einfache, natürliche Weise gegenseitig bereichern – etwas, was die Grenzen und Unterschiede zwischen den verschiedenen Kulturen sonst nahezu unmöglich machen.

Solche kulturellen Unterschiede haben zum Beispiel zu verschiedenen Verhaltensformen bei der spirituellen Praxis geführt, sei es in der Kleidung, Sitzordnung bei Meditationen oder bei gängigen Zeichen der Ehrerbietung, wie der Art, sich zu verbeugen. Auch werden unterschiedliche Handlungen oder Rituale ausgeführt, die an sich keine essentielle ethische oder spirituelle Bedeutung haben, aber helfen können, das Wesentliche des buddhistischen Weges nicht aus dem Auge zu verlieren. Immer geht es um das Erkennen der Funktionsweise unseres Geistes und dessen, was uns verstrickt, beziehungsweise was uns frei macht. So kann man zum Beispiel die Zufluchtnahme mit einer Art Glaubensbekenntnis oder Dazugehörigkeitsritual verwechseln, statt sie als das zu sehen, was sie ist: eine Praxis klarer Ausrichtung, die stetig geübt werden will. Lässt man sich den Blick nicht von diesen Unterschieden verstellen, werden schnell die Gemeinsamkeiten deutlich, aber eben auch die unterschiedlichen Akzente, die verschiedene Schulen in ihren Herangehensweisen setzen.

Mit Sicherheit fördert ein solches Zusammenwirken gegenseitige Wertschätzung und Respekt unter den Praktizierenden und bewirkt eine Stärkung der Saṅgha. Die im asiatischen und bereits auch im westlichen Buddhismus weitverbreitete Tendenz zu Sektiererei – »meines ist das Beste, das einzig Richtige und genau das, was der Buddha lehrte …« – wird gemildert, wenn wir aus erster Hand erfahren, wie bedeutsam und hilfreich Praxisweisen aus anderen, uns bisher nicht bekannten Schulen sein können. Dies ist ein nicht zu unterschätzender Gewinn, wenn wir möchten, dass sich die Praxis des Dharma im Westen langfristig etablieren soll.

Danksagungen

Als Erstes geht unser Dank an all unsere Lehrer und Lehrerinnen, die uns durch ihre Lebensweise und ihr geschicktes und unermüdliches Lehren ermöglicht haben, ein Verständnis und eine Praxis des Dharma zu kultivieren, die wir nun mit unseren Schülerinnen und Schülern teilen können.

Großer Dank gebührt Winfried Böhler und Edeltraud Hemling von der Böhler-Stiftung, die durch ihre Großzügigkeit den Druck des Buches ermöglicht haben.

Kerstin Barthel möchten wir danken für das geglückte Lektorat und Gerd Pickshaus für die attraktive Gestaltung. Andrea Petruschke (Ronja) sei für ihr aufmerksames Durcharbeiten der ersten Kapitel gedankt.

Wir danken Jack Kornfield für das eingehende, inspirierende Vorwort und Drubwang Tsoknyi Rinpoche für seine Empfehlung an die Leser.

Wertschätzung und Dank gehen auch an die Teilnehmenden beider Retreats, welche die Audio-Aufnahmen transkribiert und bearbeitet haben. Ohne ihr Engagement wäre es nie zu diesem Buch gekommen!

Dankend erwähnt seien auch das Hausteam und die vielen ehrenamtlichen Mitarbeitenden des Meditationszentrums Beatenberg, die solch spezielle Retreats wie dieses möglich machen, und alle, die im Norbu-Verlag mitwirken, dessen besonderes Anliegen das Fördern von wertvoller und zugleich zeitgemäßer Dharma-Literatur ist.

Möge dieses Buch all jene unterstützen, die sich um befreiende Erkenntnis bemühen und engagiertes Mitgefühl leben – ungeachtet ihrer Zugehörigkeit zu Traditionen und Glaubensrichtungen.

Erster Tag – Abend

Eröffnung

Fred von Allmen
Ursula Flückiger
Tilmann Lhündrup

Fred von Allmen:

Ich möchte euch alle willkommen heißen zu diesem Retreat: Mahāmudrā und Vipassanā. Es freut mich, so viele bekannte und auch so viele neue Gesichter zu sehen. Als Erstes möchte ich im Namen von Ursula Flückiger, von mir und dem Meditationszentrum Beatenberg Lama Tilmann Lhündrup begrüßen und willkommen heißen. Schön, dass du da bist!

Ursula und ich haben Tilmann vor fast 30 Jahren kennen gelernt und dann lange nicht mehr gesehen. Er verschwand für viele Jahre im tiefen Retreat. Erst 2008 haben wir ihn wieder getroffen. Und zwar anlässlich eines Besuches mit einer Gruppe Praktizierender, die von mir als Dharmalehrer und -lehrerinnen geschult wurden. Wir fuhren gemeinsam nach *Dhagpo Kundreul Ling*[1], dem Kloster in Le Bost in Frankreich, wo Tilmann als Mönch mit dem Namen Sönam Lhündrup lebte. Damals fanden wir in unserem Austausch heraus, dass es vieles an Dharma-Belehrungen gibt, das wir untereinander und auch als Lehrende mit euch teilen möchten. Dieses Mahāmudrā-Vipassanā-Retreat ist ein Dharma-Experiment und wir sind selbst sehr gespannt zu sehen, was dabei herauskommen wird. Ich freue mich darauf, was immer es sein wird.

Vipassanā und Mahāmudrā, erste Perspektiven

Vor ungefähr 40 Jahren ist der *Dharma* – die Lehren des Buddhas und der verschiedenen Überlieferungslinien – in der Form von Meditation und Retreats im Westen angekommen. Ich glaube, wir sind jetzt soweit, dass wir damit experimentieren und neue Formen finden können, die uns entsprechen. Das ist sicher *ein* mögliches Ziel dieses Experimentes. Ursula, ich selbst und etliche andere von uns sind daran interessiert zu lernen, wie man die Zugangsweise des *Mahāmudrā* in unsere *Vipassanā*-Praxis integrieren könnte. Und ich vermute, dass Tilmann und jene von euch, die von der Mahāmudrā-Tradition kommen, daran interessiert sind, Elemente aus der Zugangsweise des *Theravāda-Vipassanā*[2] kennenzulernen und vielleicht in ihre Praxis aufzunehmen. Genau das können wir hier ausprobieren.

Dabei muss klar sein, dass wir für dieses Experiment nicht eine neue Meditationsschule erfunden haben, in der die beiden Traditionen nahtlos ineinander gewoben wurden. Vielmehr offerieren wir euch, den Teilnehmenden, die Möglichkeit, im Laufe des Retreats die Elemente, die ihr als hilfreich und bereichernd erkannt habt, selbst in eure Praxis einzubauen. Für jene, die unsere Anleitungen nach diesem Kurs hören

1 Dhagpo Kundreul Ling ist ein Kloster und Retreat-Zentrum der Dhagpo-Kagyü-Linie, das auf Wunsch des 16. Gyalwa Karmapa von Gendün Rinpoche (*1918 in Tibet, †1997 in Frankreich) gegründet wurde.

2 Theravāda, die »Schule der Älteren«, hat sich vor allem in den südlichen Ländern Asiens verbreitet. Vipassanā bedeutet »Befreiende Erkenntnis«.

oder lesen, ist dieser Prozess sicherlich auch möglich, aber vermutlich muss man einige Passagen mehrfach durchgehen und kontemplieren, um ein Gefühl für ihre praktische Umsetzung zu bekommen.

Es gibt ein paar interessante Unterschiede, die ich hier vereinfacht wiedergeben möchte. Im *burmesischen Vipassanā* wird Wert auf präzise Moment-zu-Moment-Achtsamkeit gelegt. Es geht um eine starke Kontinuität der Achtsamkeit und um das Bestreben, die Vergänglichkeit aller Objekte, d. h. aller Erfahrungen, und ihr rapides Entstehen und Verschwinden zu sehen bzw. zu erleben. Dies wird so lange geübt, bis ihre Nicht-Erfassbarkeit so intensiv erfahren wird, dass der Geist zutiefst loslässt. Konsequente, fast strikte äußere Formen und Abläufe unterstützen uns dabei und bilden einen Rahmen, innerhalb dessen wir voll und ganz entspannen können. Es ist ein Prozess, in dem wir *von A nach B* gehen. Erst kultiviert man eine präzise Achtsamkeit, dann kommt es zu einem Loslassen und die befreiende Erfahrung des Unbedingten, Nicht-Konditionierten findet statt.

Mahāmudrā[3] hingegen ist ein Prozess *von A nach A*. Das, was wir suchen oder verwirklichen wollen, ist immer schon da. Wir müssen dazu aufwachen, es erkennen. Es ist unsere ureigene Natur. Lama Tilmann wird noch mehr dazu sagen. Beide Zugänge sind korrekt, beide Zugänge sind befreiend und beide haben ihre eigenen Vorteile. Diese wollen wir uns zunutze machen.

Bevor ich das Wort weitergebe, möchte ich dem Hausteam und den freiwilligen Helferinnen und Helfern meinen Dank aussprechen. Sie sind es, die uns einmal mehr in unserer Praxis hier unterstützen und dieses Retreat möglich machen. Herzlichen Dank!

Ursula Flückiger:

Auch ich möchte alle ganz herzlich willkommen heißen zu unserem Experiment, wie Fred es so treffend genannt hat. Ein wichtiger per-

3 Die *Mahāmudrā*-Tradition hat sich ab dem 3. Jahrhundert in Indien entwickelt und fand im 11. Jahrhundert ihren Weg nach Tibet.

sönlicher Grund, weshalb ich diesen Kurs, den wir Drei zum ersten Mal zusammen leiten, interessant finde, ist folgender:

Meine Praxis begann vor vielen Jahren in der *thailändischen Waldkloster-Tradition* und dann übte ich lange Zeit in der burmesischen Vipassanā-Tradition. Als ich später die tibetische Mahāmudrā-Praxis kennenlernte, merkte ich, dass ihr Meditationsansatz näher an der thailändischen Waldkloster-Tradition ist, in der ich mich sehr zu Hause fühle. Für sie schlägt mein Herz nach wie vor – auch in meiner persönlichen Praxis. So erlebe ich das Erforschen dieser verschiedenen Zugänge als sehr bereichernd und es gibt sicher auch für mich viel zu lernen hier – als Lehrende und als euch Begleitende. Ich hoffe, durch diesen Austausch eine Sprache zu finden, die es mir ermöglicht, diesen Ansatz von A nach A, der mir sehr nahe ist, noch besser zu vermitteln.

Die Retreat-Struktur

Nun ein paar Worte zur Form, zum Gefäß, das unsere Praxis hier unterstützen soll. In einem Retreat ziehen wir uns zurück aus dem Alltagsleben und gehen aus der Komplexität in die Einfachheit. Diese zeigt sich hier auch im Tagesplan, den ihr draußen am Anschlagbrett findet. Ihr habt vielleicht bemerkt, dass er nicht sehr aufregend ist, sondern aus abwechselnden Sitz- und Gehmeditationen besteht, teilweise mit Anleitung und ansonsten in der Stille.

Morgens gibt es auch eine Stunde Arbeitsmeditation. Sie ist nötig als Mithilfe für unser Zentrum und das Hausteam und bietet zudem die Möglichkeit, kontinuierliche Achtsamkeit in Bewegung und Tätigkeit zu üben.

Ferner bieten wir Gruppengespräche an, in denen ihr eure Fragen zur Praxis stellen könnt. Sie geben uns auch die Gelegenheit zu hören, wie es euch in der Praxis geht. Deshalb möchten wir euch bitten, wirklich daran teilzunehmen. Später wird es auch Möglichkeiten für Einzelgespräche mit uns geben.

Neben dem äußeren Rahmen ist auch die innere Haltung ein wesentlicher Bestandteil des Retreats. Wie wir mit uns selbst und anderen umgehen, kann viel zu einer Atmosphäre des Vertrauens beitragen. In diesem Sinne möchten wir euch bitten, in diesen Tagen die grundlegenden fünf ethischen Verhaltensrichtlinien einzuhalten. Ich möchte sie uns allen in Erinnerung rufen.

Ethische Verhaltensrichtlinien

Als *Erstes* nehmen wir uns vor, das Leben in all seinen Formen zu achten und zu respektieren. Dies bedeutet, kein Lebewesen absichtlich zu verletzen oder zu töten und einen respektvollen Umgang mit allen Mitlebewesen hier im Haus und um das Haus herum zu pflegen.

Als *Zweites* entschließen wir uns, den Besitz anderer zu achten und nichts zu nehmen, was uns nicht gehört oder uns nicht offensichtlich zum Gebrauch angeboten wurde.

Drittens nehmen wir uns vor, in diesen Tagen alle sexuelle Aktivität zu unterlassen. In einem Retreat ziehen wir uns auf uns selbst zurück, um den eigenen Geist und unser Herz tief zu erforschen. Deshalb wenden wir auch keine Zeit auf zu schauen, wie wir auf andere wirken. Dabei sind wir natürlich auch respektvoll gegenüber der Tatsache, dass wir hier sehr viele sind, die auf recht engem Raum zusammen leben.

Viertens bitten wir euch, in diesen Tagen keinen Alkohol, keine Drogen und keine Substanzen einzunehmen, die den Geist verändern oder trüben. Es geht darum, mit Körper und Geist – so wie sie gerade sind – in Kontakt zu sein. Bitte nehmt aber vom Arzt verordnete Medikamente weiterhin ein.

Die *letzte,* sehr wichtige Regel betrifft die Ehrlichkeit, das Respektieren der Wahrheit und das Schweigen. Wenn wir zum Beispiel in den Gesprächsgruppen unsere Praxiserfahrungen beschreiben, halten wir uns an die Sachverhalte und berichten das, was der Wahrheit entspricht.

Das Geschenk des Schweigens

Hier im Retreat geht es zusätzlich um das Respektieren des Schweigens. Für einige von euch ist es neu und ungewohnt, das Schweigen konsequent über mehrere Tage einzuhalten. Gemeint ist wirklich, *nicht zu sprechen*, außer in den Gruppen- oder Einzelgesprächen. Wenn ihr bei der Mithilfe etwas fragen müsst oder von der Managerin etwas braucht, ist es in Ordnung zu sprechen. Ansonsten bitten wir euch aber, vollständiges Schweigen einzuhalten. Dies gilt für alle Bereiche: in den Gemeinschaftsräumen, in den Zimmern, draußen auf dem Zentrumsgelände oder weiter weg vom Haus.

Wir möchten euch auch ermutigen, das Lesen sein zu lassen. Es gibt viele lohnende Dharmabücher, aber dies hier ist eine besonders kostbare Zeit, die uns erlaubt, im eigenen Geist zu lesen und Vertrauen in die uns innewohnende Weisheit zu entwickeln. Deshalb brauchen wir uns während dieser Zeit hier nicht zusätzlich mit angelesenem Wissen zu füttern.

Bitte tätigt auch keine Telefonanrufe. Natürlich gibt es immer Ausnahmen, wie alte Eltern oder Kranke. Wenn das aber nicht der Fall ist, möchten wir euch bitten, das Telefonieren vollständig zu lassen. Heute Abend könnt ihr noch wichtige Informationen weitergeben, so dass ihr die kommenden Tage wirklich frei habt, ohne ans Anrufen denken zu müssen.

Das Schweigen ist ein wirklich kostbares Geschenk, das wir uns in diesen Tagen darbringen. Falls ihr mit einem Partner, einer Partnerin oder einem Freund hier seid, kann es eine Herausforderung sein, sich gegenseitig diesen stillen Raum des Schweigens zu schenken und ganz und gar mit sich selbst hier zu sein. Nehmt diese Herausforderung bitte an.

Die Stille erlaubt uns, tiefer zu schauen, hinzuhorchen und zu erkunden, was uns bewegt, wo wir uns innerlich aufhalten und wie wir mit unserem Erleben umgehen. Sie gibt einen Raum, in dem wir lernen zu unterscheiden, was inneres Leiden schafft und was hilft, das Leiden zu beenden.

Einfachheit bedeutet, unserer Person eine Pause zu gönnen. Unser Person-Sein zeigt sich darin, wie wir sprechen, wie wir uns darstellen, wie wir gesehen und gehört werden möchten. Wir erlauben all den Rollen, die wir immer spielen, ja, spielen müssen, von uns abzufallen.

Durch das Einhalten der ethischen Grundregeln werden wir vertrauenswürdig – hier im Kurs wie auch im Alltag. Wir machen uns auch vertrauenswürdig für uns selber. Wir können uns sicher fühlen und unser Selbstvertrauen wird gestärkt. Auf dieser ethischen Grundlage können wir uns auch schwierigen Geistes- und Herzenszuständen wohlwollend zuzuwenden. Heraklit sagte:

> »Ethik ist der Schutzengel des Menschen«.

In diesem Sinne können wir Schutzengel für uns selber wie auch für alle anderen hier sein.

Tilmann Lhündrup:

Auch ich möchte euch von ganzem Herzen willkommen heißen in diesem »Dharma-Experiment«, in welchem wir Mahāmudrā und Vipassanā Seite an Seite unterrichten und praktizieren. Ursula und Fred, ich bin sehr berührt von euren Worten. Mir ist es ein wichtiges Anliegen, neue, heilsame Wege für Praktizierende der Mahāmudrā-Tradition in der heutigen Welt aufzutun. Dabei beschäftigt mich schon lange die Frage, wie es wohl wäre, Mahāmudrā im Rahmen eines klassischen Vipassanā-Kurses mit völligem Schweigen im Rhythmus von abwechselnder Sitz- und Gehmeditation zu praktizieren. Wie würde es aussehen, wenn wir die Unterweisungen über Achtsamkeit, wie sie so kraftvoll im *südlichen Buddhismus*[4] praktiziert werden, mit den Unterweisungen über das Eintreten ins einfache Sosein verbinden, wie es die Mahāmudrā-Tradition des *nördlichen Buddhismus*[5] lehrt?

Wir drei haben uns in den letzten zwei Jahren drei Mal getroffen und ausgetauscht. Dabei entstand der Wunsch, einander zu ergänzen in der Arbeit mit dem Geist und im Entwickeln von befreiendem Gewahrsein. Es geht uns nicht darum, die eigene Tradition als besser darzustellen oder sie abzugrenzen gegen möglicherweise »konkurrierende« andere Vorgehensweisen. Vielmehr ist unser Anliegen, interessierten Praktizierenden den reichen Schatz beider Traditionen zur Verfügung zu stellen, und zwar so, dass sie möglichst großen Nutzen daraus ziehen können. Ich möchte aus euren Erfahrungen lernen und meine Erfahrungen zur Verfügung stellen, genährt von der Vielfalt tiefgründiger mündlicher Unterweisungen, wie sie von Generation zu Generation für den Weg des Erwachens weitergegeben werden und das wirkliche spirituelle Erbe der Menschheit ausmachen.

Eigentlich kann unser Experiment nur Erfolg haben, denn wir verbinden lang erprobte Elemente zweier bewährter Traditionen miteinander. Besonders dankbar bin ich für die Gelegenheit, mit dem Mahāmudrā-Ansatz experimentieren zu können in einem durch das Vipassanā geprägten Umfeld, in dem das Schweigen so hoch geschätzt wird. Beim herkömmlichen Mahāmudrā-Unterricht wird das Schweigen nicht besonders betont, obwohl es in Tibet durchaus üblich war, sich längere Zeit schweigend zum Praktizieren in eine Höhle zurückzuziehen. Es könnte gut tun, die Tiefe, Weite und Präzision der gemeinsamen Unterweisungen in völligem Schweigen

4 Mit südlichem Buddhismus sind hier die Schulen des Theravāda-Buddhismus gemeint, die sich vorwiegend in den südlichen Ländern Asiens verbreitet haben und sich auf die Lehrreden des Buddhas beziehen, die auf Pāli niedergeschrieben wurden.

5 Mit nördlichem Buddhismus werden hier die Schulen des Mahāyāna-Buddhismus zusammengefasst, die sich vorwiegend in den nördlichen Ländern Asiens verbreitet haben und sich auf die Lehrreden des Buddhas beziehen, die auf Sanskrit niedergeschrieben wurden.

zu kosten. Der Spiegel für die geistigen Prozesse, die ständig in uns ablaufen, ist um einiges klarer, wenn wir zwischen den Meditationen nicht sprechen. Schweigen können ist für mich eine der Voraussetzungen, um Reden zu können – wer nicht schweigen kann, ist auch nicht wirklich frei zu reden.

Die fünf Verhaltensregeln, die Ursula uns ans Herz gelegt hat, sind auch in der Mahāmudrā-Tradition das Fundament der Praxis – sie sind wirkliche Schutzengel, wenn wir ihnen folgen. Sie zu berücksichtigen, hilft uns zu entspannen. Sie schaffen eine Atmosphäre von gegenseitigem Vertrauen und ermöglichen offene Transparenz; unser Verhalten verankert sich in Respekt für alle Lebewesen und unser Geist findet dadurch leichter in Sammlung und Klarheit. Er findet zu sich selbst. Auch das ist gemeint, wenn Fred davon spricht, von A nach A zu gehen. Wir entdecken die Ruhe und Klarheit, die immer schon da waren und immer da sind – sobald wir sie nur zulassen.

Die Motivation wachrufen

Zu Anfang einer solchen Zeit, die wir in tiefer Kontemplation und Meditation in Zurückziehung verbringen, ist es besonders wichtig, sich die eigene Motivation ins Bewusstsein zu holen. Dabei stellen wir uns folgende Fragen:

- Was ist mein eigentliches Anliegen?
- Worum geht es mir in der Tiefe meines Seins?
- Welche Qualitäten möchte ich in diesen Tagen leben und verstärken?
- Welchen Sinn gebe ich dieser Auszeit?
- Und wie möchte ich das konkret umsetzen?

Die Antworten finden wir in uns – auf ganz persönliche Weise. Sie verbinden uns mit dem eigentlichen Herzensanliegen, das uns hierher geführt hat und das nun allen Raum bekommen kann, ohne dass uns anderes in Anspruch nimmt.

Dann weiten wir dieses Herzensanliegen aus, indem wir darüber kontemplieren, was wohl die wirklichen Anliegen anderer Menschen und anderer Lebewesen sind: Wie sehr auch sie sich wünschen glücklich zu sein, frei und geliebt … Und wir erahnen, wie sich das Verwirklichen unserer Herzenswünsche integrieren kann in ein Wirken zum Wohle aller.

Unterstützung für unser Herzensanliegen suchen

In einem nächsten Schritt gehen wir mit diesem Herzensanliegen Schritte in Richtung auf unsere »Zuflucht« – wir wenden uns innerlich an Buddha, Dharma, *Saṅgha* und bitten um ihre Unterstützung. Wir bitten die vollkommen Erwachten, die *Buddhas*, um Unterstützung für unseren Entschluss, diese Zeit gut zu nutzen. Wir bitten darum, dass uns Kräfte zufließen aus den unbelasteten, freien Bereichen unseres Seins, die nicht von Verstrickung geprägt sind. *Dharma* steht hier im weitesten Sinne für die innewohnenden erwachten Qualitäten, die wir leben möchten. *Saṅgha* sind die Helfer auf dem Weg. Wir geben uns vertrauensvoll in die Hände von Buddha, Dharma und *Saṅgha* – dem Erwachen, dem befreienden, direkten Erkennen des Seins, und der Begleitung durch jene, die den Weg kennen.

Ich danke euch, Ursula und Fred, und allen Beteiligten dafür, dass ihr es möglich macht, an diesem wunderbaren Ort in den Bergen, mit weiter innerer Schau die Vipassanā- und Mahāmudrā-Traditionen gemeinsam zu praktizieren. Ich genieße diese Offenheit unseres gemeinsamen Experiments, und freue mich so sehr, mit welcher Leichtigkeit wir uns nach zwanzig Jahren, in denen wir unterschiedliche Dharma-Wege gingen, wiedergefunden haben. Dank an euch alle, die ihr das mit uns teilt! Und nun wünsche ich uns einen guten Start hinein ins immer frische So-Sein.

Einführung in die Mahāmudrā-Meditation

Tilmann Lhündrup

Als wir heute Nachmittag diesen Kurs besprachen, kristallisierte sich ein einfaches, offensichtliches Thema heraus: *Gewahrsein.*

Was ist Gewahrsein und wie praktizieren wir es?

Gewahrsein umfasst sowohl die *Achtsamkeit* auf etwas, wie auch das einfache *Sosein* in wacher, völlig gelöster Präsenz, das wir auch Mahāmudrā nennen. Wir werden in diesen Tagen versuchen, in dieses Gewahrsein hineinzufinden. Dabei werden wir hören und erleben, wie dieses Gewahrsein, um das es in allen buddhistischen Traditionen geht, auch anders beschrieben und praktiziert werden kann. Diejenigen, die aus der Vipassanā-Tradition kommen, werden einen Eindruck bekommen, wie das Geistestraining in der Mahāmudrā-Tradition gelehrt wird, und die Praktizierenden aus der Mahāmudrā-Tradition werden Einblicke erhalten, wie die Vipassanā-Tradition die Gewahrseinspraxis angeht.

Ich persönlich bin überzeugt, dass es nur *einen* Dharma gibt und auch nur *ein* Erwachen und nicht verschiedene. Erwachen kann mehr oder weniger vollständig sein, und erst wenn sich alles Haften aufgelöst hat, ist es vollständiges Erwachen. Es geht uns um diesen Weg des Erwachens. Lasst uns nun mit der Praxis beginnen.

Es geht um entspanntes und zugleich waches Sein. Dieses tief entspannte Gewahrsein lässt sich vergleichen mit dem völligen Loslassen und Entspannen beim Einschlafen. Wenn wir nicht loslassen, können wir nicht einschlafen – aber das Problem könnte sein: Immer wenn ich völlig loslasse, schlafe ich ein … Um dies zu klären, üben wir das Entwickeln achtsamer Konzentration und Präsenz zugleich mit größtmöglicher Entspannung. So lernen wir, wach bewusst zu bleiben und gleichzeitig loszulassen.

Meditation: Entspannte, wache Bewusstheit

Wir nehmen Kontakt mit unserem Körper auf …
Wir werden gewahr, wie sich der Körper anfühlt …
Vielleicht verändern wir noch unsere Sitzhaltung oder bleiben, so wie wir sind …
Bei völliger Entspannung sind wir zugleich völlig wach …
Wir fühlen in uns hinein: Welche Art von Entspannung führt zu Wachheit und Klarheit des Geistes? …
Stilles, achtsames Verweilen …

Fließendes, lebendiges Sitzen – Schlüsselpunkte für den Körper

(mit geleiteter Meditation)

Für ein entspanntes, waches Sein ist die Körperhaltung wichtig. Wir können dabei auch auf dem Stuhl sitzen, mit aufrechtem Oberkörper, das Becken entspannt, die Füße etwas auseinander, so dass die Knie mit dem Becken ein Dreieck bilden. Das ermöglicht dem Becken dieselbe Beweglichkeit, als würden wir auf dem Boden sitzen: Wir können es kippen, es kreisen lassen und nach rechts und links bewegen. Versucht es doch gerade einmal! Die Beweglichkeit des Beckens ist wichtig, um kleine Ausgleichsbewegungen während der Meditation zu ermöglichen.

Im Mahāmudrā wie im Vipassanā geht es darum, in den Fluss zu kommen und im Fluss zu bleiben – und das gilt auch für den Körper. Wir verfallen leicht in den Fehler, die anfängliche Körperhaltung zu fixieren, weil wir unwillkürlich meinen, die einmal eingenommene Haltung würde stimmen und es dürfe sich nun nichts mehr bewegen. Den Körper zu blockieren führt jedoch zu Verspannung und unnötigem Leid. Bei genauerem Hinfühlen bemerken wir, wie ständig feine, oft kreiselnde Entlastungs-Bewegungen (Mikro-Oszillationen) im Körper stattfinden. Auch wenn wir den Blick vermeintlich ruhig halten, normalerweise etwas gesenkt in Richtung auf den Boden, führen die Augenmuskeln solche feinen Bewegungen aus. Wir sollten diese Mini-Bewegungen im Körper und in den Augen zulassen. Sie helfen, in Körper und Geist entspannt zu bleiben.

Spürt noch einmal den Körper. Er ist so ruhig wie ein Berg, aber im Inneren dieses Berges ist Leben. Die Wirbelsäule ist leicht beweglich, sie rastet nicht ein, ebenso wenig wie Nacken und Schultern. Der Kopf balanciert beweglich zuoberst auf der Wirbelsäule und es entsteht das Gefühl, als würde er anstrengungslos getragen. Diese aufrechte Sitzhaltung – entspannt, sehr aufrecht und doch flexibel – hilft beim Meditieren.

Der Blick ist gelöst, er fällt irgendwo vor uns hin und verweilt, wo es sich angenehm anfühlt. Dabei ist der Nacken gerade, weder nach hinten noch nach vorne gebeugt; wir können das gut spüren, indem wir ihn etwas bewegen und dann die Mittelstellung einnehmen. Dabei bewegt sich das Kinn ein wenig nach innen, es ist aber nicht eingezogen, sondern nur ein wenig nach innen geneigt. Der Kopf bleibt dabei gerade, als wären wir mit dem Scheitelpunkt am Himmel aufgehängt. Wenn wir die für uns passende Haltung finden, erleben wir sie als einen Genuss.

Wir üben uns darin, überflüssige Spannung loszulassen. Wir erspüren, ob wir noch irgendwo festhalten, in den Beinen, in den Hüften, im unteren Bereich des Rückens. So gehen wir durch den ganzen Körper, Bauch, Brustraum, Schultern, Arme, spüren überall hin und erlauben allen Bereichen, sich zu entspannen.

Zugleich entdecken wir den Körper dabei als vollkommen lebendig. Auch die Wangen, die Lippen und die Augengegend lassen wir entspannt. Wenn möglich atmen wir durch die Nase. Die Lippen sind dabei gelöst; vielleicht bildet sich ein kleiner Spalt.

Wir erlauben ein frei fließendes Gewahrsein des Körpers, eine Achtsamkeit, die keinen Ort im Körper bevorzugt, und sind so einfach wie möglich der aufsteigenden Empfindungen gewahr.

Um tiefere Gelöstheit zu finden, entspannen wir alles Bewerten wie: »Mag ich!« – »Mag ich nicht!«

(Nach einer Weile:) Ist noch alles im Fluss? Erlaubt ihr weiterhin die subtilen Ausgleichsbewegungen des Körpers oder seid ihr irgendwo eingerastet? Wir praktizieren höchste Präsenz im Körper, bei völliger Beweglichkeit und Fluidität.

Die bisherigen Instruktionen stammen aus dem Kapitel »Schlüsselpunkte für den Körper«, wie sie der Neunte Karmapa in seinem Mahāmudrā-Handbuch[6] als Vorbereitung für die Meditation erklärt.

Sich aus der Beschäftigung mit den drei Zeiten lösen – Schlüsselpunkte für den Geist

(mit geleiteter Meditation)

Danach erklärt der Karmapa, worauf es bei der Geisteshaltung ankommt. Insbesondere seine Erklärungen zum Umgang mit den drei Zeiten – Vergangenheit, Gegenwart und Zukunft – haben eine Schlüsselbedeutung:

> »Verfolge nicht die Vergangenheit.
> Gehe nicht in die Zukunft voraus.
> Verweile im wahrnehmenden, nicht-begrifflichen Zustand
> des gegenwärtigen Bewusstseins.«[7]

6 Siehe S. 118–125 in Karmapa Wangtchug Dordje, Mahāmudrā – Der Ozean des wahren Sinnes, MV-Buchhandel, Monsenstein und Vannerdat, Edition Octopus; 1. Auflage, 2009. Dieses Buch diente im Retreat als Grundlage für alle im Folgenden gegebenen Mahāmudrā-Instruktionen – es wird in Folge nur kurz »Ozean« genannt.

7 Ozean, S. 125

Verfolge nicht die Vergangenheit bedeutet: Hänge der Vergangenheit nicht nach. Vergangenheit bezieht sich hier auf die gerade eben gemachte Erfahrung – der Gedanke, der gerade eben noch war, aber schon nicht mehr ist. Selbstverständlich ist damit auch alles gemeint, was wir erfahren haben, bevor wir hierhergekommen sind.

Gehe nicht in die Zukunft voraus bedeutet, nicht den nächsten Gedanken einzuladen oder zu spekulieren, was gleich sein könnte, in einer Minute oder in einer Viertelstunde, am Ende dieses Tages oder morgen, übermorgen.

Lasst uns jetzt diese beiden Instruktionen zur Vergangenheit und Zukunft praktizieren.

Präsent sein, ohne an das zu denken, was gerade noch war.
Und ohne sich Gedanken über das zu machen,
was noch nicht ist.

... *stille Meditation* ...

Dann lädt uns der Karmapa ein, im nicht-begrifflichen Gegenwartsbewusstsein zu verweilen:

Nicht-begrifflich bedeutet hier, aus der Gegenwart keinen Gegenstand des Benennens zu machen, nicht zu sagen: »Jetzt ist das, nun ist dieses, nun passiert das.« Genau genommen hinken wir beim Benennen dem Erleben hinterher, das gerade stattgefunden hat. Das Benennen kommt immer zu spät. Es kann zwar eine Hilfe sein, um in der vermeintlichen Gegenwart zu bleiben, aber es ist nicht die wirkliche Gegenwart, sondern das nachträgliche Benennen dessen, was eben passierte. Das eigentliche, unmittelbare Geschehen entzieht sich dem Benennen; es ist schon vorbei, wenn es benannt wird, und ist eigentlich nicht fassbar.

Das *Verweilen* in diesem nicht fassbaren Gegenwartsbewusstsein nennen wir Mahāmudrā, nicht fassbare Einfachheit, Sosein. Zumindest ist dies eine Annäherung durch Worte. So einfach Mahāmudrā auch ist, so schwierig ist es doch, darin zu verweilen. Lasst es uns einen Moment versuchen:

> Erlaube dir, dich zu entspannen – es besteht gerade keine Gefahr einzuschlafen. …
> Was ist Gegenwart? …
> Wie ist das gegenwärtige Erleben? …
> Lassen sich in diesem Erleben einzelne Augenblicke unterscheiden? …
> Wie lange dauern wohl solche Augenblicke, falls ihr welche findet? …
>
> (Klangschale ertönt)

Herzlichen Dank für euer Mitgehen.

Gibt es einzelne Augenblicke?

Karmapa sagt im selben Abschnitt (S. 126), dass es solche kleinen Augenblicke – Millisekunden des Erfahrens – eigentlich gar nicht gibt. Wenn ich versuche, die Gegenwart zu erfassen, dann nehme ich wahr, wie es in meinem Geist in unglaublicher Schnelligkeit zu einem Ergreifen und wieder Loslassen kommt. Nur wenn ich ergreife und festhalte, habe ich das Gefühl, dass es da einen Augenblick gibt. Wenn es kein Ergreifen gibt, sind in diesem Strom des Gewahrseins keine einzelnen Augenblicke zu finden. Das Gefühl von Augenblicken entsteht durch das Ergreifen und Festhalten einer Erfahrung, wobei mir der Augenblick genau so lang vorkommt, wie das momentane Ergreifen anhält. Bei noch genauerem Hinschauen entdecke ich, dass es nicht einmal die Erfahrung selbst ist, die ich festhalte, sondern das mentale Abbild dieser Erfahrung. Dieses festgehaltene Nachbild ist gar nicht mehr die ursprüngliche Erfahrung.

Durch dieses Festhalten entsteht die samsarische Täuschung[8], in der wir leben. Haften verdinglicht das Geschehen und so leben wir im Grunde ein »Stakkato-Leben«: eine nicht endende Folge kleiner Momente des Fixierens – und sind nicht im Fluss. Die Mahāmudrā-Praxis hat zum Ziel, diesen Fluss wieder zu ermöglichen und aus dem Ergreifen der Momente des Wahrnehmens herauszuführen. Dazu gehört das Ergreifen des emotionalen Erlebens wie auch das Festhalten an der Vorstellung eines vermeintlich getrennten Seins als *Ich*.

Zeitloses Gewahrsein

Es geht darum, den Strom unendlich vieler Erfahrungen nicht zu behindern durch ständiges Benennen, Erfassen-Wollen und Sich-Vergewissern, sondern den Strom des Erlebens so zu lassen wie er ist: *zeitloses Gewahrsein*. Es ist ein zeitloses Erleben, weil es darin diese Bruchstücke von Zeit, die wir Augenblicke nennen, gar nicht gibt. Unmittelbares Erleben ist jenseits von Zeit, weil kein Vergleichen mit vorher und nachher stattfindet. Das nennt man einfaches Sein im Mahāmudrā oder zeitloses Gewahrsein.

Ich hoffe, ich konnte euch mit dieser Einführung das zeitlose Gewahrsein ein wenig näher bringen. In den nächsten Tagen werden wir uns weiter an die praktische Umsetzung herantasten und verschiedene Herangehensweisen kennenlernen. Einige Methoden lockern das grobe Festhalten und andere helfen, das subtile Greifen aufzulösen. Alle Übungen sind Hilfen, um in dieses fließende Gewahrsein hineinzufinden und darin zu verweilen. Falls ihr heute Abend noch meditiert, bleibt in dieser fließenden Erfahrung. Vielleicht helfen euch dabei die Fragen, die ich euch eben gestellt habe. – Fred, du möchtest noch etwas hinzufügen?

8 *Saṃsāra* (Sanskrit) bedeutet für gewöhnlich »Daseinskreislauf«, der Kreislauf unzähliger Existenzen, in denen wir weiter kreisen, solange wir an einem Ich haften. Dieser Kreislauf wird von fixierenden, dualistischen Mustern aufrecht gehalten.

Jetzt ist der Moment

Fred von Allmen: Vielleicht ist es nicht nötig, aber ich möchte euch an etwas erinnern: *Jetzt* ist der Moment. Wenn ihr jetzt aufsteht, ist die Zeit des achtsamen Gewahrseins nicht vorbei, bloß weil ihr nicht mehr in der Meditationshalle sitzt. Die Zeit, in der wir präsent sein können, ist immer *jetzt* und immer nur *jetzt*, wo immer wir sind. In diesem Sinne hat das Retreat wirklich begonnen und auch das Schweigen. Ich wünsche euch eine gute Zeit und gute Nachtruhe.

Zweiter Tag

Im Hier und Jetzt ankommen

Fred von Allmen

Ausrichtung und Motivation

Wir beginnen den Vormittag mit der inneren Ausrichtung auf das Wesentliche: Aufzuwachen aus dem Verlorensein in Gedanken, Geschichten und Dramen und präsent, offen und gewahr zu sein. Damit öffnen wir uns einem tieferen Verständnis der Wirklichkeit und kommen in Einklang mit ihr.

Als Nächstes betrachten wir unsere Motivation. Meist schlagen mehrere Herzen in unserer Brust: Wir können die Praxis zum Beispiel in einem eher selbstzentrierten Modus angehen, mit der Frage: »Was bringt es mir?« Das ist sicher sinnvoll. Wenn wir schon praktizieren, dann sollte es auch etwas bringen. Wir können aber auch anders fragen, zum Beispiel: »Was bringt es uns allen? Was kann ich mittels dieser Praxis für uns alle tun?« Wir üben uns in ein und derselben Praxis, aber mit einer offeneren Zugangsweise, einer weiteren Motivation. Es kann spannend sein, diesen verschiedenen inneren Haltungen nachzuspüren: Wie wirken sie? Gibt es Unterschiede und wenn ja, wo liegen sie?

Aufrecht und entspannt: Die Körperhaltung

Der erste wesentliche Aspekt der Körperhaltung ist das *aufrechte Sitzen*. Der Körper trägt sich selbst und bleibt aufrecht. Das ist meist hilfreicher, als sich anzulehnen. Auch auf einem Stuhl sitzend, kann der größte Teil des Oberkörpers frei und aufrecht ruhen. Das aufrechte Sitzen entspricht einer Haltung von Wachheit und achtsamem Gewahrsein. Also: aufrecht – wach.

Der zweite Aspekt ist das *Sich-Niederlassen:* ein Geerdet-Sein, ein entspanntes Ruhen auf dieser Erde, auf dem Kissen oder auf dem Stuhl. Dies entspricht der inneren Haltung der annehmenden, sanften Gelassenheit. Also: ruhend – gelassen.

Aufrecht und geerdet im Körper, achtsam und gelassen im Geist

Es empfiehlt sich, still zu sitzen und sich nicht zu bewegen, selbst die Hände nicht. Die kleinen Bewegungen, durch die sich der Körper in der Balance hält, braucht es natürlich. Tilmann hat gestern ausführlich darüber gesprochen. Grundsätzlich aber sitzen wir still. Wir üben uns darin, nicht gleich zu reagieren, wenn Unangenehmes im Körper aufsteigt oder Ruhelosigkeit im Geist. Dies unterstützt uns im Entwickeln der Qualitäten von Geduld, Annehmen und Gelassenheit. Das stille Sitzen entspringt aber nicht einer verkrampften Kontrolle, sondern der Durchlässigkeit eines entspannten Gewahrseins.

Wenn wir konsequent still sitzen, werden die Bewegungen des Geistes spürbarer, leichter wahrnehmbar. Die äußerlichen Formen des stillen Sitzens, des kontinuierlichen meditativen Gehens, des konsequenten Einhaltens des Stundenplans und des Schweigens erlauben uns, hinzuschauen und zu sehen, was innerlich abläuft. Dies ist möglich, weil so viele der üblichen Ablenkungen wegfallen – die vielen Inputs, die uns normalerweise überschwemmen. Wenn wir nirgendwo anders hingehen, sondern einfach hier sitzen oder draußen auf und ab gehen, dann wird vieles, was bisher verborgen war, spürbar und erkennbar.

Wenn es uns juckt, reagieren wir normalerweise, indem die Hand dort kratzt, bevor wir es gemerkt haben. Wenn wir uns aber vorgenommen haben, uns grundsätzlich nicht zu bewegen, merken wir sogleich, was läuft, und können achtsam und gelassen bei der Erfahrung bleiben, ohne reagieren zu müssen. Wenn wir ruhelos immer gleich die Haltung verändern, merken wir vielleicht gar nichts davon. Wenn wir aber entschlossen still sitzen, bemerken wir die Ruhelosigkeit und können lernen, damit entspannt und in Frieden zu sein.

Unbedingt still sitzen ist die eine Anweisung. Es gibt aber noch eine zweite: Wenn beim Sitzen die Erfahrung wirklich schmerzhaft ist und das Meditieren zur Qual wird, wenn wir nur noch auf unsere Uhr schielen, um herauszufinden, ob die Sitzperiode bald zu Ende ist, dann wird es höchste Zeit, die Körperhaltung doch zu verändern. Im eigenen Interesse tun wir dies jedoch möglichst selten – maximal ein- bis zweimal pro Sitzung, falls nötig. Am besten so, dass wir beim nächsten Gong für die Sitzmeditation nicht denken: »Oh Schreck, in dieses Folterzimmer möchte ich nie mehr gehen«. Wir finden selbst heraus, was hilfreich und unterstützend ist. Wir kultivieren eine sanfte und doch konsequente Art von Disziplin.

Falls wir die Körperhaltung ändern, versuchen wir aufmerksam den Moment mitzubekommen, in dem wir entscheiden, dass etwas geändert werden soll. Dann bleiben wir in achtsamem Kontakt mit der Bewegung – präsent, ohne zu werten. Das Verändern der Körperhaltung ist ein Prozess, der unserer vollen Aufmerksamkeit wert ist.

Wer gewohnt ist, mit offenen Augen zu meditieren, kann es für eine Sitzung lang wagen, es mit geschlossenen Augen zu versuchen – und wer seit Jahren gewohnt ist, mit geschlossenen Augen zu meditieren, sollte unbedingt riskieren, es ab und zu mit offenen Augen zu tun. Das hat mit Flexibilität zu tun – nicht festgefahren zu sein.

Achtsam niedergelassen – im Körper zu Hause

Wir sind also aufmerksam und interessiert im Körper niedergelassen und nehmen die Empfindungen wahr, die gerade da sind. Ich mag den Begriff »sich niederlassen«. Er beschreibt deutlich, dass es nicht darum geht, sich in der Erfahrung festzubeißen. Wir schauen, wie weit wir aufmerksam in der unmittelbaren Erfahrung ruhen können. Dabei lassen wir uns voll und ganz auf sie ein, ohne uns aber in ihr zu verlieren. Wir erleben Druck, wo der Körper das Kissen berührt oder wo die Hände aufliegen, vielleicht auch Wärme oder Kälte an einzelnen Körperstellen oder Spannung, Gelöstheit, Pulsieren, Bewegung. Es gibt Bereiche, die sich angenehm oder unangenehm anfühlen, und Stellen, wo gar nichts zu spüren ist.

Es ist nicht so wesentlich, wo im Körper wir präsent und in Kontakt sind, aber essentiell, dass wir genau *wissen*, wo wir gerade sind – und voll und ganz dieses lebendige Dasein spüren, so wie es gerade jetzt in uns fließt. So beginnen wir, Aufmerksamkeit, Achtsamkeit, Gewahrsein, Präsenz zu schulen.

Manche finden es hilfreich, sich in der Erfahrung der Körperempfindungen niederzulassen. Andere finden das spezifische Wahrnehmen des Atems geeigneter. Der Atem, der ohne unser bewusstes Zutun von alleine ein- und ausströmt, ist meist spürbar beim Heben und Senken der Bauchdecke oder bei der Berührung der Luft an der Nase oder beim Ausdehnen und Zusammenziehen des Brustkorbes. Wir lassen uns wach und achtsam in dieser Erfahrung nieder, wo immer sie am besten zu spüren ist. Wichtig ist dabei, die Atemerfahrung vor allem zu spüren und nicht zu denken. Wir stellen uns den Atem nicht vor und visualisieren ihn nicht; es geht auch nicht ums Zählen, sondern um ein achtsames Niedergelassen-Sein im direkten Kontakt mit dieser Erfahrung.

Dies ist eine von vielen möglichen Weisen, Sammlung zu praktizieren. *Samatha* (auf Pāli) bedeutet so viel wie *ruhevolles, gesammeltes Verweilen*. Wir üben uns darin, eine möglichst stetige, kontinuierliche

Achtsamkeit zu kultivieren. Wir brauchen beides, Sammlung und Erkenntnis. Um das Wesen der Dinge klar erkennen zu können, ist eine gewisse Sammlung und Ruhe im Geist unverzichtbar. Wie Andreas Bachmann, ein Teilnehmer einer Studiengruppe, sagte: »Wir sammeln so viele Dinge im Leben. Warum sammeln wir nicht einmal unseren Geist?«

Wer sich auf den Atem ausrichtet, sollte darauf achten, nicht tagelang oder gar das ganze Retreat in diesem engen, begrenzten Fokus zu verweilen. Es hilft, sich von Anfang an darin zu üben, sich an verschiedenen Stellen oder im ganzen Körper achtsam niederzulassen, denn letztlich geht es um die Fähigkeit, für ausnahmslos alle Erfahrungen offen und präsent zu sein.

Wenn wir bemerken, dass die Aufmerksamkeit weg ist und wir in Gedanken, Ideen, Tagträumen, Planen oder Erinnern verloren waren, kehren wir zur Stütze unserer Meditation, wie zum Beispiel dem Atem, zurück. Dieses Aufwachen und Zurückkehren ist ein bedeutsamer Moment, weil Ablenkung für die meisten von uns recht oft Thema sein wird. Zuweilen versuchen wir herauszufinden, wie lange wir weg waren, wo wir genau waren und was der Grund war, von der direkten Erfahrung abzuschweifen. Manchmal bewerten, beurteilen und verurteilen wir uns: »Schon wieder war ich weg.« »Ich kriege es nicht hin.« »Schon 332 Mal abgeschweift in diesem Retreat.« Dieses bewertende Denken trennt uns vom Gewahrsein und ist ziemlich kontraproduktiv.

Wann immer wir wieder aufwachen, besteht die Chance, hier zu bleiben, statt sich gleich nochmals in nutzlosen Gedankengängen zu verlieren. Eigentlich könnten wir uns freuen: »Wow, schon wieder wach! Schon zum x-ten Mal aufgewacht aus dem Verlorensein!« Damit schaffen wir eine positive innere Atmosphäre und können den Moment nutzen, um wieder sanft, interessiert und klar präsent zu sein und erneut mit der unmittelbaren Erfahrung in Kontakt zu treten.

»Mache jede Erfahrung zum Objekt deiner Ehrerbietung«, besagt eine burmesische Weisheit. Durch solch eine innere Haltung können wir die Moment-zu-Moment-Praxis in einen Fluss des Heilsamen verwandeln.

... stille Meditation ...

[Kurz vor Schluss:] Wenn der Gong erklingt, schließt doch bitte auch die Erfahrung des Hörens mit ein ins Gewahrsein. Es wird das Ende der formalen Sitzmeditation signalisiert, aber nicht das Ende der Gewahrseinspraxis. Meditation kann immer und ausschließlich nur im gegenwärtigen Moment stattfinden, egal in welcher Position oder Situation wir uns befinden. Bleibt achtsam und präsent, wenn ihr die Körperhaltung verändert, euch erhebt, den Raum verlasst, wo immer ...

Gong ertönt.

Ein Plädoyer für die Gehmeditation

Ursula Flückiger

Die Kontinuität des achtsamen Gewahrseins etablieren

Es ist uns ein Anliegen, dass ihr die Gehmeditation voll und ganz in euren Tagesablauf hier einbindet. So könnt ihr sehen, wie wertvoll sie ist. Stehend und gehend sind wir oft wacher als sitzend, wir werden flexibler im Anwenden des achtsamen Gewahrseins und praktizieren in einer Situation, die dem Alltag näher ist als das Sitzen.

Einige betrachten die Gehmeditation wie ein Stiefkind; das ist teilweise verständlich, weil sie nicht in der Gruppe geübt wird und jeder für sich allein dran bleiben muss. Es mag der Eindruck entstehen, dass es nur darum geht, frische Luft zu holen und sich die Beine zu vertreten, weil man nicht so lange sitzen kann. Gehmeditation verlangt aber mehr Selbstdisziplin als das Sitzen, weil der Gruppenzwang wegfällt.

Beim Gehen praktiziert jeder für sich selbst – und das stärkt die eigene Unabhängigkeit, denn wir müssen uns immer wieder selbst motivieren und klären, warum wir uns dieser Praxis widmen. In diesem Sinne möchte ich euch sehr ans Herz legen, auch diese Zeit und diese Form der Meditation auf eine gute Art und Weise zu nutzen.

Die Gehmeditation erlaubt oder zwingt uns, präsent zu bleiben, unser Gewahrsein zu schulen und uns weniger lang in Gedanken, Wünschen, Tagträumen zu verlieren. Wir lernen, Geist und Körper, die ja oft getrennte Wege gehen, wieder zusammenzubringen. Wir können beim Sitzen, Gehen oder Stehen innerlich völlig woanders sein. Hier haben wir eine ausgezeichnete Gelegenheit, darauf zu achten, dass Körper und Geist wieder am selben Ort verweilen. Immer wenn wir solchermaßen ungeteilt präsent sind, beginnen wir zu erkennen, dass die Dinge sehr flüchtig sind und nicht so solide, wie sie uns erscheinen, wenn wir in Vorstellungen und Geschichten verloren sind.

Die Form der Gehmeditation ist sehr einfach: Sucht euch einen Platz, wo ihr zehn bis fünfzehn Schritte auf und ab gehen könnt. Das kann im Haus sein, in den Gängen, oder draußen hinter dem Haus, wo ihr ungestört seid. Wir möchten euch bitten, die formale Gehmeditation nicht auf den öffentlichen, von außen einsehbaren Plätzen zu üben, weil sie für manche etwas eigenartig ausschaut.

Beginnt die Gehmeditation, indem ihr für einen Moment still stehen bleibt. Wir stehen auch im Alltag sehr oft, sind dabei aber meist mit Denken, Planen oder Sorgen beschäftigt. Hier stehen wir – und versuchen, uns in dieses Stehen hinein zu entspannen. Wir spüren, wie es sich anfühlt. Vielleicht sind Energien von Unruhe da, die uns vorwärts treiben, oder es melden sich Schmerzen oder wir fühlen uns ganz entspannt. Wir stehen – und spüren, was da ist.

Dann gehen wir, einen Schritt aufs Mal, zehn bis fünfzehn Schritte. Dabei bringen wir ein sorgfältiges, achtsames Gewahrsein in den Körper. Einige finden es hilfreich, sehr präzise mit den Beinen und Füßen in Kontakt zu sein, zu spüren, wie der Fuß sich hebt, sich vorwärts bewegt und wieder aufsetzt. Andere entscheiden sich für ein offeneres, weiteres Gewahrsein, womit sie den ganzen Körper wahrnehmen.

Am Ende dieser Strecke halten wir wieder einen Moment inne. Wir entspannen in die Einfachheit dieser Erfahrung, wachen auf aus unseren Gedanken, Befürchtungen und Hoffnungen und erlauben uns, einen Moment einfach zu stehen. Dabei beobachten wir nicht so sehr, wie wir stehen, sondern nehmen die Empfindungen wahr, die von der Fußsohle bis hinauf in den Kopf zu spüren sind. Zusätzlich können wir das achtsame Gewahrsein ausweiten und die Erfahrungen des Hörens und des Riechens mit einschließen – und schließlich auch das Sehen mit einbeziehen. Innerlich auf Empfang gestellt, lassen wir die Erfahrungen sich selbst wahrnehmen.

Nach einer Weile verlassen wir dieses weite Feld der Wahrnehmung wieder und bringen die Aufmerksamkeit zurück in den Körper, in die Beine, die Füße und gehen weiter, einen Schritt aufs Mal. Hin und her. Die Form macht deutlich, dass es nicht darum geht, irgendwohin zu gehen. Sich mit Hilfe des Körpers in Gewahrsein zu üben, präsent zu bleiben, ist sehr unterstützend, weil der Körper langsamer und fassbarer ist als die Gedanken.

Das am besten geeignete Tempo beim Gehen ist jenes, das uns am ehesten präsent sein lässt. Das kann variieren. Wenn zum Beispiel Schläfrigkeit ein Thema ist, mag es hilfreich sein, etwas schneller als gewohnt zu gehen und dabei den ganzen Körper wahrzunehmen. Zu anderen Zeiten kann es angebracht sein, ein bisschen zu verlangsamen, um aus einem automatischen Auf- und Abgehen herauszukommen.

Manchmal fühlt sich die Gehmeditationsperiode sehr lang an. Dann kann es helfen, sich bewusst zu machen, dass wir nicht 40 Minuten als Block durchhalten müssen. Vielmehr ist es immer gerade nur ein

Schritt, ein Moment, für den wir achtsam sein können: Wir spüren den Druck, wo der Fuß aufsetzt, die Berührung der Kleidung am Bein, den Wind im Gesicht. Wir nehmen jede Empfindung voll und ganz wahr, entspannen uns in sie hinein und lassen Befürchtungen und Zweifel zurücktreten. Wenn der Gedanke aufsteigt: »Oh je, immer noch eine halbe Stunde«, spüren wir die Ruhelosigkeit, die Ungeduld, und versuchen, sie anzunehmen – so wie sie ist. Dann beginnen wir von neuem, einen Schritt aufs Mal.

Ist es nicht erstaunlich? Im Alltag, vielleicht gestresst, würden wir uns wünschen, hier an diesem schönen Ort, wo uns niemand anspricht, in Ruhe auf- und abgehen zu können. Doch sobald wir das konkret tun, merken wir, wie herausfordernd das sein kann.

Wie beim Sitzen so auch beim Gehen: Es gibt Zeiten großer Inspiration, in denen wir denken: »Fantastisch, ich könnte ausschließlich Gehmeditation üben und das Sitzen sein lassen«. Aber es kann auch Phasen von absoluter Frustration und Langeweile geben, in denen wir finden, Gehen sei völlig nutzlos, sehe idiotisch aus und Sitzmeditation sei eh viel besser, zumal man dabei auch viel weniger abgelenkt sei. Was hier den Geist stärkt, ist das Dranbleiben. Nicht mit Zwang und zusammengebissenen Zähnen, bis der Gong erklingt, sondern mit der Bereitschaft, all dieser Zustände gewahr zu sein: Inspiration, Langeweile, Freude, Ruhelosigkeit und den ganzen Rest. Dann verstehen wir, dass es nicht darum geht, immer inspiriert zu sein, immer Ruhe zu erfahren, sondern darum zu sehen, wie all diese Erfahrungen kommen und gehen, und dass wir in einer großen Offenheit des Gewahrseins und der Gelassenheit länger und leichter mit allem präsent sein können.

Tilmann: Darf ich eine Frage stellen? Was empfiehlst du für die Hände und Arme? Wie hält man sie? Es gibt ja Traditionen, in denen genaue Instruktionen dazu gegeben werden.

Ursula: Genau. In meiner Tradition halten wir es hier ähnlich wie beim Sitzen, denn wir haben ja alle einen unterschiedlichen Körper. Einige finden es hilfreich, die Arme auf der Seite des Körpers zu belassen, wo immer sie natürlich fallen. Andere wiederum finden es passender, die Hände auf den Rücken zu legen oder vielleicht die eine Hand in der anderen Hand zu halten, etwa in Bauchhöhe. Letzteres braucht zwar etwas Anstrengung, kann jedoch helfen, wach zu bleiben. Wichtig ist, bei sich zu schauen: Wie kann ich möglichst präsent, aber auch entspannt gehen. Dies kann innerhalb der 45 Minuten Gehmeditation variieren.

Dies ist mein Plädoyer für die Gehmeditation. Für diejenigen von euch, die sie noch nicht kennen, ist sie vermutlich gewöhnungsbedürftig. Sie kann künstlicher wirken als das Sitzen. Beides kann man jedoch als künstlich oder natürlich betrachten, je nachdem, wie man es anschaut. Wesentlich ist, durch eigene Erfahrung zu erkennen, wozu diese Meditation dienen soll und wie sie am besten genutzt werden kann.

Lass den Buddha in dir meditieren

Tilmann Lhündrup

Erwachen

Wieder beginnen wir damit, unsere Motivation bewusst zu fühlen und durch dieses Gewahrsein zu stärken. Warum genau sitze ich hier und arbeite mit dem eigenen Geist? Das ist vermutlich für jeden anders. Mich selbst motiviert die Erfahrung von Buddhas Erwachen, die ihn befähigt hat, so viele Menschen zu inspirieren; die Erfahrung völlig offenen, gelösten Seins mit einem warmen Herzen, ein Dasein für alle, ohne Einschränkungen; völlige innere Freiheit, ohne einengende Fixierung auf ein vermeintliches Ich.

Was Erwachte von nicht Erwachten unterscheidet, ist nicht ihr Äußeres, ihr Geschlecht oder Alter, ihre Hautfarbe, Kultur oder Sprache, es ist ihr Gewahrsein – ein Gewahrsein von dem, was ist, frei von Anhaften und Verstrickung. Alle Erwachten sagen uns: »Das ist auch dir möglich! Befreie dich von Schleiern, von Verstrickungen, und dieses Gewahrsein wird sich ganz natürlich in dir zeigen, so wie ein Juwel, den du von Schlamm befreist. Es ist deine wahre Natur, die wahre Natur des Geistes *aller* Lebewesen.«

Jedes Lebewesen hat das Potential zu erwachen, wir alle tragen dieses Potential in uns und sind potentielle Erwachte. Im Mahāmudrā sagt man deswegen:

»Lass den Buddha in dir meditieren!«

Lass diese frische, gewahre Dimension sein, einfach so sein, wie sie ist, frei. – Wie ist das, wenn jetzt der Buddha in mir meditiert? – Wenn nicht mehr Ich meditiere? – Könnt ihr den Buddha in euch spüren? Versucht es einmal!

... stille Meditation ...

Fred hat erwähnt, im Mahamudra gehe es darum, »von A nach A zu gehen«. Das bedeutet, das Streben nach etwas, das in der Zukunft liegt, zu vermeiden, was fast unvermeidlich ein gewisses Bemühen mit sich bringt. Wenn wir den Buddha in uns meditieren lassen, brauchen wir uns nicht so anzustrengen. Natürlich ist das bildlich gesprochen – es kann uns aber anregen und uns gleichzeitig helfen, überflüssiges Bemühen loszulassen.

Anstrengungslos wie ein segelnder Adler

Der Weg des Erwachens verzichtet auf alle unnötige Anstrengung. Erwachen findet sich nicht mit dem Willen – und doch brauchen wir ein wenig Anstrengung, denn vom Himmel fällt das Erwachen nicht. Aber was für eine Anstrengung verstärkt das Haften und welche führt in tieferes Gewahrsein? Wie viel Anstrengung braucht es eigentlich? Mein Lehrer *Gendün Rinpoche*[9] sagte dazu – wie viele Meister:

> »Durch Anstrengung gelangen wir in die Anstrengungslosigkeit.«

Und in den Mahāmudrā-Unterweisungen heißt es:

> »Sei so anstrengungslos wie ein segelnder Adler.«[10]

Das Beispiel ist interessant, denn selbst ein Adler segelt nicht völlig anstrengungslos; doch seine minimalen Flügelbewegungen sind wie anstrengungslos. Worin besteht diese minimale Anstrengung beim Meditieren? Sie besteht in einem feinen Ausbalancieren der inneren Haltung. Dieses feine Ausbalancieren macht es möglich, im gleitenden Flug, durch kleine Anpassungen an die sich wandelnden Bedingungen, immer in diesem fließenden, nicht-haftenden, offenen Gewahrsein zu bleiben.

… stille Meditation …

Ein anderes Beispiel lautet:

> »Praktiziere so anstrengungslos wie ein erfahrener Elefantenlenker.«[11]

9 Lama Gendün Rinpoche (1918–1997) war ein verwirklichter Meditationsmeister der Karma-Kagyü-Linie des tibetischen Buddhismus. Rinpoche (sprich Rinpo*tsche*) bedeutet »Wertvoller« und wird in der tibetischen Tradition reinkarnierten oder hoch verwirklichten Lamas als Titel verliehen.

10 Ozean, S. 149

11 Ozean, S. 149

Vielleicht habt ihr auf Reisen schon einmal Elefantenlenker gesehen, wie sie auf ihrem riesigen Elefanten sitzen. Sie sind oft ziemlich klein und leiten die Elefanten nicht durch Kraft, sondern durch ihr Geschick. Fein verändern sie mit den Füßen den Druck hinter den empfindlichen Elefantenohren – und schon geht der geschmeidige Elefantengeist darauf ein. So braucht es auch beim Meditieren das Geschick des minimalen Lenkens, um Anhaftungen und Verstrickungen zur Kenntnis zu nehmen, den Geist davon zu lösen und ihn wieder ins ungehinderte Fließen zu bringen.

… stille Meditation …

Bodhicitta – der Geist des Erwachens

Was unsere Praxis in Richtung Erwachen lenkt, ist liebevolles Gewahrsein – Weisheit und Mitgefühl in ihrer untrennbaren Einheit. Das ist *Bodhicitta*[12], der »Geist des Erwachens«. Im Mahāmudrā lassen wir den Geist des Erwachens zu, bis er ganz die Führung übernimmt, oder – um es anders zu sagen – bis der Buddha in uns die Leitung übernimmt.

Mahāmudrā-Unterweisungen dienen dazu, die Ahnung um unsere Grundnatur wachzurufen. Sie regen uns im Innersten an und bringen das Heilsame zum Vorschein, das ohnehin schon in uns ist. Indem wir diese Qualitäten zulassen, können sie zur treibenden Kraft unseres Lebens werden. Das gilt für die Meditation im Sitzen genauso wie für das Stehen, Gehen und Liegen. Alle Aktivitäten des Alltags sind eingeschlossen, auch die Begegnungen zwischen Mann und Frau. Alles wird vom Geist des Erwachens durchströmt.

12 *Bodhi* (Sanskrit) bezeichnet das Erwachen aus dem Schlaf des Nicht-Gewahrseins und *citta* bedeutet Geist.

Sati – sich immer wieder an gelöstes Sein erinnern

Achtsame Präsenz bemerkt das Greifen und Haften – und die innewohnende Weisheit erinnert immer wieder daran, dass es ein entspannteres Sein gibt als dieses Haften. Weisheit, das Wissen um die offenen Geistesräume, führt in die Entspannung. Sie erinnert an ein gelösteres Sein. Mit diesem Sich-Erinnern arbeitet die Mahāmudrā-Praxis. Erinnern ist *sati* auf Pāli, was wir oft mit Achtsamkeit übersetzen, aber eigentlich ist damit das Sich-Erinnern an das Wesentliche gemeint. Wir erinnern uns an die Möglichkeit tief gelösten Seins – an die gelösten Geisteszustände, die wir schon erlebt haben – und gehen immer wieder in diese Richtung!

Es ist ein spezifisches Erinnern, bei dem wir nicht den Beschreibungen anderer folgen, wie wunderbar gelöst wir sein könnten. Der Weg entfaltet sich, indem wir persönlich erlebte Gelöstheit in uns wachrufen – und da hinein entspannen. Die Erfahrung gelösten Seins bleibt so stets frisch, und sie wird sich ausweiten, vertiefen und in immer neuen Formen zeigen. Sie wird vertrauter und klarer werden – und vor allen Dingen fällt das Gefühl von einem Mittelpunkt weg. Gelöstheit wird zu mittelpunktlosem, gelöstem Sein.

Wir werden mit der Zeit so sorgenfrei in der Meditation, dass es niemanden mehr gibt, der noch etwas kontrollieren müsste. Wir vergessen uns. Die Vorstellung von einem Ich wird nicht mehr bedient und erstaunlicherweise geht die Welt auch ohne diese Vorstellung weiter!

Das ist auch die Essenz von Guru-Yoga. Der *Guru* ist der Buddha in uns, und *Yoga* bedeutet Einswerden. Guru-Yoga in der Mahāmudrā-Tradition ist die Praxis des Einswerdens mit dem Buddha in uns. Wir stützen uns dabei auf unser Vertrauen, unsere Hingabe für die inspirierenden Vorbilder, wie sie uns in Gestalt der Meister und Meisterinnen begegnen.[13]

13 Ozean, S. 111–112

... stille Meditation ...

Gedanken als Helfer der Meditation

Der Neunte Karmapa schreibt im *Ozean des wahren Sinnes*:

> »Wenn du dich bei dem Versuch,
> den Geist zur Ruhe zu bringen, zu stark anspannst,
> einerseits in der Hoffnung,
> dass er dadurch wirklich still,
> besonders klar und restlos zufrieden wird,
> und andererseits aus Furcht vor gedanklicher Aktivität,
> dann führt das zu einem unruhigen Geist.«[14]

Der Wunsch, den Geist ruhig haben zu wollen, verursacht vermehrte gedankliche Aktivität, viele unnötige Gedanken. Je mehr wir uns abmühen, desto mehr tauchen auf. Es gibt aber einen anderen Weg, als gegen sie anzukämpfen. Wenn ich den Geist ruhig haben möchte, für eine Weile ohne Gedanken, dann kann ich ihm die Erlaubnis geben: »Denk so viel du willst. Denk doch! Lass die Gedanken frei laufen.«[15]

Geführte Meditation: den Gedanken freien Lauf lassen

Denke so viel, wie du willst.
Versuche einmal, den ganzen Raum mit Gedanken zu füllen.
Erlaube dir zu denken, so viel du magst!
Was passiert, wenn wir uns auf diese Weise erlauben, frei zu denken?
Es fühlt sich anders an, als wenn wir uns sagen: »Denk nicht so viel!«

14 Ozean, S. 141–142
15 Ozean, S. 185–189

Es mag auch sein, dass plötzlich kein Gedanke mehr auftaucht!

Eigentlich ist nichts an den Gedanken auszusetzen. Sie sind einfach Bewegungen im Geist, und es geht darum, genau das zu erkennen. Gedanken sind wie Wellen im Wasser. So wie Wellen die Natur von Wasser haben, sind Gedanken immer Geist; sie haben dieselbe Natur. Sinneswahrnehmungen, ob visuell, akustisch, taktil, gustativ, olfaktorisch oder mental, alle Geistesbewegungen haben dieselbe Natur wie der Geist selbst. Egal was für Wellen sich zeigen, sie alle sind Wasser. Wir brauchen uns gegen keine dieser Wahrnehmungen oder geistigen Bewegungen zu wehren.

Den Faden des Gewahrseins halten – auch bei Schläfrigkeit

Auch diejenigen, die in der Meditation mit dem Einschlafen kämpfen, brauchen sich nicht gegen diese Erfahrung zu wehren, denn es gibt zwei Möglichkeiten mit Schläfrigkeit umzugehen. Wir sagen uns entweder: »Augen auf, leichte Kleidung, Fenster auf, Stehen! Es ist jetzt nicht die Zeit zu schlafen.« Oder wir fragen uns: »Was ist die Natur dieser Erfahrung von Schläfrigkeit?« Das Erforschen dieser Erfahrung kann so aussehen, dass wir den Kopf sinken lassen; er sinkt und sinkt, alles wird schwerer und schwerer, und zugleich bleibt innen ein waches Gewahrsein, das mitbekommt, wie der Kopf sinkt und alles ganz dunkel wird. Wir bekommen alles mit, was in uns vorgeht, obwohl die Außenwelt nahezu vollständig aus der Wahrnehmung verschwindet. Innerlich erfahren wir ein Wissen, ein gewahres Sein.

Auf diese Weise üben wir uns darin, den Faden des Gewahrseins nicht zu verlieren, wenn wir einnicken oder fast einschlafen. Das Verfolgen des inneren Gewahrseins-Fadens führt schließlich zur Entdeckung dessen, was wir erhellende Klarheit nennen, auch Klares Licht genannt. Diese erhellende Klarheit ist die Natur des Geistes; sie wohnt allen Erfahrungen inne.

Schläfrigkeit und auch Schlaf sind keine wirklichen Hindernisse für die Meditation. Ein Hindernis ist nur dieses Hin und Her: »Will ich nun wirklich wach sein oder will ich die Erfahrung des Gewahrseins im Schlaf machen?« Es ist das Ankämpfen gegen das, was gerade ist, und mangelndes Gewahrsein, was mich zermürbt. Genauso ist es auch mit dem Denken: »Möchte ich denken oder lass ich es sein?« Die Antwort ist einfach: Wenn Denken stattfindet, dann verbunden mit Gewahrsein, und wenn kein Denken stattfindet, dann bitte ebenfalls verbunden mit Gewahrsein! Gewahrsein ist der springende Punkt – alles Unbewusste, ohne Gewahrsein, wird nicht zum Erwachen führen.

Gedankenfreies Sein ist aus der Sicht des Erwachens keineswegs hilfreicher als Denken. Wir Meditierende meinen oft, es sei etwas Hilfreiches daran, keine Gedanken zu haben. Aber was sollte daran hilfreich sein? Es geht auf dem Weg des Erwachens schließlich um Erkenntnis. Es geht darum, genau zu sehen, dass alles, was erscheint, die Natur dieses zeitlosen Gewahrseins hat, auch unser Denken.

Zu Beginn der Meditation einen klaren Entschluss fassen

Der Neunte Karmapa schreibt im selben Text:

> »Gib dir zu Beginn der Sitzung lediglich den Anstoß:
> ›Ich werde jetzt meditieren.‹ …
> Während der Meditation sei gelöst, ohne Anhaftung,
> natürlich und völlig unverwickelt.
> Hast du dich daran gewöhnt,
> schweife auch während der vier täglichen Aktivitäten[16]
> nicht von diesem klaren, leeren Sein frei von Anhaften ab.«[17]

16 Die vier täglichen Aktivitäten sind Liegen, Sitzen, Stehen und Gehen (Sich-Bewegen).

17 Ozean, S. 126

Wenn wir die Meditation beginnen, muss klar sein, dass wir jetzt üben. Wenn ich mich entschließe: »Jetzt meditiere ich«, dann bedeutet das: »Jetzt denke ich nicht über meine Projekte nach! Jetzt stelle ich keine Überlegungen an.« Dafür nehme ich mir vorher oder nachher Zeit. So schaffe ich klare Verhältnisse. Das ist wichtig für ein nutzbringendes Meditieren. Wenn wir uns zum Meditieren hinsetzen, sollten wir den Entschluss fassen:

»Jetzt übe ich mich in der Praxis des gelösten, wachen Seins. Auftauchende Gedanken werde ich einfach als solche wahrnehmen. Alle geistigen Bewegungen, wie Sinneswahrnehmungen und Gedanken, sind ganz und gar willkommen, und ich werde ihnen nicht folgen, sondern bei vollem Gewahrsein üben, nicht mit Anhaften und Ablehnen auf sie zu reagieren.«

Ich bekräftige also zu Beginn der Meditation, was ich üben möchte. Dadurch entsteht Klarheit und für eine Viertelstunde oder halbe Stunde übe ich genau das. Dann widme ich mich wieder anderen Dingen, aber immer, wenn meine Aufmerksamkeit nicht anderweitig in Anspruch genommen ist, lasse ich den Geist in diesem frei fließenden Gewahrsein. Und auch, wenn es etwas zu tun gibt, werde ich das möglichst gelöst tun. Dabei werde ich entdecken, dass dieses Gewahrsein selbst bei intensiver Aktivität präsent sein kann.

Völlig konzentriertes Meditieren

In der Mahāmudrā-Tradition wechseln wir ab zwischen konzentriertem und entspanntem Meditieren. Das sind zwei deutlich verschiedene Weisen, mit dem Geist umzugehen.[18]

Konzentration würde beispielsweise bedeuten, sich vorzunehmen: »Jetzt meditiere ich mit einer vollständigen Achtsamkeit, so als wäre es meine Aufgabe, eine Schale gefüllt mit Öl durch einen belebten Marktplatz zu tragen.« Traditionell wird dies so beschrieben: Auf dem Markt gibt es Jongleure, Verkäufer, Tänzer und eine dichte Menschenmenge.

18 Ozean, S. 162–163

Es braucht hundertprozentige Aufmerksamkeit, um den Weg da hindurch zu finden. Die Schale ist zudem bis zum Rand mit kostbarem Öl gefüllt und hinter mir geht jemand mit erhobenem Schwert, der droht, mir den Kopf abzuhacken, wenn ich nur einen Tropfen verschütte. Hoffnung und Furcht machen uns verspannt – wir würden ins Zittern kommen. Wie können wir entspannt und zugleich vollkommen achtsam sein?

Wir können das spielerisch üben, indem wir mit einer randvoll gefüllten Schale über unebenes Gelände gehen. Bei dem Bemühen, keinen Tropfen zu vergießen, erleben wir diese Form der Achtsamkeit, von der hier die Rede ist.

Geführte Meditation: Vollständige Atem-Achtsamkeit

In Bezug auf das Meditieren mit dem Atem lässt sich diese volle Achtsamkeit auf folgende Weise ausdrücken:

> »Folge deinem Atem mit einer Achtsamkeit,
> die dich jeden Bruchteil der Erfahrung erleben lässt.«

Lasst uns das jetzt ausprobieren, aber nur für kurze Zeit, einige Atemzüge.

Wir schließen die Augen, um ganz unabgelenkt zu sein. –

Wir wählen den Ort der Achtsamkeit dort, wo wir den Atem am deutlichsten spüren, irgendwo zwischen Bauchraum und Nasenspitze. –

Nun verfolgen wir das Ein- und Ausatmen mit völliger Achtsamkeit. –

Wir bleiben völlig präsent und zugleich gelassen. –

Wir erleben den Beginn des Einatmens, die Mitte, des Einatmens das Ende des Einatmens, den Umkehrpunkt, den Beginn, die Mitte, das Ende des Ausatmens. –

Jeder Moment fühlt sich anders an. –

Jetzt führen wir die Übung noch etwas mit offenen Augen fort. –

Nun beenden wir die Übung und sitzen einfach so. –

Erklärung: Wir strengen uns für eine Weile an, aber nicht lange, vielleicht drei bis vier Minuten. Wenn die Übung vorbei ist und wir einfach so dasitzen, bleibt der Geist noch für längere Zeit von selbst ruhig und gelöst. Das ist die heilsame Nachwirkung vollständiger Konzentration. Sich so zu konzentrieren, ist vielleicht etwas anstrengend, aber das entspannte Sitzen danach ist vergleichsweise anstrengungslos – und *beide* sind unabgelenkt! Die beiden Arten zu meditieren spielen eng zusammen: Dank der vorausgehenden Konzentration löst sich der Geist aus dem Haften und kann danach weiterhin anstrengungslos in diesem Nicht-Haften verweilen.

Anstrengungsloses, unabgelenktes Sein

In der Mahāmudrā-Praxis geht es um das anstrengungslose, unabgelenkte Sein. Wenn wir es aber direkt ansteuern, ohne eine gewisse Anstrengung zu machen, werden wir uns schon nach kurzer Zeit in Ablenkung verfangen, in unseren gewöhnlichen Gedanken. Um das zu unterbrechen, konzentrieren wir uns ein wenig. Diese Anstrengung entspricht den kleinen Ausgleichsbewegungen des Adlers im Gleitflug oder seinem Flügelschlagen von Zeit zu Zeit – es ist im Grunde nur hier und da eine kleine Anstrengung bei anhaltender Aufmerksamkeit. Es braucht nicht viel, um gewahr zu bleiben. Wenn der Geist wieder zurück im wachen Gewahrsein ist, gibt es nichts weiter zu tun, als ihn gelöst darin ruhen oder fließen zu lassen. Um es noch deutlicher zu machen, was mit gelöster, entspannter Meditation gemeint ist, gibt es weitere Beispiele.

»Meditiere so wie eine Getreidegarbe,
deren Band zerschnitten ist.«[19]

Wir tun so, als wären wir ein Bündel von Getreidehalmen, dessen Band durchtrennt wird. Das Bündel fällt auseinander und die Halme liegen einfach herum, ohne dass sie vom Druck des Bandes zusammengehalten werden. Alles Festhalten, jegliche Anstrengung, fällt ab. – Meditiere wie eine Weizengarbe, die auseinander fällt.

… stille Meditation …

»Der Yogi lässt seinen Geist gehen, wohin er will,
so wie ein Tor die Kühe, die er hütet.«

Meine Gedanken sind die Kühe und ich bin der Tor. Da wird nichts gehütet! Völlig sorglos, so wie ein sorgloser Narr, lasse ich die Kühe laufen, wohin sie wollen. Wie fühlt sich das an, so sorglos zu sein? Mit weitem Blick, sich nicht um die Kühe kümmern …

Geführte Meditation: Wie ein Tor die Kühe hütet

Legt euch innerlich ins Gras, wie ein Tor, der seine Kühe hütet. –

Lasst die Gedanken, die Kühe laufen, wohin sie wollen. –

Schaut in den weiten Himmel über euch. –

19 Ozean, S. 144

Fallt nicht darauf herein, an den Gedanken zu haften und ihnen nachzuschauen. –

Die Kühe lassen wir laufen. Die Gedanken haben keinerlei Bedeutung. –

… stille Meditation …

Ob wir nun wie ein Buddha meditieren oder wie ein Tor – aufgrund der entspannten Haltung kommt erstaunlicherweise dasselbe dabei heraus: völlige Sorglosigkeit, frei von Hoffnung und Furcht.

Dritter Tag

Die innere Haltung: gelassen und frei

Fred von Allmen

Wer mag, kann die Sitzung wieder damit beginnen, die Motivation zu klären und sich auszurichten auf die mögliche Befreiung von täuschenden und quälenden Geistes- und Herzenszuständen – und hierdurch auch zur Befreiung anderer beizutragen.

Umgangsweisen

Dann lassen wir uns erneut mit einer interessierten, wachen und entspannten Achtsamkeit im Körper nieder. Von großer Bedeutung ist es, sich immer wieder daran zu erinnern, die innere Haltung oder Einstellung zu betrachten – die Art und Weise, in der wir der gegenwärtigen Erfahrung begegnen. Wir sind achtsam und gegenwärtig in der Erfahrung des Moments, aber diese Achtsamkeit ist begleitet von einer bestimmten inneren Einstellung, ob wir uns ihrer bewusst sind oder nicht. Dieser Aspekt unserer Erfahrung entgeht uns oft. Die optimale innere Haltung ist annehmend und gelassen. Tatsächlich ist aber allzu oft das Gegenteil der Fall.

Abträglich sind wertende, urteilende und verurteilende Haltungen: »Das war nicht gut genug.« »Ich scheine besser zu werden.« »Ich bin wieder schlechter.« »Jetzt läuft es gut.« Auch vergleichende Betrachtungsweisen sind nicht förderlich: »Heute Morgen war es besser, jetzt ist es schlechter.« »Der Mann, der unbeweglich vor mir sitzt, hat sicher eine bessere Meditation als ich.« Abträgliche Haltungen können kritisch sein, klagend, fordernd oder aggressiv.

Zum Glück gibt es auch förderliche Haltungen, mit denen wir der Erfahrung des Moments begegnen können: interessiert, offen, annehmend, liebevoll, gelassen. Es sind schlicht andere Qualitäten des Gewahrseins. Sofern wir mit solch hilfreichen Einstellungen präsent sind, wird die Meditation einfacher, leichter und klarer. Dabei müssen wir Acht geben, nicht zu versuchen, möglichst die richtige Einstellung hinzukriegen und uns jedes Mal, wenn wir die falsche haben, dafür zu verurteilen.

Hilfreicher ist es, nicht nur verstandesmäßig zu *wissen*, was förderlich ist, sondern immer wieder bewusst zu *erleben*, was nützliche und was schädliche Umgangsweisen mit uns machen. Wenn wir dies tun, findet ein Erkennen statt, welches diese inneren Haltungen von selbst in positiver Richtung transformiert. In diesem Sinne können wir der Achtsamkeit, dem Gewahrsein und der Erkenntnis zutiefst vertrauen. Dieses Erkennen und Lernen findet immer dann statt, wenn wir wirklich an der direkten Erfahrung interessiert und mit ihr präsent sind – immer und immer wieder von neuem.

Interessiert und gelassen, weil wir verstehen wollen

Die Moment-zu-Moment-Erfahrungen werden hier nicht aus »sicherer Distanz« betrachtet, sondern in unmittelbarem Kontakt: mit der Wärme oder Kälte der Körperempfindung, dem Pulsieren, dem Vibrieren oder dem Stechen und Zerren. Wenn die Empfindungen unangenehm sind, ist das genauso akzeptabel, wie wenn sie angenehm oder neutral sind. Wir spüren, was ist – dabei bleiben wir offen und heißen die gegenwärtige Erfahrung willkommen.

Wenn wir beim Atem sind, hegen wir keine Vorstellungen darüber, wie er sein sollte. Es mag angenehm sein, wenn er tief und fließend ist, aber es ist genau so richtig, sollte er kurz und gepresst sein. Manchmal ist er kurz, manchmal ist er lang, manchmal schnell und manchmal langsam. Auch der Körper fühlt sich einmal gut an und ein andermal überhaupt nicht. Unser Job ist es, interessiert und möglichst gelassen in Kontakt damit zu sein. Wir praktizieren nicht, um bestimmte erwünschte Erfahrungen hinzukriegen, sondern um Gewahrsein, Gelassenheit und Erkenntnis zu kultivieren.

Gelassen bedeutet hier, sich nicht gegen unangenehme Erfahrungen zu sträuben und auch nicht zu versuchen, mehr angenehme hervorzubringen. Sollten wir dies trotzdem tun – was sehr wahrscheinlich ist, da wir immer lieber mehr Angenehmes und weniger Unangenehmes haben möchten, – nehmen wir auch dies mit freundlicher Gelassenheit wahr. Dabei spüren wir, wie sich Sträuben oder Festhalten, Ablehnung oder Verlangen, Unruhe oder Ruhe anfühlen und was sie in uns bewirken. Und wir stellen fest, dass diese Reaktionen ebenfalls nur für kurze Zeit andauern und dann wieder vergehen. Sind wir auch diesen Erfahrungen gegenüber offen und entspannt?

Wir müssen uns immer wieder erinnern: Es geht um achtsames Gewahrsein. Es geht darum, zu sehen und zu erfahren, wie die Dinge wirklich sind, wie sie entstehen, sich verändern und wieder verschwinden – und nicht darum, bestimmte Erfahrungen zu produzieren und andere zu vermeiden. Wenn wir wirklich interessiert sind und in einer wohlwollenden, willkommen heißenden Art präsent, werden sich die Dinge früher oder später in heilsamer Weise verändern. Weil wir ihnen in heilsamer Art und Weise begegnen. Der burmesische Vipassanā-Lehrer U Tejaniya Sayādaw schrieb in seinem Buch *Awareness alone is not enough:*

»Wir praktizieren, weil wir verstehen wollen. Manche Leute scheinen die Wirkung des achtsamen Gewahrseins nicht wirklich zu schätzen. Sie glauben, das Wesentliche in der Meditation seien die Objekte, die Erfahrungen, die sie betrachten. Aber die Objekte, die Erfahrungen, spielen nicht wirklich eine Rolle. Manche verbringen viel Zeit damit, über die Resultate nachzudenken. Sie möchten angenehme, friedvolle Zustände, sie möchten Entzücken. Wenn sie das hinkriegen, haften sie an diesen Zuständen. Der große Wert der Meditation liegt nicht in dieser Art von Resultaten, wie erfreulich sie auch immer sein mögen. Der wirkliche Wert der Meditation liegt im eigentlichen Prozess des achtsamen Gewahrseins, um zu erkennen und zu verstehen, was geschieht. Dieser Prozess ist wichtig, nicht die Erfahrungen und Zustände! Wir üben uns in Gewahrsein, weil wir verstehen wollen.«[20]

Versuchen wir's!

… stille Meditation …

Wenn ihr den Klang der Glocke hört, betrachtet dies bitte nicht als Signal für das Ende der Gewahrseinsübung. Das Läuten der Glocke bedeutet nur, dass die Sitzmeditation zu Ende ist, nicht aber das achtsame Gegenwärtigsein. Wir verändern die Körperhaltung, stehen auf und wechseln zur Gehmeditation. Die Praxis bleibt das kontinuierliche achtsame Gewahrsein. Ich möchte euch sehr ans Herz legen, die Zeit der Gehmeditation wirklich zu nutzen. Danke.

20 Ashin Tejaniya, Awareness Alone is Not Enough, Questions and Answers with Ashin Tejaniya, http://sayadawutejaniya.org/teachings/

Wie finden wir in freies, unverstricktes Sein?

Tilmann Lhündrup

Frei und unverstrickt sein ist eine mögliche Weise zu beschreiben, wie sich Mahāmudrā anfühlt. Wir werden in den nächsten Tagen immer wieder auf die Haltung eingehen, mit der wir praktizieren. Nicht nur beim Meditieren, sondern auch im Alltag. Der Neunte Karmapa gibt hierzu in seinem Manual »Mahāmudrā – Ozean des Wahren Sinnes« viele nützliche und inspirierende Hinweise, die ich als Zitate einfließen lassen möchte.

Wertschätzung

Die Grundhaltung, mit der wir den Weg des Erwachens gehen, ist Wertschätzung. Überrascht Euch das? Gemeint ist, sich bewusst zu sein, was es bedeutet, überhaupt dieses Leben hier zu besitzen: Es wirklich zu schätzen und dankbar zu sein, in einem menschlichen Körper zu leben unter Bedingungen, wo uns der Dharma und Dharma-Lehrer(innen) zur Verfügung stehen. Es gibt zudem Menschen, die unseren Weg unterstützen, und wir selber sind geistig, körperlich, sozial und materiell in der Lage, ihn auch zu praktizieren. Das ist außergewöhnlich, denn nur relativ wenigen Menschen auf diesem Planeten ist dies möglich!

Tiefe Wertschätzung zu spüren für diese außergewöhnliche Gelegenheit, die unser Leben bietet, ist die erste Vorübung des Mahāmudrā, mit der wir jeden Tag beginnen. Wir besinnen uns, wie wertvoll dieses Leben ist, auch wenn es nicht einfach ist. Trotz aller Schwierigkeiten finden wir alle Bedingungen vor, die es braucht, um den Weg zu gehen. Wir erkennen dies als die wirkliche Bedeutung unseres menschlichen Lebens, eine Gelegenheit, die wir nicht ungenutzt verstreichen lassen möchten. Lasst uns für einen Moment spüren, welch ein Geschenk es zum Beispiel ist, jetzt hier zu sein und die Möglichkeit zu haben, einige Schritte auf dem Weg des Erwachens zu gehen.

Wenn wir dies noch ausführlicher üben möchten, dann holen wir uns alles in Bewusstsein, was zu dieser einzigartigen Situation beiträgt und für das wir aus diesem Grund dankbar sein können. Es bewährt sich, für eine Weile jeden Tag wenigstens zwanzig Aspekte unseres Lebens aufzuzählen, für die wir Wertschätzung empfinden, bis uns diese dankbare Grundhaltung, welche die Kostbarkeit unseres Lebens klar erkennt und würdigt, ganz vertraut wird. Wir können z. B. an die Kleidung denken, die wir tragen, den Raum, in dem wir sitzen, das Essen, das uns nährt, die gewisse soziale Sicherheit, die wir genießen … Die Wertschätzung dehnt sich immer weiter aus, bis hin zur Dankbarkeit dafür, dass der Buddha gelehrt hat und es erwachte Meister und Meisterinnen gibt, die uns den Dharma zur Verfügung stellen. Zusätzlich kontemplieren wir über all die Bedingungen, die zusammen kommen mussten, dass diese Unterweisungen uns heute erreichen können.

Wenn wir dies immer wieder kontemplieren, erscheinen uns unsere Probleme weniger wichtig, und statt des Gefühls, unser Leben sei besonders schwierig, stellt sich eine dankbare Freude ein, die uns anspornt und beflügelt, jede Situation für den Weg zu nutzen.

Überzeugtes, strebendes und inspiriertes Vertrauen

Die zweite Grundhaltung der Mahāmudrā-Praxis ist Vertrauen. Vertrauen wurde schon von Buddha Śākyamuni[21] als zentrale Qualität auf dem Weg beschrieben. Was damit gemeint ist, erklärt der *Abhidharma* des nördlichen Buddhismus wie folgt:

21 Buddha Śākyamuni ist der Name des historischen Buddhas, sonst auch Gautama genannt, im Mahāyāna-Buddhismus. Er bedeutet »Mächtiger (aus dem Geschlecht) der Śakyas«.

»Was ist Vertrauen?
Wahre Überzeugung, Streben und Inspiration
in Hinblick auf Handlungen und ihre Folgen,
die Wahrheit[en] und die Zufluchtsjuwelen.«[22]

Überzeugtes Vertrauen in die Wirkung unseres Handelns ist entscheidend für den Weg. Nur wenn wir überzeugt sind, dass unser Handeln tatsächlich etwas ändert, sind wir motiviert abzuwägen, welche Handlungen sinnvoll sind und was für ein Denken, Sprechen und körperliches Handeln heilsam ist. Der Mahāmudrā-Weg beruht auf einem tiefen Verständnis von heilsamem Handeln und dem Vertrauen, dass unser Wirken diese Welt mitgestaltet.

Wir sind Teil eines großen Feldes von Kräften, die aufeinander einwirken. Als integraler Teil dieses Feldes von Wechselwirkungen nehmen wir durch unser Denken, Kommunizieren und Handeln Einfluss auf unsere Welt. Wir sind in ständiger Wechselwirkung mit allem: Alles beeinflusst uns und zugleich sind wir entscheidend daran beteiligt, was wir erleben und wie wir es erleben.

»Handeln« im weitesten Sinne beinhaltet, wie wir mit aufsteigenden Gedanken und Geisteszuständen umgehen. Wir können geschickt oder weniger geschickt damit umgehen. Heilsames, geschicktes Handeln ist der Weg ins befreite Sein. Wer darauf vertraut, wird einen Sinn darin sehen, mit seinem Geist zu arbeiten. Er ist überzeugt, dass er einen Einfluss hat, ob dieser Geist in die Freiheit findet oder nicht. Zu glauben, das sei irgendwie vorbestimmt oder vom Zufall abhängig oder heilsames Handeln spiele im Mahāmudrā keine Rolle, weil ja alles substanzlos und leer ist – all das sind irreführende Anschauungen. Mahāmudrā-Praxis gründet sich – genau wie alle anderen buddhistischen Traditionen – auf heilsames Handeln, verbunden mit dem vollen Vertrauen in die Auswirkungen unseres Handelns.

22 Zitiert nach Gampopa, Der Kostbare Schmuck der Befreiung, S. 38, Norbu Verlag, Definition aus der Abhidharma-Schatzkammer von Vasubandhu und dem Abhidharma-Kompendium von Asaṅga.

Die zweite Form des Vertrauens ist das *Streben nach dem Verstehen der Wahrheit*, nach dem Erkennen dessen, wie die Dinge wirklich sind. Dazu gehört auch das Vertrauen, dass wir die Natur des Seins tatsächlich verstehen können. Wir streben danach, immer tiefer zu schauen und die vier edlen Wahrheiten zu verstehen, das heißt, wie Leid entsteht und wie es zu einem Ende von Leid kommt, wie wir Glück verwirklichen und Befreiung erlangen können. Dieses vertrauensvolle Streben verlässt uns auch nicht im Alltag.

Wir lenken unseren Blick immer wieder auf die Natur unseres Erlebens – wie es entsteht und sich auch direkt wieder auflöst. Wir erforschen die tiefe Wahrheit des Wandels, des Nicht-Selbst und der nicht-fassbaren Natur aller Erscheinungen. Das ist die zweite Form des Vertrauens, die für den Weg unerlässlich ist – ein strebendes Vertrauen, dass Erkennen möglich ist.

Inspiriertes Vertrauen in Buddha, Dharma und Saṅgha als die drei Juwelen der Zuflucht ist die dritte Form des Vertrauens. Wir sind inspiriert von Buddha Śākyamuni und den erwachten Lehrern und Lehrerinnen der Vergangenheit bis hin zu den heutigen Meistern. Wir sind inspiriert, ihrem Vorbild zu folgen und so wie sie zu erwachen. Wir fühlen ein inspiriertes Vertrauen, dass kontinuierliche Dharma-Praxis in dieses Erwachen führt, und auch ein Vertrauen in die Helfer und Helferinnen, die uns auf diesem Weg beistehen. Vertrauen in Buddha, Dharma und Saṅgha bedeutet: Vertrauen ins Erwachen und die Erwachten, Vertrauen in den Dharma als Weg, der zum Erkennen dieser befreienden Wahrheit führt, und Vertrauen in die Saṅgha als die Unterstützung auf dem Weg.

Vielleicht fragt ihr euch jetzt: Habe ich dieses Vertrauen oder nicht? Wir haben zumindest schon einmal das Vertrauen, uns auf diese Unterweisungen einzulassen, auch wenn unser Vertrauen verständlicherweise Schwankungen ausgesetzt ist. Es gibt noch ungeklärte Bereiche, und deshalb ist das Vertrauen zwar manchmal ganz stark, so dass wir dann unser ganzes Leben nur noch dem Dharma widmen möchten;

aber andere Male kommen Zweifel auf. Das gehört zum Weg dazu. Wichtig ist nur, dieses Vertrauen zu nähren.

Wie können wir unser Vertrauen nähren?

Vor allem durch unsere persönliche Praxis. Was das Vertrauen nährt, ist letzten Endes die persönlich gemachte Erfahrung. Wir brauchen Erfahrungen damit, dass es einen Unterschied macht, wie wir handeln. Wir müssen Erfahrungen sammeln mit inspirierenden Vorbildern. Und wir brauchen persönliche Erfahrungen, wie ein Erkennen der Wirklichkeit dazu beiträgt, uns aus Verstrickung zu lösen. Die direkt erlebte Erfahrung ist das, was das Vertrauen am meisten nährt. Darauf können wir wirklich bauen. Solches Vertrauen ist nicht von anderen Menschen übernommen oder eingeflößt, sondern entsteht aus der eigenen Erfahrung. Dieses Vertrauen ist dann auch kraftvoll genug, um uns durch Schwierigkeiten hindurch zu tragen.

Geführte Kontemplation zu Vertrauen und Zweifeln

Lasst uns nun in der Stille über Fragen zum Thema Vertrauen kontemplieren. Wir können uns auch Notizen dazu machen:

Wo spüre ich tatsächliches Vertrauen? –
Was inspiriert mich tatsächlich? –
Wo spüre ich Zweifel? –
Wo sind offene Fragen? –
Wo bin ich mir nicht gewiss in Bezug auf den Weg des Erwachens? –
Welche von diesen Zweifeln oder Fragen möchte ich klären? –
Wie könnte das aussehen, was muss ich tun, um sie zu klären? –

Forschergeist und Bodhisattva-Haltung

Mahāmudrā ist ein Weg für Neugierige und braucht eine große Portion Forschergeist. Es ist ein Weg für Menschen, die interessiert sind, stets tiefer zu verstehen – und dies nicht nur für sich selbst, sondern um für alle von Nutzen zu sein, mit denen sie verbunden sind, schlussendlich für alle Lebewesen. Mit solch einer Haltung gehen wir den Weg voller Interesse und Entschlossenheit, um herauszufinden, was das Erwachen eines Buddhas ist. Wir wünschen uns, Buddhas zu werden, um in der Lage zu sein, alle Lebewesen von ihrem Leid zu befreien. Diesen Wunsch, der dann zu einem Versprechen wird, nennt man das Bodhisattva-Gelübde – und diese Bodhisattva-Haltung ist die Basis der Mahāmudrā-Praxis.

Stellen wir uns einmal vor, wir wunderbar es wäre, als vollkommen Erwachte allen Lebewesen bei ihrer Suche nach wirklichem Glück helfen zu können. Die Vorstellung, echte Antworten auf ihre existentiellen Fragen anbieten zu können, berührt mein Herz und es entsteht der Wunsch, nicht nur mich selbst zu befreien, sondern auch alles zu lernen, was ihnen helfen könnte. Ich öffne mich für das weite Feld des Lernens; für ein Lernen, das über das hinausgeht, was ich selber brauche, um glücklich zu sein oder mich frei zu fühlen. Die Bodhisattva-Haltung entspricht einer tiefen Bereitschaft zu lernen, überall wo wir können, um immer heilsamer präsent zu sein in dieser Welt – in jedem Bereich unseres Seins. Es geht nicht nur darum, in jeder Situation unseres Lebens achtsam zu sein, sondern auch in jeder Situation tiefer zu verstehen.

… stille Meditation …

Mit offenen Augen meditieren

Übrigens wird in der Mahāmudrā-Tradition mit offenen Augen meditiert. Probiert das mal aus, falls ihr es nicht gewöhnt seid. Die offenen Augen sind Zeichen der kompletten Präsenz in diesem Leben – wir suchen unsere Praxis nirgendwo anders als in dem, was gerade ist. Mit geschlossenen Augen können wir uns meist besser konzentrieren. Damit wir aber als Bodhisattvas in dieser Welt wirken können, kultivieren wir bereits beim Meditieren die Haltung des vollkommen offenen In-der-Welt-Seins. Wir lernen, uns nicht zu verstricken mit dem, was die Augen sehen, sondern ein klares, nicht-begriffliches Gewahrsein zu wahren, genau wie beim Hörsinn, der beim Meditieren ebenfalls offen bleibt. Wir üben uns darin, uns mit den Sinneserfahrungen nicht zu verstricken. Das gilt auch für das Riechen, das Schmecken, das Fühlen des Körpers und das Wahrnehmen der geistigen Bewegungen. Wenn wir zwischen geschlossenen und offenen Augen abwechseln, lernen wir die jeweiligen Vorzüge kennen.

Die Prioritäten klären und Einfachheit kultivieren

Auch die Mahāmudrā-Praxis beruht auf »Entsagung« – ein wenig beliebtes Wort heutzutage. Gendün Rinpoche beschrieb verschiedene Ebenen von Entsagung. Zunächst bewirkt das Sehen der Vergänglichkeit und Unbeständigkeit unseres Lebens, dass vorher wichtige Dinge ihren hohen Stellenwert verlieren und anderes wichtiger wird. »Wir klären unsere Prioritäten« – das hört sich besser an als »Entsagung«. Wir denken langfristiger. Wir schauen, was langfristig Sinn macht angesichts der Unwägbarkeit dieses Lebens und in Hinblick auf den Tod und auf mögliche nächste Leben. Was möchte ich kultivieren, solange ich noch lebe? Was ist mir aus dieser Perspektive wichtig? Das wird Entsagung genannt, weil wir dabei so viel Unwichtiges loslassen, mit dem wir sonst den Alltag füllen.

Durch das Kontemplieren unserer wirklichen Prioritäten beginnen wir Wichtiges von Unwichtigem zu unterscheiden. Entsagung bedeutet hier: »Einfachheit kultivieren«, das Leben einfach gestalten. Im Grunde genommen geht es darum, uns aus Verstrickungen zu lösen, aus dem Greifen, Haften, Verwickeltsein, Ängsten, Hoffnungen, Befürchtungen,

Haben-Wollen, Nicht-Haben-Wollen … und dabei stets zu schauen, warum wir uns immer wieder verstricken.

Der Grund dafür, dass wir uns immer wieder verstricken, ist die Sorge um uns selbst. Und so geht es auf der nächsten Ebene nicht mehr um die äußere Entsagung, z. B. aus dem Wohlstand oder aus irgendwelchen Beschäftigungen auszusteigen, sondern um die innere Entsagung, die übertriebene Sorge um uns selbst loszulassen. Lasst uns für einen Moment kontemplieren:

- Was brauche ich eigentlich?
- Was tut mir tatsächlich gut?
- Inwieweit sind Sorgen gerechtfertigt, inwieweit sind sie es nicht?

Panoramisches Denken und Sein

Auf einer subtileren Ebene erkennen wir, dass fast jeder Gedanke Ausdruck der Sorge um uns selbst ist. Da gibt es nur selten Ausnahmen. Die Gedanken, die uns in der Meditation ablenken, sind Ausdruck dieses Verstricktseins in Hoffnung und Furcht in Bezug auf uns selbst. Und so ist es die vielleicht tiefste Form der Entsagung, die unnötigen, verstrickenden Gedanken gehen zu lassen und, wie Gendün Rinpoche empfahl, Entsagung im Denken zu üben und schließlich sogar die Selbstbestätigung durchs Denken aufzulösen.

Es geht darum, das Denken so zu nutzen, dass es zur Befreiung führt. Ein wichtiger Schlüssel dafür ist, »panoramischer« zu denken – andere mit einzubeziehen. Zunächst meinen wir vielleicht, das würde bedeuten, sich davon zu lösen, dass die Gedanken nur um einen selber kreisen und von nun an nur noch altruistische Gedanken zu kultivieren, aber das trifft nicht ganz zu. Panoramisches Denken bezieht mich selbst als Teil der Welt mit ein; es ist darauf ausgerichtet ist, dass es *allen* gut geht und dass mein Handeln und Sein *allen* gut tut. Auf dieser Basis finden wir beim Meditieren relativ leicht in eine gelöste Präsenz.

Um Schritte in diese Richtung zu machen, identifizieren wir die Formen des Denkens, die in Verstrickung führen. Anzeichen für Verstrickung sind,

- immer wieder dasselbe zu denken, ohne vorwärts zu kommen,
- emotional identifiziert zu sein, d. h., es geht vorwiegend um mich selbst
- emotional unnötig stark zu reagieren auf Gedanken oder Situationen,
- keine innere Ruhe mehr zu spüren,
- die Weitsicht verloren zu haben,
- sich nicht frei zu fühlen, sondern
- gefangen zu sein in Anhaften und Ablehnen.

Deutlich zu sehen, wo ich verstrickt bin, motiviert mich herauszufinden, was in diesen Bereichen zu einem authentischen Loslassen führen kann – und nicht zu einer nur aufgesetzten Entsagung. Es hilft nicht, einfach als Yogi in den Wald zu gehen, wie ich das früher ja auch getan habe. Man entsagt allem Äußeren, geht in den Wald und findet dann heraus, dass man dadurch noch nicht viel gelöster ist. Man hat einfach eine andere Situation geschaffen. Zu einem wirklichen Loslassen oder Entsagen kommt es erst durch Erkennen, durch Weisheit: wenn wir das verstrickende Denken loslassen »wie eine heiße Kartoffel« – ganz einfach weil wir spüren, dass es nicht gut tut.

Freies, unverstricktes Sein ist sofort da, ohne irgendeine Verzögerung, sobald sich die Verstrickung gelöst hat. Die Aufgabe ist: Wie kann ich mit den auftauchenden geistigen Bewegungen in ein gelöstes Sein finden? Das Wichtigste ist, überhaupt bewusst zu werden – meist reicht das schon. In dem Moment, wo wir uns einer Gedankenkette bewusst werden, hört sie auf. Und wenn ich dann präsent bleibe, ist dieser Moment der Verstrickung vorbei. Es ist sogar möglich, dann unverstrickt bei voller Bewusstheit weiterzudenken. Vorausgesetzt, das Denken findet in einem nicht-haftenden, weiten Geistesraum statt, der frei von Zwängen ist.

Lasst uns eine Weile üben, entspannten Geistes präsent zu sein, mit offenen Augen, voll bewusst, dass wir gemeinsam mit anderen in diesem Raum und auf dieser Welt sind …

… stille Meditation …

Zum Abschluss ein Zitat von dem Mahāmudrā-Meister Götsangpa:

»Lasse dem Geist viel Raum,
ohne etwas zu fabrizieren,
gelöst und anstrengungslos,
frei und ohne Ziel,
entspannt und frei von Anhaften,
klar im Ungeborenen,
vollkommen offen und unbehindert,
unverhüllt und leuchtend.
Bleibe ausgeglichen in Gleichheit,
ohne dass Objekte als etwas Äußeres wahrgenommen werden
und der Geist als etwas Inneres abgeschnitten ist.«[23]

… stille Meditation …

23 Ozean, S. 129

Von der Komplexität zur Einfachheit

Ursula Flückiger

Was brauchen wir wirklich?

Wir befinden uns mitten in dem Experiment, herauszufinden, wo es Gemeinsamkeiten und Verschiedenheiten zwischen Mahāmudrā und Vipassanā gibt. Aber ganz egal, ob Mahāmudrā, Vipassanā oder andere Dharma-Traditionen, sie alle beschreiten den Weg des Nicht-Festhaltens, weg von Komplexität und Verwirrung, hin zu Einfachheit und Klarheit.

Ich möchte heute Abend verschiedene Ebenen ansprechen, auf denen diese Bewegung von der Komplexität zur Einfachheit stattfindet. Die Welt bietet in der Tat sehr viel Verführerisches. Sie gibt uns immer wieder das Gefühl, dass wir Freiheit, inneren Frieden und Glück in diesen höchst komplexen inneren oder äußeren Bedingungen finden werden. Wir verstricken uns in der Hoffnung, dass es irgendwo eine Erfahrung gibt, die uns dauerhaft glücklich machen wird. Diese Hoffnung lässt uns immer wieder ermüdende Versuche machen, die richtigen Bedingungen – im Inneren oder im Äußeren – zu finden oder zu erschaffen.

Dabei stellt sich eine zentrale Frage: Brauchen wir wirklich noch mehr Erfahrungen? Brauchen wir, um glücklich zu sein, andere Klänge, Düfte, Gefühle, Gedanken als die, welche gerade hier sind? Oder liegt das Glück vielleicht in der lebendigen Wirklichkeit eines jeden Moments, dem wir mit Weisheit und Verstehen begegnen?

Materielle Genügsamkeit

Der Weg von der Komplexität zur Einfachheit vollzieht sich zunächst auf der materiellen Ebene. Wir wissen es alle: Viel Besitz bedeutet viel

Beschäftigung damit. Es braucht viel Zeit, um Besitz zu erwerben, zu pflegen, zu reparieren, aus- und umzubauen. Eine interessante Frage für unser Leben ist: Wie viele Möbel, Geräte, Computer, Kleider usw. brauchen wir wirklich, um glücklich zu sein?

Einer meiner ersten und auch wichtigsten Lehrer, *Ajahn Sumedho*[24], hat uns immer wieder daran erinnert, dass die Bedingungen, die wir jetzt gerade haben, bereits gut genug sind, um zu praktizieren. Dass trifft sicher für alle zu, die wir heute hier sind. Ich glaube nicht, dass die Bedingungen für den größten Teil der Menschen auf dieser Welt ausreichend sind. Es mag sinnvoll sein, sich immer mal wieder die Frage zu stellen: Ist mein Leben einzig ein Optimieren der äußeren Bedingungen? Ein Optimieren des Lustfaktors ?

Wenn wir nicht unterscheiden zwischen dem, was wir wollen, und dem, was wir brauchen, dann werden unsere Bedürfnisse ständig zunehmen. Unsere Dankbarkeit und unsere Wertschätzung für das, was wir haben, nehmen ab. Je weniger wir haben, desto leichter ist es, das, was wir haben, tatsächlich zu würdigen. Das ist eine Erfahrung, die bestimmt viele von uns gemacht haben – zum Beispiel auf Reisen, wenn wir nur das Nötigste in einem Rucksack mitnehmen können. Solche Erfahrungen machen auch viele in einem Retreat wie diesem hier. Wenn wir nächste Woche wieder zu Hause ankommen und all die vielen Dinge sehen, die wir besitzen, wundern wir uns vielleicht darüber, dass sie uns gar nicht gefehlt haben. Unsere moderne Welt setzt Einfachheit fälschlicherweise mit Entbehrung gleich. Wir werden immer wieder aufgefordert, unser Leben und unser Denken mit Objekten, Informationen und Zerstreuungen auszufüllen. Vor einiger Zeit sah ich eine Werbung, in welcher es hieß: »Sie können sofort alles haben.« Der moderne Inbegriff von Glück!

24 Ajahn Sumedho, 1934 in den USA geboren, buddhistischer Mönch der thailändischen Waldtradition in der Übertragungslinie von Ajahn Chah und über Jahrzehnte Abt von Chithurst und des Amaravati Buddhist Monastery in England.

Einfachheit auf der materiellen Ebene ist auch ein Akt des Mitgefühls. Mitgefühl für uns selbst, aber auch Mitgefühl für die Welt als Ganzes. Gandhi soll einmal gesagt haben:

> »In dieser Welt gibt es genug für jedermanns Bedürfnisse,
> aber nicht genug für jedermanns Gier.«

Vielleicht können wir uns auch immer wieder mal an Rumis Aussage erinnern, dem großen Sufi-Poeten:

> »Wir sind auf dem Weg zum Himmel,
> wer interessiert sich jetzt für Sehenswürdigkeiten?«

Besitz ist eine Ebene möglicher Verstrickung, Geschäftigkeit ist eine weitere: Ein voller Terminkalender ist heutzutage cool – er ist der Beweis unserer Wichtigkeit. Einzugestehen, dass es in meiner Agenda noch freie Zeiten gibt, mag schon ein Wagnis sein. Unverplante Zeit ist rar geworden, doch gerade in diesen scheinbar nutzlosen Zeiten kann so viel Heilung geschehen.

Im Körper zu Hause sein

Auch auf der körperlichen Ebene können wir von der Komplexität in die Einfachheit finden. Das können wir im Alltag wie auch hier im Retreat üben: Statt uns in der Welt der Gedanken zu verlieren, sind wir vermehrt im Körper zu Hause. Die wirklichen Wunder des Lebens sind weniger die *Out-of-Body-Experiences,* die Erfahrungen des Aus-dem-Körper-Seins, sondern vielmehr die *In-the-Body-Experiences*, also die Momente, in denen wir wirklich in unserem Körper sind und uns in ihm zu Hause fühlen. Hierzu gehört die Achtsamkeit des Körpers und der Körperhaltungen: ganz bewusst das Sitzen wahrnehmen, das Stehen wahrnehmen, das Liegen wahrnehmen, das Gehen wahrnehmen.

Dabei beobachten wir nicht vom Kopf her, wie wir sitzen und gehen, sondern lassen vielmehr die Achtsamkeit in unseren Körper sinken und spüren von innen, was auch immer es da zu spüren gibt. Bisweilen sind wir mit der Aufmerksamkeit tatsächlich da, wo wir sind, und sind mit dem, was wir tun. Wenn wir die Tür öffnen, können wir die Türklinke spüren, die Kühle vielleicht, die Härte des Metalls? Können wir den Arm spüren, der sich zum Essen ausstreckt, oder die Hand, die den Teller hält? Spüren wir die Reibung der Jacke beim Anziehen?

Zur Körperachtsamkeit zählt auch das Gewahrsein der Atemempfindungen. Wir müssen nicht vierzig Minuten beim Atem sein, sondern nur gerade diesen einen Atemzug. Das können wir alle: in Kontakt sein mit einem Einatem, einem Ausatem, statt beim Einatmen bereits das Ausatmen zu erwarten. Wir erlauben uns, in das Verklingen der Erfahrungen hinein zu entspannen, statt bereits die nächste Erfahrung, den nächsten Atemzug, vorwegzunehmen. Ebenso bei der Gehmeditation: Wir brauchen nicht vierzig Minuten Gehmeditation zu machen. Es geht immer nur um diesen einen Schritt, der jetzt gerade stattfindet – so direkt und unmittelbar, so voll und ganz wie möglich.

Es kann auch ein Moment des Horchens sein, ein Moment des Riechens, ein Moment des Schmeckens, ein Moment des Sehens – wenn dies auch sehr banal klingen mag. Dies sind Dinge, die wir ständig tun, ob hier im Retreat oder im Alltag. Mit Gewahrsein gelebt, haben sie eine große Wirkung. Sie bringen jedes Mal einen Moment der Ruhe, des Verbundenseins, der Sammlung, der Klarheit und der Einsicht.

Eine kurze Zen-Geschichte kann uns helfen, aus dieser Einfachheit nicht gleich wieder einen Glaubenssatz zu machen und uns dadurch das Leben erneut zu verkomplizieren:

> »Ein Zen-Meister gab seinen Schülern und Schülerinnen immer wieder genau diese Belehrung, die Belehrung der Einfachheit: Wenn gehen, dann nur gehen. Wenn essen, dann nur essen.

Wenn putzen, dann nur putzen. Wenn sitzen, dann nur sitzen. Eines Tages beobachtete eine langjährige Schülerin den Meister beim gleichzeitigen Frühstück essen und Zeitung lesen. Empört stellte sie ihn zur Rede: ›Meister, all diese Jahre hast du uns gelehrt: Wenn essen, dann nur essen, und wenn Zeitung lesen, dann nur Zeitung lesen.‹ Worauf der Zen-Meister erwiderte: ›Ja genau; wenn essen und Zeitung lesen, dann nur essen und Zeitung lesen!‹«

So viel zur Achtsamkeit des Körpers. In dem Maße, wie wir es im Retreat üben, wird es uns auch in unserem komplexen Alltag leichter zur Verfügung stehen.

Schweigen und Horchen – ein Lob der Stille

Eine weitere Ebene, auf der wir von der Komplexität zur Einfachheit finden können, ist das Reden. Es ist ein herausforderndes Übungsfeld, unsere verbale Kommunikation so zu gebrauchen, dass sie unser Leben und das der anderen vereinfacht und zu mehr Klarheit und Verbundenheit führt. Ich kann leider hier nicht ausführlicher darauf eingehen, da dies unseren Zeitrahmen sprengen würde.

Was ich jedoch erwähnen möchte, ist die Stille, das Schweigen, das im Retreat ein wichtiger Aspekt der Praxis ist. Auch im Alltag können wir es ein Stück weit pflegen. Die Stille ist die Kraft unseres inneren Lebens. Wenn wir über lange Zeit viel reden, verlieren wir leicht den Kontakt zu unserem Inneren und das kann viel Energie rauben. Stille schafft eine Atmosphäre, die Klarheit begünstigt. Stille hebt die Einzigartigkeit von Dingen, Ereignissen und Menschen hervor und lässt ihre Verbundenheit durchschimmern. Hierzu einige Zeilen von Thomas Merton, der viel Zeit in stillem Retreat verbrachte:

»Es muss eine Stunde am Tag geben, wo der planende Mensch all seine Pläne vergisst und wo er handelt, als hätte er überhaupt keine. Es muss eine Stunde am Tag geben, wo der Mensch, der zu reden hat, verstummt. Dann formt er im Geist keine Anträge mehr. (…) Es muss eine Stunde am Tag geben, wo der Mensch der Entschlüsse seine Entschlüsse beiseiteschiebt, als wären sie alle zerronnen und wo er eine neue Weisheit lernt: Die Sonne vom Mond zu unterscheiden, Sterne vom Dunkel, das Meer vom festen Land und den Nachthimmel von der Wölbung eines Hügels. Im Schweigen lernen wir zu unterscheiden.«[25]

Im Schweigen, im Nach-Innen-Horchen, lassen wir uns vom Leben berühren. Die Stille macht uns von einem Handelnden zu einem Empfangenden. Stille hat auch etwas Entlarvendes, Verdrängungsmechanismen haben weniger Chancen. In der Stille ist es schwieriger, Kränkung nicht zu spüren, Ungeduld nicht wahrzunehmen, eine innere Rührung nicht zuzulassen oder einen Gedanken des Neides nicht mitzubekommen. Stille macht uns sensibler für die leidhaften, schmerzhaften Erfahrungen, aber sie macht uns auch empfänglicher für die beglückenden. Sie eröffnet uns Bereiche, von denen wir zuvor nicht wussten, dass es sie gibt. Stille macht uns hellhörig. Ich möchte diese Gedanken mit einem Gedicht abschließen, das ich sehr schätze. Es ist von Basho[26]:

»Die Tempelglocke ist verstummt,
doch der Klang kommt weiterhin aus den Blumen.«

Dies zum Schweigen und der Klarheit, die dadurch entstehen kann. Durch Stille und das äußere Schweigen nehmen wir den inneren Lärm umso lauter wahr. Die Welt der Emotionen und Gedanken wird spürbar; eine Welt, in der wir große Fülle, Reichtum und Kreativität erleben können, aber auch viel Verwirrung, Verstrickung und Kom-

25 Thomas Merton, Keiner ist eine Insel, Betrachtungen über die Liebe, Benziger Verlag, Zürich und Düsseldorf, 1997

26 Matsuo Basho (1644–1694)

plexität. Der Weg von der Komplexität zur Einfachheit in unserer emotionalen Welt ist ein Weg, der von Ideen, Vorstellungen und Begriffen hin zur direkten, unmittelbaren Erfahrung führt.

Klarheit in den Gefühlen

Insbesondere verlieren wir uns oft in Emotionen und Gefühlen, vor allem aber auch in den Gedanken über ein Gefühl, das wir gerade erfahren. Da sind Gedanken darüber, woher das Gefühl kommt, was es bedeutet, weshalb wir uns gerade so fühlen, was es über uns aussagt. Wir rechtfertigen die Gefühle, verteidigen sie oder schämen uns ihretwegen. Selten halten wir einfach inne und wenden uns dieser Erfahrung ganz unmittelbar zu: Wie ist das Gefühl? Was ist das für eine Erfahrung, die ich Trauer nenne oder Wut, Freude, Langeweile, Ruhe, Mitgefühl und Neid? Wo und wie erlebe ich die Wut, die gerade da ist?

Wenn wir uns diesem Erleben direkt zuwenden, merken wir, dass Gefühle eigenartige, letztlich nicht fassbare Gebilde sind aus verschiedensten Erfahrungen. Da gibt es Körperempfindungen, angenehme, unangenehme, Druck, Hitze, Kälte, Kribbeln, Vibrieren; da gibt es Gedanken, die zu diesen Körperempfindungen führen, und Körperempfindungen, die ihrerseits weitere Gedanken auslösen. Wenn es uns gelingt, uns nicht im Inhalt der Emotion zu verstricken, sondern sie einfach wahrzunehmen, im Körper zu spüren und sie zu lassen, wie sie ist, dann ist zwar diese Erfahrung da, aber das ganze Konstrukt um die Emotion herum fällt in sich zusammen. Sie ist einfach da, ohne sich auf jemanden zu beziehen. Dann ist's einfach. Die Komplexität fällt weg. Hierzu eine witzige Anekdote von Mark Twain aus einem Reisebericht. Mit trockenem Humor beschreibt er, wie wir uns im Leben immer wieder an Konzepte halten, statt an die lebendige Wirklichkeit:

»Es war sehr kalt und wäre das Thermometer noch ein paar

Zentimeter länger gewesen, wären wir erfroren.«

Ein treffendes Beispiel dafür, wie wir oft mit unseren Erfahrungen umgehen. Nicht die Wirklichkeit zählt, sondern ihre Interpretation. – Nyoshul Khen Rinpoche[27], ein großer Dzogchen-Meister, sagte:

»Lass alles, wie es ist, in grundlegender Einfachheit,
und Klarheit wird sich von selbst einstellen.«

Ins Dickicht der Gedanken blicken

Unsere Gedankenwelt ist oft sehr dicht, verworren, schnell und von daher komplex. In unserem Geist können wir unendliche Möglichkeiten durchspielen, alle »Wenn und Aber«, Love-Stories und Horror-Szenarien. Auch hierzu noch einmal Mark Twain:

»Die schlimmsten Dinge in unserem Leben sind zum Glück
gar nie geschehen.«

Wir wissen alle, dass es schlimme Dinge gibt, die wir und andere erleben müssen. Doch es gibt auch viele Horrorszenarien, die zum Glück nie eintreten werden.

Auch auf der gedanklichen Ebene haben wir die Möglichkeit, uns aus der Komplexität zu befreien, indem wir uns aus dem Dickicht der Gedanken lösen, innehalten und mitten ins Herz der Gedanken schauen, statt uns in ihnen zu verstricken. Wie bei den Emotionen können wir das Gewahrsein ganz unmittelbar auf die Gedanken richten und schauen: Woher kommt dieser Gedanke? Wohin geht er? Woraus besteht er?

Wenn wir mehr in Kontakt sind mit dem tatsächlichen Wesen der Gedanken, dann sind sie nicht mehr so lebensbestimmend und ver-

27 Nyoshul Khen Rinpoche (1932–1999), ein Meister der tibetischen Dzogchen- und Mahāmudrā-Traditionen

einnahmend. Vielmehr haben wir die Freiheit, sie sinnvoll zu nutzen, statt von ihnen benutzt zu werden. Die Macht, die sie haben, ist einzig die Macht, die wir ihnen geben. Mit Gewahrsein können wir hilfreiche Gedanken weiterverfolgen und unheilsame Gedanken vorüberziehen lassen.

Auch im Umgang mit Gedanken ist Körperachtsamkeit sehr förderlich. Immer mal wieder können wir unsere Aufmerksamkeit von den Gedanken wegnehmen und stattdessen mit einer Körper- oder einer anderen Sinneserfahrung Kontakt aufnehmen. Dies tun wir nicht aus Aversion gegen die Gedanken, weil sie etwa schlecht wären oder wir nicht denken sollten, sondern weil es gerade wohltuender und erholsamer ist und Entspannung sowie eine neue Perspektive und Klarheit ermöglicht.

Ein großer Teil der Dharmapraxis besteht darin, mehr und mehr Vertrauen in das Nicht-Wissen zu gewinnen; sich in diesem Nicht-Wissen zu Hause zu fühlen und damit zu entspannen. Pema Chödrön[28], eine bekannte amerikanische Nonne in der tibetischen Tradition, umschreibt dies, indem sie sagt:

> »Lernen, mit der Panik zu entspannen.«

Wenn wir ehrlich mit uns sind, dann müssen wir zugeben: Wir wissen erstaunlich wenig, wirklich. Letztendlich bleibt das Leben ein Mysterium. Es gilt zu lernen, mit der Panik zu entspannen: der Panik, die entsteht, wenn wir merken, dass wir das Leben nicht in der Kontrolle haben.

Dharmapraxis ist diese große, befreiende Kunst zu lernen, mit einem liebenden und zugleich unbeschwerten, freien Herzen zu leben. Wir haben die Fähigkeit, unser Leben selbst zu gestalten. Wir können Komplexität oder Einfachheit erschaffen. Oder besser gesagt: In jedem Moment, in dem wir Komplexität loslassen, ist Einfachheit da, ganz

28 Pema Chödrön, buddhistische Nonne in der Linie von Chögyam Trungpa Rinpoche

von selbst. Doch wir brauchen das Gewahrsein zu bemerken, wenn wir verstrickt sind: sei es in Geschichten, Vorstellungen, Vorlieben oder Abwehr, gefangen in dem Versuch, das Leben unseren Wünschen anzupassen. Und wir brauchen den Mut und das Vertrauen, das Mitgefühl und die Liebe, uns in die Einfachheit des Gewahrseins, in die Soheit, fallen zu lassen. Statt Momente der Zerstreutheit, Einsamkeit, Verwirrung und Unruhe, erfahren wir dadurch Momente des Friedens und Wohlbefindens, zusammen mit Klarheit und Verbundenheit.

Grundlos glücklich

Tsoknyi Rinpoche, ein Dzogchen-Meister, der auch hier in Beatenberg lehrt, gibt den Rat:

> »Sei grundlos glücklich.«

Das ist nur möglich, wenn wir nicht an all diesen inneren und äußeren Bedingungen festhalten und uns nicht durch sie definieren. Ich möchte den Vortrag mit einem Text von *Zhuangzi* beenden, einem chinesischen Philosophen und Dichter. Er spricht darin auch von dieser inneren Geräumigkeit, Perspektive und Geduld:

> »Wie Musik aus einem hohlen Schilfrohr klingt,
> wie Pilze aus dunkler, warmer Erde sprießen,
> erscheinen Freude und Ärger, Glück und Leid,
> Hoffnung und Angst, Stärke und Schwäche,
> Demut und Eigensinn ständig in uns, Tag und Nacht.
> Niemand weiß, woher sie kommen.
> Sei unbesorgt und lass sie sein.
> Wie könnten wir alles verstehen in einem einzigen Tag?«[29]

29 Zhuangzi oder Chuang-tzu. Aus: Inner Chapter, The Adjustment of Controversies

Vierter Tag

Gelöstes Sein

Tilmann Lhündrup

Die vorbereitenden Kontemplationen

Als Vorbereitung zum Meditieren können wir – so wie bereits gestern Morgen erklärt – schrittweise durch die klassischen grundlegenden Kontemplationen gehen:

- Zunächst machen wir uns bewusst, wie wertvoll unser Leben ist.
- Als Zweites bedenken wir, wie unwägbar die Lebensdauer ist und wie unausweichlich der Tod.
- Als Drittes kontemplieren wir darüber, wie wir diese begrenzte Zeit nutzen wollen, und schauen genau hin, wo wir heilsames Denken, Sprechen und Handeln kultivieren und Schädliches lassen können. Dadurch wird uns klar, auf welche Weise wir den Tag über mit dem Geist üben wollen.
- Im vierten Schritt entwickeln wir die Motivation, uns aus aller Verstrickung zu befreien.

- Im fünften Schritt richten wir uns auf die Zuflucht aus: auf das Erwachen (Buddha) und das befreiende Erkennen der Wahrheit (Dharma), und öffnen uns für die Hilfe durch jene, die den Weg kennen (Saṅgha).
- Zur Abrundung entwickeln wir Mitgefühl, indem wir uns daran erinnern, dass wir nicht allein sind und dass andere, so wie wir, nach Glück und Befreiung streben: Alle möchten glücklich sein und gelöste Geisteszustände erfahren, frei von Sorgen, frei von Ängsten und unbekümmert.

Ausstieg aus dem Verstricktsein mit den drei Zeiten

Durch diese grundlegenden Kontemplationen werden wir uns über unsere Situation klar. Wir sind in der Lage, die große Gelegenheit wahrzunehmen, die sie uns bietet, Befreiung zum Wohle aller zu erlangen, und entwickeln Dankbarkeit und Wertschätzung für sie. Außerdem erkennen wir klar, wie dringlich es ist, diese außergewöhnliche Situation sofort zu nutzen und dies nicht auf den Sankt Nimmerleinstag zu verschieben, der vielleicht gar nicht eintreten wird. Und dies alles nicht nur, weil wir es vom Kopf her verstehen, sondern weil es eine tief gefühlte Erfahrung ist. Wenn dies zusätzlich klar in der Zuflucht und im Mitgefühl verankert wird, schaffen wir uns einen Rahmen, in dem es uns leichter fällt, das Beschäftigtsein mit Alltagsgedanken zurückzustellen, weil wir nun hochmotiviert sind, den Geist aus Verstrickungen zu lösen. Da geht es in der Mahāmudrā-Tradition an erster Stelle um das Verstricktsein mit den drei Zeiten: das Denken an Vergangenheit, Zukunft und Gegenwart. Das bereits erwähnte Zitat vom Neunten Karmapa hierzu war:

> »Verfolge nicht die Vergangenheit.
> Gehe nicht in die Zukunft voraus.
> Verweile im wahrnehmenden, doch nicht-begrifflichen

Zustand des gegenwärtigen Bewusstseins.«[30]

Die Unterweisung hierzu sei nochmals kurz zusammengefasst: Wir nehmen uns für die jeweilige Meditationsperiode vor, uns nicht mit Vergangenem zu beschäftigen. Das gilt nicht nur für das, was gestern oder früher im Leben war, sondern auch für den gerade vergangenen Sinneseindruck, was wir gerade eben gehört, gesehen oder gedacht haben. Wir denken nicht über den letzten Gedanken nach.

Nicht an die Zukunft zu denken bedeutet nicht nur, während der Meditation keine Pläne und Projekte für morgen oder später zu kontemplieren, sondern auch, nicht den nächsten Gedanken einzuladen! Nicht schon innerlich darauf warten und wie vorformulieren, was wir als Nächstes denken möchten. Das ist gemeint mit »nicht die Zukunft einladen« – nicht vorausdenken, sondern jetzt sein.

Wir öffnen uns ins nicht-begriffliche Gegenwartsbewusstsein. Dafür müssen wir mit unserer geradezu zwanghaften Neigung aufräumen, das gegenwärtige Erleben zu kommentieren – wie ich mich im Körper fühle, was ich gerade höre, sehe, rieche, schmecke, denke. Erleben an sich ist immer frisch, immer gegenwärtig. Kommentare darüber sind unnötig. Falls solche Kommentare aufsteigen, was ja recht häufig der Fall ist, nehmen wir dieses kommentierende Denken als die Erfahrung des »Jetzt« und kommentieren nicht den Kommentar. Wir bleiben in der Erfahrung dessen, was gerade ist, ohne etwas hinzuzufügen, im einfachen »So-Sein«. Das unterscheidet sich nicht von der Vipassanā-Praxis. Im Mahāmudrā lassen wir den Geist in der Erfahrung des So-Seins ruhen; aus sich heraus gewahr, in sich selbst ruhend.

Geführte Meditation »Das Gewahrsein ruht in sich selbst«

Wir spüren den Körper, den Atem …
Wir erinnern uns, dass die Vergangenheit aus und vorbei ist und keine Rolle mehr spielt,

30 Ozean, S. 125

dass es die Zukunft überhaupt noch nicht gibt und sie deshalb unwichtig ist
und dass das gegenwärtige Erleben in sich selbst genug ist …
Wir spüren das unmittelbare Erleben …
Nicht fassbar …
Ohne Benennen …
Gewahrsein ist gewahr …
Durchgehend gewahr …
Völlig anstrengungslos …
Wir weilen im Vertrauen, dass Gewahrsein von sich aus gewahr ist …
und dass wir nichts zu tun brauchen …

… stille Meditation …

Absichtslos gewahr sein

Wenn wir versuchen, die Erfahrung zu verlängern, entfernen wir uns aus dem frischen, unmittelbar gewahren Sein. Um es immer wieder zu erfahren, gibt die Mahāmudrā-Tradition Hinweise zur sogenannten »Nichtmeditation«. Wie können wir präsent sein, ohne gewolltes Meditieren? Im absichtslosen Gewahrsein verschwindet das Mittelpunktsgefühl, das wir auch Ich oder Selbst nennen, weil keine beobachtende oder gestaltende Absicht mehr da ist. Vertrauen macht es möglich, die Kontrolle loszulassen, die subtil durch diese beobachtenden und kommentierenden Gedanken ausgeübt wird. Dieses Vertrauen stellt sich durch die wiederholte Erfahrung ein, dass nichts Schlimmes passiert, wenn wir natürliche Öffnung zulassen. Karmapa schreibt dazu:

> »Sei gelöst, ohne Anhaftung, natürlich und völlig unverwickelt.«[31]

31 Ozean, S. 126

Dies üben wir, frei und unbesorgt, ohne dem Geist eine Zwangsjacke anzuziehen. Gewahr und unverstrickt.

... stille Meditation ...

Wenn wir ein Wollen oder Suchen bemerken, erinnern wir uns daran, dass wir eigentlich gar nicht meditieren. Wir erlauben kleine Ausgleichsbewegungen im Körper. Gedanken dürfen sein, aber es gibt niemanden, der sich für sie interessiert.

Gelöstes Sein in allen Aktivitäten praktizieren

Karmapa ermutigt uns im nächsten Satz, dieses gelöste Sein in allen Bereichen des Lebens zu üben:

> »Hast du dich daran gewöhnt,
> schweife auch während der vier täglichen Aktivitäten[32]
> nicht von diesem klaren, nicht fassbaren Gewahrsein frei von Anhaften ab.«[33]

Dies üben wir gleich mit einigen kleinen Bewegungen:

Geführte Meditation: mit Bewegung experimentieren

Zunächst entspannen wir wieder völlig ins absichtslose Sein ...
Dann machen wir eine winzige Bewegung und bleiben zugleich offen gewahr ...
Es braucht nur eine Fingerbewegung zu sein oder eine leichte Drehung des Kopfes ...
Dann beenden wir die Bewegung und sind weiter offen und gewahr ...

32 d.h. im Gehen, Stehen, Sitzen und Liegen
33 Ozean, S. 126

Und erneut machen wir eine kleine Bewegung, offen, unverstrickt, gewahr …

Die Bewegungen, die wir gerade ausgeführt haben, haben wir deutlich gespürt, ohne sie zu benennen. Im Erleben der Bewegung – so wie zum Beispiel beim Bewegen der Hand – können wir gelöst bleiben, ohne uns in der Bewegung zu verfangen; das einfache Sein geht trotz Bewegung ungestört weiter. Das ist Geistesweite und Präzision zugleich: Die Bewegung wird präzise erlebt und zugleich bleibt der Geist gelöst und verfängt sich nicht in der Aufgabe. Jede Geste, jedes Wort, jeder Gedanke ist eine Herausforderung, auf diese Weise gelöst und im Gleichgewicht zu bleiben. Dies bewusst zu leben, ohne Hoffnung und Furcht bei allem Handeln, ist das Umsetzen der Mahāmudrā-Meditation ins tägliche Handeln.

Um nach einer schönen meditativen Erfahrung nicht in meditative Starre zu fallen, richten wir uns einfach wieder auf die gegenwärtige Erfahrung aus. Wir können uns dazu den Impuls geben: »Vergangen ist vergangen, die Erfahrung von eben ist vorbei und ich bin einfach so mit dem, was jetzt ist.« Denn sonst finden wir uns schnell dabei wieder, dieses Fließende, Offene, das uns so gut getan hat, festhalten zu wollen. Vermutlich hat das jeder schon erlebt. Wenn das geschieht, sind wir nicht mehr im Erleben, sondern im Bewahren. Das ist das Ende des frischen Gewahrseins und nicht mehr Mahāmudrā. Wir versuchen, unsere Meditation zu konservieren. Übertrieben ausgedrückt, werden wir zu einer Meditationsleiche – wir mumifizieren unseren Geisteszustand.

Ich selbst bin in meinem ersten Retreat offenbar monatelang in solch ein bewahrendes Meditieren gerutscht. Zum Glück hat mich Gendün Rinpoche darauf hingewiesen. Man erlebt dabei scheinbar offene, ruhige Geisteszustände, die aber nicht wirklich frisch sind, da es subtil um ein Bewahren der Ruhe geht. Sinneseindrücke und andere geistige Bewegungen werden dabei ausgeklammert. Frische Gewahrseinspraxis hingegen bezieht alles mit ein, beim sitzenden Meditieren wie auch beim Handeln.

Auch beim Sprechen kann man sich üben, dieses freie Gewahrsein wachzuhalten, ohne etwas zu erwarten oder zu befürchten, ohne sich in etwas zu verstricken. Das kann uns sehr dabei unterstützen, keine Angst vor anderen Menschen oder vor Fehlern zu haben. Es geht darum, alles zu nehmen, wie es ist, ohne Kommentar. Sein, mit einer klaren inneren Ausrichtung, die durch uns wirkt, ohne dass es ein wollendes Ich braucht. Diese liebevoll wissende innere Kraft, die alle Situationen gestaltet und alle einbezieht, ist *Bodhicitta*. Es ist ein liebevolles Gewahrsein, offen und empfindsam, das weise durch uns wirkt. Wir könnten es vielleicht so ausdrücken, dass wir zum Werkzeug dieses Gewahrseins werden – das normale Ich wird zum Werkzeug dessen, was weiter, unbesorgter und offener ist als das gewöhnliche Selbst.

Kurze Praxisperioden

Der Neunte Karmapa schreibt zu der Gewahrseinspraxis nach der formellen Meditation:

> »Bleibe zunächst unabgelenkt [in diesem nicht greifenden Gegenwartsbewusstsein] solange du kannst: für die Dauer, in der du einen Bissen Nahrung oder einen Schluck Tee zu dir nimmst, ein Mantra rezitierst oder nach dem Aufstehen [von der Meditation] drei Schritte gehst.«[34]

Wenigstens für drei Schritte – wie oft haben wir das schon gehört und wie oft vergessen wir es! Gewahr sein für einen Schritt, ein Einatmen, ein Ausatmen, einmal Schlucken, einmal den Kopf nach rechts wenden, ihn wieder in die Mitte zurückgleiten lassen. Ganz kurze Praxisperioden, so kurz, dass wir uns nicht verspannen. Der Trick ist,

34 Ozean, S. 127

sich kleine, leicht zu bewältigende Aufgaben zu geben. Es ist leicht zu schaffen, einen Moment lang gelöst und bewusst zu sein, und gibt uns ein Gefühl von Befriedigung.

Die kleinen Momente bewussten Seins setzen Freude frei. Gewahrsein setzt Freude frei, bewusstes Erleben trägt Freude in sich. Es tut so gut, wenn der Geist für einen Augenblick frisch und geeint ist, völlig da. Wer sich viele solche wohltuenden Momente schenkt, hat nie genug vom Meditieren! Vermutlich ist es das Nichtwollen, das dabei besonders wohltuend ist – absichtsloses, anstrengungsloses Gewahrsein.

Das ist also anders, als wenn wir uns, um unabgelenkt zu bleiben, auf etwas konzentrieren, was normalerweise mit einer Anstrengung verbunden ist. Hier hingegen geht es um ein unabgelenktes Sein, das sich von selbst einstellt, wenn die Mechanismen, gegen die wir üblicherweise ankämpfen müssen, um konzentriert zu bleiben, außer Kraft gesetzt sind. Es gibt niemanden mehr, der sich für verwickelnde Gedanken interessiert. Es gibt kein Interesse am Kommentieren, am Überlegen, was morgen kommt, am Nachdenken, was gestern war. Wenn das alles wegfällt und uns eine panoramische Motivation »beseelt«, ein offenes Herz, in dem alle, wir selbst inbegriffen, Platz haben, dann können wir anstrengungslos unabgelenkt sein. Zudem gibt genau dieses anstrengungslose Sein die Kraft, so gewahr zu sein.

Wenn Meditieren anstrengt, können wir uns fragen: »Was strengt eigentlich so an?« Dann bemerken wir die Muster des Wollens und Befürchtens. Etwas erreichen, verwirklichen oder sein zu wollen und die damit einhergehenden Befürchtungen, es nicht zu erreichen oder zu sein – das ist anstrengend!

Offenes Gewahrsein ist wie ein erfrischender Quell oder Brunnen. Nicht, dass wir deswegen etwa nicht mehr schlafen müssten, aber Gewahrsein wirkt vitalisierend und nährend und wird als zutiefst wohltuend erlebt. Sich nach dem Meditieren zu sehnen, besonders wenn wir müde sind, zeigt, dass wir auf wohltuende Weise meditieren. So können wir sogar abends noch in die Frische finden, wenn wir nicht mit Absichten meditieren, die uns zusätzlich ermüden. Und Karmapa schreibt weiter:

> »Übe dich mit zunehmender Gewöhnung darin, unter keinen Umständen – seien sie gut oder schlecht, [angenehm oder unangenehm,] umgeben von vielen oder von wenigen Menschen [oder auch ganz allein] – von diesem klaren, nicht fassbaren Gewahrsein frei von Anhaften abzuschweifen.«[35]

Das Erleben einladen

Diese Instruktion kann dazu verleiten, an der Weite dieses Gewahrseins zu haften, weil wir den weiten Geist so genießen, dass wir nur in dieser Weite bleiben wollen und das eigentliche, konkrete Erleben als störend erleben. Die Präzision des Gewahrseins finden wir jedoch in genau diesem unmittelbaren, direkten Erleben – also wirklich mitzubekommen, wie es ist zu spüren, zu hören, zu sehen, zu sprechen, zu riechen, zu schmecken, zu denken usw. Es ist wichtig, sich dem Erleben zuzuwenden und nicht in innere Schutzräume zu flüchten, wo uns das Leben nicht mehr aufsucht. Wenn wir eine Ablehnung gegenüber den Erfahrungen der sechs Sinne spüren, dann hilft es, bewusst geistige Bewegungen einzuladen: zu denken, zu fühlen und dabei gewahr zu bleiben.

Wenn wir bemerken, dass der Körper sich beim Sitzen versteift, können wir bewusst eine kleine Bewegung machen, die aus der Fixierung heraushilft. Das mag zwar etwas übertrieben sein, aber man kommt dadurch mit Sicherheit aus der Starre heraus. Das Gleiche gilt für den Geist: Wenn wir spüren, dass eine Art innere Verfestigung eingesetzt hat, dann können wir absichtlich geistige Bewegung erzeugen, seien es Gedanken, Bilder oder dergleichen, um aus der Starre und der Abwehr herauszukommen.

35 Ozean, S. 127

Lasst uns noch ein paar Minuten in Ruhe verweilen.

... stille Meditation ...

Qualitäten des achtsamen Gewahrseins

Fred von Allmen

Nichts als Störung sehen

Während ich spreche, könnt ihr gleich versuchen, im Meditationsmodus dabei zu sein, soweit das möglich ist – jetzt.

Die optimale Qualität des achtsamen Gewahrseins, d.h. die Art und Weise, in der wir präsent sind, ist ein wesentlicher Aspekt der Meditationspraxis. Es ist ein achtsames Gewahrsein, welches in unmittelbarem Kontakt ist mit der gegenwärtigen Erfahrung und dabei nicht vergleichend ist, nicht wertend, nicht urteilend oder verurteilend, nicht kritisch oder ablehnend, nicht erwartend oder befürchtend, auch nicht gleichgültig oder klebrig anhaftend. Dieses Gewahrsein heißt willkommen, es ist geräumig, gelassen, annehmend, sanft, flüssig und flexibel. Seine besondere Qualität ist, gewillt zu sein zu sehen, was ist – die Bereitschaft zu spüren, was gerade vorhanden ist.

Dies bedeutet, in nicht-manipulativer Weise gegenwärtig zu sein. Also nicht achtsam und präsent, *damit* die Erfahrung so wird, wie wir sie möchten, sondern wir sind achtsam und präsent mit dem, was ist, so wie es ist, in unmittelbarem Kontakt. Diese Achtsamkeit ist nicht vage und unbestimmt; sie ist auch nicht begrifflich, gedacht oder vorgestellt – sondern unmittelbar und direkt.

Mit dieser unmittelbaren Qualität der Achtsamkeit begegnen wir der Vielzahl von Erfahrungen, den sogenannten *Objekten* der Achtsamkeit. Vielleicht ist es verständlicher von Erfahrungen zu sprechen als von Objekten. Gemeint ist dasselbe.

Mittels dieser Art von Achtsamkeit können wir in der Sitzmeditation mit den Körperempfindungen in Kontakt treten oder mit den Empfindungen, die durch die Atembewegung entstehen. Dabei muss nichts getan werden. Es bedeutet, sich einfach in der momentanen Erfahrung niederzulassen. Interessiert, gewahr, präsent! In der Sitzmeditation kann die Achtsamkeit auf Körperempfindungen unser Ausgangs- und Ankerpunkt sein, zu dem wir immer wieder zurückkehren.

Doch immer wieder ziehen andere, besonders auffällige Erfahrungen unsere Aufmerksamkeit von der Körper-Erfahrung ab: Jemand hustet, wir hören Lärm, die Stimme der Lehrenden oder andere Geräusche, die laut genug sind, dass die Aufmerksamkeit von selbst zum Hören geht. Normalerweise würden wir das wohl als eine Störung betrachten. Hier aber gibt es keine Störung, denn in dem Moment, in dem die Achtsamkeit zum Hören wechselt, wird genau dieses Hören zur Praxis. Es ist das, was jetzt dran ist: die Praxis achtsamen Hörens.

Dieses achtsame Hören ist unmittelbar im Kontakt mit der nackten Erfahrung des Hörens. Dabei wird nicht überlegt, was genau wir da hören, wer wohl hustet und ob er wohl Hustenbonbons braucht oder nicht. Es ist einfach das unmittelbare Präsent- und Wach-Sein in der Erfahrung des Hörens – solange diese dauert. Wenn sie endet, können wir zu den Körperempfindungen zurückkehren.

Lärm oder Geräusche, Stimme oder Klang sollten nie als Ablenkung betrachtet werden. Sie sind einfach die nächste Erfahrung, die unserer vollen Aufmerksamkeit wert ist. Sie entsteht im Gewahrsein, verändert sich und verschwindet wieder – genau wie die Körper- und Atemempfindungen.

Dem Hören folgt oft ein Bild, ein Gedanke, ein Benennen. Zum Beispiel: »Ah! Ein Flugzeug«. Gewahr zu sein, wie solche Bilder,

Gedanken, Begriffe im Geist auftauchen und wieder verschwinden, ist Teil der Meditation und keine Störung. Manchmal hören wir Kampfflugmanöver vom nahe gelegenen Armeeflugplatz und erleben vielleicht Empörung, Unverständnis oder Aversion. Falls Gewahrsein präsent ist, kommt es nicht zu Ablenkung: Die Erfahrung mitsamt ihren Gefühlen erscheint im Gewahrsein, verändert sich und verschwindet wieder – ganz von selbst. Wenn ich mich aber in der Geschichte verliere und bereits plane, was ich dem Militärdepartement schreiben werde, wobei ich völlig vergesse, dass es nur Gedanken und Gefühle sind, die in mir ablaufen, dann ist das Ablenkung und nicht mehr Meditation.

Beim Hören lässt sich gut beobachten, wie wir die Erfahrung nach außen projizieren, mit Vorstellungen darüber was *dort draußen* passiert, statt das Hören als eine weitere Erfahrung zu erkennen, die sich im Gewahrsein manifestiert und wieder auflöst. Je nachdem, ob wir präsent sind oder nicht, erkennen wir dies – oder verlieren uns darin.

Erwünschtes, Unerwünschtes, alles hat Platz

Beim Meditieren zeigen sich viele verschiedene Geisteszustände. Zum einen schwankt unser Energie-Niveau: Vielleicht tritt Schläfrigkeit auf oder es ist eine ausgesprochen starke Wachheit und Präsenz da. Dann wiederum stellen wir fest, dass Bequemlichkeit, Faulheit und Trägheit präsent sind oder aber, dass Energie und angemessenes Bemühen vorhanden sind. Auch variiert die Funktionsbereitschaft des Geistes: Wir bemerken Zerstreutheit oder aber starke Sammlung; manchmal ist die Achtsamkeit stark, manchmal ist Achtlosigkeit da, die meist erst spät bemerkt wird. Zudem können emotionale Schwankungen einen bedeutsamen Einfluss auf Herz und Geist haben: Das mögen Freude oder Trauer sein, Angst oder Vertrauen, Liebe oder Hass. Es könnten auch Anteilnahme oder Teilnahmslosigkeit sein, Mitgefühl oder Grausamkeit, Enthusiasmus oder Lustlosigkeit, Mitfreude oder

Eifersucht. Es mögen Interesse oder Langeweile auftreten, Neid oder Wertschätzung, Anhaften oder Abkehr, Loslassen oder Festhalten, Geiz oder Großzügigkeit, innere Enge oder Weite, Dünkel oder würdige Demut, Einsamkeit oder Verbundenheit, Bedrücktheit oder Unbeschwertheit, Inspiration oder Entmutigung, Fröhlichkeit oder Betrübtheit, Feigheit oder Mut – und vieles mehr.

Diese Geisteszustände und Gefühle entstehen nicht zufällig und auch nicht, weil wir sie bestellt haben, sondern weil die entsprechenden inneren und äußeren Bedingungen zusammengetroffen sind. Dies liegt in der Natur des Seins und folgt gewissen Gesetzmäßigkeiten, ähnlich wie das Wetter. Dass solche Erfahrungen in Herz und Geist entstehen, ist ein natürlicher Vorgang. Ob angenehm oder unangenehm, beliebt oder unbeliebt, erhofft oder befürchtet – wir brauchen daraus kein Problem zu machen. Diese Geisteszustände können tiefes Leid verursachen, abhängig davon, ob wir sie achtsam erkennen und wie wir mit ihnen umgehen.

Doch immer, wenn es uns gelingt, mit der optimalen inneren Haltung achtsam mit diesen Erfahrungen präsent zu sein – dann gibt es kein Problem, auch wenn wir nicht bestimmen können, ob sie unangenehm oder angenehm sind. Sobald wir jedoch wertend, verurteilend, ablehnend, anhaftend oder verlangend damit umgehen, wird es mühsam und leidvoll. Noch leidvoller wird es, wenn gar kein Gewahrsein, gar keine Achtsamkeit vorhanden ist. Dann sind wir verloren in diesen Zuständen und all den Multipacks von Geschichten, Gedanken und Dramen, mit denen sie daher kommen, verloren im Drama von Saṃsāra, dem Kreislauf des Leidens. Wenn Gewahrsein da ist und wir merken, was läuft, können wir uns darin schulen, allem in einer heilsamen, optimalen Haltung zu begegnen.

Dem Kind einen Namen geben

Im Vipassanā-Zugang gibt es einige Hilfsmittel, die uns unterstützen, mit diesen Erfahrungen in Herz und Geist gegenwärtig zu sein, ohne dass sie zum Problem werden. Voraussetzung ist, wie gesagt, dass wir wach und achtsam sind und bemerken, was gerade im Geist auftaucht und uns in Beschlag nimmt.

Wenn der Geisteszustand dramatisch ist, hilft ein kurzes Benennen. Wenn wir geübt sind, ist Benennen zwar nicht mehr nötig, aber oft hilft es doch, uns besser zurechtzufinden. Benennen heißt, dass wir im Geiste ein zur Emotion passendes Wort verwenden, welches das Kind beim Namen nennt. Zum Beispiel: *Verlangen*, *Ärger*, *Übermut* oder *Freude* – was immer zutrifft. Indem wir dies tun, haben wir bereits einen entscheidenden Schritt aus dem Verlorensein und Drama heraus gemacht. Es braucht die Klarheit, den vorhandenen Zustand kurz zu benennen – um dann wieder in nicht-begrifflicher, achtsamer Präsenz zu ruhen. Dadurch verändert sich etwas. Jetzt ist nämlich klar, womit die Achtsamkeit im Kontakt ist.

Manchmal benennen wir einen unangenehmen Zustand, in der Hoffnung, ihn dadurch loszuwerden. Wir benützen das achtsame Benennen wie eine Keule, um das Gefühl zu beseitigen. Das ist offensichtlich nicht sinnvoll. Achtsames Benennen soll der Fähigkeit dienen, jeden Zustand, ob erwünscht oder lästig, im Gewahrsein zu belassen, ohne sich damit zu identifizieren oder sich darin zu verwickeln. So entsteht innere Freiheit.

Wenn wir bereits Erfahrung mit dem Benennen haben, gibt es einen weiteren interessanten Aspekt: Wenn wir gut zuhören, in welchem *Tonfall* wir die momentane Erfahrung innerlich benennen, können wir gleich erkennen, welches unsere innere Haltung ist. Man kann frustriert sagen: *Ärger*, oder bewertend: *Ärger!* oder interessiert-staunend: *Ärger.* Der Tonfall offenbart, wie wir mit der Erfahrung präsent sind, mit welcher Qualität der Achtsamkeit wir dem Erleben begegnen.

Ein mögliches Problem hier ist: Wir sind unter Umständen schnell dabei, ein bisschen mehr zu denken und uns etwas über den momentanen Vorgang zu erzählen, statt ihn nur zu benennen und die Tonlage wahrzunehmen.

Mit dem Benennen muss einhergehen, dass wir uns von der Identifikation mit der aktuellen Geschichte und dem dazugehörenden Gemütszustand abwenden. Der Moment, in dem wir aussteigen aus dem Gefangen-Sein im Drama, ist wie eine 180-Grad-Drehung. Dann entsteht ein unmittelbares Erkennen der aktuellen Erfahrung.

Mehr Handwerkszeug

Bei etwas schwierigeren emotionalen Zuständen finden es manche hilfreich, sich wieder im Gewahrsein des Körpers niederzulassen und achtsam zu spüren, wie sich diese Gefühle und emotionalen Zustände im Körper anfühlen. Es fällt uns leichter, uns nicht in der Geschichte, im Drama, zu verlieren, wenn wir im Körper verankert sind. Wenn wir die Erfahrung im Körper spüren, bedeutet dies, dass wir sie zugelassen haben.

Manchmal besteht die Gefahr, dass wir zwar irgendwie wahrnehmen, was läuft, aber das Gewahrsein dazu benutzen, die Erfahrung nicht zuzulassen. Das kann zwar meditativ und befreiend anmuten, ist es aber nicht. Es ist eine Art von Verdrängung. Wenn ihr mit Vipassanā und Mahāmudrā experimentiert, dann schaut, ob ihr die Achtsamkeit dazu missbraucht, die unerwünschte Erfahrung zu verdrängen – eher die Vipassanā-Fehlvariante, oder ob ihr euch in ein eher abgehobenes Gewahrsein begebt, das nicht mehr in Kontakt mit der eigentlichen Erfahrung ist – eher die Mahāmudrā-Fehlvariante.

Seid so weit wie möglich gewahr und präsent, genau mit dem, was die Erfahrung jetzt ist, ohne etwas dazu zu tun, ohne etwas davon wegzunehmen, ohne sie loswerden zu wollen, ohne euch darin zu verlieren, zu vergessen, zu verstricken. Seid präsent und nicht-eingreifend, so dass mehr und mehr offensichtlich werden kann, wie all die Erfahrungen von selbst kommen und gehen, entstehen und verschwinden – seit jeher. Da ist nichts, was wir dazutun müssen und nichts, was wir wegnehmen müssen. Es ist dieser phänomenale Tanz der Erfahrung.

Gelassenheit besteht darin, wirklich willens und fähig zu sein, die ganze Skala der Erfahrungen zuzulassen, zu spüren, ohne davon hin- und hergezerrt zu werden, ohne sich ständig im Drama zu verlieren, aber auch ohne abzuhängen und aus dem Kontakt und der Verbundenheit mit der Erfahrung zu fliehen. Gelassenheit, wie wir sie hier verstehen, und Gleichgültigkeit mögen zwar manchmal ähnlich aussehen, der Unterschied zwischen ihnen ist aber immens. Er besteht im *Kontakt.* Echte Gelassenheit ist wirklich mit der Erfahrung im Kontakt, sie spürt sie und ist mit ihr einverstanden, auch wenn sie unangenehm, schwierig oder unerwünscht ist. Echte Gelassenheit verliert sich nicht in der Erfahrung, auch wenn sie fantastisch, angenehm und erwünscht ist. Gelassenheit ist die Fähigkeit, alle Gipfel und Täler des Erlebens voll und ganz mitzuerleben, ohne davon überwältigt zu werden.

Sobald wir aus dem Kontakt herausgehen und Meditation benutzen, um die momentane Erfahrung nicht zu spüren, entstehen Gleichgültigkeit oder Teilnahmslosigkeit – eindeutig keine heilsamen Geisteszustände. Eine ähnliche Situation liegt vor, wenn wir auf abgehobene Weise im offenen Gewahrsein ruhen, fern von den körperlichen und emotionalen Erfahrungen.

Wir lassen uns also interessiert und wach nieder im Erleben der Körperempfindungen, der anderen Sinneserfahrungen, der Gefühle, Emotionen oder Geisteszustände. Was immer im Geist entsteht und vergeht: Nichts muss eine Ablenkung sein, denn alles hat Platz im Raum des achtsamen Gewahrseins. Jedes Mal wenn wir aus dem Verlorensein aufwachen, entsteht ein neuer, wertvoller Moment, in dem wir wieder präsent sein können, unverstrickt und zugleich voll und ganz im Kontakt mit dem Erleben von Moment zu Moment.

... stille Meditation ...

Geh-Meditation: Erinnerung

Achtsam und gewahr den Klang der Glocke wahrzunehmen, ist Achtsamkeit des Hörens. Schaut, ob das Hören der Glocke für euch das Ende von Gewahrsein und Achtsamkeit bedeutet – oder ob es einen Wechsel der äußeren Bedingungen einläutet, den achtsamen Übergang von der Sitzmeditation zur Meditation des Aufstehens, des Aus-dem-Raum-Gehens und der Gehmeditation.

Das achtsame Gewahrsein in der Gehmeditation ist dasselbe wie in der Sitzmeditation, mit folgendem Unterschied: Wir empfehlen, die Achtsamkeit zunächst vorwiegend auf die Körperempfindungen zu richten, die durchs Gehen entstehen und dies als Ausgangs- und Ankerpunkt der Praxis zu nehmen. Aber auch das Hören von Geräuschen und das Sehen von Farben und Formen werden zunehmend mit ins achtsame Gewahrsein eingeschlossen.

Manchmal suchen wir geradezu nach Dingen, die wir noch mit den Augen erfassen könnten. Die Person da vorne habe ich schon 23 Mal angeschaut, aber ich gucke trotzdem jedes Mal wieder hin, genau wie bei jedem anderen, der vorbeikommt. Auch hier braucht es wieder die Achtsamkeit des Sehens, die Achtsamkeit des Hörens und die Achtsamkeit des Wahrnehmens der Geistesbewegungen. Die Frage stellt sich: Bin ich bereit, mich wirklich achtsam mit allen Erfahrungen auseinanderzusetzen – Unruhe, Ablenkungen, Langeweile –, oder beschließe ich kurzerhand, dass Gehmeditation nicht mein Ding ist, weil ich ja eigentlich eine erhabenere Meditation praktiziere?

Es ist außerordentlich lehrreich, die zahllosen Geistesbewegungen von Moment zu Moment mit einem stillen, interessierten und wachen Geist zu beobachten. Da gibt es kein richtig oder falsch, gut oder schlecht – alle sind einfach Erfahrungen dieses Lebens, die der vollen Aufmerksamkeit wert sind. Wir üben uns, bei uns zu bleiben und die Dinge zu vereinfachen. Legen wir unsere Gehstrecke so, dass wir zugleich die fantastischen Berggipfel und möglichst viele Mitmeditierende sehen, dann haben wir viel zu schauen, aber es ist schwieriger, die Achtsamkeit zu halten, wenn wir nicht geübt sind. Bei größerem Geschick ist aber auch das kein Problem mehr.

Das achtsame Gewahrsein der Körperempfindungen ist ein guter Anker, während wir uns im Haus oder draußen bewegen, weil sie am leichtesten fassbar sind. Wenn dann aber andere Erfahrungen in den Vordergrund treten, begegnen wir auch ihnen mit derselben Achtsamkeit.

Schweigen: Ein Appell

Ich möchte euch bitten, das Schweigeversprechen zu erneuern, denn wenn es ernst genommen wird, zeigt es eine große Kraft als Instrument der Retreat-Praxis. Für manche ist Schweigen noch ungewohnt. Auch wird es vielleicht als Verbot aufgefasst und somit als etwas, das man nicht einzuhalten braucht. Das wäre ein Missverständnis. Schweigen ist eine wesentliche Rahmenbedingung von Vipassanā-Retreats. Es ist ein Gefäß für unsere Praxis, so wie das Still-Sitzen in der Halle, das uns erlaubt und oft auch zwingt, wirklich hinzuschauen, hinzuspüren und wahrzunehmen, was ist.

Dank des Schweigens erkennen wir die Bewegungen unseres Geistes, unseres Herzens: Was bewegt mich, die Haltung zu verändern, die Gehmeditation abzubrechen, die neunte Tasse Tee zu trinken? Ist da ein Verlangen, ein Bedürfnis, eine Irritation, Ruhelosigkeit? Bin ich bereit, damit präsent zu sein? Oder beschließe ich, mich lieber in Zerstreuungen zu flüchten?

Schweigen ist ein Werkzeug – und hilft gerade dann, wenn die Praxis schwierig ist. Wir sollten es nicht nur als hilfreich betrachten, wenn alles gut geht, es aber aufgeben, wenn es schwierig wird. Es schafft einen Raum, in dem das Erleben spürbarer wird. Das Schweigen legt offen.

Dem Schweigen zu entfliehen, ist vergleichbar mit dem Andrehen des Fernsehers, dem Öffnen des Kühlschranks, dem Einschalten des Handys, um unangenehme Gefühle nicht wirklich spüren zu müssen. Noch eine Bemerkung zur Stille: Wer im Rahmen eines Schweigeretreats unnötig spricht, tut dies meist, um der Erfahrung der Gegenwart zu entfliehen.

Manchmal fällt das Schweigen nicht leicht, wenn man mit Freunden hier ist. Aber alle in der Gruppe nehmen es wahr, wenn wir einfach zum Sprechen übergehen. Wir wirken alle aufeinander. Wir wirken auf euch, ihr wirkt auf uns. Wir sind dicht miteinander verknüpft und wir unterstützen einander, indem wir uns an diese Abmachungen halten, gerade auch in Momenten, wo es wenig Sinn zu machen scheint.

Ich möchte euch das Schweigen ernsthaft ans Herz legen. Es ist sehr wertvoll. Zieht es konsequent durch und beurteilt in einigen Tagen, was es wert ist. In einem alten Text wird gesagt:

»So wie das Wunder der Sterne im Himmel
sich nur bei Nacht offenbart,
zeigt sich auch das Wunder des Lebens
nur in der Stille des Herzens.«[36]

36 Bhagavad Gītā

Fünfter Tag

Sinneserfahrungen als Helfer des Erwachens

Tilmann Lhündrup

Geführte Meditation: Öffnen der Sinne

Wir beginnen mit einer Meditation, in der wir nacheinander die verschiedenen Sinneserfahrungen einbeziehen. Die buddhistische Lehre spricht von sechs Sinnen, das sind die fünf äußeren Sinne und die geistige Wahrnehmung, das Wahrnehmen der geistigen Prozesse. Natürlich mündet letzten Endes alles in die geistige Wahrnehmung.

Wir beginnen mit dem Körpersinn, also mit der körperlichen Erfahrung. Ich bitte alle von euch, auch diejenigen, die schon lange mit offenen Augen meditieren, die Augen zu schließen und den Körper zu spüren …

Wir spüren die Vielfalt verschiedener Erfahrungen: Gefühle von Druck im Kontakt mit dem Kissen, Berührung in den Unterschenkeln, Empfindungen, wo die Füße aufliegen, Empfindungen, die von der Sitzfläche hervorgerufen werden …

Wir spüren den aufrechten Teil des Körpers in seiner Beweglichkeit, die Erfahrungen im Bauchraum, Brustraum, Kopf, Nacken und Hals, die Erfahrungen an der Oberfläche des Körpers, wie die Berührung der Kleidung und vielleicht einen Luftzug, und die Erfahrungen im Inneren des Körpers …

Da ist vielleicht ein Pulsieren, ein Vibrieren, das Ein- und Ausstreichen des Atems und so vieles mehr …

Wir richten die Aufmerksamkeit ganz auf die Körperempfindungen. Dabei sind wir insbesondere des steten Wandels gewahr, dieses Stromes wechselnder Erfahrungen im Körper …

Von den Fußsohlen bis zum Scheitel gehen wir durch den gesamten Körper …

Zum Abschluss dieser Phase wenden wir uns stärker dem Atem zu. Wir spüren ihn im Bauchraum, Brustraum und im Nasenbereich, vielleicht auch im Rachen und vielleicht auch in anderen Gegenden des Körpers, die ebenfalls von der Atembewegung beeinflusst werden …

Immer noch mit geschlossenen Augen wenden wir uns nun ganz dem Hören zu. Wie fühlt es sich an zu hören? Hören, ohne zu ergreifen, nur den Strom der verschiedenen Klangempfindungen wahrnehmen.

Zwischendurch nehmen wir immer wieder auch den Atem wahr. So verbinden wir das Wahrnehmen der Hörempfindungen und das Wahrnehmen der Atemempfindungen miteinander …

Auch wenn sie nicht wirklich zeitgleich wahrgenommen werden, werden sie zu *einem* Erleben integriert.

Dann öffnen wir die Augen ein wenig und wenden uns den visuellen Wahrnehmungen zu: Sehen, ohne etwas anzuschauen, ohne zu ergreifen …

Dann verbinden wir alle drei miteinander: Sehen, hören, den Körper spüren, alles zugleich – und sind dabei voll gewahr …

Nun öffnen wir die Augen etwas weiter für ein größeres visuelles Feld. Wir sehen, ohne zu benennen …

Dabei spüren wir gleichzeitig den Körper, fühlen den Atem, und hören gelegentlich auch etwas. Auch diejenigen, die schon lange mit geschlossenen Augen meditieren, bitte ich zuzulassen, dass sich die Augen allmählich immer weiter öffnen. – Schauen, hören, spüren …

Jetzt nehmen wir noch das Riechen hinzu …

Und nun beziehen wir auch das Schmecken mit ein …

Und wieder kehren wir zum Wahrnehmen der Atemempfindungen zurück …

Immer wenn nichts anderes unsere Aufmerksamkeit beansprucht, können wir zum Erleben des Atmens zurückkehren …

Die fünf äußeren Sinnestore sind nun weit geöffnet – in einem völlig integrierten Erleben – und unsere Aufmerksamkeit richtet sich auf die geistigen Bewegungen: Denken, Benennen, das Auftauchen von Bildern, Erinnerungen, was es auch sein mag. Wir nehmen die geistigen Bewegungen genauso unvoreingenommen wahr wie zuvor die anderen Sinneswahrnehmungen …

Zwischendurch kehren wir immer wieder zu den Erfahrungen im Körper zurück …

Wir bemerken Momente, in denen wir an einer Wahrnehmung festhalten und ein Stocken in uns fühlbar wird, ein Haften. Mehr, als dies zu bemerken, ist nicht nötig. Das frische Gewahrsein führt zurück ins fließende Erleben …

Der Geist ist so weit wie der Himmel und zugleich ist unsere Wahrnehmung äußerst präzise …

Wir bemerken, wie diese wechselnden Erfahrungen entstehen und vergehen, wie Wellen im Ozean. Der Geist und seine Bewegungen sind von gleicher Natur – nicht fassbares, gewahres Sein …

Alle Sinne sind offen. Alles darf sein, alles darf erscheinen …

In dieser Grundhaltung meditieren wir, ohne etwas zu verdrängen – alle Erfahrungen werden wahrgenommen, nicht nur ihre Formen und Inhalte, sondern auch ihr unbeständiges, veränderliches, nicht-substanzhaftes Wesen …

... stille Meditation ...

Die nicht fassbare Natur der Erfahrungen erleben

Wenn ein aktives Sinnesbewusstsein, ein intaktes Sinnesorgan und ein Sinnesobjekt zusammenwirken, entsteht eine Sinneswahrnehmung. Das Zusammentreffen dieser drei Faktoren wird im *Abhidharma*[37] »Kontakt« genannt. Kontakt bewirkt Sinneserfahrung, Erleben. Das Leben ist eine unaufhörliche Folge solcher Sinneskontakte. Meditation hilft, diese Erfahrungen bewusst zu erleben. Dabei gibt es, grob gesagt, zwei Fehlhaltungen, die Fred bereits erwähnt hat. Zum einen, zu sehr den Objekten hinterherzulaufen, das heißt, die Erfahrungen rein faktisch wahrzunehmen, oder aber sich in einen weiten, unpräzisen Geistesraum zu begeben, wo die Erfahrungen vage werden und verschwinden.

Eigentlich geht es darum, das jeweilige Erleben genau zu erfahren und dabei im Fluss zu bleiben: das heißt, die Erfahrungen fließen zu lassen, indem wir den Blick auf die Natur des Geschehens richten und entspannt die prozesshafte Natur des Erlebens wahrnehmen. Dies verringert den Einfluss der emotionalen und kognitiven Filter auf unsere Wahrnehmung, wozu all unsere Vorstellungen, Gefühle, Einschätzungen, Bewertungen und Annahmen über die Wirklichkeit gehören.

Um gewahr zu sein, braucht es Weite *und* Präzision. Wenn es an Weite mangelt, kommt es zum Haften an Details. Wenn es an Präzision mangelt, kommt es zu einem vagen Erleben, wo wir nicht mehr in Kontakt mit den Lebenserfahrungen sind. Im Mahāmudrā geht es um das Erfahren der untrennbaren Einheit von klarem Erscheinen und gleichzeitiger Unfassbarkeit, *nang-tong* auf Tibetisch – das Erleben

37 Die Schriften des *Abhidharma* (Sanskrit), *Abhidhamma* in Pāli, (»Höheres Wissen«) geben eine systematische Darstellung der Erkenntnisse des Buddhas und seiner Linienhalter, die in tiefer Meditation und Analyse gewonnen wurden.

der nicht fassbaren (»leeren«) Natur einer jeden Erfahrung, um sich dadurch aus dem Fixieren zu befreien.

So ist z. B. ein Klang, wie ein Händeklatschen, nicht wirklich fassbar. Wir können innerlich einen Nachklang produzieren, indem wir den Klang innerlich wiederholen, so als würden wir noch einmal das Klatschen der Hände hören. Die Erinnerung an den Klang ist aber nicht mehr der Klang selbst. So geht es uns mit allen Erfahrungen, ob im Körper, ob Geschmack, Geruch, emotionale Erfahrungen. Das, was uns in unserem Erleben so stabil erscheint, sind die mentalen Abbilder oder Nachbilder dessen, was wir erlebt haben. Die Erfahrung selbst ist nicht greifbar, nicht fassbar. Sie hat in Wirklichkeit keine Dauer.

Wenn wir im Fluss des Erlebens aufgehen, befassen wir uns nicht mehr mit den Nachbildern der Erfahrungen – das ist ein großer Quell der Frische. Im völlig gewahren Sein erleben wir die einzelne Erfahrung in aller Deutlichkeit und sind zugleich gewahr, dass sie unfassbar ist. Sie ist, wie sie ist, einfach so, völliges Gewahrsein ohne jede Komplikation. Mahāmudrā-Praxis ist das Aufgehen des Geistes im Erkennen dieser Einheit von Erscheinungen und ihrer Unfassbarkeit.

Schleier und Filter auflösen

Fixierungen unterbrechen den Strom fließenden Erlebens. Emotionale Reaktionen, wie »Mag ich« und »Mag ich nicht« oder »Ist mir egal«, trüben das Gewahrsein. Das sind die drei emotionalen Hauptfilter unseres Erlebens: Haben-Wollen (Anhaften) und Nicht-Haben-Wollen (Ablehnen) sowie Aus-dem-Gewahrsein-Aussteigen (mangelndes Gewahrsein). Daraus ergeben sich unzählige Formen von emotionalen Fixierungen, Filtern und Schleiern.

Zusätzlich gibt es kognitive Schleier, die sich über das Gewahrsein legen. Sie bestehen aus Vorstellungen über die Wirklichkeit, die ständig, ohne dass wir es merken, unser Wahrnehmen beeinflussen. Die beiden wichtigsten Gewahrseinsschleier sind unsere unzulänglich überprüften Annahmen über die Existenz und Nichtexistenz von dem, was wir erfahren (den Objekten) und desjenigen, der etwas erfährt (dem Subjekt).

Wir schauen z. B. aus dem Fenster hinaus und haben, ohne dass uns das bewusst ist, das Gefühl: *Ich sehe Berge*. Die Annahme eines *Ichs*, eines vermeintlichen Zentrums der Wahrnehmung, ist ein solcher Gewahrseinsschleier oder kognitiver Schleier. Wenn ich dann noch die Berge benenne als »Eiger, Mönch und Jungfrau« mit der Überzeugung, genau diese Berge schon in meiner Kindheit gesehen zu haben, dann bin ich im Haften an einer vermeintlich konkreten, unabhängigen Existenz des außen Wahrnehmbaren. Ich vergesse dabei, (a) dass sich das benannte Objekt (Berge) ständig wandelt und (b) dass sich das benennende Subjekt (Ich) ebenfalls ständig wandelt. Beide wandeln sich und haben weder im vermeintlichen Außen noch im Erleben eine bleibende Existenz. Sie sind nicht für einen Augenblick fassbar. Sie sind Prozess.

Auf die gleiche Weise sind wir überzeugt: *Ich* sehe diesen *Baum*. Wir gehen fest davon aus, dass beide als solche existieren. Dabei sind wir uns nicht ausreichend der prozesshaften Natur bewusst von dem, was als Baum und als Ich bezeichnet wird. Durch wiederholtes genaues Hinschauen lösen sich diese kognitiven Schleier auf. Dann werden das vermeintliche Ich (die Person) wie auch das vermeintlich außen Existierende (die Phänomene) als Prozess wahrgenommen. Nichts von dem, was eine Person ausmacht, und nichts von dem, was außen ist, hat irgendeine Form von stabiler Existenz.

Wir lösen diese Filter auf, indem wir uns auf das unmittelbare Erleben einlassen. Wir ersetzen sie also nicht durch neue Anschauungen, sondern durch eine unmittelbare Erfahrung dessen, was einfach ist – die letztlich nicht beschreibbare Wirklichkeit, die Natur des Seins.

Basis, Weg und Frucht im Mahāmudrā

Tilmann Lhündrup

Die Mahāmudrā-Tradition beschreibt den Prozess des Erwachens in Hinblick auf Basis, Weg und Frucht als *Basis-Mahāmudrā*, *Weg-Mahāmudrā* und *Frucht-Mahāmudrā*.

Die *Basis*, dank derer wir das Erwachen verwirklichen können, ist die Natur des Geistes selbst. Jedem von uns wohnt diese Basis inne, denn jeder von uns hat einen Geist. Wir können den Geist zwar nicht auffinden, als wäre er ein Ding, aber er bewirkt zum Beispiel, dass wir einander hören (oder dieses Buch lesen). Die Natur dieses Geistes wird auch »Buddhanatur« genannt. Sie ist das Potential zu erwachen, das einem jeden Lebewesen innewohnt, oder anders ausgedrückt: die Möglichkeit, frei von Filtern umfassend gewahr zu sein. Dass dies tatsächlich möglich ist, ist eine Erfahrung vieler Menschen, die über den Weg von der Basis zur Frucht gelangt sind. Die Basis ist also unsere potentiell erwachte Geistesnatur.

Der *Weg* ist das Auflösen aller Schleier, die das Zutagetreten dieser Basis, der eigentlichen Natur unseres Geistes, verhindern. Die *Frucht* des Weges ist dann die völlig enthüllte Basis: Die Natur des Geistes manifestiert sich unverschleiert. Die tibetische Tradition benutzt als Beispiel für die Basis einen Juwel, der von Erde bedeckt ist. Der Weg besteht im Entfernen all dessen, was den Juwel verhüllt. Buddhaschaft, die Frucht, ist dann das völlige klare Erstrahlen des Juwels mit all seinen Qualitäten. Das heißt, wir gehen nicht von A nach B, sondern wir gehen immer tiefer in A hinein. Wir befreien A von all dem, was es verschleiert. – Es gibt eine bekannte Aussage im Zen:

»Wenn du den Buddha triffst, erschlage ihn.«

Dieser Satz meint: Wenn du glaubst, du träfest den Buddha außerhalb von dir, dann kann es sich nur um eine Täuschung handeln, die du sofort auflösen musst, denn der Buddha ist in dir! Wir gehen also in der Praxis keinen Weg, der woanders hinführt, sondern lösen die Schleier auf, die unsere grundlegende Natur verdecken. Von daher heißt es: *Basis, Weg und Frucht sind untrennbar.* Sie sind eins. Die Frucht ist nichts anderes als das, was immer schon angelegt war. Nur so erklärt sich, dass es auf dem Weg des Erwachens nichts zu erzeugen gibt. Die Qualitäten des Erwachens brauchen nicht erzeugt zu werden. Sie kommen zum Vorschein in dem Maße, wie wir die Schleier auflösen, welche die Grundnatur des Geistes verhüllen.

Das können wir aus der Erfahrung nachvollziehen. Sobald sich der Geist entspannt, wird er freudiger. Wenn er nicht mehr auf ein vermeintliches Ich bezogen ist, wird Großzügigkeit selbstverständlich. Wenn sich die Schleier des »Ich will« und »Ich will nicht« auflösen, zeigt sich Liebe ganz von selbst. Einfach ausgedrückt: Wo immer sich das Haften an der irrigen Vorstellung eines Ichs auflöst, kommen die innewohnenden Qualitäten zum Vorschein: Liebe, Mitgefühl, Freigebigkeit, Geduld, Ausdauer, heilsames Verhalten usw. – sämtliche Qualitäten zeigen sich im gelösten Sein.

Alle Herzensqualitäten kommen tatsächlich von selbst zum Vorschein, wenn die Schleier lichter werden – dieses tiefe Verständnis liegt aller Dharma-Praxis zu Grunde. Es trägt und beseelt die Mahāmudrā-Praxis und alle Dharma-Traditionen. Soweit ich weiß, sprechen alle Meister vom Erwachen als etwas Nicht-Bedingtem. Das Erwachen wird nicht durch Ursachen und Bedingungen erzeugt. Deshalb löst es sich auch nicht auf, wenn sich die Bedingungen ändern.

Tanz – ohne Tänzerin

Fred von Allmen

Unbeständigkeit erfahren

Mit einer interessierten, sorgfältigen Achtsamkeit lasst euch bitte nieder im Kontakt mit den Körperempfindungen. Wer das möchte, kann auch Kontakt mit den Körperempfindungen aufnehmen, die durch die Atembewegungen entstehen. Dieses Körpergewahrsein kann als Ausgangspunkt und als Anker gesehen werden. Je kontinuierlicher und näher wir bei diesen Moment-zu-Moment-Erfahrungen präsent sind, desto detaillierter werden die einzelnen Empfindungen spürbar, wodurch ihre Unbeständigkeit, der andauernde Wandel, direkt erfahren wird. Auch wird sichtbar, dass es sich beim Körper nicht um einen soliden *Erfahrungsblock* handelt, sondern um prozesshaft sich verändernde Moment-zu-Moment-Empfindungen, die ständig entstehen und vergehen.

Beim Hören von Geräuschen, Klang, Lärm oder Stimmen wird klar, dass die Erfahrung des Hörens in einem bestimmten Moment beginnt, für eine Weile dauert und dann verklingt – dass dabei eine sich schnell wandelnde Serie von Klangschwingungen wahrgenommen wird.

Auch die verschiedenen energetischen, funktionalen und emotionalen Geistes- und Herzenszustände werden als vergänglich erfahren: Sie erscheinen, verändern sich und verschwinden wieder – ganz von selbst. Sie leuchten auf und werden spürbar, um dann nahtlos von der nächsten Erfahrung abgelöst zu werden – so wie die Wolken, Regen, Sturm und Sonnenschein oder wie Frühling, Sommer, Herbst und Winter. Ein dynamischer Tanz. Es wird zunehmend offensichtlich, wie *unbeständig*[38] alle Erfahrungen sind.

38 Unbeständig, vergänglich auf Pāli: *anicca*

Auch Gedanken, Bilder, Kommentare und Wertungen leuchten auf im Gewahrsein und verschwinden wieder. Prozesshaftigkeit und Unbeständigkeit offenbaren sich, wo immer die Aufmerksamkeit weilt. Den ständigen Wandel unmittelbar zu erfahren, bewirkt, dass wir unseren Griff lockern und unser Anhaften aufgeben. Dadurch wird unmittelbar die bedeutsame Erkenntnis erfahren, dass durch das Ergreifen und Festhalten von Unbeständigem, sich ständig Wandelndem, innerlich Konflikt und Leid entsteht.

Was unbeständig ist, ist auch *unzulänglich*[39]. Das heißt, es hat nicht die Macht, uns wirklich zu *erfüllen.* Momente der Befriedigung sind möglich, sie sind aber nie bleibend. Was immer unsere Erfahrung sein mag, selbst wenn es großartige Meditationszustände sind – alles ist der gleichen Prozesshaftigkeit unterworfen. Wenn wir dies immer wieder direkt erfahren, lässt das Verlangen nach konditionierten, unbeständigen, nicht erfüllenden Erfahrungen nach. Das ist sehr befreiend. Der Buddha hat dies bestätigt:

»Besser als hundert Jahre zu leben,
ohne das rapide Entstehen und Vergehen zu sehen,
ist es, einen Tag zu leben und es zu sehen.«[40]

Wenn wir nun in der Sitzmeditation beim Atem oder bei anderen Körperempfindungen länger und kontinuierlicher verweilen, entsteht Sammlung oder *ruhevolles Verweilen*[41]. Manchmal wählen wir, länger bei einem Objekt, bei einer Art von Erfahrung zu bleiben. Das heißt, wir erhöhen die Schwelle der Sammlung und bleiben bei der einen Sache, selbst wenn andere Erfahrungen auftauchen. Da kann jeweils frei entschieden werden, was in der jeweiligen Situation hilfreich ist. Falls wir mit offenem, weitem Gewahrsein praktizieren, uns dabei aber ständig verlieren, dann ist es sinnvoller, wieder mehr Fokus herzu-

39 Leidvoll, unzulänglich, stressig – auf Pāli: *dukkha*
40 Buddha, Dhammapada, Kapitel VIII. Die Tausend, Vers 113
41 Pāli: *samatha*, Sanskrit: *śamatha*

stellen und eindeutiger bei einer einzigen Sache zu bleiben, bis wieder mehr Stabilität einkehrt. Dann sind wir wieder offener – präsent mit allen sechs Arten von Erfahrung, sobald sie auftauchen: sehen, hören, riechen, schmecken, empfinden, denken/fühlen.

Vipassanā – Erkenntnis

All das ist aber noch nicht Vipassanā. Erst wenn das Augenmerk auf die Unbeständigkeit und die Unzulänglichkeit gerichtet ist und diese Daseinsmerkmale *direkt* erfahren werden, spricht man von Vipassanā. Vipassanā heißt *Erkenntnis* – die Dinge so sehen, wie sie wirklich sind, in ihrer Natur, ihrem Wesen. *Samatha* – Sammlung – und *Vipassanā* – Erkenntnis – werden in dieser Tradition simultan kultiviert, sobald ein gewisser Grad von Sammlung erreicht worden ist.

Die typischen Erscheinungen von zunehmender Sammlung, wie Entzücken, Glückseligkeit, Klarheit und Gleichmut[42], manifestieren sich auch in den tieferen Stufen der Erkenntnismeditation. Sie sind Zeichen des Fortschritts, verwandeln sich aber in Hemmnisse, wenn daran angehaftet wird.

Immer mehr wird offensichtlich – und das ist nicht so schwer zu sehen, wenn wir unsere Sichtweise, unsere Perspektive ändern –, dass alles, was unsere Erfahrung ausmacht, nicht von einer festen Entität erlebt wird. Es gibt da keinen *jemand*, kein *Ich*, der meditiert, der sich in dieser Welt bewegt, dem dieses und jenes zustößt. Vielmehr wird sichtbar – und das ist in Anknüpfung an die Erklärungen von Tilmann – dass alles, was wir je über uns und unsere Welt wissen und wissen werden, dieser Prozess von Moment-zu-Moment-Erfahrung ist.

Sehen, hören, riechen, schmecken, denken, empfinden, hören, denken, fühlen, sehen, denken, empfinden, etc., etc. – endlos. All dies erscheint und verschwindet im Geist, den Ursachen und Bedingungen

42 Die fünf klassischen sog. Sammlungsfaktoren sind: angewandte Aufmerksamkeit, anhaltende Aufmerksamkeit, Entzücken, Glückseligkeit, Gleichmut.

entsprechend. Wenn sich die Bedingungen verändern, verändern sich die Erfahrungen, und wieder andere Bedingungen verändern die Erfahrungen weiter. Kein *Ich* macht oder hat die Erfahrung, sondern das Ganze ist ein *Prozess bedingten Entstehens.* Alles, auch das, was wahrnimmt und achtsam ist, ist Teil des Prozesses.

Wenn dieser Prozess kontinuierlicher, mit nahtlosem Gewahrsein erfahren wird, fällt für Momente oder auch für länger die Illusion einer Subjekt-Objekt-Beziehung weg. Erleben ist ohne Bezugspunkt. Erfahrung wird erfahren – aber ohne *jemand*, ohne ein Zentrum, dem sie zustößt. Es ist keine andere Erfahrung, nur eine andere Art, in der sie erfahren wird – ohne das Gefühl von *ich.* Diesen Prozess von Ursachen, Wirkungen und Bedingungen zu sehen, bedeutet, einen Aspekt von *anattā,* Nicht-Selbst, zu verstehen. Dabei sind *das prozesshafte bedingte Entstehen* einerseits und *die Leerheit von Selbst* andererseits einfach die beiden Seiten der gleichen Münze und nicht zwei getrennt existierende Dinge. »Leerheit von Selbst« ist eine *Eigenschaft* dieses Prozesses des bedingten Entstehens. Ich mag eigentlich das Wort *Leerheit* nicht sehr, auch wenn es als buddhistisches Konzept gut tönt. Es meint immer *»leer von«* oder auch *»frei von«*, weil es eine Eigenschaft ist und kein Ding.

Ohne Selbst zu sein, ist also eine Eigenschaft dieses Prozesses bedingten Entstehens, den wir Dasein oder »mein Leben« nennen. Dies im eigenen Erleben zu sehen, ist die Erkenntnis vom *Nicht-Selbst der Person.* Wir sind dieser dynamische Tanz – aber es ist ein Tanz ohne einen Tänzer. Wenn alle Erfahrungen sich so phänomenal schnell ändern und auflösen, dass die Wahrnehmung nichts erfassen und festhalten kann, fällt alles Ergreifen weg und das Nicht-Bedingte wird erkannt. Es sind Momente großer innerer Freiheit. Diese Erfahrung befreit von bestimmten Täuschungen und löst Zweifel über das eigentliche Wesen oder die Natur des Daseins definitiv auf. Dort beginnt »rechte Erkenntnis« oder »rechte Sichtweise«, der eigentliche Pfad. Um aber alle täuschenden und quälenden Zustände wie Verblendung, Begierde und Ablehnung in all ihren Spielarten definitiv aufzulösen, braucht es noch einiges mehr.

Wesentlich für uns ist ein kontinuierliches, möglichst nahtloses achtsames Gewahrsein, welches das Wesen oder die Natur von Erfahrung spürbar macht und so unsere tief verwurzelte Tendenz des Ergreifens und Festhaltens schwächt. Auf diese Art entsteht für uns zunehmend innere Geräumigkeit und Freiheit.

… stille Meditation …

Bringt eure Achtsamkeit zur Erfahrung des Hörens! (Glocke ertönt.) Die Glocke markiert das Ende der Sitzmeditationsperiode, aber nicht das Ende der Meditation.

In den Übergangsperioden und in der Gehmeditation eine kontinuierliche Achtsamkeit aufrechtzuerhalten, bringt bedeutend mehr, als sich abwechslungsweise außerordentlich stark zu bemühen und dann als Ausgleich wieder eine Pause einzulegen.

Wenn wir germanisch Geprägte das Wort *ernsthaft* hören, denken wir leicht an *grimmig* oder *Schwerarbeit*. Wir glauben, kontinuierliche Achtsamkeit müsse Schwerarbeit sein, damit sie ernsthaft und wertvoll sei. Umgekehrt hören wir beim Wort *unbeschwert* sogleich *Pause*. Dabei ist es absolut möglich, zugleich ernsthaft *und* unbeschwert zu sein! Wenn wir Gewahrsein, Präsent-Sein, Achtsamkeit mit *unbeschwert* assoziieren statt mit Schwerarbeit, dann wird unser Geist mehr daran interessiert sein zu praktizieren. Es ist spannend, dies zu beobachten und damit zu experimentieren.

Vielleicht könnte der Ort, an dem wir zur Ruhe kommen und entspannen, im Gewahrsein selbst sein. Was der Geist nämlich alles tut und tun muss, wenn er nicht achtsam und gewahr ist, kann sehr anstrengend sein. – Danke. Es ist nun Zeit für Gehmeditation.

Sichtweise und Motivation im Mahāmudrā

Tilmann Lhündrup

Die erwachte Grundnatur freilegen

Heute Mittag haben wir kurz Basis, Weg und Frucht besprochen. Dabei benutzte ich einen versteckten Juwel als Beispiel für unsere erwachte Grundnatur. Es könnte auch ein eingepackter Blumenstrauß sein. Jeder würde zustimmen, dass der Blumenstrauß bereits da ist, auch wenn er noch nicht ausgepackt ist. Genauso ist die Basis des Erwachens bereits in uns vorhanden. Wir sind gut verpackte Erwachte! Mit Verpackung ist aber nicht dieser Körper gemeint, sondern die Verschleierung durch unsere Gewohnheitsmuster, Filter oder Schleier.

Wir meinen vielleicht, es sei harte Arbeit, diese Schleier zu reinigen. Doch glücklicherweise haben sie keine Substanz. Emotionen, Gedanken, Vorstellungen, Sinneswahrnehmungen – sie alle sind substanzlos. Das ist sehr erleichternd, denn es bedeutet, dass wir nicht gegen die Schleier ankämpfen müssen. Es reicht, genauer hinzuschauen, wodurch sich unsere Art, Dinge wahrzunehmen, ändert. Der Buddha nannte das »wahre Anschauung«, das erste Glied des von ihm gelehrten achtfachen Pfades.[43] Für die Mahāmudrā-Praxis braucht es die grundlegende Sicht, dass alles Geist (oder Gewahrsein) ist und dass dieser Geist nicht fassbar ist.

Was ist Geist – Was ist Gewahrsein?

Inwieweit ist alles Geist? Schauen wir uns das konkret an: Wenn wir die Pfeiler hier im Raum wahrnehmen – sind diese Pfeiler Geist?

43 Die acht Glieder des Pfades der Edlen sind wahre Anschauung, wahre Gesinnung, wahre Rede, wahres Handeln, wahre Lebensführung, wahres Streben, wahre Achtsamkeit und wahre tiefe Meditation.

Denkt nach! Gibt es überhaupt Materie außerhalb des Geistes? Wenn Materie etwas anderes wäre als Geist, könnte der Geist sie dann wahrnehmen? Was sagt ihr dazu?

Wie wir die Welt erfahren, ist Geist. Alles Erleben ist Geist. *Das gilt unabhängig davon, ob es außerhalb des Geistes Materie gibt oder nicht.* Alles, was ich von diesen Pfeilern und anderen Dingen weiß oder erlebe, ist eine Wahrnehmung meines Geistes. Ich kann die Außenwelt nur durch meine Sinne erfahren: durch Berühren, Sehen, Hören, Riechen und Schmecken, gefolgt vom Denken. Nur durch die Sinneserfahrungen wissen wir von der Welt. Was immer die Welt für uns darstellt – sie ist im Grunde Erfahrung.

Hier auf dem Beatenberg haben wir eine grandiose Bergkulisse vor uns. Das Sehen dieser Berge ist lebendige Erfahrung. Sie sind nicht getrennt vom Beobachter, sie sind nicht unabhängig vom Wahrnehmenden. Sie »entstehen« im Wahrnehmen und können deshalb auch sehr unterschiedlich wahrgenommen werden. Dies zu verstehen, bewirkt eine Wende in unserer Sicht der Welt und hat direkte Auswirkungen auf die Meditation. Die Aussagen »Alle Phänomene sind Geist« – »Alles Erleben ist Gewahrsein« beziehen sich auf alle Objekte, die wir wahrnehmen können – auf das Erleben der ganzen sogenannten »materiellen« Welt.

Wo jedoch lässt sich dieses Gewahrsein finden? Es heißt hierzu: Noch kein Buddha hat den Geist je gesehen. Niemand hat ihn je gefunden, niemand kann ihn vorzeigen. Und doch ist er die Basis von allem Erleben in ganz Saṃsāra-Nirvāṇa, das heißt, von allen Erfahrungen der Verstrickung und des Erwachens.

Was ist dieses Gewahrsein, über das wir so viel sprechen? Geist ist kein Ding. Geist ist Prozess. Gewahrsein ist Erleben. Da Erleben mit Bewusstsein einhergeht, postulieren wir ein Bewusstsein, einen Geist, der die verschiedenen Erfahrungen erlebt. Einen Geist, der getrennt vom Erleben ist, lässt sich aber nicht finden. Er ist also kein Ding, das man zeigen könnte, sondern dieser nicht fassbare Prozess des

Erlebens, der klar erfahren wird, aber weder räumlich noch zeitlich zu definieren ist.

Wir können nicht einmal eine einzelne Erfahrung zeitlich definieren. Wann beginnt sie, wie lange dauert sie, wann hört sie auf? Was grenzt eine Erfahrung von der vorhergehenden und von der folgenden Erfahrung ab? Wo ist sie zu finden, während sie stattfindet? Wo ist die Kontinuität der Erfahrungen zu finden, die wir Geist nennen? Wir haben hier nicht die Möglichkeit, dies in aller Gründlichkeit zu untersuchen, werden aber das Wesentliche klären, bevor wir tiefer in die Mahāmudrā-Meditation einsteigen.

Wo ist der Geist, der seit meiner Kindheit all diese Erfahrungen macht? Er ist nicht greifbar, in keiner Weise fassbar! Das Erleben, das vorhin war, ist schon längst nicht mehr – und das gilt für jeden von uns. »Ich« bin nicht mehr der, der ich eben war. Das Gewahrsein, das den Moment gerade eben erlebt hat, finde ich nicht mehr. Jetzt ist ein frisches Gewahrsein da, immer wieder neu, in jedem Moment. Wo ist denn die Erfahrung des Abendessens geblieben? Es gibt davon nur noch Nachbilder, Erinnerungen. Diese Nachbilder sind nicht die ursprüngliche Erfahrung. Sie erinnern zwar an das, was gewesen ist, besitzen aber nicht die prickelnde Frische des tatsächlichen Erlebens.

In der Mahāmudrā-Sicht geht es um vier grundlegende, zusammenhängende Erkenntnisse:

- Alle Phänomene sind Geist.
- Geist selbst ist nicht fassbar.
- Dieses Nicht-Fassbare zeigt sich spontan in unaufhörlichem Erleben.
- Alles Erleben befreit sich unmittelbar von selbst.

Wenn dieses Verständnis der Meditation zugrunde liegt, vergegenständlichen wir weder die Inhalte der Erfahrungen (die sogenannten Objekte) noch den Erfahrenden selbst (das sogenannte Subjekt). Im Vorfeld der Meditation findet so eine grundlegende Klärung der Sicht statt. Sie lässt uns erahnen, dass Subjekt wie Objekt nicht fassbar sind und dass es sich beim Geist um einen nicht fassbaren, sich selbst befreienden Prozess des Erlebens handelt. Dieses Verständnis bereitet den Boden, um ins mittelpunktlose Sein hineinzufinden.

Studium, Kontemplation und Meditation

Die Praxis in Buddhas Lehre hat drei Aspekte: Studieren, Kontemplieren und Meditieren. Diese bereiten den Boden für Erkenntnis. Was wir mit »Studieren« übersetzen, hieß in den alten Sprachen »Hören«. Das Hören der Unterweisungen ist ein sorgfältiges Aufnehmen der Hinweise der Lehrer, so akkurat, dass wir sie fehlerfrei reproduzieren können. Durch korrektes Hören oder Studieren entsteht eine so gute Kenntnis der Unterweisungen, dass wir zumindest nicht im Irrtum darüber sind, was uns geraten wird und was die Unterweisung ist.

Der zweite Punkt ist Kontemplieren oder tiefes Nachdenken. Dies beinhaltet das Anwenden des Gehörten auf uns selbst. Wir fragen uns: Was hat das mit mir zu tun, mit meiner Erfahrung, mit meinem Leben? Ich teste, so weit es geht, die Unterweisungen in der kontemplativen Anwendung an mir selbst, indem ich sie mit meinem persönlichen Erleben in Verbindung bringe. Nach dem Hören bzw. Studieren bewirkt das Kontemplieren eine weitergehende Transformation unserer Sicht des Lebens. Studieren und Kontemplieren führen bereits zu einem großen Wandel in Sicht und Verhalten, auch ohne Meditation.

Beim Meditieren wenden wir das an, was wir durchs Hören und Kontemplieren verstanden haben. Studieren und Kontemplieren sind begriffliche Prozesse, die zum nicht-begrifflichen Meditieren hinführen. So führt beispielsweise das Kontemplieren der Unbeständigkeit aller Phänomene ins gelöste Sein wahrer Meditation.

Auch wenn wir viele Jahre in Zurückziehung meditieren, ist es notwendig, sich in der Lehre der Erwachten zu schulen. Meditieren allein reicht nicht aus. Bevor wir Monat um Monat, Jahr um Jahr meditieren, ist es wichtig, sich durch Studium und Kontemplation vorzubereiten. Neben dem Entwickeln der Motivation geht es dabei im Wesentlichen um das Entwickeln einer Sicht, die der Wirklichkeit möglichst nahe kommt. Wir hinterfragen dabei die Aussagen der Meister über das Sein, den Geist, die Wirklichkeit und testen, ob diese Aussagen logischer Überprüfung standhalten und aus eigener Erfahrung nachvollziehbar und vernünftig sind. Dabei schauen wir immer genauer hin, bis eine klare Sicht, eine klare Vorstellung von der Wirklichkeit, wie sie ist, entsteht. Mit diesem Verständnis setzen wir uns zur Meditation.

Wenn wir dem Hören und Kontemplieren nicht den gebührenden Platz einräumen, dann halten wir beim Meditieren die ganze Zeit, ohne es zu merken, eine unzureichend überprüfte Interpretation der Wirklichkeit aufrecht. So können wir beispielsweise beim Meditieren auf den Atem innerlich an der Anschauung festhalten: »Ich« meditiere auf »den Atem«. Dies gilt für alles Meditieren auf sogenannte Meditationsobjekte. Unbewusst und unüberprüft gehen wir davon aus, Subjekt und Objekt seien getrennt, und diese irrige Annahme verfestigen wir beim Meditieren weiter.

Ein etwas subtilerer Fehler könnte so aussehen: Jemand hat über Leerheit gehört und meditiert dann auf diese Leerheit. Er sagt sich: »Ich meditiere auf die Leerheit aller Phänomene«, bis er überzeugt ist, die Leerheit gesehen zu haben. Doch leider hat er sich in eine irrige Annahme über die Wirklichkeit hineinmanövriert, denn die Leerheit kann man nicht sehen oder über sie als Objekt meditieren. Das oft beschriebene »Sehen der Leerheit« ist nur das Wegfallen eines Irrtums. Ein richtiges, zur Erkenntnis führendes Verständnis können wir uns schwerlich nur durch Meditation erarbeiten. Wir brauchen dazu Austausch, Studium und tiefes Bedenken des Gehörten und Gelesenen.

Geistesruhe und Einsicht

Dank fortgesetzter Meditation wird der Geist unabgelenkter, ruhiger und klarer, und damit zu einem immer präziseren Instrument, mit dem wir diese Fragen erforschen können. Es ist, als würde uns ein immer besseres Mikroskop zum Untersuchen feiner Vorgänge zur Verfügung gestellt. Aber auch wenn der Geist ruhig und klar wird, hören wir nicht auf zu studieren, zu kontemplieren und zu forschen, sondern nutzen jedes bisschen zusätzliche Klarheit, um genauer hinzuschauen.

Buddhistische Meditation ist immer Weisheitsmeditation. Es geht nicht nur um Geistesruhe, sondern darum, dass wir uns befreien. Befreiung geschieht durch einen Prozess des Verstehens, in dem irrige Annahmen über die Wirklichkeit losgelassen werden und sich das zeigt, was vorher nicht gesehen wurde. Dabei gibt es keine Trennung zwischen Geistesruhe und Einsichtsmeditation.

Buddha Śākyamuni beschreibt in wichtigen Lehrreden zum Kultivieren von Gewahrsein (Satipaṭṭhāna- und Ānāpānasati-Sutta) einen Prozess, wo zunächst das Beruhigen des Geistes betont wird und der ruhige Geist dann allmählich ins forschende Schauen gelenkt wird, um Einsicht zu entwickeln. In diesem Prozess erleben wir gleitende Übergänge zwischen Ruhe und Einsicht. Bereits die erste der vier Übungen in Achtsamkeit, wo die Körperwahrnehmung im Mittelpunkt steht, ist eine Gewahrseinsübung, die auch dem Entwickeln von Einsicht dient. Dies gilt umso mehr für die Meditation auf Empfindungen (geistige Gestaltungen), Geist an sich und Dharmas (Gesetzmäßigkeiten): Sie alle dienen dem Entwickeln von Einsicht. Spätere Kommentatoren haben dann zunehmend die Geistesruhe von der Einsichtsmeditation abgegrenzt, was vielleicht didaktische Vorteile hat.

Doch immer wieder gab es Meister, die gegen solch eine Abgrenzung protestiert haben, in allen Traditionen. Ich komme aus der Kagyü-Linie des tibetischen Buddhismus, in der die Einheit von Geistesruhe und intuitiver Einsicht betont wird. Wenn mein Lehrer

Gendün Rinpoche Meditation erklärte, wussten wir als Zuhörende oft nicht, ob er nun über Geistesruhe oder über Einsichtsmeditation sprach, oder gar über Mahāmudrā? Alles verschmolz zu einer einzigen Unterweisung über das Entwickeln von Gewahrsein. Geistesruhe befähigt zur Einsicht und diese vertieft die Ruhe.

So entdecken wir auch schon bei geringer Geistesruhe, dass Emotionen aufsteigen und von selbst vergehen, dass Gedanken kommen und gehen. Dadurch entsteht ein gewisser Grad von Einsicht, dass Emotionen und Gedanken keinen Bestand haben. Egal worauf wir den Geist lenken: Interessiert-offenes Hinschauen führt zu einem Wissen, wie die Dinge sind. Dieses interessierte Hinschauen sollte stets weiter stimuliert werden durch forschendes Fragen. Der Motor ist unser Interesse, immer tiefer zu verstehen, was eigentlich *Saṃsāra*, die Welt des Leidens, ausmacht und was mit Freiheit gemeint ist, mit *Nirvāṇa*. Was führt zum einen und was zum anderen?

Der schnellste Weg

Mahāmudrā-Meditation bedeutet nicht, es sich gemütlich in der Geistesruhe einzurichten und dann denkfaul und forschungsmüde zu werden. Wir forschen weiter, bis unumstößliche Gewissheit entstanden ist, die selbst dann nicht ins Schwanken käme, wenn der eigene Lehrer das Gegenteil behauptet. Bis dahin üben wir tiefe Geistesruhe, die zu neuen Einsichten führt, die wir dann mit weiteren Forschungsfragen vertiefen. An dieser Arbeit kommt niemand vorbei – es gibt keine Abkürzungen. Der schnellste Weg ist, keine ruhige Kugel zu schieben, und dabei immer zu wissen, welche Frage ich gerade erforsche und was das Wesentliche ist.

Nehmt einen Moment, um zu überlegen:

- Weiß ich, mit welcher Frage ich meditiere?
- Bin ich mir bewusst, was ich in der Meditation klären möchte?

– Weiß ich, wie ich vorgehen muss, um mit Hilfe der Meditation diese Fragen zu klären?

Es würde mich nicht überraschen, wenn das vielen nicht so ganz klar ist. Aber genau darum geht es: Ich muss nicht nur wissen, welche Fragen ich klären möchte, sondern auch, wie ich das angehen kann. Dafür müssen wir uns mit den Lehrenden austauschen und zudem die Unterweisungen studieren, bis klar ist, wie wir unsere Fragen klären können.

Wenn man sich bei Experimenten im Biochemielabor nicht an die Vorgaben hält und nach Belieben einen Milliliter mehr oder weniger nimmt, dann funktioniert nichts mehr. Es kommt auf höchste Genauigkeit an. So auch in der Meditation. Wenn wir wissen wollen, ob der Dharma funktioniert, müssen wir den Hinweisen möglichst genau folgen, damit unser Einsatz zum Erfolg führt.

Das wäre die einzig mögliche »Abkürzung« des Weges: den Boden sauber vorbereiten, sorgfältig studieren und zuhören, scharfsinnig kontemplieren, das Gehörte gezielt auf uns anwenden und stets nachfragen, wenn wir unsicher sind, sowie Hindernisse ausräumen, unser Verständnis klären und mit einer Sicht meditieren, die der Wirklichkeit nahekommt. Ich möchte das so zusammenfassen:

> Die Abkürzung besteht darin, keine Zeit mit unklarem Vorgehen zu verschwenden.

Zum Abschluss noch ein Zitat vom Dritten Karmapa Rangdjung Dordje. Er war ein Halter der Dzogchen-Linie und als solcher auch einer der Lehrer des berühmten Meisters Longchenpa[44] sowie der wichtigste Halter der Mahāmudrā-Linie in seiner Zeit. Das Zitat

44 Longchen Rabjam, kurz Longchenpa (1308–1363), war einer der bedeutendsten Gelehrten und verwirklichten Meister der Nyingma-Tradition des tibetischen Buddhismus.

stammt aus seinem Mahāmudrā-Gebet, genannt »Der Pfad des Strebens nach dem Mahāmudrā des wahren Sinnes«, wo es heißt:

> »Zuschreibungen bezüglich der Basis beseitigt zu haben, ist Gewissheit der Sicht;
> diese unabgelenkt zu wahren, ist der Schlüsselpunkt der Meditation;
> uns geschickt in allen Situationen im Sinn der Meditation zu üben, ist höchstes Handeln –
> mögen wir Gewissheit in Sicht, Meditation und Handeln besitzen.«

»Zuschreibungen bezüglich der Basis zu beseitigen« bezieht sich auf die Basis, welche die Buddhanatur, die Natur des Geistes ist. Die »Gewissheit der Sicht« zu entwickeln bedeutet, alle irrigen Annahmen bezüglich des Geistes, alles, was wir ihm zuschreiben und in ihn hineindeuten, aufgelöst zu haben. Es geht darum, unvoreingenommen zu sein in Bezug auf das Gewahrsein, das wir untersuchen werden. Wenn die Sicht geklärt ist, dann besteht die Meditation darin, unabgelenkt in der Sicht zu ruhen: also Sein, Schauen, Erleben ohne vorgefasste Meinung. Das ist die Meditation: Sie ist gelebte Sichtweise, gelebtes wahres Verständnis. Wir nähern uns der Meditation auf der Grundlage der größtmöglichen Klärung verkehrter Sichtweisen, so dass diese uns nicht in der Meditation behindern und beeinflussen.

Aus der Meditation gehen wir ins Handeln, in die Aktivität. Handeln ist die Fortsetzung des meditativen Gewahrseins in allen Situationen und das eigentliche Ziel der Meditation. Der Mahāmudrā-Praktizierende geht, sitzt, steht, liegt, spricht, schreibt, umarmt Menschen, hackt Holz, was auch immer – das alles ist seine Meditation. Er übt sich darin, bei allen Handlungen die Sicht zu wahren, die frei von vorgefassten Einstellungen und Standpunkten ist.

Ich hoffe, mit der Illusion aufgeräumt zu haben, es gäbe eine Sechs-Tages-Abkürzung. Unsere meditative Arbeit müssen wir mit einem

Höchstmaß an Geduld und Präzision machen: den Forschergeist wach halten und im guten Sinne des Wortes immer neugierig bleiben, immer mehr entdecken wollen über den Geist. Bis wir Buddhas sind, haben wir nicht ausgelernt und richten es uns nicht gemütlich ein.

Mögen durch diese Verdienste alle Lebewesen die Allbewusstheit erlangen und frei werden von den Wellen von Geburt, Alter, Krankheit und Tod, die den Ozean des Daseinskreislaufes aufwühlen.

Sechster Tag

Bodhicitta – das Unmögliche wagen

Fred von Allmen

In diesem Retreat befassen wir uns mit zwei Themen: Das eine ist achtsames Gewahrsein, um die Natur des Geistes und aller Dinge zu erkennen. Dies ist unser Grundthema. Aber genauso wesentlich ist die innere Haltung, mit der wir meditieren, praktizieren und leben: Gelassenheit, liebevolle Zuwendung, Mitgefühl, Wertschätzung.

Ein weiterer, sehr wesentlicher Aspekt der inneren Haltung, den ich uns allen als grundlegende Motivation von ganzem Herzen empfehle, ist Bodhicitta, die altruistische Haltung zum Wohle aller Wesen.

Entschluss zum Wohle vieler

Der Begriff Bodhicitta wird meist als altruistische Motivation verstanden, also als ein Wirken zum Wohle der Anderen. Hier möchte ich es aber übersetzen als: Zum Wohle aller – uns selbst mit eingeschlossen. Wenn ich diesen Vortrag nenne: »Das Unmögliche wagen«, so weist das darauf hin, dass es ein sehr hohes Ziel ist, unser Leben und

Herz so transformieren zu wollen, bis all unser Denken und Handeln auf das Wohl vieler oder gar aller ausgerichtet ist. Es ist nicht wirklich unmöglich, stellt aber eine lebenslange Herausforderung dar.

Seinen Ursprung hat die Bodhicitta-Haltung im Mahāyāna-Buddhismus. Dabei geht es um den immer wieder zu erneuernden Entschluss, alles zu tun, um vollständig zu erwachen und den Lebewesen von größtmöglichem Nutzen sein zu können. Dies bedeutet nicht weniger, als vollständige Befreiung von allen täuschenden und quälenden Herzens- und Geisteseigenschaften anzustreben und zusätzlich auch all die wunderbaren Qualitäten wie Großzügigkeit, Weisheit und Mitgefühl zu vervollkommnen, egal, was es dazu braucht und wie lange es dauert. Bodhicitta ist die Motivation der Bodhisattvas.

Offensichtlich erfordert ein solches Unterfangen viele konsekutive Leben. Für diejenigen von uns, die nichts mit vergangenen und zukünftigen Leben anfangen können, kann Bodhicitta aber auch etwas einfacher formuliert werden. Dabei bleibt es genauso bedeutungsvoll: »Möge ich dieses Leben zutiefst verstehen und es diesem Verständnis entsprechend zum Nutzen und Wohle der Lebewesen einsetzen.« Joseph Goldstein schreibt dazu:

> »In der buddhistischen Praxis entwickeln wir ein Gewahrsein der Motivationen, Absichten und inneren Haltungen, die all unsere Handlungen prägen. Zusätzlich öffnen wir uns für die Möglichkeit einer viel weiteren, umfassenderen Ausrichtung, indem wir unser Gefühl dafür, was in diesem Leben erreicht werden kann, ausweiten. Bodhicitta ist ein Sanskrit- und Pāli-Begriff, der wörtlich *erwachtes Herz* oder *erwachter Herz-Geist* bedeutet. Es ist das tiefe Bestreben, aus dem Traum der Verblendung zu erwachen, um möglichst vielen oder allen Lebewesen von Nutzen sein zu können.«[45]

45 Joseph Goldstein, mit freundlicher Genehmigung

Die gängige Motivation oder innere Haltung beim Meditieren und in der spirituellen Praxis könnte etwa so beschrieben werden: Wir wollen unsere Probleme lösen und vor allem unsere Schwierigkeiten loswerden. Wir wollen ein angenehmes Leben. Wir wünschen und versprechen uns von der Praxis Glück, Heiterkeit, Gelassenheit und Weisheit, was immer das heißen mag, auf einer Skala von lustvoller Wellness über wirkungsvolle Therapie bis hin zu erhabenen Meditationszuständen. Diese Ansprüche sind verständlich und berechtigt – aber auch ziemlich selbstbezogen: Ich erstrebe all das für mich! In einem Cartoon sieht man eine Frau, die ein Kreuzworträtsel löst. Sie fragt den Mann, der neben ihr im Sessel sitzt: »Weltmacht mit drei Buchstaben?« Er überlegt einen Moment und brüllt dann: »ICH!« Diese Macht des Ich ist eine gewaltige Schranke, die uns an der Praxis dieser wunderbaren Ausrichtung von Bodhicitta hindert. Deshalb braucht es großes Interesse und eine ständige Bereitschaft, sich dieser inneren Haltung zu öffnen und die Mittel anzuwenden, die uns zur Verfügung stehen, um sie zu fördern.

Mängel der Selbstzentriertheit – Fülle des Altruismus

Eine gute Grundlage wird gelegt durch die Reflektion darüber, was Bodhicitta für uns und andere bewirken kann. Wir sind eingeladen, über die Mängel und Unzulänglichkeiten einer selbstzentrierten inneren Haltung nachzudenken. Diese Haltung ist wie eine schwere chronische Krankheit, die zusätzliches Leiden schafft. Sie hindert uns daran, unsere spirituellen Ziele zu verwirklichen, denn grobe und subtile Formen der Selbstbezogenheit führen zu Leid und halten uns letztlich von der Befreiung ab. Als »chronisch« wird diese leidschaffende Tendenz bezeichnet, weil sie sich unser ganzes Leben hindurch fortsetzt.

Die Selbstbezogenheit ist die eigentliche Wurzel all der Mühen und Schwierigkeiten, die wir eigentlich um jeden Preis vermeiden möchten. Dies wird allerdings erst sichtbar, wenn wir uns konsequent mit den

Auswirkungen unserer Absichten und Motivationen auseinandersetzen. Es ist notwendig zu erforschen, wie sich die Selbstbezogenheit anfühlt, was sie bewirkt und was sie uns letztlich antut.

Tatsächlich ist diese Selbstzentriertheit immer die ungeschickteste aller Einstellungen. So ist es doch recht schwer zu verstehen, dass wir diese Haltung immer wieder spontan wählen. Vermutlich sind wir da durch die Evolution geprägt: Selbstzentriertheit war ursprünglich vielleicht eine nützliche Strategie, um zu überleben. Deshalb ist sie so tief in uns verwurzelt. Dabei sollte klar sein, dass hier nicht moralisiert wird und nicht von gut oder böse die Rede ist und schon gar nicht von sündig. Es geht nicht darum, nicht egoistisch sein zu dürfen, sondern um ein unvoreingenommenes Ergründen dessen, was uns und anderen Leiden schafft und was echtes Glück, Zufriedenheit und innere Freiheit bringt. Die Praxis von Bodhicitta hilft, die Perspektive der Selbstzentriertheit umzukrempeln. Der große chinesische Chan-Meister Sheng Yen schrieb:

> »Tatsache ist, dass die Praxis nur beschränkt Erfolg hat, wenn man nur sich selbst zu helfen sucht. Das Resultat wird dann am größten sein, wenn wir bestrebt sind, für andere von Nutzen zu sein. Deshalb erachtet man im Buddhismus das *anderen von Nutzen sein* als den ersten Schritt auf dem Weg der Befreiung.«[46]

Śāntideva, der indische Bodhisattva und Poet, schreibt:

> »Bodhicitta ist die beste Medizin, um das Leiden dieser Welt zu heilen.
> Sie ist wie ein großer Baum, der alle Wesen schützt,

46 Chan-Meister Sheng-yen, Die sechs Pāramitā, fourturtles publications, Zürich, 2010

die sich über die endlosen Pfade des bedingten Daseins
schleppen.«[47]

Das folgende Beispiel illustriert die Wirkung von Bodhicitta: Ernsthafte spirituelle Praxis ist wie Sonnenlicht, das durch ein Fenster einen ansonsten dunkeln Raum erhellt. Bodhicitta-Praxis hingegen ist wie die Fülle des Sonnenlichts im offenen, weiten Himmelsraum, das unparteiisch und uneingeschränkt auf alle und alles auf dieser Erde strahlt. Die Praxis der altruistischen Motivation öffnet die Beschränktheit und Enge der Selbstbezogenheit.

Umfassender als Mitgefühl

Die wunderbare Herzensqualität von Mitgefühl besteht darin, dass wir in unmittelbarem Kontakt mit Leiden unser Herz berühren lassen und dann tun was uns möglich ist, um dieses Leiden zu lindern. Nyanaponika Thera, ein bekannter deutscher Meister der Theravāda-Tradition in Śrī Laṇkā, beschreibt die Wirkung von Mitgefühl auf uns selbst:

> »Mitgefühl beseitigt die schweren Gitter, öffnet das Tor zur Freiheit und macht das beengte Herz so weit wie die ganze Welt. Mitgefühl nimmt dem Herzen seine innere Last, die lähmende Schwere, und verleiht jenen Flügel, die gefangen sind in den Niederungen des Selbst.«[48]

Bodhicitta entsteht aus Mitgefühl, ist aber umfassender und zielgerichteter als dieses. Mitgefühl entsteht, wenn wir in direktem Kontakt sind mit Leid. Bodhicitta aber ist der grundlegende Entschluss, sein ganzes Leben der Verminderung des Leidens zu widmen. Es ist die lebensbestimmende Motivation, Geist und Herz so umzuschulen,

47 Śāntideva, Bodhicāryāvatāra, 3. 29
48 aus: Sharon Salzberg, A Heart as Wide as the World, Shambala, Boston.

dass das Wohlergehen aller zum natürlichen Kernanliegen wird. Um uns diese Lebensweise näher zu bringen, schlägt Dagyab Rinpoche vor, dass wir versuchen, uns vorzustellen, wie sie sich anfühlen würde:

> »Wie wäre es wohl, ein Bewusstsein entfaltet zu haben, das allem Lebenden in unendlicher Güte zugewandt ist? Wie mag sich das anfühlen, ein Denken ohne Ausgrenzung, ohne Verurteilung, ohne Diskriminierung; eine natürliche Seinsweise, die einzig und allein in dem Wunsch besteht, in angemessener Weise allen Lebewesen Unterstützung zu gewähren?« Dann stellt er klar: »Erst wenn wir unser Herz von dieser Seinsweise berühren lassen, können wir zuinnerst davon ergriffen werden und ein beglückendes, das Bewusstsein weitendes, fast ehrfürchtiges Gefühl der Wertschätzung für die Großartigkeit der Bodhicitta-Haltung entwickeln.«[49]

Situ Rinpoche machte die überraschende Aussage, dass das Mitgefühl eines Bodhisattvas nicht aus Leiden, sondern aus Freude entstehe. Es entspringe nicht dem Gedanken:

> »Diese armen Lebewesen leiden und ich möchte etwas für sie tun«, sondern vielmehr der Erkenntnis: »Diese zukünftigen Buddhas leiden unnötigerweise an einem Albtraum. Ihre Essenz ist vollkommen und sie haben alle Mittel in sich, um ihr Leiden zu überwinden. Möge ich die Ehre haben, ihnen zu helfen zu erkennen, wer sie wirklich sind.«[50]

49 Dagyab Kyabgön Rinpoche, Das Erleuchtungsbewusstsein, Lotusblätter, 2/98, ISSN 0949-1104

50 Nach: Tai Situ Rinpoche, Nectar of Dharma: The Sacred Advice, Volume 4, Publ. by Zhyisil Chokyi Ghatsal, 2009

Missverständnisse und Überforderung

Es gibt auch hier im Westen so manche Missverständnisse in Bezug auf Bodhicitta. Wenn wir vom Entschluss der Bodhisattvas hören: »Die leidenden Wesen sind zahllos, möge ich sie alle befreien!«, sind wir möglicherweise nicht zutiefst inspiriert, sondern fallen in Panik: »Was, *ich* muss die *alle* befreien?« Überforderung, Stress und Burnout sind die Szenarien, die vor unserem geistigen Auge auftauchen. Das ist verständlich. Wenn uns lange genug gesagt wurde, wir müssten Bodhicitta haben, zwingen wir uns vielleicht gar, zu glauben, wir hätten es. Aber jedes Mal, wenn unser Verhalten uns das Gegenteil vor Augen führt, fühlen wir uns frustriert und überfordert. Hier noch einmal Joseph Goldstein:

> »Ist Bodhicitta ein realistisches Bestreben für uns? Ist es wirklich möglich, eine solch altruistische Motivation zu erzeugen, wenn man die vielfältige Mischung unterschiedlicher Eigenschaften in unserem Herzen und in unserem Geist in Betracht zieht?«

Er zitiert den Dalai Lama, der in seiner üblichen Bescheidenheit gesagt haben soll:

> »Ich kann nicht behaupten, die Praxis von Bodhicitta verwirklicht zu haben. Aber tief in mir drinnen verstehe ich, wie wertvoll und hilfreich es ist.«[51]

Wenn auch wir erkennen, wie wertvoll und hilfreich diese Haltung ist, pflanzen wir die Saat von Bodhicitta in unser Herz und in unser Leben und lassen sie Wurzeln schlagen und wachsen.

Ein weiteres Missverständnis betrifft das Sich-Ausschließen aus der Familie der Lebewesen. Sich um alle Wesen zu kümmern heißt für

51 Joseph Goldstein, One Dharma, The Emerging Western Buddhism, HarperOne, 2003

manche: um alle – außer sich selbst. Tatsächlich wird die eigene Person, entsprechend gewissen buddhistischen Belehrungen, ganz explizit ausgeschlossen, während alle anderen sehr viel höher geschätzt werden. Weil wir westlichen Menschen oft an mangelnder Selbst-Wertschätzung leiden, sind wir aber gut beraten, in diesem Punkt sehr vorsichtig zu sein. Uns behindert möglicherweise die tief sitzende Überzeugung, vermutlich aus christlich-abendländischer Prägung: »Ich selbst verdiene nicht gleich viel Respekt und Wertschätzung wie alle anderen.« Vielleicht findet man es sogar ungehörig, Güte, Mitgefühl und Wertschätzung für sich selbst zu kultivieren.

Zweifellos sind wir *eines von allen* Lebewesen und gleich wichtig wie ein jedes andere von ihnen. Wenn wir uns ausschließen, machen wir uns in Wahrheit sehr besonders, selbst wenn wir es abwertend tun: »Ich bin weniger wichtig als sieben Milliarden andere Erdenmenschen!« Da halten wir uns für sehr speziell in unserer Unwichtigkeit. Uns selbst mit einzuschließen in alle Lebewesen, auch wenn sich das vielleicht nicht selbstverständlich anfühlt, vertieft unser Gefühl der Verbundenheit, statt uns besonders zu machen.

Bodhicitta kann uns also aus der Enge der Selbstzentriertheit und ihren Folgen befreien. Diese altruistische Haltung wird, im Gegensatz zu einer chronischen Krankheit, mit einem wunscherfüllenden Juwel verglichen. Bodhicitta ist das Bestreben, die tiefer liegenden Bedürfnisse und Wünsche der Lebewesen zu erfüllen und ihnen das zu bieten, was heilsame und glückliche Zustände verschafft. Dadurch werden auch in uns selbst heilsame Kräfte wach. Bodhicitta ist eine Win-Win-Haltung. Sollte diese positive Wirkung nicht eintreten, haben wir die Praxis falsch verstanden oder sie nicht wirklich angewendet. Śāntideva schrieb den bekannten Vers:

> »Was brauche ich noch viel zu erklären: Die Kindischen arbeiten nur für ihren eigenen Vorteil, die Buddhas arbeiten zum Wohle aller. Schaut euch nur den Unterschied zwischen ihnen an.«[52]

52 Śāntideva, Bodhicāryavatāra, 8, 130

Ein sinnerfülltes Leben

Es ist wichtig, das Leben als sinnvoll zu erfahren. Darum lohnt es sich, dies zu erforschen. Wir glauben oft, Sinnhaftigkeit sei eine Frage des Verstehens: den Sinn des Lebens zu verstehen. Tatsächlich geht es aber darum, wie sich unser Dasein an*fühlt*. Ob es sich sinnvoll anfühlt oder nicht, hängt von der Verbundenheit ab – Verbundenheit mit sich selbst, Verbundenheit mit anderen, Verbundenheit mit dem ganzen Leben. Wenn wir uns getrennt und isoliert fühlen, sind Sinnlosigkeit und Depression sehr nah. Vereinsamung und Abgetrenntheit erleben wir als leidvoll. Sinn entsteht dann, wenn wir uns einer Sache hingeben, sei es für Momente, sei es dauerhaft. Selbst so banale Tätigkeiten wie Briefmarken sammeln können das Gefühl von Sinn vermitteln, solange wir völlig dabei sind. Entsprechend wirkungsvoller ist es, wenn wir uns voll und ganz in die Dharma-Praxis hineingeben – sei es im Retreat oder im Alltag. Hingabe ans Gewahrsein, ans Ergründen, ans Erkennen oder eben Hingabe an das Wohl der Lebewesen. Bodhicitta bedeutet vollständige Hingabe, es schafft tiefe Verbundenheit und gibt damit unserem Leben Sinn.

Wenn Bodhicitta echt wird, spielt es immer weniger eine Rolle, was für einen selbst dabei herausschaut. Denn jetzt geht es um die Vielen, nicht nur um den Einen. Mein langjähriger Lehrer Ven. Geshe Rabten gab die folgende Illustration:

> »Wenn man ackert und sät, um Getreide zu ernten, fällt letztlich auch Stroh an. Man pflügt und pflanzt aber nicht, um Stroh, sondern um Getreidekörner zu erhalten – und damit Tsampa und Brot. Stroh ist ein Nebenprodukt. So wie es beim Pflanzen und Ernten um die Körner geht und nicht um das Stroh, so geht es bei Bodhicitta um die vielen Lebewesen und nicht nur um eines. So wie beim Ernten als Nebenprodukt Stroh anfällt,

> so entsteht durch Bodhicitta für uns Verbundenheit, Sinn und Erfülltheit – als Nebenprodukt.«[53]

Sollten wir versuchen, Bodhicitta zum eigenen Vorteil zu kultivieren, wird es nicht klappen, weil die Motivation keine altruistische mehr ist. Tsoknyi Rinpoche fasst zusammen:

> »Bodhicitta ist das Bestreben, jede Form von Leid zu beseitigen, ohne dabei auf einen emotionalen Mehrwert für die eigene Person zu schielen.«[54]

Bodhicitta-Praxis

Welche Praxisformen können uns in Richtung Bodhicitta lenken? Von den vielen Möglichkeiten soll hier nur eine Handvoll angesprochen werden. Voraussetzung ist, dass wir überhaupt fähig sind, uns für Leiden zu öffnen. Und nur in dem Maße, wie es uns gelingt, für unser eigenes Leid offen zu sein – ohne uns darin zu wälzen, sondern indem wir es zulassen, anerkennen und fühlen –, wird es uns auch bei anderen gelingen. Der große Atīśa schreibt:

> »Wer alles Leiden anderer vollständig zu beseitigen wünscht,
> so wie er sein eigenes Leiden beenden will,
> ist ein Mensch mit höchster Motivation.«[55]

Ein guter Anfang ist es, sich die folgende Ausrichtung zu Herzen zu nehmen: »Möge ich Befreiung erlangen zum Wohle aller Lebewesen.« Wir erneuern dies zu Beginn eines jeden Tages und zu Beginn einer

53 Mündliche Belehrung

54 Tsoknyi Rinpoche, Öffne dein Herz und lausche, Den inneren Funken entdecken, Arkana 2012, Kap. 13, S. 273

55 Atīśa Dīpaṃkara, Bodhipathapradīpa, Lampe auf dem Weg des Erwachens, Vers 5

jeden Meditation – für den Rest unseres Lebens. Je öfter wir uns daran erinnern, desto mehr werden unsere alltäglichen Beschäftigungen, unsere Projekte und selbst unsere gewichtigen Unternehmungen von dieser Motivation geprägt sein.

Güte und Mitgefühl

Die regelmäßige Praxis von Güte, Mitgefühl und Mitfreude (*mettā, karuṇā, muditā*) fördert Bodhicitta. In dieser Sammlungspraxis[56] der Theravāda-Traditionen wird die Haltung liebevoller, mitfühlender Zuwendung und Wertschätzung auch in Retreats systematisch geübt. Wie es der Buddha empfahl:

> »So wie eine Mutter ihr einziges Kind beschützt, sogar auf Kosten ihres Lebens,
> so öffnen wir unser Herz allen Lebewesen.
> Mögen alle Lebewesen ohne Ausnahme glücklich und froh sein.
> Mögen Gedanken und Gefühle uneingeschränkter Güte
> die ganze Welt durchdringen: über uns, unter uns und um uns herum,
> ohne Hass oder Feindseligkeit, völlig unbehindert.«[57]

Und:

> »So wie ein kraftvoller Muschelhornbläser in allen Richtungen mühelos hörbar ist,
> so gibt es keine Begrenzungen für dieses herzbefreiende Wohlwollen.«[58]

56 Pāli: *Samatha*. Sanskrit: *Śamatha*. Tibetisch: *Shine*
57 Auszug aus: Buddha, Mettā Sutta. Die Lehrrede von der liebevollen Güte.
58 Aus: Buddha, Tevijja Sutta, Die dreifache Weisheit, Dīgha Nikāya 13

Unterstützend wirkt hier auch die Praxis des täglichen Sich-Erinnerns und Rezitierens der vier »grenzenlosen Wünsche«:

»Mögen alle Wesen Glück erlangen und die Ursachen des Glücks. (Güte)
Mögen alle Wesen frei sein von Leiden und von den Ursachen des Leidens. (Mitgefühl)
Mögen alle Wesen niemals getrennt sein vom Glück, das frei ist von Leiden. (Mitfreude)
Mögen alle Wesen frei von Anhaften, Ablehnung und Teilnahmslosigkeit in großer Gelassenheit verweilen. (Gelassenheit)«[59]

In Abhängigkeit von den Lebewesen

Sehr wirkungsvoll sind die Betrachtungen über unsere Abhängigkeit von anderen Lebewesen, wobei eine Wirkung solcher Betrachtungen nur dann eintritt, wenn wir sie regelmäßig, über Jahre und bei verschiedensten Gelegenheiten anwenden.

Es ist eine Tatsache, dass wir von unseren Eltern abhängig waren wie auch von allen anderen, die uns gepflegt, genährt, ausgebildet, belehrt, behandelt, geheilt, gestärkt und unterstützt haben. Darüber reflektieren wir regelmäßig – auch Tilmann betont, wie wichtig das ist. Ich fand dies in den ersten Jahren meiner Praxis recht mühsam, weil ich davon ausging, dass ich mich in der Folge sehr dankbar fühlen müsste. Genau das trat aber nicht ein. Erst Jahre später realisierte ich, dass ich auch ohne solche Verpflichtungsgefühle darüber reflektieren konnte, was die Wirkung sogar leichter spürbar machte. Es genügt, sich ins Bewusstsein zu rufen, was Eltern und andere Menschen für uns getan haben, ohne sie zu Helden zu machen, aber auch ohne ihnen zu unterschieben, sie hätten all das aus Selbstinteresse getan.

59 Der vierte Wunsch, jener für Gelassenheit, kommt, je nach Schule, in verschiedenen Varianten vor.

Die Kontemplation der Beziehungen mit den Eltern lässt unsere Abhängigkeit wohl am besten deutlich werden. Doch einige von uns sind in diesem Bereich geschädigt und finden es entsprechend schwierig, sich damit auseinanderzusetzen. Aber es gibt ja noch unzählige andere Menschen, von deren Wirken wir in vielfältiger Weise abhängig waren oder sind.

Zum Beispiel Straßenarbeiter. In der Schweiz wird während der Sommerferien viel am Unterhalt der Autobahnen gearbeitet. Das kann ärgerlich sein, denn es führt oft zu Staus. Wenn wir an solchen Baustellen vorbeifahren, können wir uns klar machen, was diese Jobs für die Arbeiter an Mühen und Gefahren bergen. Meist ist es sehr heiß im Sommer, es kann aber auch in Strömen regnen. Es ist gefährlich, denn viele Autofahrer halten sich nicht an die verordnete Höchstgeschwindigkeit. Die Arbeiter sind gezwungen, die Jobs anzunehmen, weil es die einzige Möglichkeit ist, ihre Familie zu ernähren. Sicher würden sie weniger anstrengende Tätigkeiten bevorzugen, denn sie leiden oft schon früh an argen körperlichen Beschwerden. Um mühelos von einem Ort zum anderen fahren zu können, sind wir von zahllosen Menschen abhängig, seien es Straßenarbeiter, Bahnangestellte, Beamte in Planungsämtern, Hersteller von Schienen, von Zügen, von Autos, von Fahrrädern – eine anfangslose Kette von Menschen, deren Arbeit letztlich uns zugute kommt.

Wir sind angewiesen auf Menschen in fernen Ländern, die unsere Kleider nähen, unsere Computer herstellen, unseren Kaffee und Tee kultivieren, unseren Reis und unser Soja produzieren, unsere Früchte und Gemüse pflanzen … – ein dicht gewobenes Netz von Verbindungen der Abhängigkeit. Leben ist kaum denkbar ohne das Wirken von Bienen und von anderen Insekten, von Pflanzen, von Regen, von Sonne und vom Sauerstoff der Luft. Wir sind abhängig von zahllosen Bedingungen, leben fortwährend von der Arbeit und auf Kosten unzähliger Lebewesen.

Wenn wir diese Kontemplationen über längere Zeit durchführen, entstehen zunehmend Wertschätzung und Dankbarkeit für all die lebenswichtige Unterstützung, die wir erhalten. So wächst in uns auf natürliche Weise der Wunsch, diese erwidern zu können. Weil das oft nicht direkt von Mensch zu Mensch möglich ist, unterstützen wir all jene, denen wir in unserem Lebenskreis begegnen. Diese Praxis wird zum freudvollen Spiel, wenn wir entdecken, wie viel Verbundenheit dadurch in allen Beteiligten entsteht.

Sich in den anderen wiedererkennen

Wir bemerken hierbei auch, wie ähnlich wir und alle Menschen sich in ihren grundsätzlichen Bedürfnissen sind. Die Reflexion betrifft so offensichtliche Sachverhalte, dass wir wahrscheinlich dazu neigen, sie gar nicht anzuwenden. Aber es lohnt sich, das Offensichtliche immer wieder zu bedenken: Wir selbst sind gerne gesund, gerne glücklich, respektiert und geliebt. Alle anderen Menschen sind, genau wie wir, auch gerne gesund, gerne glücklich, respektiert und geliebt. Wir möchten nicht leiden, wir möchten keinen Schmerz erfahren, nicht hungern, nicht frieren und nicht zu wenig Nachtisch kriegen, wenn wir als Letzte in den Essraum kommen. Auch alle anderen möchten nicht leiden, möchten keinen Schmerz erfahren, nicht hungern, nicht frieren und möchten nicht zu wenig Nachtisch vorfinden, wenn sie als Letzte in den Essraum kommen.

Wir sind nicht nur abhängig von zahllosen Lebewesen, wir sind ihnen auch sehr ähnlich. Überlegungen und Erkenntnisse wie diese müssen wir konsequent in unserem Alltag anwenden, so dass wir uns immer öfters in anderen wiedererkennen. Die Schweizer Nonne Anila Rita Riniker empfiehlt als kleine, aber gar nicht so einfache Übung:

> »Immer als Letzte in den Zug einzusteigen, den anderen die Vorfahrt zu lassen, das kleinere Stück Kuchen zu nehmen und dem anderen das letzte Wort zu lassen.«

Perspektivenwechsel

Es gibt wertvolle und herausfordernde Übungen, sich und andere auszutauschen. In der wohl einfachsten setzt man sich an die Stelle einer anderen Person. Die Übung wird besonders interessant, wenn wir mit der Person uneinig sind, sie schwierig oder gar schrecklich finden.

Zum Beispiel können wir uns in die Gedankengänge eines Politikers hineinversetzen, der schwer nachvollziehbare Anschauungen vertritt, und uns ausmalen, wie die Dinge aus seiner Perspektive aussehen. Er ist womöglich gutgesinnt und von umgänglicher Art. Aufgewachsen in einem bestimmten gesellschaftlichen Umfeld, wurde er durch die Denkweise seiner Familie geprägt und versucht nun mit allen Kräften, das, was er für hilfreich hält, umzusetzen. Sich so einzufühlen heißt nicht, dass wir seinen Ansichten zustimmen müssen. Es geht darum, starre Haltungen aufzuweichen und die Perspektiven auszuweiten.

In gleicher Weise können wir uns in die Lage des Bettlers, des Konzernleiters, des Straßenarbeiters, der schwierigen Mitarbeiterin, des gekränkten Gefährten oder der empörten Partnerin einfühlen. Es braucht echtes Interesse und einige Sekunden Zeit sowie Freude an Herausforderungen und Begeisterung für diese Art von spiritueller Auseinandersetzung.

Herzensschulung

Auch möchte ich die Praxis der Herz-Geist-Schulung von *Lodjong* erwähnen. Sie beinhaltet eine Vielzahl von Methoden, die uns helfen können, Herz und Geist in Richtung Bodhicitta zu transformieren. Tilmann wird die *Tonglen*-Praxis, das Nehmen und Geben, eine bekannte, sehr wirkungsvolle Herzensübung noch erläutern[60]. Gewisse Vorschläge in der Lodjong-Praxis sind sehr radikal und nicht unbedingt für alle geeignet. Aber ich finde sie so spannend, dass ich hier

60 Siehe Zwölfter Tag, im Kapitel: »Unser Geist – weit wie der Himmelsraum.«

wenigstens ein Beispiel erwähnen werde: Wir üben uns, Menschen, die wir schwierig finden, als unsere größten Wohltäter oder Wohltäterinnen zu sehen und zu schätzen. *Langri Tangpa* empfiehlt:

> »Fügen mir jene, die ich gefördert und in die ich Vertrauen und Hoffnung gesetzt habe, furchtbaren Schaden zu und verletzen mich zutiefst, werde ich sie als meine größten Lehrer betrachten.«[61]

Die Idee dahinter ist folgende: Dadurch, dass sich Menschen in einer Art und Weise verhalten, die wir als schwierig oder gar bedrohlich erleben, geben sie uns Gelegenheit, wertvolle Qualitäten wie Offenheit, Toleranz und Mitgefühl zu üben. Sie ermöglichen uns zu beobachten, wie sich Selbstzentriertheit in uns anfühlt und wie sie sich auswirkt. Deshalb sind sie tatsächlich große Lehrer oder Lehrerinnen für uns. Es kommt dazu, dass sie gar schlechtes Karma auf sich nehmen, um uns diese Gelegenheit zum Praktizieren bieten zu können. Somit: Es gibt Grund genug, sie hochzuschätzen.

Ob wir uns an die Gleichheit zwischen anderen und uns erinnern, liebevolle Güte und Mitgefühl für sie kultivieren, uns an ihre Stelle setzen oder *Tonglen* anwenden – wie immer wir auch den Lebewesen begegnen – die optimale Haltung ist jene von Offenheit und Wohlwollen für alle. Dies gilt unterschiedslos für die Sympathischen wie für die Schwierigen, für uns selbst und andere, und für all die erhofften und befürchteten Erfahrungen, die fortwährend entstehen und vergehen. Jeder Moment ist eine Gelegenheit für inneres Wachstum.

Wann immer wir in unserem Bestreben scheitern, können wir uns daran erinnern, auch uns selbst gegenüber tolerant und annehmend zu sein. Unser Misserfolg, unser Ärger, unser Frust, unsere Ängste und Begierden sind vergleichbar mit den schwierigen Menschen, die wir als unsere Lehrerinnen zu sehen gelernt haben. Wir erkennen an,

61 Geshe Langri Thangpa Dorje Senge, Acht Verse der Geistestransformation, 1054 – 1123

dass wir für den Moment gescheitert sind und üben uns, auch mit dieser Schwierigkeit in toleranter Weise präsent zu sein. Diese Bereitschaft hat ihrerseits eine heilende Wirkung. Dann beginnen wir von vorne, ganz im Sinne eines Aufrufs des Dalai Lama:

> »Gib nie auf. Was immer auch geschieht – gib nie auf. Kultiviere das Herz. Zu viel Energie wird aufgewendet, um den Verstand zu entwickeln statt das Herz. Sei mitfühlend, nicht nur mit deinen Freunden, sondern mit allen. Sei mitfühlend. Arbeite für den Frieden in deinem Herzen und in der Welt. Arbeite für den Frieden. Und ich sage nochmals: Gib nie auf, was immer auch geschehen mag, was immer auch passiert um dich herum – gib nie auf.«[62]

Damit Bodhicitta – die unübertreffliche Motivation – beginnt, unser Leben zu verändern und Früchte zu tragen, müssen wir uns tagtäglich darin üben. Dies tun wir in der Form meditativer Betrachtungen oder kurzer Reflektionen, die wir in Alltagssituationen anstellen und auch als regelmäßige Praxis am Beginn und Ende eines jeden Tages einbauen.

Wir wollen noch einen kurzen Moment still sitzen, das Gehörte einsinken lassen und wieder wahrnehmen, dass wir hier sind: mit Körperempfindungen, Atem, Geräuschen, Formen, Farben, Mitmenschen …

Klangschale ertönt …

Versucht, in den folgenden 40 Minuten Gehmeditation beim achtsamen Gehen oder Stehen, aber auch in allen anderen Situationen

62 His Holiness The Dalai Lama and Ron Whitehead. Copyright © 2003. Message given by His Holiness The Dalai Lama to Ron Whitehead. Longer message translated into this poem by Ron Whitehead. Poem message blessed by His Holiness The Dalai Lama with permission for Ron Whitehead to share with everyone

in diesem Retreat, diese Ausrichtung als grundsätzliche Motivation zu pflegen.

Den Geist und das Denken erforschen

Tilmann Lhündrup

»Ist da jemand?« …

Wenn wir solch einer Frage nachspüren, sind wir für einen Moment wach. »Ist da jemand? Spricht da jemand? Hört da jemand? Denkt da jemand?«

Was kommen da für Antworten?

Vielleicht: Niemand zu finden – dieses Gewahrsein ist ein merkwürdiges Phänomen …

Gewahrsein wird für ein Ich gehalten und spontan auftauchende Erscheinungen werden für Objekte gehalten. Oder mit anderen Worten: Die Erfahrungen von Kontakt in den sechs Sinnesfeldern, die keinerlei Substanz haben, werden für Objekte gehalten und das nicht fassbare erfahrende Gewahrsein wird für das Subjekt gehalten. Daraus entsteht dann die Welt des *ich* und *du*, *ich* und *anderes* …

Übung am Beispiel des Hörens

Ich werde jetzt immer wieder die Klangschale anschlagen und euch dabei Fragen stellen. Achtet dabei bitte auf eure Erfahrungen.

Was unterscheidet die Erfahrung eines Klanges von dem Gewahrsein, das den Klang hört? Was unterscheidet sie – und was ist ihnen gemeinsam?

Klangschale ertönt …

Ist die Erfahrung des Klanges verschieden von dem, das den Klang erfährt – oder sind sie eins?

Klangschale ertönt …

Gibt es einen Mittelpunkt des erfahrenden Gewahrseins?

Klangschale ertönt …

Gibt es einen Mittelpunkt des Gewahrseins in der Stille?

… Stille …

Hat Gewahrsein einen Ort, wo es verweilt?

… Stille …

Mit Fragen dieser Art halten wir den Geist wach und stellen unsere Annahmen über die Wirklichkeit in Frage, die Sichtweisen, die vorher selbstverständlich waren.

Gibt es Gewahrsein?

Wenn wir antworten: »Ja, es gibt Gewahrsein«, müssten wir eigentlich beschreiben können, wo es ist und was für eine Form, eventuell Farbe und weitere Merkmale es hat. Etwas, was sich nicht beschreiben lässt, was keinen Platz einnimmt und eventuell auch keine zeitliche Ausdehnung hat, dem geben wir normalerweise nicht den Status von etwas Existierendem.

Wir sprechen im Mahāmudrā vom »Fingerzeig der alten Frau«. Die alte Frau sagt: »Schau, dort ist der Mond«, und sie weist mit dem gebogenen Finger auf den Mond. So lange wir nur den Finger anschauen, sehen wir nicht den Mond. Genauso geht es uns mit Hinweisen auf die Natur des Geistes, die Dimension der Wahrheit, den Dharmakāya. Solange wir nur die Worte hören, verstehen wir nicht, auf was sie hinweisen wollen. Aber Worte sind in der Lage, uns auf etwas aufmerksam zu machen. So sind auch diese Forschungsfragen dazu gedacht, uns aufmerksam zu machen, so dass wir hinspüren und selber zu Antworten kommen.

Diese Antworten entstehen in einem Prozess direkten Erlebens. Unmittelbares Erleben räumt mit Annahmen über die Wirklichkeit auf, die dann nicht mehr haltbar sind. Die vielen Erfahrungen, die wir bewusst in der Meditation erleben, sind Futter für die Weisheit.

Welche Erfahrungen nähren die Weisheit? Es sind die Erfahrungen der fünf äußeren Sinne sowie das Erleben der Denkprozesse. Mit den äußeren Sinneserfahrungen schließen wir relativ schnell Frieden, aber mit dem Denken haben wir Meditierenden oft unsere Schwierigkeiten. Die meisten von uns wollen keine Gedanken haben – oder wären zumindest froh, weniger davon zu haben. Entsprechend strengen wir uns an, keine oder weniger Gedanken zu haben. Das ist aber eine Sackgasse, denn diese Haltung entzieht der Einsichtsmeditation den Nährstoff. Gendün Rinpoche sagte: »Meditierende, die keine Gedanken wollen, werden wie ein Tisch – auch ein Tisch hat keine Gedanken. Aber ist der etwa erwacht? Wollt ihr so werden wie ein regungsloser Tisch?« Aber viele Praktizierende verwechseln Meditation mit Gedankenlosigkeit.

Der Buddha hätte den Dharma nicht lehren können, ohne zu denken. Er verstand und benutzte verschiedene Sprachen – und Sprechen beruht auf Denkprozessen. Der Buddha konnte offenbar hervorragend denken und sich zudem gut in die Gedanken seiner Fragesteller einfühlen und die Knoten in ihrem Denken lösen. Ihre Knoten waren nicht in den Sinneserfahrungen, sondern in dem, was sich an die Sinneserfahrung anschließt: im Denken.

Gedanken sind äußerst segensreich

Hierzu eine Unterweisung von dem großen Mahāmudrā-Meister Gampopa:

»Betrachte Gedanken als notwendig.
Betrachte Gedanken als äußerst segensreich.
Betrachte Gedanken als angenehm.
Betrachte Gedanken als unentbehrlich.
Wird ihr Erscheinen in dieser Weise als sinnvoll betrachtet,
dann sind sie die unwandelbare Natur.«[63]

Gampopa möchte, dass wir unsere Einstellung gegenüber Gedanken radikal ändern. Wir bemerken, dass aufgrund unseres Denkens viel Leid entsteht, und meinen in einer Art verkürzter Schlussfolgerung, wir müssten aufhören zu denken. Manche hegen das Ideal, ein Leben zu führen, das nur aus direktem Wahrnehmen besteht, ohne Denken. Das hört sich nett an, das Problem ist nur, dass wir dabei den sechsten Sinn ausklammern und damit eine der größten menschlichen Qualitäten über Bord werfen – das Denken.

Denken beinhaltet die Fähigkeit, Zusammenhänge nicht nur zu erkennen, sondern auch zu kommunizieren. Kommunikation ohne Denken gibt es nicht. Die Lösung für das leiderzeugende Denken kann nicht sein, ganz mit dem Denken aufzuhören. Das würde uns unter anderem zur Sprachlosigkeit verurteilen. Denkend stellen wir Zusammenhänge zwischen verschiedenen Erfahrungen her – es hilft uns zum Beispiel, Gesetzmäßigkeiten zu erkennen. Wir hören Dharma-Unterweisungen, nehmen sie auf, bedenken sie, stellen uns Fragen in der Meditation, erinnern uns ans Wesentliche – und mit dieser gedanklichen Unterstützung vollzieht sich der Prozess der Einsicht.

In seinem letzten Satz sagte Gampopa, dass wir durch eine offene Haltung den Gedanken gegenüber ihre unwandelbare Natur erkennen

63 Ozean, S. 187

werden. Das ist der entscheidende Punkt. Lasst uns ein kleines Experiment machen, zunächst noch einmal mit dem Klang: Wir sind gewahr, bevor der Klang kommt. Dann schauen wir, während der Klang anhält, ob das Wahrnehmen des Klanges ebenfalls Gewahrsein ist. Und schließlich verweilen wir noch einen Moment im Gewahrsein nach dem Klang.

Klangschale ertönt …

… Stille …

Das war Gewahrsein vor, während und nach einer Klangerfahrung. Jetzt untersuchen wir dasselbe mit Gedanken. Der Einfachheit halber werden wir damit beginnen, indem ich euch einen Gedanken vorgebe, den ich gleich laut aussprechen werde. Bitte achtet auf die Qualität des Gewahrseins vorher, während und danach:

… Stille …

Buddha … Buddha …

… Stille …

Teufel … Teufel …

… Stille …

Jetzt bitte ich euch – jeder für sich – seinen eigenen Gedanken zu produzieren.

… Stille …

Danke, nicht zu viel, sonst raucht es noch! Das Experiment ist einfach, nicht wahr? Es wird dabei offenkundig, dass es sich in allen drei Fällen um Gewahrsein handelt. Wahrnehmen wie auch Denken sind Gewahrsein. Da ist kein wesentlicher Unterschied zwischen vorher, während und danach. Was allerdings die möglichen Assoziationen und Reaktionen angeht, gibt es einen ziemlichen Unterschied zwischen den Gedanken »Buddha« und »Teufel«. Das dürfte euch aufgefallen sein. Doch beides sind nur Vorstellungen, sie lassen das Gewahrsein in seiner grundlegenden Natur unberührt. Gedanken und auch sonstige Wahrnehmungen sind wie Wellen: Etwas wird wahrgenommen, aber vorher, währenddessen und danach ist stets Gewahrsein.

Auf dieser Grundlage sagt Gampopa: Nicht nur haben Gedanken noch nie einem Meditierenden geschadet, sondern sie können geradezu Feuerholz für das Feuer der Erkenntnis sein. Jeder Moment des Erlebens, inklusive Denken, ist eine Möglichkeit, die drei Daseinsmerkmale Unbeständigkeit, Leidhaftigkeit und Nicht-Selbst zu erkennen. Das gleiche gilt für Leerheit und andere zentrale Dharma-Lehren.

Alle Gedanken und ganz speziell die starken Emotionen sind willkommen, um zu der Einsicht zu verhelfen, dass sie vergänglich und substanzlos sind. Sie haben keine Dauer und erzeugen auch kein Leid, wenn wir nicht festhalten. Aber wenn wir festhalten, werden sie zur Quelle von Leid. Im Zitat von Gampopa heißt es weiter:

> »Betrachte Gedanken als notwendig, da ohne Gedanken die Natur der Phänomene nicht erfahrbar ist. Früher bist du im Kreislauf bedingten Daseins umhergeirrt, weil du die Natur der Gedanken nicht erkannt hast. Jetzt dagegen enthüllen dir die Gedanken den Dharmakāya (den Wahrheitskörper, die Dimension der Wahrheit). Betrachte sie deshalb als äußerst segensreich. Wenn du jetzt verstehst, bei allen aufkommenden Gedanken frei von Anstrengung zu bleiben, dann sind Gedanken selbst der Dharmakāya. Betrachte sie deshalb als angenehm.

> Wenn du Gedanken als angenehm erfährst, ist die Ursache von Verspannung aufgehoben. Du bist in dem Maße verspannt, wie du Gedanken als Fehler ansiehst.«[64]

Es folgen noch viele weitere Zitate, in denen uns der Neunte Karmapa einschärft, Gedanken als Freunde zu betrachten. Dies hat entscheidend mit Entspannung zu tun, wie es bereits in den letzten Sätzen von Gampopa gesagt wurde.

Was macht das Meditieren so anstrengend? Wodurch kommt es zu diesem Kampf? Manche schlafen sogar ein beim Meditieren, um diesem Kampf zu entgehen! Schläfrigkeit in der Meditation ist oft Zeichen großer Anstrengung. In den Spannungen im Rücken, Nacken, wo auch immer, wie auch in der Abneigung zu meditieren – in all dem zeigt sich unser Kampf.

Womit kämpfen wir da eigentlich? Die Vermutung liegt nahe, dass es unsere Gedanken sind, insbesondere die emotionsgeladenen. Gegen was sonst sollten wir uns wehren? Die Lösung ist natürlich nicht, den Gedanken freien Lauf zu lassen und sich in Tagträumen zu verfangen. Es geht darum, immer wieder, so wie Fred es erklärt hat, die wahre Natur aller Erfahrungen anzuschauen – einfach so, wie sie sind, wenn wir nicht nach ihnen greifen und uns nicht darin verfangen.

Wenn wir uns nicht in dieses karmische Feuerwerk, das da zum Vorschein kommt, einmischen – dann vergeht es. Geistige Bewegungen steigen auf und vergehen. Das geht so schnell, dass wir gar nicht sagen können, wie lange ein Gedanke dauert. Wie lange dauert eigentlich ein Gedanke? So lange, wie man an ihm festhält, nicht länger und nicht kürzer. Überprüft selbst, ob das stimmt.

… stille Meditation …

64 Ozean, S. 187

Die Fülle geistiger Aktivität nutzen

In tibetischen Texten sind mit »Gedanken« sämtliche Gefühle, Wahrnehmungen, Gemütsstimmungen und Emotionen gemeint. Wenn wir ermutigt werden, Gedanken wertzuschätzen, sind damit also alle geistigen Bewegungen gemeint. Das begriffliche Denken benennt die Dinge und funktioniert ähnlich wie das Sprechen – man könnte die Gedanken aufschreiben. Die vorbegriffliche gedankliche Aktivität hingegen läuft erheblich schneller ab. Sie beinhaltet all die Geistesbewegungen des Fühlens, Erfassens und Spürens, bevor sich diese zu Begriffen formen. Diese nicht-begrifflichen Bewegungen werden deutlich, wenn wir etwas erleben oder denken, es aber nicht gleich in Worte fassen können. Hier nun ein Zitat zum Umgang mit den Geistesbewegungen vom großen Meister Orgyenpa, Lehrer des Zweiten Karmapa:

> »Du brauchst nicht absichtlich einen Zustand frei von Gedanken zu suchen.
> Du brauchst Gedanken nicht als Fehler zu betrachten.
> Damit deine Meditation nicht an Hungersnot leidet,
> ergreife den Überfluss an geistiger Aktivität am Schopfe.
> Nimm die Erfahrungen, wie sie kommen,
> ohne dich vor etwas zu verschließen,
> ohne dich in etwas zu verfangen und
> ohne einen besonders ruhigen, klaren und frohen Geist zu suchen.«[65]

Hier treffen sich Vipassanā und Mahāmudrā. Wir nehmen die Erfahrungen, wie sie kommen, und verschließen uns nicht vor ihnen. Wir nehmen jede geistige Aktivität, um die Einsicht zu vertiefen und suchen keinen speziellen Geisteszustand. – Der Neunte Karmapa führt dies weiter aus:

65 Ozean, S. 189

»Es ist äußerst wichtig, den Geist natürlich zu lassen,
ohne Konzepte, offen,
in einem gelösten Zustand, frei von Anhaftung,
und alle aufkommenden Gedanken mit unzerstreuter Achtsamkeit
in ihrer wahren Natur zu betrachten,
ohne sie zu leugnen oder zu bekräftigen
und ohne etwas zu fabrizieren oder zu verändern.«[66]

»Den Geist natürlich lassen« bedeutet, den jetzigen Geisteszustand so anzunehmen, wie er ist.

»Ohne Konzepte« bedeutet, uns nicht von Vorstellungen ablenken zu lassen und sich nicht in Gedanken und Vorstellungen über Vergangenheit, Gegenwart und Zukunft zu verfangen.

»In ihrer wahren Natur betrachten« bedeutet, das Entstehen und Vergehen der Gedanken anzuschauen und ihre nicht fassbare, substanzlose Natur wahrzunehmen.

»Nichts leugnen« bedeutet, nichts zu verneinen: »Das ist nicht; das kann nicht sein«, sondern offen zu sein für das, was ist und wie es ist.

»Nichts bekräftigen« bedeutet, nichts zu bejahen: »Das gibt es; das ist so und nicht anders.« Wir vermeiden, Meinungen zu erzeugen. Dazu gehören auch Bewertungen wie gut und schlecht, das soll sein und das nicht.

»Nichts fabrizieren oder verändern« beinhaltet, keine spezielle Meditation zu fabrizieren, um zum Beispiel die Leerheit zu sehen oder Weite zu erfahren. Wir fabrizieren auch keine Einsicht und keine Geistesruhe. Das, was erfahren wird, wird nicht verändert. Das hat etwas mit Geduld und Einfachheit zu tun. Wenn wir manipulieren, wird alles kompliziert und anstrengend, und wir sind in Vorstellungen gefangen. Fabrizierte meditative Zustände fallen in sich zusammen, sobald wir keine Willensanstrengung mehr aufbringen.

66 Ozean, S. 189

Die Einheit von Geist und geistigen Bewegungen

Der Neunte Karmapa schreibt weiter (an selber Stelle):

> »Die Spiegelung des Mondes findet sich nicht außerhalb des Wassers.«

Die »Spiegelung des Mondes« steht für alle geistigen Bewegungen, für alle Erfahrungen, und »Wasser« steht für den Geist – unser Gewahrsein. Wir sprechen deshalb von einer Spiegelung, weil wir nichts über vermeintlich existierende Objekte außerhalb des Geistes aussagen können – wir haben es mit inneren Abbildern zu tun. So entstehe ich, Tilmann, der dies hier sagt, im Geist von jedem von uns – inklusive von mir selbst – als ein Bild von etwas, über dessen wahre Existenz außerhalb unserer Erfahrung wir nichts sagen können. – Karmapa fährt fort:

> »Ebenso sind alle Gedanken ausschließlich im Geist«.

Die Gedanken, d. h. alle geistigen Bewegungen, sind immer Gewahrsein. Denken findet immer im Geist statt: Gedanken und Geist finden sich nicht an verschiedenen Orten. Dies eröffnet ein Tor des Verständnisses, um die Dualität hinter sich zu lassen.

> »Der Geist aber ist leer und klar wie ein Spiegel und seine Bilder, und bei genauer Betrachtung ist es diese basis- und wurzellose Klarheit, in der unbehindert Gedanken entstehen, die als Dharmakāya bezeichnet wird. So wie es außerhalb des Wassers keine Wellen gibt, genauso erscheinen die verschiedenen Gedanken stets im klaren, leeren Raum der ursprünglichen Natur, ohne je von ihr getrennt zu sein.«[67]

67 Ende des Zitats vom Neunten Karmapa, Ozean, S. 189

Geduld – Kraft des Herzens

Ursula Flückiger

Sich auf die Erfahrung einlassen

Ich möchte mit einem Zitat von *Bertold Brecht* beginnen. *Der Radwechsel:*

»Ich sitze am Straßenhang. Der Fahrer wechselt das Rad.
Ich bin nicht gern, wo ich herkomme. Ich bin nicht gern, wo ich hinfahre.
Warum sehe ich den Radwechsel mit Ungeduld?«[68]

Egal, was wir lernen wollen, ob eine Sprache oder Handfertigkeit, ob Vipassanā oder Mahāmudrā oder eine andere Meditationspraxis, wir brauchen sie, die Geduld. Unspektakulär und doch so essentiell. Der Buddha soll gesagt haben:

»Am Ende des Weges ist die Freiheit, bis dahin Geduld.«

Oder ein anderes Zitat:

»Der Weg zur Freiheit ist mit Geduld gepflastert.«

Angesichts dieser Aussagen möchte ich die befreiende Qualität (*Pāramī* oder *Pāramitā*) der Geduld etwas näher betrachten.

Durch unsere Praxis schaffen wir ein inneres Klima, eine Matrix, in der sich die inneren Schleier auflösen und die Natur des Geistes wie ein Juwel leuchten kann. Eine dieser förderlichen Qualitäten, aus der diese Matrix besteht, ist Geduld. In ihr sind viele andere wunderbare

68 Bertold Brecht, Buckower Elegien

Geistes- und Herzensqualitäten enthalten: Weisheit, Zuversicht, Liebe, Hingabe, Mitgefühl, Demut, Entsagung, Abkehr von leidbringendem Verhalten, Vertrauen und anderes mehr.

Geduld oder ihr Gegenteil, die Ungeduld, sind fast ständig ein Thema in unserem Leben. Wir leben immer wieder in einer Spannung, wenn unsere bewussten und unbewussten Vorstellungen, wie das Leben sein sollte, wie wir sein sollten, wie die Meditation sein sollte, mit der Wirklichkeit konfrontiert werden – wenn das »Wie-es-sein-Sollte« auf das »Wie-es-Ist« prallt. An diesem Punkt entsteht ein großer Teil unseres Leidens in Form von Frustration, Verzweiflung, Schuldgefühlen oder Anklage, Depression, Ruhelosigkeit und Ungeduld. Geduld hilft, das manchmal Unerträgliche erträglich zu machen. Oft assoziieren wir Geduld mit Warten. Geduld heißt jedoch nicht, die Zähne zusammenbeißen und warten, bis das Unangenehme vorbei ist. Geduld heißt Entspannung.

Verloren in der Hoffnung, dass eine andere Erfahrung uns glücklicher machen wird, sehen wir nicht, dass wir uns benehmen wie ein Vogel, der versucht zu flüchten und dabei ständig an das Fensterglas prallt. Er sieht nicht, dass das Fenster daneben offen steht.

Geduld bedeutet Entspannung. Wenn wir eine schwer zu ertragende Erfahrung machen – und als Menschen geschieht uns dies immer mal wieder –, dann ist Geduld die Güte, das Mitgefühl, die liebevolle Aufmerksamkeit, diese Schwierigkeit als Schwierigkeit zu belassen. Wir stressen uns nicht mit einem Ideal, das anders ist als unsere Erfahrung.

Ein einfaches Beispiel: Wir stellen fest, dass Ungeduld da ist, aus was für einem Grund auch immer. Wir fordern nicht von uns, die Ungeduld loszuwerden, sondern sind bereit, die Ungeduld zu spüren und sie einfach so zu lassen.

Geduld ist, genauso wie Ungeduld, eine Kraft. Ungeduld ist ein Leiden unserer Gesellschaft, eine Zeitkrankheit. Wir leben in einer Instant-Gesellschaft. Es gibt Instant-Suppen und sogar Instant-Frühstück: ein Getränk in einer kleinen Flasche, die wir in drei Sekunden leeren können, damit wir hinterher Zeit haben für das wirkliche Leben – genau das verspricht die Werbung. Wir erwarten die Instant-Befriedigung unserer Wünsche und möchten Instant-Erfolge, auch in unserer Meditationspraxis.

Geduld ist offensichtlich ein Thema in Bezug auf unangenehme Erfahrungen. Aber sie ist auch die grundlegende Fähigkeit, uns auf eine Erfahrung einzulassen. Geduld ermöglicht es uns, mit diesem Augenblick zu sein. Die Ungeduld hat immer wieder andere Pläne. Sie vertraut nicht darauf, dass wir hier, jetzt, in diesem Moment, innere Freiheit, Glück und Zufriedenheit erfahren können.

Ich erinnere mich an eine kleine Begebenheit aus der Kindheit, in der die Ungeduld aufs heftigste ausbrach. Vor allem kann ich mich an die Schmerzhaftigkeit dieses Moments erinnern. Wir mussten damals im Fach Handarbeit einen so genannten »Flicksocken« stricken. Einigen Damen hier im Raum, in einem gewissen Alter, wird das wahrscheinlich ein Begriff sein. Ein Flicksocken wird gestrickt, um danach mit einer Schere ein Loch hinein zu schneiden, um das Flicken üben zu können.

Ich fand das ziemlich absurd. Jedenfalls hat es mich in Rage gebracht und es kam soweit, dass ich den Socken in eine Ecke schmiss. Es schien mir eine Zumutung, ja eine Frechheit zu sein – ich hatte Großartigeres zu tun. Da ich dennoch dran bleiben musste, brachte ich das Objekt der Ungeduld meiner Mutter. Mit einer mir unerklärlichen Geduld widmete sie sich dieser Aufgabe, so dass ich voller Stolz mit meinem geflickten Socken in die Schule gehen konnte. Von meiner Seite war da ein gewisses Belächeln für meine Mutter, aber natürlich auch gemischt mit Bewunderung und Dankbarkeit.

Geduld mit dem Hier und Jetzt

In der formellen Meditationspraxis ist Geduld die Bereitschaft, uns immer wieder auf die Moment-zu-Moment-Erfahrung einzulassen, auch wenn sie uns im Vergleich zu unseren Idealen und Vorstellungen banal und unscheinbar erscheint, sei es die Erfahrung des Atems, eine andere Körperempfindung, ein Moment des Hörens, ein Gefühl, ein Gedankenstrom.

Die Körperachtsamkeit erfordert immer wieder Geduld. Unser Geist ist viel schneller, er hat andere Pläne und Ideen. Das können wir in der Gehmeditation gut beobachten: unsere Gewohnheit, immer schon ein bisschen in der nächsten Erfahrung, im nächsten Schritt sein zu wollen. Sich immer wieder in genau diesen einen Schritt, der jetzt gerade stattfindet, einzulassen, erfordert Geduld und Loslassen.

Je mehr es uns gelingt, in der Gegenwart zu verweilen, desto deutlicher können wir wahrnehmen, dass es diesen Moment der Gegenwart kaum wirklich gibt – weil er schon wieder vorbei ist. Wir können nicht diesen einen Moment festhalten und uns in dieser einen Erfahrung endgültig niederlassen. Aber wir können diesen Fluss von Erfahrungen wahrnehmen, uns diesem Fluss öffnen.

Um die Erfahrungen in ihrer Einfachheit zu belassen, so wie wir das über diese Tage schon einige Male gehört haben, brauchen wir diese innere Haltung von Geduld, die allen Erfahrungen ihren Raum gewährt. Der Dalai Lama soll zu dieser Qualität gesagt haben:

> »Wenn es heißt, dass wir geduldig sein müssen, bedeutet das nicht, dass wir uns geschlagen geben oder übergehen lassen sollten. Der Zweck in der Praxis von Geduld liegt darin, stärker im Geist und im Herzen zu werden und dadurch ruhiger. In dieser Atmosphäre der Ruhe können wir weise werden. Wenn wir die Geduld verlieren, wenn unser Geist, unser Herz sich in Emotionen abquält, dann haben wir die Kraft verloren, klar zu sehen. Wenn wir jedoch geduldig sind, dann brauchen wir diese Stärke des Geistes nicht zu verlieren, sondern können sie sogar noch erhöhen.«

Die Ungeduld ist es also auch, die verhindert, dass wir klar sehen können. Hier noch eine kleine Geschichte, die gerade diesen Punkt deutlich illustriert:

> »Ein spiritueller Sucher rannte in ein Haus, in dem, wie ihm gesagt wurde, eine große Heilige aus dem Osten weilte. Er trat auf die Frau zu, die auf dem Gebetsteppich saß und bat sie um Belehrungen. Sie sagte: ›Ich habe dir drei Dinge zu sagen. Erstens: Du bist viel zu aufgeregt und ungeduldig um zu verstehen, was dir gesagt wird. Zweitens: Du stehst auf meinem Fuß. Drittens: Ich bin die Dienerin hier, die Heilige wohnt nebenan.‹«

In einem Interview wurde der Dalai Lama auf seine scheinbare Nicht-Existenz von Wut angesprochen, seine große Geduld gegenüber der Situation des tibetischen Volkes. Sein Land sei ihm doch weggenommen und sein Volk verletzt und getötet worden. Seine Antwort darauf war:

> »Ja, das ist wahr, all das haben sie genommen.
> Soll ich sie denn meinen Geist, mein Herz,
> auch noch nehmen lassen?«

Eine andere Facette von Geduld ist Flexibilität. Eine Flexibilität wie die des Wassers, das um und über die Steine in einem Flussbett fließt. Es soll auf Hawaii acht bis zehn Meter hohen Bambus geben, der bei starkem Sturm seine Spitzen bis auf den Boden biegt. Nach dem Sturm richtet er sich einfach wieder auf, ohne dass er dabei gebrochen wäre. Durch diese Flexibilität überlebt er, ohne Widerstand zu leisten, die heftigsten Stürme.

Geduld ist auch ein Eingeständnis, nicht alles kontrollieren zu können. Geduld ist Realitätsbezogenheit, aber auch Demut. Wenn es uns gut geht und alles so läuft, wie wir es wünschen, dann gibt es Momente, in denen wir dies einfach wertschätzen können. Doch das ist nicht immer so. Manchmal kippt die Gemütslage in eine Form von Überheblichkeit, als ob all dieser Erfolg unser eigener Verdienst wäre – als ob diese längeren Phasen des Glücks und Erfolgs nicht aus verschiedensten Ursachen und Bedingungen entstanden wären.

Ein weiterer Aspekt von Geduld ist Geräumigkeit. Geduld ist das Gegenteil von Abneigung, aber auch von Verbissenheit. Geduld gewährt Raum und erlaubt uns zu sehen. Um ein wunderschönes Bild von Rainer Maria Rilke zu gebrauchen:

> »Geduld gibt uns die Möglichkeit, einander in ganzer Gestalt und vor einem großen Himmel zu sehen.«

Ein anderes Bild, wie Geduld wirkt, habe ich von William Nonog gehört, einem Heiler aus den Philippinen:

> »Wir brauchen keine Granate, um eine Mücke loszuwerden.
> Wir öffnen einfach das Fenster.«

Geduld heißt Vertrauen

In Momenten der Aversion ist jedoch Enge da. Die Ungeduld ist wie eine Diebin, die unsere Fähigkeiten stiehlt, besonders unsere Klarheit. Und in Momenten von Ungeduld ist auch Vertrauen abwesend. Wir versuchen, die Blütenblätter der Knospe aufzureißen. Wir ziehen an den Karotten in der Hoffnung, dass sie schneller wachsen. In der Geduld indes liegt ein Wissen um die Gesetzmäßigkeit des Lebens. Eine Aussage, deren Quelle mir nicht mehr präsent ist, sagt:

> »Geduld ist die Gefährtin der Weisheit.«

Oder wie Anagarika Munindra, ein indischer Vipassanā-Lehrer, das Offensichtliche aussprach:

> »Wenn die Frucht reif ist, wird sie vom Baum fallen.«

Die Geduld ist die Gefährtin der Weisheit, denn sie weiß, dass alles durch Ursachen und Bedingungen entsteht und vergeht. Geduld und Vertrauen gehen zusammen.

Eine andere Facette der Geduld ist der Langmut. Ein etwas altmodisches Wort, das ich sehr treffend finde. Den Mut zu haben, an etwas dran zu bleiben, einen langen Atem zu haben. Michelangelo, der berühmte Maler, schrieb:

> »Wenn die Leute wüssten, wie hart ich gearbeitet habe, um Meisterschaft zu erlangen, dann würden sie meine Werke nicht so großartig finden.«

In der Geduld liegt auch Nachsicht, Vergebung und Menschlichkeit – uns unsere eigene Unzulänglichkeit zuzugestehen und damit auch den anderen die ihre. Obwohl wir mit bester Absicht und großem Bemühen etwas tun, ist das Resultat manchmal nicht das, was wir uns erhoffen. An dieser Stelle entsteht oft Aversion, Hadern, sich Verurteilen.

Daher ist es hilfreich, unser Bewusstsein vor allem auf unsere Motivation zu lenken: sie immer wieder zu klären und zu läutern, statt allzu fixiert zu sein auf unser Ziel, den erhofften Erfolg. Und Nachsicht üben, wenn wir immer wieder merken, dass diese alten, leidbringenden Gewohnheiten schon wieder stärker waren. Dies erfordert einen gewissen Respekt gegenüber der Heftigkeit, Stärke und Tiefe dieser mächtigen Energien, mit denen wir beim Meditieren arbeiten: subtile oder grobe Formen von Aversion, Verlangen, Ehrgeiz und ähnlichem. Es gibt eine amüsante Aussage von Basho, dem japanischen Dichter, eine sehr ehrliche Feststellung. Er besuchte Kyoto, einen damals wie heute sehr berühmten Ort in Japan, wo viele Pilger die Tempel besuchen und die Gärten bestaunen. Basho schreibt darüber:

»In Kyoto,
wenn ich den Kuckuck höre,
sehne ich mich nach Kyoto.«

Verlangen kann – selbst wenn wir haben, was wir möchten – immer noch aktiv sein.

Toleranz

Noch einen letzten Aspekt in Zusammenhang mit Geduld: Toleranz, das Unangenehme, Fremde nicht gleich weg haben zu müssen. In unserer Meditationspraxis ist es die Fähigkeit, innerlich alles zuzulassen – das Beschämende oder die Reaktivität, den Stolz, den Neid, den Übermut. Statt innerlich den Kampf weiterzuführen, verbeugen wir uns vor unserem inneren Kampf. Das mag heißen, mit unserer momentanen Irritation sein zu können und nicht den Anspruch zu haben, nicht irritiert sein zu dürfen. Oder mit einer für uns schwierigen Person sein zu können und nicht den Anspruch zu haben, sie nicht schwierig zu finden. Es ist die Bereitschaft und Fähigkeit, etwas ertragen zu können. Manchmal heißt das, auf Ungeduld und Irritation, die bereits da sind, nicht zu reagieren.

Noch ein kleines praktisches Beispiel dazu: Es gibt ein Phänomen, das vor allem in längeren Schweige-Retreats entstehen kann. Es wird manchmal als »Yogi-Mind-Phänomen« bezeichnet. Es betrifft die Tatsache, dass der Geist eines Meditierenden sich an Dingen aufhalten kann, die in keiner vernünftigen oder realistischen Proportion zum tatsächlichen Geschehen stehen. Jemand hat es mal umschrieben als »die Vergrößerung des Unbedeutenden bis ins Stadium einer Lebenskrise.«

Ein Beispiel aus längeren Retreats sind die »Licht- und Fensterkriege« in der Meditationshalle oder in den Schlafzimmern. Je nach Temperament, Vorlieben oder Gewohnheiten finden wir es ganz wichtig, dass das Licht zum Meditieren gedimmt ist, oder umgekehrt, dass es im Meditationsraum sehr hell ist. Oder wir finden es unabdingbar, dass es kühle, frische Luft im Meditationsraum hat. Oder umgekehrt, dass es keine Zugluft gibt und wir nicht frieren. Und wie auch sonst im Leben gibt es für beide Varianten gute und logische Gründe. Wenn nun kein oder wenig Gewahrsein vorhanden ist, das diese Irritation oder Ungeduld wahrnimmt, fehlt auch die Toleranz, um mit dieser Irritation einfach in Kontakt zu sein – und die ganze Situation kann in einen »Krieg« ausarten.

In unserem Fall hier ist das ein Krieg mit relativ milden Konsequenzen: Tote hat es noch keine gegeben. In der sonstigen Welt sind, wie wir alle wissen, die Konsequenzen viel dramatischer. Hier, in diesen scheinbar unbedeutenden Situationen, besteht die Chance, uns in Geduld, in Toleranz zu üben. Wenn ich merke, dass Irritation im Geist ist und ich aufstehen möchte, um das Fenster zu schließen oder zu öffnen, dann nehme ich diesen Impuls wahr und toleriere die Tatsache, dass ich irritiert bin. Punkt, fertig.

Ich möchte an dieser Stelle noch etwas Wichtiges anfügen, das manchmal falsch verstanden wird. Was ich gesagt habe, bedeutet nicht, dass wir alles tolerieren sollten, was es auf der Welt an Schwierigem, Ungerechtem und Grausamem gibt. Die Beispiele hier betreffen unsere innere Arbeit, unsere Herzens- und Geistesschulung. Ich bin überzeugt, dass, wenn unsere Geduld wächst, auch unser Geschick im Umgang mit schwierigen Situationen zunimmt. Geduld schafft den Raum in uns. Hier kann sich die Weisheit entfalten, die erkennt, wann, was und wie es angebracht ist, zu handeln, zu sprechen oder es zu lassen. Wie es ein Dichter sehr poetisch ausgedrückt hat:

> »Die Geduld erfüllt uns mit einer bewundernswerten Milde.«

Ich möchte mit einer Geschichte von Ajahn Chah, einem Mönch in der thailändischen Waldklostertradition schließen. Er war unter anderem der Lehrer von einem meiner wichtigsten Lehrer, Ajahn Sumedho.

Lass den Baum wachsen

»Der Buddha lehrte, dass du, sobald du deine Arbeit erst einmal getan hast, bei Dingen, die sich von allein entwickeln, die Resultate der Natur überlassen kannst. Dennoch solltest du in deinen Bemühungen nicht nachlassen. Ob die Frucht der Weisheit schnell oder langsam kommt, du kannst es nicht erzwingen. Genauso wie du das Wachstum eines Baumes, den du gepflanzt hast, nicht erzwingen kannst. Der Baum hat seine eigene Geschwindigkeit. Deine Arbeit besteht darin, ein Loch zu graben, ihn zu wässern, ihn zu düngen und vor Insekten zu beschützen. Soviel ist deine Sache. Die Art und Weise, wie der Baum wächst, ist Sache des Baumes. Wenn du so praktizierst, kannst du sicher sein, dass alles gelingt und deine Pflanze wachsen wird. Du musst also den Unterschied zwischen deiner Arbeit und der Arbeit der Pflanze verstehen. Überlass der Pflanze ihr Geschäft und sei verantwortlich für dein eigenes. Wenn der Geist nicht weiß, was zu tun ist, wird er versuchen, die Pflanze dazu zu zwingen, in einem Tag zu wachsen, zu blühen und Früchte zu tragen. Diese Ansicht ist falsch und ein Hauptgrund des Leidens. Praktiziere einfach in die richtige Richtung und überlass den Rest der Natur. Dann wird deine Praxis friedvoll sein, ob es nun ein oder einhundert oder eintausend Leben dauert.«[69]

69 Jack Kornfield und Paul Breiter (Hrsg.), Ein stiller Waldteich, Die Erkenntnismeditation von Ajahn Chah, Theseus 1996

Siebter Tag

Fragen und Antworten, Teil Eins

Tilmann Lhündrup

Viele von euch haben die Gelegenheit genutzt, schriftlich einige Fragen zu stellen. Auf diese möchte ich jetzt eingehen.

Ist Gewahrsein etwas Absolutes?

Frage: Ist dieses prozesshafte Gewahrsein etwas Absolutes, das immer besteht?

Antwort: Ja und Nein. Fangen wir mit dem Nein an: Das Gewahrsein ist nichts Absolutes, es existiert nicht als ein Etwas, etwas Dinghaftes oder Beschreibbares. Auch die Vertreter der Nur-Geist-Schule – falls ihr bereits von dieser Mahāyāna-Richtung gehört habt – haben den Geist nicht als absolut existierend dargestellt, sondern stets als nicht fassbar, ohne Wesenskern.

Zugleich ist dieses Gewahrsein genau das, was das Erwachen aller Buddhas sowie das eigentliche Wesen aller Verstrickungen in Saṃsāra ausmacht. Die Antwort könnte also auch Ja heißen. Aber bei all dem stellt sich die Frage nach der Natur dieses Gewahrseins: »Lässt sich ein Prozess benennen und begrifflich erfassen? Inwieweit gibt es einen Prozess tatsächlich?« Nehmen wir einen Fluss als Beispiel. Der Begriff »Rhein« ist eine Abstraktion, eine Fiktion. Zwar gibt es ein Phänomen von dahinfließendem Wasser in einem Flussbett an Orten, wo wir dieses Phänomen erfahren können, doch ist kein Element der Erfahrung dauerhaft. Das Flussbett ist nur wenig stabiler als das Wasser, das darin fließt. Das Phänomen dieses Flusses ist nicht für einen Moment dasselbe. Darum kann man nicht sagen, dass ein Prozess als etwas Konstantes, Stabiles existiert, immer wieder genauso auffindbar.

Ein weiteres Beispiel: das »Wetter«. Existiert so etwas wie Wetter? Habt ihr das Wetter schon mal irgendwo gefunden? Wie geht es dem Wetter heute? Es wird offenkundig, wie absurd es ist, das Wetter zu vergegenständlichen. Bei einem Prozess können wir nur Bewegung wahrnehmen. Der Prozess als Gesamtes entzieht sich der Beobachtung – er ist eine Abstraktion.

Frage: Gibt es wirklich Leute, die dieses Gewahrsein durchschauen?

Antwort: Die Frage hat es in sich: Nein, es gibt diese Leute nicht! Es hat noch keine Person das Erwachen erlangt und noch niemand den Geist gesehen. Denn die Illusion eines Ichs, eines Jemand, der etwas durchschaut, löst sich im Schauen auf! Letztlich gibt es niemanden, der etwas schaut. Es ist nicht möglich, das Gewahrsein vom Standpunkt eines getrennten Subjekts wahrzunehmen. Ein duales Erkennen von Gewahrsein im Sinne von Subjekt-Objekt gibt es also nicht. Dennoch können wir auf der konventionellen Ebene normaler Verständigung sagen: Ja, es gibt Menschen, die das durchschauen. Wenn wir weiter forschen, werden auch »wir« den vermeintlichen »Geist« immer mehr durchschauen.

Frage: Wenn du nur eine Stunde Zeit im Alltag hättest: Wie würdest du sie nutzen?
Antwort: Ich würde an fünf Tagen pro Woche diese Stunde zum Meditieren nutzen und an zwei Tagen zum Studieren von Dharmatexten. Diese Mischung würde *mir* gut tun. Findet die Mischung heraus, die *euch* gut tut! Es braucht Anregung durch Texte, die den Geist anregen, und genug Zeit, um darüber zu meditieren. Wichtig ist es, immer mit Interesse dabei zu sein. Wenn es beim Meditieren langweilig wird, haben wir zu lange keinen Forschergeist entwickelt.

Was hilft bei Blockaden?

Frage: Wie finde ich aus Stagnation und Blockaden heraus?
Antwort: Wir sind blockiert, die Meditation entwickelt sich nicht weiter, wir stehen wie vor einer Mauer. Hier heißt es: ein bisschen nach rechts schauen, ein wenig nach links schauen, denn die Mauer ist nicht überall. Es gibt Mittel, diese Mauer zu umgehen: Mitgefühl, Hingabe, Studium, mit Visualisationen arbeiten usw. Wir können zum Beispiel uns selber als Buddha meditieren lassen. Wir können auch eine andere Sichtweise dieser Mauer entwickeln: die Substanzlosigkeit der Blockade sehen. Die Mauer besteht meist aus Vorstellungen von dem, was ich erreichen oder sein möchte. Ich will zum Beispiel unbedingt in diesen nondualen Zustand! Aber mein Ego ist zu dick, um da hinein zu kommen … Merkt ihr? Das Problem ist schnell gelöst: Wir müssen abnehmen! Der sogenannten »Ichbezogenheit« beim Abnehmen helfen und schon schmilzt die Mauer dahin.

Meditation hängt von der Motivation und Einstellung ab, mit der wir sie angehen. Von einem getrennt existierenden Ich auszugehen, wird eine Schwierigkeit nach der anderen bewirken. Alle Schwierigkeiten beim Meditieren kommen aus der irrigen Annahme eines persönlichen, getrennten Ichs mit all den sich daraus ergebenden Hoffnungen und Ängsten. Der große Mahāmudrā-Meister Gendün Rinpotsche sagte:

»Alle Schwierigkeiten beim Meditieren kommen aus der Sorge um das eigene Ich. Ohne Ausnahme! Wer hingegen in Wohlwollen, in Offenheit für alles Seiende und für alle Lebewesen meditiert, also mit *Bodhicitta,* dem Herzensgeist des Erwachens, der wird keinerlei Hindernissen beim Meditieren begegnen.«[70]

Er sagte weiterhin zur meditativen Stabilität, die auf Tibetisch *sam-ten* heißt, dass *sam* hier »Bodhicitta« bedeutet und *ten* »stabil«. Mit einem stabilen Bodhicitta finden wir ohne Hindernisse in tiefe Meditation. Eigentlich heißt *sam* einfach Motivation oder Streben, meint hier aber die Ausrichtung auf das Wohl aller, ohne das Streben nach persönlichem Vorteil, aus dem alle Hindernisse entstehen.

Die eigene Praxis in Bodhicitta einbetten

Eine realistische Bodhicitta-Praxis zum Wohle aller bedeutet, die Arbeit an sich aufzunehmen, damit die Früchte dieser Arbeit später allen zur Verfügung stehen. Wir müssen zuerst bei uns selbst aufräumen, selber klar werden, aber nicht mit dem Ziel, nur für uns selbst eine rettende Insel zu finden. Es gilt, die frei werdenden Qualitäten allen zur Verfügung zu stellen. Von außen lässt sich nicht sehen, mit welcher Motivation jemand praktiziert. Jemand mag sein Leben im Retreat verbringen, ohne Kontakt mit anderen, und zutiefst von Bodhicitta motiviert sein. Jemand anderer mit derselben äußeren Praxis kann von Egoismus motiviert sein. Ein anderer mag sich äußerlich für andere einsetzen, aber seine Motivation kennen wir nicht.

Wenn wir ein Hindernis nach dem anderen erleben, dann hilft es aufzuspüren, ob wir etwas für uns selbst wollen und von der Meditation erwarten. Dann das ist in der Regel die Wurzel dieser Schwierigkeiten. Wir arbeiten dann mit unserer Motivation. Wenn wir

70 Gendün Rinpotsche bei Retreat-Unterweisungen zur befreienden Qualität (*Pāramitā*) der meditativen Stabilität (Skt: *dhyāna*)

Bodhicitta, diese Ausrichtung auf das Wohl aller, im Herzen tragen, kommen wir in ein Strömen. Und selbst wenn wir äußeren Hindernissen begegnen, dann gibt es zwar ein Problem, aber es ist nicht so, dass *ich* eine Schwierigkeit habe oder gar verzweifle. Es ist kein persönliches Problem. Deshalb legen buddhistische Schulen so großen Wert darauf, die Meditation einzubetten in Wohlwollen und Bodhicitta. Die Motivation ist wie ein Flussbett, in dem die Meditation strömt.

Frage: Sind wir bereits im Buddha-Gewahrsein oder ist das ein langer Weg dorthin?
Antwort: Es ist jederzeit möglich, dass sich das erwachte Gewahrsein auftut. Darin ist kein *Ich* vorhanden. Es muss kein langer Weg sein, sondern dieses Gewahrsein kann sich jederzeit auftun. Mit »Fortschreiten« oder »Weg« ist gemeint, dass sich diese Offenheit zunehmend häufiger einstellt. Sie durchdringt allmählich – Schritt für Schritt – alle Erfahrungsbereiche. Lasst uns diese Sitzung mit einer kurzen Phase des Gewahrseins abschließen.

... stille Meditation ...

Umgang mit Vedanā: zwanghafte Gewohnheit oder freie Wahl

Fred von Allmen

Empfangendes, nicht-manipulatives Gewahrsein

Wir können diese Meditationsperiode mit bewusstem Hören beginnen. Das achtsame Gewahrsein wird auf das Hören ausgerichtet – das Hören von Klang, Stimmen, Lärm, vielleicht Geräusche im Raum oder draußen. Damit kommen wir wieder in Kontakt mit diesem empfangenden, nicht-manipulierenden Gewahrsein. Wir müssen präsent sein, es braucht die Aufmerksamkeit, das achtsame Gewahrsein. Alles andere aber geschieht von selbst. Geräusche ertönen, abhängig von den Ursachen und den Bedingungen. Dasselbe gilt für das Sehen: Wenn die Augen offen sind, dann erscheinen Farben und Formen ganz von selbst. Nichts, was wir dazu tun müssten – außer gewahr zu sein.

Mit dieser Art von achtsamem Gewahrsein können wir uns in den Körperempfindungen niederlassen oder in den Empfindungen, die durch die Bewegung des Atems entstehen, im Hören von Geräuschen, Klang oder Lärm, im Sehen von Farben und Formen, ohne einzugreifen, ohne zu manipulieren, ohne etwas dafür oder dagegen zu tun. Auch wenn der Geist kommentiert oder die Dinge benennt: All das ist okay, solange es wahrgenommen wird, ohne weitere Kommentare, Wertungen oder Urteile anzuhängen.

Gefühle, Emotionen und verschiedene Geisteszustände – auch sie kommen und gehen ganz von selbst: Schläfrigkeit oder Wachheit, Sammlung oder Zerstreutheit, Freude oder Angst, Interesse, Langeweile, Ärger, Verlangen, Anhaften, Sehnsucht, Anspannung, Gelassenheit, Wertschätzung, Mitfreude, Neid, Eifersucht, liebevolle Güte, Mitgefühl,

Verwirrung, Klarheit, Dünkel und Würde. Sie erscheinen, bleiben eine Weile, verändern sich und verschwinden – in verschiedensten Variationen und Facetten. Wir lassen sie kommen und gehen! Wahrnehmen, spüren, sich verändern lassen, ziehen lassen, ohne sich im Inhalt zu verlieren, ohne sich im Drama zu verwickeln, ohne daran zu kleben – soweit wie uns das möglich ist.

Vedanā – Gefühlstönung

Hier eine Erklärung zu *Vedanā*, Gefühlstönung. Es gibt leider keine präzise deutsche oder englische Übersetzung für diesen Begriff. Dabei ist es ein wesentlicher Aspekt unserer Erfahrung. Wir werden Vedanā hier meist Gefühlstönung nennen, manchmal auch einfach *Vedanā*, damit wir nicht neue Worte erfinden müssen. Es ist der *erfahrungs- oder empfindungsmäßige Geschmack* einer jeden Erfahrung, die Art und Weise, wie sie sich anfühlt, nämlich: glückselig, angenehm, neutral, unangenehm oder schmerzhaft. Die Skala von sehr angenehm über neutral bis sehr schmerzhaft bezieht sich also nicht auf Emotionen oder Geisteszustände oder Geistesfaktoren, sondern auf den erfahrungsmäßigen Empfindungston einer jeden Wahrnehmung. Jede Moment-Erfahrung, sei sie körperlicher, emotionaler oder mentaler Art, hat ihre eigene Erfahrungstönung. Hier einige Beispiele zur Klärung:

- Ein Gedanke der Frustration fühlt sich unangenehm an. Dieses Unangenehme ist Vedanā, nicht der Gedanke.
- Eine schöne Aussicht auf den Gipfel der *Jungfrau* im Abendlicht da draußen fühlt sich wahrscheinlich angenehm an: Wir mögen das, es ist grandios. Der angenehme Aspekt dieser Erfahrung ist Vedanā. Vedanā findet also auch im Sehen statt. Für hässlich gehaltene Dinge verursachen unangenehme Vedanās.
- Versalzenes Essen schafft meist eine unangenehme Geschmackserfahrung. Das Unangenehme daran ist Vedanā.

- Ein Ausatem mag sich neutral anfühlen. Diese neutrale Tönung der Erfahrung ist Vedanā.
- Ein Moment des Hasses fühlt sich wahrscheinlich schmerzhaft an. Der schmerzhafte Aspekt dieser Erfahrung von Hass ist Vedanā, nicht der Hass selbst.
- Eine Verspannung im Rücken ist unangenehm. Dieses Unangenehme ist Vedanā.

Die Definition von Vedanā lautet ganz einfach »Erfahrung von angenehm, unangenehm oder neutral«, also wie wir eine jede Erfahrung empfinden oder spüren. Es gibt, wie erwähnt, unendliche Möglichkeiten von Vedanā auf der Skala von glückselig bis schmerzhaft, von intensiv bis subtil, in Verbindung mit körperlichen, sinnlichen, emotionalen und mentalen Erfahrungen. Vedanā ist der empfangende Aspekt unter den fünf Daseinsgruppen[71], im Gegensatz zum aktiven Aspekt der Daseinsgruppe der Bildekräfte[72].

Warum ist achtsames Gewahrsein von Vedanā wesentlich? Weil Vedanā das ist, worauf wir meist reagieren – immer und immer wieder, außer wenn wir in einem freien, unverstrickten Gewahrsein ruhen. Dann fließt alles mühelos: Erfahrungen kommen und gehen von Moment zu Moment. Keine Verstrickung – kein Problem! Tatsächlich finden wir uns aber oft in reaktiven Zuständen und Emotionen wieder, obschon wir einigermaßen präsent und gewahr sind: in Anhaften oder Ablehnung, Verlangen oder Ärger, Erwartung oder Befürchtung.

Wie wir reagieren – zwanghafte Gewohnheit

Wenn wir sorgfältig präsent sind, erkennen wir, dass unser Geist, unser Herz tatsächlich immer auf Vedanā reagiert und gar nicht auf den Inhalt der Erfahrung. Wir glauben zum Beispiel, wir würden

71 Die fünf Daseinsgruppen oder Aggregate, in Pāli *khandha*, in Sanskrit *skandha*

72 Bildekräfte, Gestaltungen, in Pāli *saṅkhara*, in Sanskrit *saṃskāra*

auf eine Person reagieren, auf ihr Aussehen oder darauf, was sie sagt oder tut. Beim Essen denken wir, wir würden auf das reagieren, was serviert wird. Dabei reagieren wir aber auf das Angenehme oder das Unangenehme eines jeden Bissens – und zwar tun wir das gewohnheitsmäßig, bevor wir uns dessen überhaupt gewahr sind. Die Reaktionen auf Vedanā geschehen praktisch simultan mit dem Auftreten der Vedanā-Erfahrung – zu schnell, wenn wir nicht sehr geübt sind im achtsamen Gewahrsein.

Vedanā hat uns meist im Griff und führt quasi automatisch zu Reaktionen, wenn die Erfahrungen angenehm sind: schöne Gedanken, wohltuende Emotionen, wohlige Körperempfindungen, lobende Worte oder unterhaltender Klang, anziehende Formen und Farben, aromatischer Geruch oder leckerer Geschmack. Wir ergreifen, halten fest, wollen mehr und es entsteht Verlangen in all seinen groben und subtilen Varianten.

Ebenso schnell, wenn auch ganz anders, sind die Reaktionen bei unangenehmen oder schmerzhaften Erfahrungen: Beim kleinsten Schulterschmerz beginnt der Widerstand und die Aversion. »Wie könnte ich es loswerden? Vielleicht indem ich mich etwas nach vorne beuge! Möglicherweise indem ich die Schultern etwas fallen lasse? Oder schön hinein atmen? Ach nein: *noch* achtsamer, *noch* mehr gewahr sein!« In der Hoffnung, die unangenehme Erfahrung loszuwerden, zeigen sich viele solche manipulativen Reaktionen. Das ist völlig natürlich – aber oft sehr anstrengend, verstrickend und leidvoll.

Erstaunlich oft ist unsere Erfahrung neutral, das heißt nicht angenehm oder unangenehm, sondern irgendwo dazwischen. Aus Gewohnheit reagieren wir mit Desinteresse, ohne es überhaupt zu bemerken, und Teilnahmslosigkeit schleicht sich ein. Wenn wir dann über Langeweile klagen, liegt es daran, dass wir der Erfahrung das Interesse und somit die Aufmerksamkeit entzogen haben. Langeweile und Gleichgültigkeit gewinnen an Boden und die Neigung, sich in einer interessanteren Ablenkung verlieren zu wollen, nimmt stark zu.

All diese Arten des Umgangs mit den Gefühlstönungen der Erfahrungen sind natürlich und entsprechen uralten, eingeschliffenen Gewohnheiten des Geistes – sie sind die am häufigsten befahrenen neuronalen Autobahnen des Gehirns. Aber wir können das ändern – durch die Praxis achtsamen Gewahrseins, natürlich!

Geschickter Umgang – freie Wahl

Unsere Praxis hier ist: Gewahr-sein, mitkriegen, was läuft – gelassen, offen und durchlässig, nicht reaktiv. Dies ist immer und immer wieder ein wesentlicher Aspekt der Übung. »Frei sein vom Zwang zu reagieren«, wie es Tilmann beschreibt. Ich nenne es gerne Gelassenheit oder innere Geräumigkeit; es könnte auch Durchlässigkeit heißen oder innere Balance. Oft nenne ich es noch lieber »Okay-ness«. Denn manchmal ist überhaupt keine innere Balance da, und auch das ist okay. Wir sind achtsam genug, um zu sehen, was schief läuft – und sind völlig okay damit. Wie es gerade läuft, steht zwar so nicht im Textbuch, aber da ist Präsenz und wir sind willens zu sagen: »So, wie es ist, ist es okay.«

Das ist so ganz anders, als sich zu verurteilen, wenn uns die Reaktivität voll erwischt hat. Das passiert besonders den »alten« Meditierenden: »Schon wieder bin ich reingerasselt, das dürfte mir nicht mehr passieren. Ich meditiere schon seit 27 Jahren und reagiere immer noch!« Dabei reicht es zu sehen: Reaktion, Ärger, Verlangen, Tumult ist da. Wir machen den Innenraum etwas weiter, finden in ein annehmendes Gewahrsein und bleiben auf der Spur.

Natürlich ist es keine Meditation, völlig in Gedanken und Geschichten verloren zu sein – damit wir uns recht verstehen. Aber innerhalb des achtsamen Gewahrseins ist alles okay – auch Unerwünschtes. Manchmal fällt Schnee im August, ehrlich. Aber auch der schmilzt wieder.

Präsent, wach, aufmerksam, ruhend, zulassend, interessiert, ohne irgendetwas zu tun dafür oder dagegen. Was immer erscheint, verschwindet, ohne dass wir uns verstricken und den auftauchenden Erfahrungen auf den Leim gehen. Wie der Buddha sprach:

»Begehrenswertes erregt nicht unser Herz,
gegen Unerwünschtes fühlt es kein Widerstreben.«[73]

Manchmal ist es leicht und natürlich, sich in all dem Wandel niederzulassen und im Gewahrsein zu Hause sein. Für Augenblicke wird offenbar, dass da gar keine Person ist, die die Erfahrung macht, im nächsten Moment ist da wieder *jemand, ich* – beides völlig okay.

... stille Meditation ...

Wenn ihr euch jetzt erhebt, seid bestrebt, auch im Übergang zur Gehmeditation möglichst kontinuierlich gegenwärtig zu bleiben.

Wer hat hier das Sagen?

Hier noch zwei praktische Beispiele, die zeigen, wie wir auf Vedanā reagieren: Wir sind sehr präsent beim Verlassen der Halle, wir haben unsere Schuhe gefunden und schreiten in Richtung Gehmeditation. Ohne es zu merken, denken wir daran, dass es draußen kalt ist und die Gehmeditation etwas langweilig werden könnte – und schon ist eine unangenehme Gefühlstönung entstanden. Sogleich erhebt sich die Vorstellung von Tee, verbunden mit einer angenehmen Gefühlstönung. Immer noch ohne es zu merken, sind wir unterwegs zur Tee-Ecke. Wie sind wir dahin gelangt? Was ging da vor sich? Es ist völlig okay, unterwegs zur Tee-Ecke zu sein. Aber wir können uns fragen: Wer hat hier eigentlich das Sagen? Habe ich bewusst entschieden, dass

73 Buddha, Saṃyutta Nikāya 1265

es meine Meditation unterstützen würde, vorher Tee zu trinken? Oder habe ich einfach auf Vedanā angebissen?

Wie zwanghaft wir auf Vedanā fixiert sein können, kann man auch bei kleinen Bewegungen beobachten. Achtet mal bei der Gehmeditation darauf. Mittlerweile wissen wir in etwa, was für Menschen hier im Retreat sind und welche für uns interessant sein könnten. Wir gehen auf und ab und sind eigentlich ganz gesammelt, bis jemand in unser Blickfeld kommt. Schon schauen wir hin! Versucht einmal, nicht hinzuschauen. Falls ihr es doch tut, achtet darauf, warum da so ein starker Zwang aufkommt. Vielleicht, weil es jemand Interessantes ist, der Angenehmes verspricht – oder es könnte unangenehm werden, weil jemand womöglich meinen Gehmeditationspfad nicht respektiert. Steuern uns vielleicht einfach die verschiedenen Vedanās? Alles völlig okay. Das ist kein Problem, solange Gewahrsein da ist. Aber die Frage bleibt: Was steuert uns in solchen Fällen oder vielleicht sogar meistens? Da gibt es viel zu lernen.

Ich lade euch ein, in der Gehmeditation und in den nächsten Sitzungen immer wieder einen Blick auf die Gefühlstönung der momentanen Erfahrung zu werfen. Ist diese Körperempfindung angenehm? Ist dieser Lärm unangenehm oder neutral? Ist das Gefühl von Ungeduld angenehm oder unangenehm? Wie reagiere ich? Will ich dieser Reaktion nachgeben? Oder kann ich eine geschicktere wählen? Muss ich reaktiv den Gewohnheiten folgen oder kann ich frei wählen? Wo liegt die innere Freiheit?

Danke. Es folgt eine Dreiviertelstunde für Gehmeditation.

Fragen und Antworten, Teil Zwei

Tilmann Lhündrup

Mahāmudrā und Vipassanā

Frage: Wie verschieden sind Mahāmudrā und Vipassanā?
Antwort: Eigentlich sind Mahāmudrā und Vipassanā gleich. »Vipassanā« bedeutet: tiefes Verstehen, klare Schau oder durchdringende Einsicht. Wie könnte irgendeine Tradition des Erwachens behaupten, etwas anderes zu sein als Vipassanā? Anders herum: Vielleicht würden Vipassanā-Yogis in einer ersten Reaktion sagen, sie praktizieren kein Mahāmudrā. Aber das würde bedeuten, dass sie nicht das »Große Siegel der Leerheit aller Erfahrungen« praktizieren, was die Bedeutung des Wortes Mahāmudrā ist. Tatsächlich praktizieren sie aber die Leerheit aller Erfahrungen, wenn sie es auch mit anderen Worten beschreiben. Mahāmudrā praktizieren bedeutet, in der Erkenntnis zu leben, dass alle Erfahrungen ohne irgendeine Ausnahme das Siegel der Leerheit oder des Nicht-Selbst tragen. Ich nehme an, kaum ein Vipassanā-Yogi würde sagen: Das praktizieren wir nicht.

Vipassanā, Mahāmudrā, Zen und Chan sind verschiedene Herangehensweisen, die dadurch entstanden, dass Lehrende unterschiedliche Akzente gesetzt haben. Für mich sind es gleichwertige Zugänge zur Befreiung. So wie man in dieselbe Stadt durch verschiedene Stadttore hineinkommen kann, so kann man auf verschiedene Weisen ins Erwachen finden. Es ist schön, dass es diese verschiedenen Zugänge für unterschiedliche Menschen gibt. Es wäre ein Riesenverlust, wenn sie weniger würden und verloren gingen. Die Vielfalt der Ansätze ist unser Reichtum. Wenn wir ihn schätzen, werden wir jeder Tradition helfen, ihre Eigenständigkeit zu wahren, und zugleich das Gemeinsame der verschiedenen Ansätze sehen.

Die Unterschiede der beiden Ansätze sind spürbar. Vipassanā-Praktizierende spüren, dass jene, die Mahāmudrā lehren, anders sprechen als die ihnen vertrauten Lehrenden des Vipassanā, und ebenso spüren Mahāmudrā-Praktizierende, dass im Vipassanā etwas anders gelehrt wird, als sie es aus Mahāmudrā-Unterweisungen gewohnt sind. Das hat mit den unterschiedlichen Prägungen der Praxislinien zu tun. Solange wir nicht wollen, dass alles gleich ist, und zugleich die Unterschiede nicht überbetonen, gibt es aber keine Schwierigkeit.

Im Mahāmudrā ist zum Beispiel ein zentraler Punkt das zeitlose Gewahrsein als das wahre Wesen allen Erlebens. Wir machen Aussagen wie »Alles ist Geist«, was bei denen, die damit nicht vertraut sind, Wellen schlägt und zu klassischen Missverständnissen führt. Einige hören heraus, alles sei *nur* Geist, was nicht gesagt wurde … und das führt zu weiteren Fragen wie, ob es denn nun äußere Objekte gibt oder nicht? Ungewohnte Ausdrucksweisen stoßen wichtige Prozesse an, die neue Türen des Verständnisses aufstoßen.

Bei klassischen Diskussionen nimmt ein Mahāmudrā-Lehrer gern scheinbar die Gegenposition ein von dem, was gerade ausgedrückt wird, um dadurch verschiedene mögliche Sichtweisen herauszuarbeiten. Das wäre ein typisches Vorgehen. In einer Diskussion über die Leerheit der Phänomene und der Personen könnte das so aussehen: »Selbstverständlich gibt es den Berg da drüben. Er ist sogar auf der Landkarte eingetragen! Und wenn ich wissen will, ob es dich gibt, frage ich einfach nach dem Personalausweis. So einfach ist das …«. Dieses humorvolle Infrage-Stellen der Sicht ist typisch für Mahāmudrā-Lehrer. Für uns geht es dabei mehr darum, flexibel verschiedene Sichtweisen einnehmen zu können, als eine »korrekte« Sicht zu entwickeln.

Frage: Wird das Moment-zu-Moment-Gewahrsein verschieden gelehrt?

Antwort: Jein! Es gibt zwischen Vipassanā und Mahāmudrā in diesem Punkt keinen wirklichen Unterschied. Es ist dasselbe Gewahrsein, das von Moment zu Moment wahrnimmt und erkennend erwacht. Ein Meister wie Nāgārjuna, der auch zur Mahāmudrā-Tradition gehört, würde allerdings nachfragen: »Was ist ein Moment der Wahrnehmung, wie lange dauert er, wie ist er zu finden und was ist dieses Moment-zu-Moment-Gewahrsein?« So finden wir heraus, dass »Moment-zu-Moment-Gewahrsein« als Begriff benutzt wird, um ins unmittelbare Erleben zu führen, aber dass es im Erleben selbst keine Momente gibt.

In der burmesischen Tradition von Saya U Bha Khin hieß es zu diesem Thema, dass Wahrnehmungsprozesse in der Geschwindigkeit von zweiunddreißig Momenten pro Lidschlag ablaufen, wenn ich mich richtig erinnere. Dies gibt eine Ahnung davon, wie schnell der Geist ist. Anagarika Munindra erklärte, dass sich ein einzelner Gedanke aus sieben Untermomenten zusammensetzt und bei einem Retreat unter seiner Leitung sah ich das tatsächlich einmal während der Gehmeditation. Heute erfahre ich diese einzelnen Momente nicht mehr, sondern würde die Erfahrung wie im Mahāmudrā als einen unteilbaren Strom des Erlebens beschreiben. Jede Sicht erlebte ich aber als hilfreich und weiterführend.

Mahamudra-Sicht

Frage: Gibt es eine korrekte Mahāmudrā-Sicht?
Antwort: Man kann keine absolute Aussage über die Wirklichkeit machen, die für immer und alles zutrifft. Die Sichtweise entfaltet sich allmählich. Korrekte Sicht ist, verschiedene Sichtweisen einnehmen zu können und zu wissen, wann welche Sicht hilfreich ist und wann sie es nicht mehr ist. Um eine bestimmte Erfahrung zu untersuchen, können verschiedene Sichtweisen ins Spiel kommen; sie alle haben ihre Berechtigung, keine kann aber beanspruchen »richtig« zu sein, denn keine bildet die Wirklichkeit korrekt ab. Das Kriterium dafür, welche Art der Betrachtung wir zur Anwendung bringen, ist, ob Spannung

oder Leid durch sie aufgelöst wird. So ist es an einem gewissen Punkt sinnvoll, von der Annahme eines wirklich existierenden Selbst zu einer Sicht zu gelangen, in der wir sehen, wie die fünf Aggregate[74] zusammenwirken und wie wir uns mit ihnen identifizieren, obwohl sie keine ausreichende Basis für eine Identität sind. Damit sind wir befreit von der Annahme eines stabilen Selbst, halten aber unter Umständen nun an einer tatsächlichen Existenz der Aggregate fest, was dann wieder aufgelöst werden muss. Letzten Endes gilt: Frei sein von allen Sichtweisen ist die »richtige Sicht«.

Frage: Ist wirklich alles Geist?
Der Fragende schreibt: »Du sagst: ›Alles ist Geist‹, aber traditionell wird das Aggregat der Form von den vier anderen Aggregaten unterschieden, die Geist genannt werden. Da können wir doch nicht sagen, alles sei Geist. Form meint doch vermutlich Substanz?«
Antwort: Mit Form (*rūpa*) oder besser Form*en* im Plural, sind die Formwahrnehmungen der sechs Sinne gemeint, das primäre Erleben von Sinneswahrnehmungen, bevor eine angenehme, unangenehme oder neutrale Empfindungsqualität oder Gefühlstönung unterschieden wird. Dieses Wahrnehmen von Formen ist Erleben und findet also im Geist statt, da geht es nicht um Substanz oder Materie.

Die vier anderen Aggregate der Empfindungen, Wahrnehmungen, Gestaltungen und Bewusstseinszustände werden als *nāma* zusammengefasst, was leider manchmal mit Geist übersetzt wird und zu dem Fehlschluss verleitet, mit Formen sei dann die Materie gemeint. Der Sanskrit-Ausdruck *nāma* bedeutet aber »Name« oder »mit Namen versehen«, was darauf hinweist, dass wir uns mit diesen Aspekten des Erlebens identifizieren. An diesem Beispiel wird deutlich, wie sich durch Studium die Sicht verfeinern kann. Der nächste Schritt wäre dann, darauf hinzuweisen, dass diese Aggregate Prozess sind, ohne Selbst, nicht fassbar.

74 Die fünf Aggregate (Sanskrit: *skandha*) sind Formen, Empfindungen (Gefühlstönungen), Unterscheidungen, Gestaltungen und Bewusstseinsformen.

Frage: Warum werden wir ermutigt, jenseits von Sichtweisen zu gehen?
Antwort: Standpunkte verleiten zur Identifikation. Allzu leicht identifiziere ich mich mit den Lehren »meiner« Schule. Auch der Wunsch, die Sichtweise des Buddhas zu verteidigen, entspringt meistens einer Identifikation. Dem Buddha geht es jedoch darum, uns dazu zu bringen, genau hinzuschauen, um unseren Vorstellungen (Sichtweisen) auf den Grund zu gehen: »Was wird da erfahren? Wie lässt sich deine Aussage im Erleben verifizieren, sei es in der meditativen Erfahrung oder im Alltag?« Er würde direkt ins Erforschen gehen und nicht mit einer kanonischen Lehre kommen, denn jede feste Sicht wird wieder zu einem Gefängnis.

Die sechste der sechs Wurzelverstrickungen (*mūla kleśa*), die der Buddha aufzählte, ist »Sichtweise« – damit ist nicht *falsche* Sicht gemeint, sondern sich mit einer Sicht oder Meinung zu identifizieren. Der Buddha lehrte, dass Befreiung nur möglich ist, wenn wir alle Standpunkte hinter uns lassen und es niemanden mehr gibt, der Standpunkte einnimmt. Jede Sicht wird als vorläufig und letztlich unzutreffend erkannt. Das ist die sogenannte »Sicht« der Erwachten, die alle Sichtweisen transzendiert und eigentlich keine Sicht ist.

Frage: Wo finde ich verlässliche Mahāmudrā-Instruktionen?
Antwort: Die finden sich zum Beispiel hier in dem Buch des Neunten Karmapa »*Mahāmudrā – Der Ozean des wahren Sinnes*«. Aber wirkliche Fortschritte wird man nur machen, wenn man sich auf einen Prozess mit einem erfahrenen Lehrer dieses Weges einlässt.

Die Rolle des Guru

Frage: Wie wichtig ist ein Guru?
Antwort: Guru heißt Lehrer oder Ehrwürdiger und ist eine verlässliche Person, deren Wort Gewicht hat. Was wäre, wenn es keinen Guru gäbe? Wir brauchen persönliche Unterweisungen und auch eine Quelle

der Inspiration im Leben, ein Vorbild. Das muss kein noch lebender Lehrer sein, auch Buddha Śākyamuni können wir als unseren Guru betrachten, zumindest aber brauchen wir inspirierende Texte oder Lehren. Der eigentliche Wurzel-Guru ist die Natur des Geistes selbst. Der Guru von Buddha Śākyamuni waren die Natur seines Geistes und vermutlich auch Erfahrungen und Instruktionen, die in ihm noch aus früheren Leben nachwirkten.

Es heißt, den Weg ohne Anleitung durch äußere Lehrer zu gehen, sei nur Praktizierenden möglich, die in früheren Leben einen tiefen Zugang hierzu hatten. Sie können selbst den Weg ins Erwachen finden. Alle anderen brauchen Lehrer. Nachdem wir eine Weile nach dem passenden Lehrer Ausschau gehalten haben, ist es zu empfehlen, sich einen auszusuchen und dann eine längere Strecke des Weges mit ihm oder einer begrenzten Anzahl von Lehrern zu gehen. Das Thema der nächsten Frage ist:

Frage: Was ist gemeint mit: Sich nicht aufs Loslassen fixieren?
Antwort: Die LehrerInnen werden uns darauf aufmerksam machen, wo wir feststecken und wie wir wieder ins Fließen kommen können. Wenn wir meinen, wir müssten alles loslassen, werden sie uns zeigen, dass wir auch das Loslassen lassen müssen. Wenn Loslassen zur Fixierung wird, führt es zu Leid. Wenn zum Beispiel eine Mutter meint, sie müsse ihre Praxis des Loslassens auf die Beziehung zum bedürftigen Kind ausdehnen, so ist das völlig fehl am Platz. Loslassen bedeutet auch nicht, gesellschaftliche Abmachungen nicht zu berücksichtigen und aus der Verantwortung auszusteigen.

Loslassen ist für gewöhnlich im Zusammenhang mit dem Festhalten an der irrigen Annahme eines Ichs zu verstehen: Überall dort, wo ich mich für wichtig halte, mich emotional mit etwas identifiziere und innerlich unfrei werde, dort muss ich loslassen. Das ist Verstrickung und genau hier gilt es loszulassen. Wie oder durch welche Methode ich dann wieder in einen gelösten Geist hineinfinde, ist im Grunde genommen unwichtig. Wichtig ist, zu verstehen und wieder ins gelöste Sein zu finden. Denn damit sich das gleiche Spiel nicht ständig wiederholt, muss es zu einem Erkennen der Prozesse des Verstrickens kommen und zum Auflösen der Verstrickung.

Dunkle Geistesruhe

Frage: Was ist mit »dunkler Geistesruhe« gemeint?
Antwort: Darauf möchte ich aus meiner persönlichen Erfahrung antworten: In meinem ersten dreijährigen Retreat im Wald in der Dordogne hatte ich es mir bald gemütlich in meinem Geist eingerichtet. Er war ausreichend klar und gelöst, dass die auftauchenden Erfahrungen nicht zum Problem wurden. Sie lösten keine starken Empfindungen aus – ich fühlte mich wohl in dieser unaufgewühlten Ruhe. Nach sieben Monaten sagte Gendün Rinpoche: »Was du da treibst, nennt man die ›Geistesruhe von Schafen‹ oder ›dunkle Geistesruhe‹.« Er lachte und sagte scherzend: »Wenn du so weitermachst, wirst du unter den schlafenden Göttern wiedergeboren oder vielleicht als ein helles Schaf. Mach deine Meditation dynamischer!« Meine geliebte Geistesruhe war zu wenig klar; aber ich hatte keine Ahnung, was ich ändern sollte. Ich hatte mich offenbar dem direkten Erleben entzogen. Lama Gendün gab mir dann Unterweisungen über das völlige Annehmen geistiger Bewegungen, die wir nicht zu vermeiden brauchen, weil sie von Natur aus ohne Substanz sind. So führte er mich aus dieser Sackgasse heraus und weckte meinen Forschergeist.

Die Kontinuität des Gewahrseins

Frage: Was ist ein Geistesstrom? Geht es nach dem Tod weiter?
Antwort: Den Geistesstrom, der sich von einem Leben zum nächsten fortsetzt, nennen die Tibeter *rgyud* (gesprochen *gyü*), auf Sanskrit *tantra*, was beides Kontinuität oder Verbindung bedeutet und diesen Prozess kontinuierlich wirkender geistiger Kräfte meint. Die Kontinuität des Gewahrseins ist gefärbt durch karmische Kräfte mit der

irrigen Annahme eines Ichs als ihr Zentrum – ähnlich wie ein Magnet, um den herum sich alles andere gruppiert. Gewahrsein setzt sich kontinuierlich fort, so als würde jeweils das vorhergehende Gewahrsein das nachfolgende Gewahrseins bedingen oder auslösen. Selbst wenn wir bewusstlos im Koma liegen, geht der Geistesstrom offenbar untergründig weiter. Sobald das Koma zu Ende ist, ist alles wieder da, ganz abgesehen davon, dass manche Leute sogar davon berichten, was sie alles im Koma erlebt haben. So auch im Schlaf: Unser Körper liegt ruhig, der Geist erschafft Träume, geht auf Reisen, macht Erfahrungen, und immer geht es weiter …

Bei Narkosen sehen manche Menschen die Situation wie von oben und hören alles, was gesprochen wird. Das ist überraschend, weil ihre gedämpfte Hirnfunktion das eigentlich unmöglich machen sollte. Diese Phänomene tauchen sogar auf, wenn vorübergehend im EEG die Nulllinie auftritt, also eigentlich der Tod des Gehirns – nur darf es nicht lange dauern. Wenn das Gehirn nicht wieder aktiv wird, werden sich Körper und Geist trennen. So hat das Gewahrsein offenbar selbst während des Lebens eine gewisse Freiheit, sich vom Körper zu lösen. Im Tod löst sich der Gewahrseinsstrom dann vollständig und endgültig vom Körper, doch das Erleben geht offenbar weiter, ähnlich wie im Traum.

Für die Kontinuität des Gewahrseins scheint es keinen Tod zu geben. Offenbar kommen in dem Moment, wo unser Körper stirbt, die Ursache-Wirkungsketten im Geist nicht zum Erliegen.[75]

Es ist möglich, durch den Yoga des luziden Träumens eine Ahnung von diesem Prozess zu bekommen. Wirkliche persönliche Gewissheit darüber wird es erst geben, wenn wir unseren Geist so gut kennengelernt haben, dass wir aus eigener Erfahrung zur unerschütterlichen Gewissheit gekommen sind, dass der Geist unzer-

75 Zwei Vorträge von Lama Tilmann zum Thema »Tod, Bardo und Wiedergeburt« beschreiben genauer, wie es laut Aussagen buddhistischer Meister im Tod weitergeht. Zu finden auf der Webseite »www.awakeningtosanity.net« unter »Texte/Allgemeine Unterweisungen«.

störbar ist. Bis dahin haben wir die Möglichkeit, auf die Aussagen von Menschen mit Verwirklichung zu vertrauen und auf Indizien, die darauf hinweisen, dass Erleben auch unabhängig vom Körper stattfinden kann.

Achter Tag

Unbeschwert – mit unerwünschten Emotionen

Ursula Flückiger

Heute Morgen möchte ich zunächst kurz die innere Haltung ansprechen und dann den geschickten Umgang mit Emotionen erläutern. Die innere Haltung, mit der wir achtsam und gewahr sind, ist ein ganz wesentlicher Aspekt unserer Praxis. Dabei achten wir darauf, dass wir gerne präsent sind. Wer will schon präsent sein in einer Atmosphäre des ständigen Wertens, wo es um gut und schlecht, richtig und falsch, Gelingen und Versagen geht? Deshalb schenken wir diesem Bereich sorgfältige Beachtung im Sitzen, im Gehen und in allen Zwischenzeiten.

Tolerant und interessiert

Wir versuchen, eine möglichst geduldige, tolerante, aber auch neugierige Haltung zu finden. Wir sehen die natürliche Gewohnheit des Abdriftens in Verlangen, in den Wunsch, etwas anderes erfahren zu wollen als das, was gerade gegenwärtig ist, oder nicht erfahren zu wollen, was gerade da ist. Da brauchen wir enorm viel Geduld und Nachsicht mit uns selbst und die beherzte Bereitschaft, immer wieder frisch zu beginnen. Die frohe Botschaft ist, dass dies möglich ist, ganz egal, wie lange wir in irgendwelchen höllischen Bereichen umhergeirrt sind. In dem Moment, in dem wir aus dem Gefangensein aufwachen, haben wir die Möglichkeit, uns wieder zu entspannen und erneut mit der gegenwärtigen Erfahrung Kontakt aufzunehmen. So üben wir uns darin, einen »Anfängergeist« zu bewahren.

Upasika Kee Nanayon, eine thailändische Meditationslehrerin,[76] erklärte, der Buddha habe das Kultivieren unseres Geistes mit dem Bild verglichen, »einen Vogel in der Hand zu halten«. Wenn wir ihn zu kräftig drücken, wird er sterben, wenn wir ihn zu locker halten, wird er fortfliegen, so dass wir nicht mehr mit ihm in Kontakt sein können. Welche Art des *In-Kontakt-Seins* brauchen wir also von Moment zu Moment, damit dieser Vogel – unser Geist – nicht zerquetscht wird, aber auch nicht wegfliegt? Eine Vipassanā-Kollegin hat es so ausgedrückt:

> »Bemühe dich nicht zu stark und gib nicht auf.«

Ein Koan, den es in jedem Moment zu lösen gilt.

Die emotionalen Landschaften benennen

Ein zweiter großer Bereich unserer Praxis sind die emotionalen inneren Landschaften. Ich werde einige Möglichkeiten aufzeigen, wie wir uns in der Vipassanā-Meditation üben können, geschickt mit Emotionen umzugehen, bei denen es uns nicht einfach gelingt, sie zu beobachten, ohne uns darin zu verlieren, sie im Gewahrsein entstehen

76 Upasika Kee Nanayon, Thanissaro Bhikkhu, Pure and Simple, The Extraordinary Teachings of a Thai Buddhist Laywoman, Wisdom Publications, Summerville MA, USA.

und wieder vergehen zu lassen. Also mit jenen, die sehr »klebrig« sind oder uns so richtig im Griff haben.

Der erste wichtige Schritt ist, überhaupt zu bemerken, dass gerade eine Emotion da ist, die uns belegt und in die wir verwickelt sind. Um die Emotion fassbarer zu machen, ist es sehr nützlich, sie zu benennen. Dafür braucht es einen Moment des Innehaltens, Spürens, Schauens und Horchens, um bestimmen zu können, wie wir sie treffend bezeichnen können.

Es gibt emotionale Erfahrungen, die nicht einfach zu benennen sind. Aber mehrheitlich ist das, was uns gerade im Griff hat, gut zu umschreiben. Wir sollten sie aber nur kurz benennen, um so den unmittelbaren Kontakt zu verstärken. Unter vielen anderen Emotionen sind da zum Beispiel Aversion oder Mitgefühl, Neid oder Mitfreude, Rastlosigkeit oder Ruhe, Zweifel oder Vertrauen … Es ist sehr klärend, wenn wir den Zweifel als Zweifel identifizieren können – und uns dasselbe auch mit Übermut, Selbstmitleid, Stolz, Langeweile, Verwirrung, Klarheit, Eifersucht, Großzügigkeit und allen anderen Emotionen gelingt! Auch Warten ist ein Zustand, in dem wir uns sehr wohl verlieren können: Warten auf bessere Zeiten, Warten, bis die wirkliche Meditation beginnt, Warten, bis etwas vorbei ist oder Warten auf das nächste Retreat, um uns wirklich einzulassen, weil es diesmal noch nicht so recht klappt.

Auf die Tonlage hören

Ein zweiter nützlicher Schritt im Umgang mit Emotionen ist, wirklich hinzuhören, *wie* wir die Emotion benennen. Dies gibt uns Aufschluss darüber, in welcher Haltung wir ihr begegnen. Ist das Benennen gefärbt von der stillen Hoffnung, dass eine unerwünschte Emotion dadurch verschwindet? Schwingt da eine leichte Aversion mit? Oder benenne ich die angenehme Erfahrung, in der Hoffnung, dass sie dadurch länger anhält? Wir versuchen die Dinge in einer Weise benennen, dass sie genauso sein dürfen, wie sie sind. Wir finden eine Tonlage der Sachlichkeit: Ah, »Verlangen«. Noch dienlicher ist die Tonlage der Neugier: Ah, »Aversion« – fühlt sich so an! Eine spannende Entdeckung.

Der nächste Schritt ist, hinzufühlen, wie wir die Emotion erfahren: Durch welche Anzeichen spüren wir das, was wir Aversion oder Ruhe nennen? Wie fühlt sich das im Körper an? Was geschieht damit? Ist die Erfahrung solide, bleibend, oder ist sie flüchtig? Wird sie stärker oder schwächer? Wir sind mit neugieriger Aufmerksamkeit dabei.

Wenn keine offensichtlichen Emotionen da sind, brauchen wir auch keine zu suchen. Wenn wir solche Anleitungen zum Umgang mit Emotionen hören, mögen wir denken: »Ich kann in mir nichts von alledem entdecken. Ich unterdrücke da wohl etwas oder es lauert da etwas, das plötzlich hochkommen wird.« Das ist ganz unnötig!

Wenn keine starken Emotionen da sind: Wunderbar! Dann können wir einfach die Weite, Ruhe und Gelassenheit wahrnehmen. Einfach da sein, in diesem Raum zwischen Faszination und Ablehnung, wenn wir hier auf unseren Kissen sitzen. Das wird unterstützt, indem wir immer wieder in die einfache Erfahrung des Körpers zurückkehren oder einen Moment hören, ohne gleich Fäden zu spinnen, und immer wieder im Gewahrsein selber ruhen. Am besten gelingt dies, wenn wir die Erfahrungen einfach lassen, wie sie sind. Weder fasziniert durch Verlangen, noch gebannt durch Ablehnung dessen, was in unserm Geist auftaucht, andauert und wieder vergeht.

Geschicktes Bemühen

Vielleicht ist euch bewusst, dass wir bereits die Mitte des Retreats überschritten haben. So möchte ich euch einmal mehr die Kontinuität der Praxis ans Herz legen. Sie hängt eng mit der inneren Haltung zusammen und mit der Frage: Wie kann ich dran bleiben, ohne das Gefühl zu haben, das Sitzen sei zu anstrengend, das Gehen zu lang – und ich bräuchte gleich wieder eine Pause? Wir beobachten, ob vielleicht zu viel Bemühen da ist oder zu viele Vorstellungen darüber, was sein sollte oder nicht sein sollte oder wie es sich anfühlen müsste. Wir schauen, welche Art des Bemühens es braucht, damit ein gewisser Fluss an Aufmerksamkeit entstehen kann – auch während des Übergangs von der Sitz- zur Gehmeditation und all den anderen Zwischenzeiten.

... stille Meditation ...

Die formelle Gehmeditation – ein wertvolles Gefäß

Nutzt diese Praxis des Gehens! Gerade auch jene von euch, die sich bisher wenig auf die Gehmeditation eingelassen haben, weil sie ihnen noch fremd ist oder vielleicht Unwillen hervorruft. Natürlich ist Gewahrsein unabhängig von äußeren Formen. Doch zugleich wissen wir alle, wie förderlich Formen für die Praxis sind. Ihr besonderer Nutzen entsteht dadurch, dass wir genau wie beim Sitzen einfach dabei bleiben mit all dem, was sich in 45 Minuten durch Herz und Geist bewegt, wie Ruhe, Unruhe, Interesse, Langeweile und Ähnliches mehr. Wir gehen einfach weiter und bleiben bei unserer Übung – nicht grimmig, nicht verbissen, sondern eher heiter, amüsiert und neugierig auf alles, was da kommen mag.

Oft erfolgt, ohne dass wir es merken, von einem Augenblick zum anderen der Wechsel ins Unangenehme, Zweifel tauchen auf und die Frage: »Was zum Teufel mache ich hier?« Aber wir sehen auch zunehmend klarer: Was immer erscheint, vergeht auch ganz von selbst wieder. Dies zu sehen, wirkt außerordentlich befreiend. Die Bedrohung durch all die Zustände, vor denen wir meist flüchten wollen, lässt dramatisch nach, weil wir merken, dass sie alle wie in Wasser geschrieben sind und aus sich heraus keinen Bestand haben. Solche Erkenntnis entsteht, wenn wir einfach mit sanftem, offenem, interessiertem Gewahrsein dabei bleiben.

Gerade die Gehmeditation erfordert von uns Entschlusskraft und fördert so unsere Unabhängigkeit in der Praxis, wodurch auch unser

Selbstvertrauen gestärkt wird. Sie ist auch eine Brücke zur Praxis im Alltag, wo wir häufig in Bewegung sind.

Im Gehen sollten wir auch regelmäßig die Gefühlstönung beachten: Empfinde ich die gegenwärtige Erfahrung als angenehm oder unangenehm? Manchmal reicht das schon, um wieder aus dem Mich-nach-vorne-Lehnen oder dem In-Widerstand-Sein herauszufinden. Aber zuweilen reicht dies nicht, weil Verlangen oder Widerstand zu stark sind. In diesen Momenten können wir uns fragen: Wie manifestieren sich diese Zustände? Wie erfahre ich sie – und wo? Im Geist? Im Körper?

Als Übung können wir uns zum Beispiel vornehmen, bewusst die Berge anzuschauen. Das dürfte für die meisten eine angenehme Erfahrung mit Momenten der Wertschätzung sein. Wenn wir nun konsequent in der Erfahrung bleiben, kann sie unvermittelt ins Verlangen kippen. So wird die anfänglich angenehme Erfahrung zu etwas Unangenehmem, weil das Sich-Erfreuen durch ein Mehr-davon-Haben-Wollen ersetzt wurde. Wir merken, wie wir noch etwas aus diesen Bergen herausquetschen möchten, es reicht uns nicht, sie einfach so zu lassen. Wir möchten sie uns irgendwie einverleiben, sie essen, jemandem sagen, wie toll sie sind! Ist es nicht spannend, all das zu beobachten?

Respekt für das Schweigen

Nun noch eine Bitte an diejenigen, die mit der Abmachung des Schweigens etwas nachlässig geworden sind. Bitte erneuert diesen Vorsatz ganz bewusst. Wir können das Schweigen nicht für uns alleine brechen, sondern ziehen immer jemanden mit hinein und wissen dabei nicht, wo die andere Person innerlich gerade steht. Es gibt immer wieder Momente, in denen Schweigen eine Herausforderung ist, in denen wir Nähe möchten oder Austausch und es uns schwer fällt, mit uns alleine zu bleiben. Jeder geht durch solche Phasen. Doch wir sind uns dann gegenseitig eine Stütze, wenn wir diesen Impulsen nicht nachgeben. Daher: Bitte respektiert den Raum des Schweigens, der so unterstützend ist für das Vertiefen der Ruhe und die Klarheit der Erkenntnis. Vielen Dank!

Fragen und Antworten, Teil Drei

Tilmann Lhündrup

Zuflucht

Frage: Könntest du die äußere und die innere Zuflucht erläutern?
Antwort: Wir nehmen Zuflucht zum Erwachten wie auch zum Erwachen. Das ist unsere grundlegende Ausrichtung. Wir nehmen Zuflucht zum Dharma, der befreienden Wahrheit selbst, wie auch zu den Unterweisungen, die uns den Weg in das Erkennen dieser Wahrheit zeigen. Wir nehmen Zuflucht zur Saṅgha, der Gemeinschaft der Helfer, die uns kompetent führen können, wie auch zu der Fähigkeit in uns selbst, anderen ein Helfer zu sein.

Vorübergehend ist die Zuflucht außerhalb von uns – Buddha, Dharma und Saṅgha als Ziel, Weg und Helfer. Doch letztlich ist unsere Zuflucht das erwachte Gewahrsein selbst, das Sein, in dem alles Haften ein Ende hat und in dem es niemanden mehr gibt, der Bezugspunkte braucht. Manche nennen es auch die Einheit von Weisheit und Mitgefühl. Wenn man in dieses Gewahrsein hinein loslassen und sich vergessen kann, dann eröffnet sich einem dieses Sein, wo Liebe und Gewahrsein nicht mehr getrennt sind. Liebende Güte, von der Fred gestern sprach, ist die Mutter der Weisheit, und Weisheit ist die Mutter aller Buddhas.

Frage: Wie ist das zu verstehen, dass mitfühlende Liebe die Mutter der Weisheit ist?

Antwort: Wirklich befreiendes Verstehen ergibt sich aus einer wahren Liebe, einem Mitgefühl für uns selbst. Wirkliche Einsicht entsteht nur, weil es uns ein ernsthaftes Anliegen ist und wir uns liebevoll auf diesen Geistesstrom, in dem sich so viele Verwicklungen zeigen, einlassen. – Liebe und Mitgefühl für uns selbst führen dann zu Liebe und Mitgefühl für andere. Die Weisheit oder das Wissen, wie anderen geholfen werden kann, ist die Folge des beständigen mitfühlenden Suchens nach Wegen, die aus Leid befreien. Einfach ausgedrückt: Man wird sich nur selbst befreien können, wenn man sich gut um sich selbst kümmert, und man wird anderen nur helfen können, wenn man sich um sie kümmert wie um sich selbst. Die Weisheit der eigenen Befreiung und die Weisheit der Befreiung anderer, beide entspringen der Quelle des Mitgefühls.

Wenn wir uns um uns selbst kümmern, so ist das kein Egoismus. Es ist notwendig! Das ist Schadensbegrenzung! Die Welt zu lieben bedeutet, sich gut um sich selbst zu kümmern und die überschießenden, verletzenden emotionalen Reaktionen einzudämmen und Lösungen für die eigene Anspannung zu finden, ohne andere in den emotionalen Strudel hineinzuziehen. Das ist Mitgefühl! Mitgefühl beinhaltet, uns selbst davor zu bewahren, immer wieder dasselbe Leid erfahren zu müssen, und andere zu schützen vor unseren allzu heftigen Gefühlsregungen, die ihnen schaden oder sie unnötig belasten würden. Die starken Impulse in uns brauchen viel mitfühlende Aufmerksamkeit, um sich zu lösen, in besseren Fluss zu kommen und ihre wahren Qualitäten zu zeigen.

Sexualität

Frage zur Kontrolle und Unterdrückung von Sexualität

Antwort: Jemand bittet mich, über den sexuellen Trieb zu sprechen. In der Frage ist ein gerütteltes Maß an Leid zu spüren – umso besser, dass sie dennoch gestellt wurde! Viele buddhistische Meister sagen, der sexuelle Trieb sei die Wurzel von Saṃsāra, also der Welt der Verstrickung. Da ist viel dran, doch da gibt es noch eine andere Seite. Unsere sexuellen Impulse sind eigentlich Ausdruck des Bedürfnisses nach Liebe und Kommunikation. Sie sind völlig normal. Wenn sich dieses Bedürfnis als Trieb ausdrückt, ist es überwältigend heftig und kann uns völlig gefangen nehmen. Es ist dann eine starke Form der Subjekt-Objekt-Fixierung, wobei das Objekt nicht unbedingt der Partner oder die Partnerin ist, sondern oft einfach die Befriedigung selbst. Wir erfahren eine große Spannung, die nach Entspannung oder Lösung verlangt.

Spannung strebt nach Entspannung, das ist ein Naturgesetz, das offenbar auch für den Geist gilt. Angespannte Geisteszustände suchen nach Entspannung, so wie Gase danach streben, sich frei im Raum zu verteilen. Was unter Druck steht, strebt den Druckausgleich an, und ein gedehntes Gummiband möchte zurück in den spannungsfreien Zustand. Auch unser Geist und unser Energiesystem scheinen so angelegt zu sein, dass sie in den freien Zustand möchten. Als starke Begierde kommt uns der sexuelle Trieb besonders solide vor – so wie uns unter den vielen Formen des Ärgers der Hass und Rachegefühle besonders solide vorkommen. Deswegen sind sie gute Beispiele, um die Dharmapraxis zu erläutern.

Auch andere eurer Fragen drehen sich darum, wie aus Mahāmudrā-Sicht mit Emotionen gearbeitet wird. Darauf möchte ich mit einer strukturierten Unterweisung antworten und dabei die Themen Sexualität und Hass weiter verfolgen. Ich werde fünf Stufen beschreiben, obwohl unsere Praxis mit belastenden Emotionen nicht immer eindeutig diesen Stufen zuzuordnen ist.

Fünf Phasen des Umgehens mit belastenden Emotionen

Die *erste Etappe* können wir überschreiben mit *Innehalten*, sich zu stoppen in dem, was unmittelbar Leid erzeugt. Das heißt, wenn

Emotionen so stark werden, dass wir uns oder anderen Schaden zufügen könnten, dann kontrollieren wir uns. Das wäre zum Beispiel bei heftigster Begierde oder bei aggressiven Emotionen notwendig, wo wir uns selbst und andere nicht mehr ausreichend respektieren. Wir achten darauf, niemandem Schaden oder Schmerz zuzufügen. Dadurch entsteht ein Raum der initialen Zurückhaltung, in dem wir achtsamer erfahren können, was eigentlich dieses Gefühl ausmacht, bevor wir es ausleben.

Wir bringen Achtsamkeit ins Spiel und schaffen einen sicheren Raum, in dem wir uns der Emotion zuwenden und sie näher kennenlernen können. Die Grundhaltung dabei ist, wissen zu wollen, was diese Erfahrung eigentlich ist, ohne sie auf leiderzeugende Weise auszuagieren. So leben wir zum Beispiel achtsam Sexualität, ohne jemandem – inklusive mir selbst – Schaden zuzufügen. Bei aggressiven Impulsen müssen wir etwas vorsichtiger sein – es geht darum, sich mit einfühlender Achtsamkeit den aggressiven Gedanken zuzuwenden, um den Prozess ihres Entstehens kennenzulernen: Wie bauen sich diese Gefühle auf? Wie fühlt es sich an? Wie ebbt es wieder ab?

Die *zweite Phase* ist dann, *Heilmittel anzuwenden*, d.h. alles, was mir gut tut, zur Anwendung zu bringen. Ich frage mich: »Welche Gedanken, Handlungen und Einstellung würden mir jetzt gut tun?« All das nennen wir Heilmittel. Achtsamkeit bewirkt, dass ich zusätzliche Aspekte der Situation bemerke, die mir vorher gar nicht aufgefallen waren, wie beispielsweise, dass ich in meinen starken emotionalen Impulsen den anderen gar nicht mehr wahrnehme und dass es gut tun würde, den anderen mehr wahrzunehmen. So könnte tatsächlich eines der Heilmittel sein, sich mehr in den anderen einzufühlen. Alles was hilft, weicher zu werden und den inneren Raum zu öffnen, während diese emotionale Welle durchrauscht, ist willkommen in dieser Phase: alles was hilft, mich an meine innere Ausrichtung im Leben zu erinnern.

Sexuelles Verlangen ist ganz natürlich; die Frage ist nur, wie wir damit umgehen. Es wird gar nicht diskutiert, ob es sein *darf* oder nicht.

Solange es auftaucht, *ist* es da, und ist deshalb *jetzt* Gegenstand meiner Praxis. Sexualität selber ist für viele von uns eine Quelle von Freude – und soweit ich höre, wird sexuelles Verlangen für die meisten erst dann zu einem Problem, wenn sie es nicht leben können. Genauer gesagt sind also die Gefühle der Sehnsucht, des Nicht-Erfülltseins, Nicht-Befriedigtseins und Sich-Getrenntfühlens das eigentliche Thema – und da gibt es Lösungen, erfülltes, befriedigtes Sein zu erleben, selbst wenn es keine Möglichkeit für sexuelle Begegnungen gibt. Das wären dann die sogenannten »Heilmittel«.

Sexuelles Verlangen wird sich dank der Achtsamkeit in eine befriedigend gelebte Sexualität wandeln und erotische Gefühle werden als belebend erlebt. Diese erotischen Gefühle nehmen uns dann nicht mehr so gefangen, sie werden zunehmend zum Ausdruck von Liebe und Mitgefühl und das Gewahrsein des Nicht-Greifbaren beginnt sich auch dort einzustellen. Wenn sich die sexuelle Energie im Herzen befreit, im Herzensgewahrsein, ist es sogar möglich, sexuell enthaltsam zu leben, ohne ständiges Kontrollieren und Unterdrücken.

Bei allen Emotionen, die wir als belastend empfinden, gehen wir den tieferen Auslösern und Beweggründen auf den Grund und versuchen, herauszufinden, was das eigentliche Anliegen oder Problem ist, und dort setzen wir mit den Heilmitteln an. So mag zum Beispiel hinter Rachegefühlen eine Erfahrung ohnmächtiger Wut stehen mit dem Erleben, vom anderen völlig übergangen und missachtet worden zu sein. Dann geht es darum, die Selbstachtung und verwandte Qualitäten zu stärken.

Die *dritte Phase* nennt man *Transformieren*. Aber es geht dabei nicht um das Transformieren von Begierde oder Hass, sondern es geht um das Transformieren unserer Einstellung gegenüber den Emotionen. So kann ich in dieser neuen Einstellung beispielsweise die belastende Erfahrung als willkommene Unterweisung sehen. Ich erkenne, dass ich da etwas zu lernen habe und nehme sie als eine versteckte Unterweisung. Traditionell heißt es: »Sie ist ein Geschenk deines Lehrers«.

Ebenso könnte ich die Emotion als eine einfache Erscheinung in diesem Geist sehen, die mir das zeitlose Gewahrsein offenbart, die Geistesnatur der Buddhas, die uns allen innewohnt. Da stellt sich aber die Frage: Wie können denn heftige emotionale Zustände, die mich teilweise wie blind machen, die Natur des erwachten Gewahrseins haben? Im Vajrayāna – wo wir auf uns selbst als Buddhas (*Yidam*) meditieren – heißt es: »Siehe alle aufsteigenden Gedanken als die Gedanken des Buddhas, auf den du meditierst!« Damit ist gemeint, den Blick abzuwenden vom Inhalt der Emotion, d. h. vom Objekt der Gier oder des Hasses, wie auch von dem Impuls, dem jeweiligen Trieb nachgehen zu wollen – und ihn dem Eigentlichen zuzuwenden: der nicht fassbaren Natur der Emotion.

Wir könnten in gleicher Weise eine emotional belastende Situation als eine versteckte Unterweisung in Vergänglichkeit betrachten und diese Aufgabe, so ungerufen wie sie kommt, willkommen zu heißen als eine Aufforderung, tiefer in die unbeständige Natur zu schauen. Dabei schauen wir in die Unbeständigkeit des anderen, auf den unsere Emotion gerichtet ist, wie auch in die Unbeständigkeit von uns selbst, die wir diese Emotion zu haben scheinen, und die Unbeständigkeit der aufsteigenden Emotion – d. h., wir betrachten das eigentliche Wesen der drei Aspekte unseres Erlebens: Subjekt, Objekt und Erfahrung.

Begehrende wie auch aggressive Impulse werden entmachtet, da sie als Wellen erkannt werden, die so, wie sie auftauchen, auch von selbst wieder vergehen. Wir sehen, wie sie sich umso höher aufbauen, je stärker wir glauben, dass es glücklich macht, das zu erhalten, was wir begehren bzw. dass zu zerstören, was wir ablehnen. Wir sehen zudem, dass sie umso kraftvoller sind, je stärker der Glauben besteht, dass es mich wirklich gibt und dass diese Emotion tatsächlich meine Aufmerksamkeit braucht.

Wir verlieren in dieser Phase die Angst vor der Emotion; wir freunden uns sogar mit ihr an, ein wirklicher Gesinnungswandel findet statt. Deswegen sprechen wir von Transformation. Was uns vorher so gequält hat, wird jetzt zu einer vertrauten Unterweisung, und statt gefangen zu sein oder davonzulaufen, beginnen wir wirklich hinzuschauen! Das führt in die vierte Etappe.

Die *vierte Etappe* heißt: *Die Natur der Emotionen sehen.* Das bedeutet, ihre Unbeständigkeit zu sehen, ihre Vergänglichkeit und damit auch ihre Substanzlosigkeit. Sie können nicht aus sich heraus existieren, haben aus sich heraus keine Kraft, sie sind *in sich* gar nichts. Wiederholtes Hinschauen in das Wesen der Emotionen wird irgendwann das direkte Erkennen der Natur einer Emotion bewirken.

Die dritte Etappe bringt bereits so etwas wie eine Ahnung, ein erstes Verständnis der Natur der Emotionen, hervor und nun geht es darum, zu einer verlässlichen Gewissheit zu kommen. Die ersten drei Phasen haben die typische Wirkung, dass eine zunächst starke Emotion zunehmend an Kraft verliert – wie ein Decrescendo in der Musik. Das nun praktizierte *direkte* Sehen hat im Unterschied dazu die Wirkung, dass die Emotion in dem Moment, wo sie durchschaut wird, völlig vorbei ist, restlos, ohne ein Diminuendo oder Decrescendo. Es überrascht einen, wie abrupt und vollständig sich eine Emotion in einem Moment auflösen kann! Um das zu ermöglichen, wenden wir uns von dem ab, *was* uns ärgerlich macht oder anzieht (also weg vom Inhalt oder Objekt der Emotion), und wenden uns dem Wesen der Emotion zu, also *wie* sie ist und *wie* sie erlebt wird. Ob es sich um Gier, Ärger, Eifersucht, Angst oder was auch immer handelt – das unmittelbare Erkennen ihrer nicht fassbaren, dynamischen Natur bewirkt, dass die Emotion plötzlich weg ist, sie ist nicht mehr zu finden! Wir erleben eine unerwartete Freiheit und müssen vielleicht sogar darüber lachen, wie sehr wir zuvor in unserem emotionalen Film gefangen waren. Um auf diese Weise schauen zu können, brauchen wir die Vorbereitung durch die vorhergehenden Phasen. Sie machen es leichter, sich offen, direkt und unvermittelt dem emotionalen Erleben zuzuwenden, weil die abwehrende Reaktion, das Unterdrücken-Wollen der Emotion einfach zu stark ist.

Zum ersten Mal erlebte ich das inmitten von Ärger. Ich war dabei, völlig genervt jemandem Vorwürfe zu machen, und da wendete sich der Blick von selbst nach innen, während ich vor der Person stand. Zuvor hatte ich viele Male bei anderen Emotionen *versucht*, auf diese Weise zu schauen. Aber dieses Mal entstand das Schauen von selbst, und plötzlich war inmitten meiner Vorwürfe nichts mehr von meinem Ärger da! Ich musste so lachen und fühlte mich völlig frei! Das Drama war verschwunden, ich konnte meine Wut nicht mehr finden! Ich konnte nicht einmal mehr die Gründe meines Ärgers finden, war nicht mehr sauer und fühlte mich wohl mit der Person, auf die ich eben noch wütend war. Es war unfassbar! So etwas passiert, wenn für einen Moment die nicht fassbare Natur der Emotion erfahren wird. Vorher hätte ich das nicht geglaubt. Unsere Lehrer hatten uns beschrieben, dass es so ist, aber ich konnte das nicht ganz glauben – und wenn ihr es nicht glaubt, dann ist das in Ordnung. Seither ist es mir mehrfach mit verschiedenen emotionalen Zuständen so ergangen – und es wäre schön, wenn es immer so wäre, aber mit dem Willen lässt sich da nichts machen, nur mit tiefem Annehmen und offenem Interesse, ohne die Emotion weghaben zu wollen.

Die fünfte Phase ist dann *die Emotionen als Weg nehmen*. Dabei erzeugen wir bewusst Emotionen und schauen immer wieder in sie hinein, damit sich die tief sitzenden emotionalen Muster auflösen. Es ist wie ein Großreinemachen in unserem karmischen Speicher.

Diese fünf Stufen der Arbeit mit Emotionen werden in einem Text von *Karma Tschagme Rinpoche* beschrieben, einem Mahāmudrā-Lehrer im 17. Jahrhundert. Die Unterweisungen von *Gendün Rinpoche* dazu finden sich in dem Büchlein »*Der Große Pfau*«[77].

77 Gendün Rinpoche, Der große Pfau. Die Umwandlung der Emotionen im tibetischen Buddhismus, Norbu Verlag 2007. Unter http://www.awakeningtosanity.net/sommerkurs-transkripte.html finden sich zwei Sommerkurs-Abschriften mit ausführlichen Erklärungen zum Arbeiten mit Emotionen.

Frage: Ist Erwachen möglich, wenn man ein Berufsleben und Familie hat?
Antwort: Ja, wenn die besagten Stufen durchlaufen werden, kein Problem! Es ist nicht so wichtig, ob man Beruf und Familie hat oder Mönch bzw. Nonne ist, sondern wie konsequent wir den Dharma in allen Situationen des Alltags anwenden.

Erwachen ganz konkret

Frage: Wie viele Erwachte kennst du? Sind darunter auch Laien?
Antwort: Die Erwachten, die ich kenne und gekannt habe, zählen mehr als die Finger meiner Hand und darunter sind auch Laien. Aber ich bin mir sicher, dass mir viele Erwachte begegnet sind, und ich habe es nicht gemerkt!

. . .

Frage: Wie kann ein Erwachter essen, sprechen, gehen usw., ohne ein Ich zu haben? Was bewirkt sein Handeln?
Antwort: Ein Erwachter handelt ohne die irrige Annahme eines individuellen, unabhängigen und stabilen Ichs. Die meisten von uns denken, ein stabiles, unabhängiges »Ich« wäre der Motor oder die richtungsgebende Leitinstanz unserer Handlungen. Tatsächlich sind es aber dynamisch wirkende Kräfte, die in Abhängigkeit von situativen Bedingungen unser Handeln bewirken. In einem Erwachten wirken die Kräfte der Liebe, des Mitgefühls, der Weisheit und der anderen Qualitäten des erwachten Gewahrseins. Sie leiten sein Handeln. Diese Kräfte und Qualitäten brauchen kein Ich-Zentrum, um zu wirken. Sie führen zu Handlungen ganz einfach, weil klar ist: Hier muss etwas getan werden! Handeln ohne eine stabile Kontrollinstanz, sondern als Ausdruck des harmonischen Zusammenspiels verschiedener Geisteskräfte. Erwachte, heißt es, handeln »spontan«, d.h. ohne komplizierende Ich-Überlegungen, aus Einsicht und Mitgefühl, einfach weil es die Situation braucht.

Handeln wird einfach und direkt, wenn es nicht mit einem vermeintlichen Ich verknüpft ist. Vermutlich hätte der Buddha viel mehr Schwierigkeiten gehabt bei all seinen Unternehmungen, wenn Ich-Gedanken seine Aktivitäten kontrolliert hätten! Habt ihr nicht auch den Eindruck, dass mitfühlendes Handeln, liebevoller Austausch, freigebiges Teilen usw. viel flüssiger und natürlicher sind, wenn das Ich-Gefühl wegfällt? Vergleicht einmal eine Ansprache oder Prüfungssituation, in der ihr völlig Ich-fixiert und dadurch blockiert wart, mit einer ähnlichen Situation, in der ihr euch vergessen konntet. Da wird der Unterschied offenkundig.

Frage: Warum meditieren Erwachte noch?
Antwort: Ob sie meditieren hängt davon ab, inwieweit sie schon vollständig erwacht sind und was unter Meditation verstanden wird. *Vollständig* Erwachte meditieren nicht mehr im Sinne eines Übens. Andere Praktizierende hingegen, bei denen sich das Erwachen noch nicht in alle Bereiche des Seins ausgeweitet hat, üben sich weiter in der Meditation der Natur des Geistes.

Die letzte Phase des Weges vor der Buddhaschaft heißt im Mahāyāna *Der Pfad der Nicht-Meditation*, denn wenn alle Schleier bereinigt sind, gibt es nichts mehr zu lernen und zu meditieren. Präsenz ist dann spontan und kontinuierlich. Solche hochentwickelten Wesen brauchen nicht mehr zu üben. Wenn der Buddha still unter einem Baum saß oder abends meditativ auf und ab ging, dann tat er das nicht, um etwas zu verstehen oder zu üben, sondern einfach, weil es für ihn so natürlich war. In der tibetischen Tradition heißt es, dass die Meditation der Erwachten ein natürlicher Ausdruck ihres Seins und ihrer Aktivität zum Wohl der Lebewesen ist – so gesehen meditieren sie ständig –, aber dies ist keine Meditation, um etwas zu üben oder zu kultivieren.

Waches, gelassenes Nicht-Tun

Fred von Allmen

Schläfrig und ruhelos: ungeliebten Hemmnissen weise begegnen

Ich möchte noch einmal die Meditationserfahrungen der Schläfrigkeit und der Ruhelosigkeit ansprechen. Sie sind vor allem in den ersten Tagen von Retreats recht häufig. Gerade für wenig erfahrene Meditierende ist es gut zu wissen: Ihr Auftauchen ist ziemlich normal, ihr macht nichts falsch.

Bei Schläfrigkeit, Mattigkeit, Dumpfheit sackt die Körperenergie ab, der Geist wird trüb, wir wissen nicht mehr genau, wo wir sind. Selbst wenn nur noch fünf Prozent Achtsamkeit zur Verfügung stehen: Schaut, ob ihr noch irgendwie wahrnehmen könnt, was da läuft, wie sich die Schläfrigkeit anfühlt, was sie mit uns macht. Durch stilles Sitzen kann Schläfrigkeit aufkommen und es genügt, achtsam zu erforschen, wie sie sich anfühlt. Ist da eine Art Wolke, die sich über die Augen schiebt, oder ein Loch, in das man fällt, oder sind da Nebelfetzen, Traumfetzen? Sind es Gedanken, die in ihrer Traumähnlichkeit keinen Sinn ergeben? Nehmt euch etwas Zeit, um zu überprüfen, ob ihr in Frieden damit seid. Falls nicht, schaut euch die Bewertungen, Beurteilungen und Aversionen an, die da sind, ohne aber irgendetwas dafür oder dagegen zu tun.

Sollte die Schläfrigkeit länger andauern, wird es Zeit, doch etwas zu unternehmen. Öffnet die Augen, falls ihr sie immer noch geschlossen habt. Legt die Hände auf den Kopf und atmet tiefer. Schaut ins helle Licht. Manchmal hilft das und manchmal hilft alles nichts – dann ist es wieder Zeit für Gelassenheit. Wir können auch im Stehen weitermachen, es kann uns aufwecken. Wenn ihr steht, dann bitte mit offenen Augen. Falls ihr auch so noch einschlaft, setzt euch bitte lieber wieder hin. Soviel zur Schläfrigkeit.

Auch Ruhelosigkeit ist recht verbreitet, besonders zu Anfang einer Meditationssitzung oder eines Retreats. Wenn wir aus unserem Alltag auf dem Kissen ankommen, ist das, als würden wir von Hundert auf Null abbremsen, und da kann viel überschüssige Energie aufwallen, die wir nicht integrieren können. Das kann sich recht unangenehm anfühlen und äußert sich in wildem Denken oder Fluchtgedanken und oft auch körperlicher Unruhe. Man kann sich nicht richtig niederlassen oder möchte gar schreiend aus der Halle rennen. Bitte tut es nicht!

Es hilft zu merken: Es ist einfach Ruhelosigkeit – und sich nicht dagegen zu wehren, sondern loszulassen. Sich dagegen zu sträuben, wird die Unruhe eher verstärken. Denkt: »Ich bin bereit, vor lauter Ruhelosigkeit umzukommen. Ich ergebe mich.« Es gibt zwar keine Garantie, dass es sich dann angenehmer anfühlt, aber zumindest schwindet der Gegendruck. Und spätestens, wenn die Klangschale ertönt, wird der Zustand vorbei sein und wir finden vielleicht sogar, wir könnten gut noch eine Stunde sitzen – was allerdings selten stimmt. Meist verfliegt die Unruhe aber vor dem Ende der Sitzung – und sie tut es von selbst!

Wir können nicht darüber entscheiden, ob solche »Hemmnisse«, zu denen traditionell auch Verlangen, Abneigung, Besorgnis und Zweifel zählen, auftauchen oder nicht. Aber wir können eine Wahl treffen: sie als unerwünschte Hindernisse zu betrachten oder aber zu erkennen, dass unser Leben – Körper und Geist – ein ständiger Prozess ist, wo wie beim Wetter oder den Jahreszeiten, verschiedene Energien, Stimmungen und Gefühle abhängig von Situationen und Bedingungen kommen und gehen. Ab und zu können wir tatsächlich etwas daran ändern, meist aber sind sie nicht in unserer Kontrolle. Wenn wir dies als eine Entdeckung betrachten, statt als Fehler, beginnt die Erkenntnis von Nicht-Selbst. Wir sehen: Da ist gar niemand, der letztendlich in Kontrolle sein könnte. Meditation ist kein Prozess, durch den wir irgendwann endlich alles unter Kontrolle haben werden, sondern ein Sehen und Anerkennen der Prozesshaftigkeit unseres Seins. Erfreuliche Erfahrungen entstehen genauso wie die unerwünschten Erfahrungen von Schläfrigkeit, Ruhelosigkeit oder Zweifel: Sie zeigen sich und verschwinden wieder – alles völlig okay.

Auf Empfang umschalten

Wir lassen uns nun wieder in der Meditation nieder, interessiert, achtsam und gewahr. Für einen Moment richten wir die Aufmerksamkeit auf das Hören. Falls es draußen keine Geräusche gibt, lauschen wir der Stille oder den Geräuschen hier im Raum, ob laut oder leise, ob Lärm, Stimme oder Klang. In diesem unmittelbaren, aufmerksamen Lauschen wird sehr schnell offenbar, dass es nichts zu tun gibt, weil Wahrnehmung, Erfahrung, ganz von selbst geschieht.

Versucht doch mal, diesen Klang *nicht* zu hören …

Die Klangschale wird angeschlagen.

Und jetzt versucht, die Klangschale zu hören!

Die Klangschale wird nicht *angeschlagen.*

Hörerfahrungen kommen und gehen, ungefragt und ganz von selbst, in Abhängigkeit von vielerlei Bedingungen. Sie dauern, solange sie dauern, und verschwinden dann. Wir, von unserer Seite, können präsent sein oder nicht. Wir können der Erfahrung gewahr sein oder aber in Gedanken verloren. Das macht den wesentlichen Unterschied aus – aber zu tun gibt es gar nichts.

In genau dieser empfangenden Haltung lassen wir uns jetzt wieder in den Körperempfindungen, im Hören, im Sehen und in den Gefühlen nieder. Achtsam, entspannt und in Kontakt, ohne das geringste Projekt in Bezug auf das, was wir spüren möchten oder sollten.

Offen und entspannt

Wach und präsent ruhen wir in der unmittelbaren Wahrnehmung. So erscheinen Entzücken und Knieschmerzen, Bergumrisse und Farben, Husten und Motorengeräusche, Kommentare und Erkenntnisse, Ängste und Freuden im offenen Raum des Gewahrseins, ohne Verstrickung, ohne Bewertung.

Offen und entspannt, lautet die Anweisung. Das heißt auch gelassen – und zwar liebevoll gelassen, soweit es uns möglich ist. Annehmend, auch wenn es infolge von Geräuschen oder Gefühlen oder Körperempfindungen unangenehm ist. Nicht anhaftend, auch wenn sich die Dinge angenehm anfühlen. Mit voller Zuwendung, auch wenn die Erfahrungen neutral sind, nicht besonders toll, aufregend oder mühsam. Es ist die uneingeschränkte Bereitschaft, mit allem frisch in Tuchfühlung zu bleiben – allzeit im Wandel, immerzu neu und wach dabei – ein flexibles Präsent-Sein, das wir immer wieder üben. Das klingt einfach, ist aber anspruchsvoll und kann nicht erzwungen werden. Deshalb gehen wir in Retreats. Deshalb heißt das Ganze auch »Praxis«.

Bhāvanā – sich vertraut machen

Die Worte *bhāvanā* und *gom*[78] sind traditionelle Begriffe für *Meditation*. Sie vermitteln die Vorstellung des Kultivierens und Entwickelns und weisen darauf hin, dass es um ein Sich-Gewöhnen und Vertrautwerden geht. Beim Meditieren gewöhnen wir uns an achtsames Gewahrsein – und machen uns mit der Haltung der interessierten Gelassenheit vertraut. Tagaus, tagein in achtsamem Gewahrsein zu weilen, ent-

78 Übung, Meditation, Vertrautwerden auf Pāli und Sanskrit: *bhāvanā*, Tibetisch: *sgom* (gesprochen: *gom*)

spricht meist nicht unserer Gewohnheit. Deshalb lernen wir, uns damit anzufreunden, um uns zunehmend öfters darin wiederzufinden. Tsoknyi Rinpoche erklärt: »In unserem Zuhause ist es nicht immer angenehm. Manchmal zwar schon, ab und zu aber auch unangenehm, und gelegentlich sogar ziemlich mühsam, dann wieder wunderbar, aber oft auch einfach gewöhnlich. Wir lernen, in all dem voll und ganz zu Hause zu sein.«

Auf dem schmalen Grat der Gegenwart

Wir sind präsent und offen in diesem schnell dahinfließenden Fluss der Erfahrungen. »Nicht voraus in die Zukunft zu eilen«, wie Tilmann es beschrieben hat, bezieht sich offensichtlich darauf, nicht zu planen. Genauso wenig halten wir uns in Erinnerungen auf. Denn alles, was je geschieht, findet ausschließlich in diesem Moment statt.

Selbst wenn wir glauben, zu hundert Prozent in der Gegenwart zu weilen, zeigt sich manchmal, dass wir uns ein klein wenig nach vorne lehnen und uns bereits der nächsten Erfahrung zuneigen. Erwarten wir eine andere, interessantere Erfahrung, die unseren Vorstellungen – oder den Anleitungen der Lehrenden – besser zu entsprechen scheint? Wenn das der Fall ist, können wir uns »drei Millimeter« zurücklehnen – auch körperlich. Und wieder hier sein mit genau dem, was ist. Wenn wir ruhig im Fluss sind, können wir ab und zu mal völlig ins Gewahrsein hinein loslassen, so wie es auch die Mahāmudrā-Tradition beschreibt.

Weder an Objekten kleben, noch sich in leeren Räumen verlieren – da erkennt man manchmal, dass niemand da ist, der die Erfahrungen macht. Sobald man nachschaut, ist wieder jemand da. Jemand da, niemand da – und nichts, was man tun muss, außer präsent und wach zu bleiben in der Kontinuität des Gewahrseins. Ungekünstelt und unfabriziert, heißt es. Wir vertrauen dem Gewahrsein immer wieder neu.

… stille Meditation …

Schaut, ob ihr präsent bleiben könnt: die Klangschale hören – die Bewegung des Körpers spüren – das Planen wahrnehmen – den Bewegungsablauf des Aufstehens mitbekommen – stets in der Kontinuität des achtsamen Gewahrseins bleiben. Schaut dabei immer wieder auf die Haltung, mit der ihr präsent seid: Ist es Schwerarbeit, gewahr zu sein? Erhoffe ich etwas? Will ich, dass es sich in einer bestimmten Art anfühlt? Oder kann ich einfach präsent sein mit dem, was ist? Bitte bleibt dran, auch wenn ihr das Sitzkissen jetzt verlasst.

Neunter Tag

Mahāmudrā-Vorbereitungen

Tilmann Lhündrup

Besondere Vorübungen für Mahāmudrā

Heute Morgen geht es um vier besondere Vorübungen der Mahāmudrā-Tradition, die in die Praxis des natürlich fließenden Seins hineinführen sollen, indem sie gezielt wichtige Qualitäten in uns stimulieren und freisetzen. Dazu gehören das Üben der Zuflucht und Hervorbringen des Bodhicitta, die Vajrasattva-Praxis, das Maṇḍala-Opfer und der Guru-Yoga.

Zuflucht und Bodhicitta

Die erste Vorübung ist die klare Ausrichtung auf die Zuflucht (Buddha, Dharma, Saṅgha) und das Hervorbringen von Bodhicitta. Hierüber haben wir bereits ein wenig gesprochen. Bodhicitta baut auf den vier unermesslichen Geisteshaltungen auf:

Mögen alle Lebewesen glücklich sein und die Ursachen des Glücks besitzen.
Mögen wir frei von Leid und dessen Ursachen sein.
Mögen wir niemals von wirklicher, leidfreier Freude getrennt sein.
Mögen wir frei von Anhaften und Ablehnen im großen Gleichmut verweilen.

Diese vier Wünsche drücken die vier Geisteshaltungen von Liebe, Mitgefühl, Freude und Gleichmut aus, traditionell *Brahmavihāras* genannt. Sie beschreiben die innere Haltung, mit der wir meditieren, anderen begegnen, zur Arbeit gehen, ein Gespräch führen, einschlafen usw.: »Mögen alle glücklich sein, frei von Leid, in wirklicher Freude und tiefem Gleichmut.«

Das im Herzen zu spüren, ist das gemeinsame Anliegen der Dharma-Praktizierenden aller Schulen. Bodhicitta als der Entschluss, alle Lebewesen ins vollständige Erwachen zu führen, ist die natürliche Folge dieser vier Grundhaltungen. Zu wünschen, dass alle Lebewesen glücklich sein mögen, frei von Leid, in nichtbedingter Freude und in völligem Gleichmut, womit tiefe Weisheit gemeint ist, ist gleichbedeutend damit, ihnen das Erwachen zu wünschen. Um diesen Wunsch umzusetzen, werden wir unser Bestes tun, allen das Erwachen zu ermöglichen. Es geht dabei konkret immer um diejenigen, denen wir begegnen und mit denen wir verbunden sind. Nicht mehr und nicht weniger. Diese Aktivität setzt sich auf natürliche Weise fort, solange jemand Unterstützung braucht und möchte. Von daher ist kein Ende dieser liebevollen Präsenz in der Welt in Sicht; es scheint also keine Bodhisattva-Ferien und keinen Ruhestand zu geben.

Die Vajrasattva-Praxis

Die zweite Vorübung, die Praxis von Vajrasattva (Dordje Sempa), räumt auf mit negativen Mustern und neurotischen Schuldgefühlen.

Während der Praxis schauen wir alles an, was wir zu bereuen haben, was an negativen Mustern in uns aktiv ist oder mit dem wir nicht in Frieden sind, und lassen uns auf einen Reinigungsprozess ein, bis sich all das aufgelöst hat und wir ganz im Bodhicitta ankommen, d.h. in einem gelösten, mitfühlenden Sein – frei von dualistischen, trennenden Vorstellungen. Mit Hilfe einer Visualisation öffnen wir uns dabei dem Segensstrom von Buddha Vajrasattva, den wir uns über unserem Kopf vorstellen. Vajrasattva ist die Verkörperung des liebevoll wissenden Gewahrseins aller Erwachten, das alles unterschiedslos annimmt, ohne zu verurteilen. Dank des vollständigen Offenlegens aller einengenden Muster kann der Segensstrom in uns eintreten. Überall dort, wo wir der belastenden Muster, Gedanken und Handlungen gewahr werden, vertreibt der Bodhicitta-Segensstrom das aller Verwirrung zugrundeliegende Haften. Es ist, als ob dieses Haften vom Bodhicitta fortgeschwemmt würde und sich dabei die irrtümliche Vorstellung eines Ichs als Zentrums von all unserem Denken, Fühlen und Handeln auflöst. Wir lassen uns in diesem Prozess darauf ein, alle Identifikation mit schädlichen Mustern und Handlungen loszulassen, bis es schließlich möglich ist, in natürlichem Sein zu ruhen.

Viele Schwierigkeiten beim Meditieren kommen daher, dass wir verschiedene Bereiche unseres Lebens noch nicht aufgeräumt haben. Manchmal sind diejenigen, mit denen wir etwas zu bereinigen haben, nicht erreichbar, sind schon gestorben, wohnen weit weg, oder es würde alles noch komplizierter machen, wenn wir uns direkt mit ihnen auseinandersetzten. Für all diese Fälle, bei denen eine direkte Klärung und Aussöhnung nicht möglich ist, können wir dies in einem inneren Prozess tun, bei dem wir uns Vajrasattva öffnen. Dieser steht nicht nur für das Gewahrsein aller Buddhas, sondern auch für unser eigenes erwachtes Sein, das völlig frei und ohne Makel ist. Der Strom seines liebevollen Gewahrseins durchdringt uns und befreit uns von allem Negativen. Die Mantra-Praxis und Visualisation unterstützen uns, den Kontakt zur heilsamen Kraft Vajrasattvas aufzunehmen. Wir gestehen unsere Unzulänglichkeiten ein – all das, wo wir nicht so optimal oder schädlich gehandelt haben, – und öffnen uns für den Segen.

Die Verbindung mit dem Heilsamen wird durch den Segensstrom mit Visualisation und Mantra stark aktiviert. Das bewirkt, dass wir uns nicht erneut in Schuldgefühlen oder Trauer verlieren, wenn wir bei der Praxis schwierige Aspekte unseres Lebens anschauen, sondern Klärung und Stärkung erfahren. Der Segensstrom hilft zu spüren, dass dieses frei fließende Gewahrsein eigentlich immer da ist, völlig unbeschadet von aller Verwirrung, durch die wir schon gegangen sind. Dieses reine, ursprüngliche Gewahrsein ist immer da, egal was wir durchgemacht oder getan haben, unbeeinflusst von Verzweiflung, Aggression, Psychosen und dergleichen. Es ist die grundlegende Ebene des Seins, die Natur des Geistes, auch Buddha-Natur genannt. Wenn die Gefühle von Schuld, Reue und mangelndem Selbstvertrauen geklärt sind, können wir leichter in diesem freien, offenen Gewahrsein aufgehen.

Das Maṇḍala-Opfer

Nachdem wir in der Vajrasattva-Praxis mit Belastungen aufgeräumt und tieferes Vertrauen in unsere Buddha-Natur entwickelt haben, widmen wir uns dem Freisetzen von positiver Kraft (»Verdiensten«) und Weisheit in unserem Geistesstrom durch das Üben umfassender Freigiebigkeit. Diese Praxis führt uns hinein in eine innere Haltung, in der wir als Ausdruck der Bodhisattva-Haltung die ganze Welt (inklusive uns selbst) für das Erwachen aller Lebewesen nutzen: das wird Maṇḍala-Opfer genannt. Die dargebrachten Maṇḍalas stehen für das Universum, in dem wir leben. Die Mudrā, die wir dabei mit unseren Händen machen, stellt in der Mitte den Zentralberg dar, umgeben von vier Kontinenten. Dieses Fünfer-Maṇḍala steht für alle kostbaren und erstrebenswerten Dinge des Universums. Zugleich symbolisiert dieses Maṇḍala unseren Rumpf mit dem Kopf und den vier Extremitäten. Über hunderttausend Mal bringen wir so symbolisch zum Wohl aller

Lebewesen alles Begehrenswerte und Erfreuende dar, inklusive uns selber, mit dem Wunsch, dass wir alle glücklich sein mögen und die Welt als Buddha-Maṇḍala erfahren.

Wir opfern in der Vorstellung schrittweise alles Schöne und Gute, ganze Universen davon, und lockern dadurch nach und nach die eigenen Anhaftungen. Dies führt dazu, dass man in einen Strom des Gebens, der Freigebigkeit und des Loslassens gerät, in dem schließlich auch das tiefsitzende Festhalten an der Vorstellung eines Ichs aufgegeben werden kann. Dies setzt enorm viel Freude und Energie frei, die einen auf dem Weg zum Erwachen zum Wohle aller vorantreibt. Je mehr sich das Festhalten an der Ich-Vorstellung löst, desto mehr Kapazitäten hat man für andere zur Verfügung. Das kann sehr freudvoll und erleichternd sein, als würde man von einer großen Last frei werden. Die eigene Entwicklung und das Wohl aller gehen also Hand in Hand: Je weniger Haften, desto mehr innere Freiheit und Kraft stehen für andere zur Verfügung, und je mehr man sich auf das Wohl anderer ausrichten kann, desto mehr löst sich das Haften auf.

So verstärkt die Haltung der Freigebigkeit die innere Freude – und beide sind ideale Voraussetzungen zum Meditieren. Aufrichtig zu empfinden: »Ich gehöre stets dem höchsten Wohl der gesamten Situation und bin für alle Betroffenen gleichermaßen da!«, entspricht der tiefen Freigebigkeit der Bodhisattvas und macht die Meditationspraxis und das ganze Leben leicht.

Die Bodhisattva-Haltung

So treten Dharma-Praktizierende in die Fußstapfen des Buddhas. Diese Haltung wird in der Mahāyāna-Tradition in Form des Bodhisattva-Gelübdes angenommen, mit dem wir den Geist des Erwachens, Bodhicitta, hervorbringen. Diese Grundhaltung gestaltet unseren Weg – er wird aus Mitgefühl geboren, von Mitgefühl getragen –, und es heißt, dass die Frucht des Weges im Verwirklichen des letztendlichen Bodhicitta besteht: intuitive Einsicht in die Leerheit, deren Essenz Mitgefühl ist.

Mit Leerheit ist die Erkenntnis des Nicht-Selbst gemeint, die innere Schau der Tatsache, dass es keinen Personenkern in uns gibt und dass wir ständiger Prozess sind. Weil es in diesem Erkennen keine Identifikation mit einem Ich gibt, ist natürlicherweise Mitgefühl vorhanden. Ohne das Gefühl von »jemandem«, was einer Dualität von Ich und Du entspräche, sondern ein frei fließendes, mittelpunktloses Mitgefühl, das offen und empfindsam alles durchdringt, mit einem feinen Gespür für das, was die jeweilige Situation braucht.

Relatives Bodhicitta ist die Ausrichtung, stets für das Erwachen aller fühlenden Wesen zu wirken, und letztendliches Bodhicitta ist das offene, nicht-haftende, gewahre Sein, das ganz natürlich mitfühlend wirkt. Als Beispiel dafür nehmen wir Buddha Śākyamuni, der, wie es die Lehrreden beschreiben, ohne zu zögern auf jede Situation einging, so wie sie sich ihm präsentierte. In den Lebensgeschichten der erwachten Meister ist zu erspüren, wie leicht und selbstverständlich sie durchgehend zur Verfügung stehen, mit was immer es gerade braucht, ohne ein Gefühl, etwas tun zu *müssen*. Sie erleben die Bodhisattva-Haltung nicht als Last: »Ich muss doch jetzt etwas für andere tun«. Wenn es nichts zu tun gibt, ist ihr Geist gelöst und offen, und auch wenn es etwas zu tun gibt, ist ihr Geist gelöst und offen.

Guru-Yoga

In der vierten vorbereitenden Übung lassen wir uns ganz vom Segen des erwachten Geistes (Bodhicitta) erfüllen. Das ist ähnlich wie bei der Vajrasattva-Praxis, vollzieht sich hier aber nicht durch das Bedenken unserer belastenden Muster, sondern durch das Kontemplieren der Qualitäten der Erwachten. Als Stütze dafür dient uns die Visualisation des Buddhas oder eines vollkommen erleuchteten Meisters bzw. einer Meisterin über uns, für die wir uns hingebungsvoll öffnen und schließlich ganz mit ihnen verschmelzen. Der Segensstrom mit anschließendem Auflösen aller trennenden Vorstellungen hilft uns, gelöst und vertrauensvoll in natürlicher Meditation zu verweilen. Später werde ich noch mehr zum Thema Segen sagen.[79]

Rechte Anstrengung

Tilmann Lhündrup

Die Kunst der Minipausen

Zunächst kultivieren wir dieses wache, offene, nicht-begriffliche Gewahrsein für ganz kurze Zeiten: für einen Schritt, einen Bissen Nahrung, einen Atemzug. Dann machen wir eine kleine Pause. Fred bat mich, das nochmals klarzustellen: »Pause« bedeutet hier, viele Minipausen innerhalb der Sitzperiode einzulegen, ohne aufzustehen. Während wir z. B. eine Dreiviertelstunde sitzen, gehen wir abwechselnd durch kurze Gewahrseinsperioden und kurze Pausen. Dabei verändert sich äußerlich nichts, nur die innere Haltung. Sobald wir unnötige Anspannung spüren, zum Beispiel dieses Bewahren-Wollen der offenen Erfahrung, machen wir unverzüglich eine Pause und »lassen es sein«. Wir bleiben dabei in derselben körperlichen Haltung, geben dem Geist aber keinerlei Aufgaben.

Wenn sich der Geist entspannt, spüren wir, wie sich erneut unabgelenkte Präsenz einstellt, und wir belasten ihn nicht mit irgendwelchen Aufgaben. Dadurch zeigt sich eine fließende Bewusstheit, die Freude bewirkt. Genau dann machen wir wieder eine kurze Pause, bevor oder sobald wir wieder ins Greifen nach dem Angenehmen fallen. In der Mini-Pause meditieren wir nicht oder tun zumindest so, als

79 Siehe Elfter Tag, Kapitel »Segen erfahren«

würden wir nicht meditieren. Dabei bemerken wir vielleicht, dass wir in diesen Pausen manchmal gewahrer, bewusster, fließender sind als in der vorangehenden Meditation. So lernen wir, vom angestrengten Meditieren hinüberzugleiten ins sogenannte Nicht-Meditieren. Die kleinen Pausen lassen uns den Geschmack der Nicht-Meditation entdecken – gelöstes, unabgelenktes Sein. Wenn wir länger pausieren, stellen sich meist wieder Gedankenketten ein. Dann bringen wir den Geist zurück in die Präsenz, auch mit Hilfe der formellen Meditation, so entspannt wie möglich und mit gerade so viel Anstrengung wie nötig. So finden wir den mittleren Weg.

Der geeignete »mittlere Weg« ist übrigens immer ein anderer. Manchmal ist sogar wirklich intensive Anstrengung notwendig. Gelegentlich – wenn der Geist wild ist und verstrickt – müssen wir uns mit aller Kraft konzentrieren. Zunächst probieren wir, ihn zu entspannen. Wenn das nicht gelingt, müssen wir ihn kurz an die Kandare nehmen. Wir geben dem Geist keine Chance zu entwischen, indem wir beispielsweise mit voller Konzentration den Atem beobachten. Wir disziplinieren ihn aber nicht lange. Dann machen wir wieder eine kleine, weiträumige Pause und bemerken vermutlich, dass wir bei der nächsten kurzen Konzentrationsperiode gar nicht mehr so intensiv vorzugehen brauchen, weil er schon nicht mehr so ungestüm ist. Je entspannter der Geist ist, desto weniger Energie brauchen wir, um ihn zu sammeln. Ein völlig entspannter Geist bleibt von selber da, wo wir ihn hinlenken. Der greifende, nicht entspannte Geist hingegen macht immer Schwierigkeiten.

Wir müssen ein gutes Mittelmaß finden: uns mal anstrengen und mal freien Lauf lassen, der Geist braucht diesen Wechsel, besonders wenn er aufgewühlt ist. Freien Lauf zu lassen ist so, als würden wir Kindern sagen: »Geht spielen, macht was ihr wollt, tobt herum!« Oder so als würden wir einem Pferd, das wir zähmen wollen, zwischendurch alle Freiheit geben, sich auf der Koppel auszutoben. Erst wenn es sich beruhigt hat, nehmen wir es wieder für die nächsten Übungen an die Longierleine. So machen wir das auch mit unserem Geist:

Manchmal nehmen wir ihn richtig dran und dann wieder lassen wir ihm freien Lauf.

Wir bemerken dabei, wie gut es uns tut, unabgelenkt präsent zu sein – es ist wie ein Quell der Frische. Nur sind wir dieses einfache, frische Sein nicht gewöhnt. In dieser Frische haben wir auch jede Menge Ideen, sind sehr kreativ und verfangen uns dann leicht in ihnen – das ist ganz normal. Wenn wir uns verfangen, verliert sich gleich die Frische. Also bringen wir den Geist zurück in die Präsenz, wo wir das Denken wahrnehmen, ohne uns zu verfangen.

Wenn wir denken wollen, tun wir das. Wir entscheiden uns dafür und denken bewusst über etwas nach. Das ist unsere freie Entscheidung. Denken ist etwas vom Wunderbarsten, was wir Menschen haben, ein unglaubliches Geschenk – so kreativ und kraftvoll! Dank des Denkens können wir planen, unser Leben gestalten. Bewusstes, konstruktives Denken ist wunderbar.

Um frei denken zu können, lernen wir als Erstes, nicht den impulsiv-reaktiven Gedankenketten zu folgen. Nur das gibt uns die Freiheit, bewusst zu denken. Wir müssen beides können: bewusst Denken und bewusst Pausieren, wenn es nicht nötig ist, über irgendetwas nachzudenken. Auch wenn Gedanken wie ein Feuerwerk auftauchen, folgen wir ihnen nicht, sondern bleiben in der Einfachheit des Seins.

Echte Entspannung

Es geht darum, möglichst entspannt zu werden – ruhig, offen, fließend – und nicht hin- und her gezerrt zu werden vom Anhaften und Ablehnen. Im Anhaften ist die Anspannung, etwas bekommen oder behalten zu wollen. In der Ablehnung ist die Anspannung, etwas vermeiden oder weghaben zu wollen. Beides bringt den Geist in Schwankungen und ist sehr ermüdend. Es ist Leid. Der Buddha nannte dies *dukkha*: Anspannung, Stress, Leid – das, was das Leben so unersprießlich macht, hin- und hergeworfen zu sein von den Kräften des Anhaftens und Ablehnens, des Hoffens und Befürchtens. Der indische Meister

Saraha, von dem die ersten Mahāmudrā-Lehren stammen (2. Jh. n. Chr.), sagte:

> »Der Geist von Geschäftigkeit gefesselt,
> ist befreit, sobald du entspannst – kein Zweifel!«[80]

Saraha spricht nicht von Wellness-Entspannung, sondern von der völligen Entspannung, in der auch nicht die geringste geistige Anspannung mehr vorhanden ist. Dann sind wir befreit. Der Neunte Karmapa wiederholt dieses Zitat dreimal in seinem Buch, so viel Wert wird im Mahāmudrā auf Entspannung gelegt. Damit ist gemeint, die Anspannung zu lösen, die mit dem Auftrennen des Erlebens in Ich und Anderes, Subjekt und Objekt, einhergeht. Wenn diese aufgelöst ist, sind wir im mittelpunktlosen Gewahrsein, jenseits zeitlicher Vorstellungen. Da wird nicht mehr in Vergangenheit, Gegenwart und Zukunft gedacht, weil das Vergleichen mit vorher und nachher aufgehört hat. Wie wir da hinkommen? Der Karmapa antwortet:

> »Deshalb entspannt euch.
> In entspannter Meditation wird sich diese Klarheit
> frei von begrifflichem Denken immer länger ausdehnen
> und irgendwann wirst du völlig in der wahren Natur [des Geistes] aufgehen.
> Dies wird die ›Meditation des dahinfließenden Stromes‹ genannt.«[81]

Die sechs Sinne, strahlend wie die Sonne am wolkenlosen Himmel

Gampopa (Dhagpo Rinpoche) gibt eine Einsicht des Dombhi Heruka wieder:

80 Ozean, S. 127
81 Ozean, S. 128

»Wenn du das Wasser nicht aufwühlst, ist es klar.
In der gleichen Weise solltest du den Geist unverändert lassen.
Wühle ihn nicht auf,
lasse die sechs Sinneswahrnehmungen unbehindert, wie sie sind,
wie die Sonne am wolkenlosen Himmel.
Sei immer und bei allen Beschäftigungen unzerstreut.«[82]

Ein interessanter Vergleich! Ihr kennt bereits die Praxis, die sechs Sinneswahrnehmungen unbehindert zu lassen. Hier sind Vipassanā und Mahāmudrā identisch. Der interessante zusätzliche Schritt im Mahāmudrā ist, die sechs Sinneswahrnehmungen »unbehindert leuchten« zu lassen wie die Sonne am wolkenlosen Himmel. Wir können das jetzt ausprobieren:

Geführte Meditation:
Gewahrsein in allen sechs Sinnesfeldern entwickeln

Zunächst spüren wir den Körper …
Wir nehmen die vielen Empfindungen an den verschiedenen Köperstellen wahr …
Unser Wahrnehmen ist direkt und unmittelbar – so klar wie die Sonne am wolkenlosen Himmel …
Ein waches, klares Erleben, das nicht durch Kommentare überlagert wird …
Unverstelltes Wahrnehmen …

… stille Meditation …

Kleine Pause: Es geht darum, *wie* wir wahrnehmen. Die Qualität des Wahrnehmens ist entscheidend: Wir versuchen, ohne zusätzliche Bemerkungen wahrzunehmen, einfach so. Es geht um das Wahr-

82 Ozean, S. 128

nehmen an sich, wie es ganz unverstellt abläuft. Jetzt machen wir das mit dem Hören. Ganz entspanntes Hören …

(Klangschale ertönt)
Wir hören, ohne zu benennen …
Auch wenn jemand spricht, hören wir einfach nur, ohne dem Gehörten nachzuhängen …
Wir hören Stille und Klang zugleich …
Hörendes Gewahrsein, wie ein Echo im leeren Tal …

… stille Meditation …

Kleine Pause: Es geht um ein Erahnen der natürlichen Qualitäten unseres Geistes – setzt euch nicht unter Druck, irgendeine Leistung zu vollbringen. Ihr braucht nichts zu erzeugen, es ist alles schon da. Jetzt machen wir dasselbe mit dem Sehen:

Die Augen sind offen …
Verschiedene Lichteindrücke, Farben werden wahrgenommen …
Sehen findet statt, ohne dass wir speziell irgendetwas anschauen …
Wie ist es zu sehen?
Sehendes Gewahrsein, hell wie die Sonne am wolkenlosen Himmel …
klar und ohne Kommentare ….
Sehendes Wahrnehmen, ohne zu fixieren …

… stille Meditation …

Wieder eine kleine Pause. – Jetzt machen wir das fairerweise auch mit dem Riechen.

Versucht einmal, die vielen Gerüche im Raum fein wahrzunehmen …
Riechen, vollkommen gewahr …
Wir riechen, ohne zu unterscheiden in angenehm – unangenehm …
Der Geruchssinn ist völlig offen und nimmt wahr, was immer an Gerüchen auftaucht …
Dann nehmen wir noch das Schmecken hinzu …

… stille Meditation …

Kleine Pause: Wir übertragen jetzt die Haltung des unverstellten Wahrnehmens auf die geistigen Prozesse. Wir machen es genauso wie bereits beim Spüren, Sehen, Hören und so weiter. Wir öffnen uns in völliger Bereitschaft, alle Bewegungen des Geistes wahrzunehmen, auch die kleinen Flitzer und natürlich auch die kommentierenden Gedanken, wie zum Beispiel: »Ich nehme nichts wahr. Ich finde keinen Gedanken.«

Wie fühlt es sich an, gewahr zu sein? …
Sind da Gedanken? …
Sind da Gefühle? …
Ist da eine Stimmung zu bemerken? …
Ist der Geist eher angespannt oder entspannt? …
Auch das Wahrnehmen der geistigen Bewegungen und Stimmungen lassen wir so klar und unverstellt wie die Sonne am wolkenlosen Himmel.

… stille Meditation …

Wenn wir einfach nur gewahr sind, verstricken wir uns nicht ins Reagieren auf Sinneseindrücke. Bloßes Gewahrsein muss nicht reagieren, denn es ist frei von den üblichen Zwängen. Alle sechs Sinne sind vollkommen offen, alles darf sein, ohne dass wir reagieren *müssen.*

Wir könnten aber reagieren. Wenn Feuer ausbricht, würden wir sehr schnell reagieren und sollten das auch! Das gelöste Gewahrsein ist weise – es unterscheidet, ohne dem Zwang zu unterliegen, auf alles zu reagieren. Das gibt die Möglichkeit zu freiem Handeln, Agieren ohne Zwang. Damit sind wir befreit vom samsarischen Hamsterrad des zwanghaften Reagierens. Götsangpa sagt:

»Halte geistige Aktivität,
die von Natur aus ohne Ursprung ist,
nicht für einen Fehler.
Lasse dem Geist viel Raum,
ohne irgendetwas zu fabrizieren.
Gelöst und anstrengungslos.
Frei und ohne Ziel.
Vollkommen offen und unbehindert.
Unverhüllt und leuchtend.«[83]

… stille Meditation …

Auch Müdigkeit ist geistiges Erleben und inmitten der Müdigkeit findet sich dasselbe Gewahrsein, unverhüllt und leuchtend. Die Eigenschaft des Geistes, gewahr zu sein, ist durchgehend da, selbst im tiefen Schlaf und im Traum. Durch Übung gelingt es uns, diese Eigenschaft des Geistes im dumpfen wie im aufgewühlten Zustand wahrzunehmen. Rund um die Uhr setzen wir die Praxis fort, anstrengungslos gewahr zu sein.

83 Ozean, S. 129

Herzensgüte

Fred von Allmen

Heute Abend geht es um Herzensgüte. Der Dalai Lama soll gesagt haben:

> »Meine Religion ist Güte.«

Wir wissen alle, was für eine wunderbare und wünschenswerte innere Haltung liebevolle Güte[84] ist. Herzensgüte fühlt sich gut an für einen selbst und für alle, die mit uns zu tun haben. Liebevolle Menschen werden geschätzt, respektiert und geliebt. Wir hören von Menschen, die ihr ganzes Leben in den Dienst dieser mächtigen menschlichen Fähigkeit stellen – und sind tief beeindruckt von ihnen: Martin Luther King, Mutter Teresa, Mahatma Gandhi. Diesmal keine Buddhisten!

Eigentlich sind wir fest entschlossen, stets in liebevoller Güte zu verweilen. Wieso finden wir es so schwierig? Warum gelingt es uns oft gerade dann nicht, wenn es am nötigsten wäre? Wir wissen es alle: Weil Widerstände, Ärger, Unmut, Verdruss – oder sogar Wut oder Hass – unsere besten Absichten durchkreuzen. Immer wieder müssen wir uns mit diesen unheilsamen, schwierigen Gegenkräften von Ärger und Hass in uns selbst auseinandersetzen. Doch diese Auseinandersetzung kann erfolgreich sein – das hat der Buddha schon vor zweieinhalbtausend Jahren betont. Er sagte: Wir können das!

Unheilsames aufgeben und Heilsames kultivieren

> »Gebt auf, was unheilsam ist!
> Man kann Unheilsames aufgeben.
> Wäre es nicht möglich, würde ich euch nicht bitten, es zu tun.

84 Liebende Güte ist auf Pāli: *mettā*, Sanskrit: *maitrī*.

Würde das Aufgeben des Unheilsamen Schaden und Leiden schaffen,
Dann würde ich euch nicht bitten, es aufzugeben.
Weil aber das Aufgeben des Unheilsamen Nutzen und Glück bringt,
Deshalb sage ich: Gebt auf, was unheilsam ist.

Kultiviert das Gute!
Man kann das Gute kultivieren.
Wäre es nicht möglich, würde ich euch nicht ermuntern, es zu tun.
Würde das Kultivieren des Guten Schaden und Leiden schaffen,
Dann würde ich euch nicht bitten, es zu kultivieren.
Da aber das Kultivieren des Guten Nutzen und Glück bringt,
Deshalb sage ich: Kultiviert das Gute.«[85]

Die Aussage ist eindrücklich und klingt überzeugend, besonders weil ein Buddha sie macht. Doch wir wissen, dass es nicht einfach ist. Um Ärger, Wut oder Hass aufgeben zu können, müssen wir sie erforschen und auf intimste Weise kennenlernen. Das ist aber genau das Gegenteil von dem, was wir meistens möchten: sie loswerden. Wir wollen diese intensiven Gefühle von Frustration, Verletztsein, Beleidigtsein, Enttäuschung oder was immer Ärger, Wut oder Hass auslöst, nicht haben! Sie sind unangenehm, schmerzhaft, unerwünscht. Also: weg damit! Wir drücken den Ärger in Worten und Taten, z. B. Schimpfen oder Schlagen, aus und hoffen, die Gefühle damit loszuwerden. Falls wir als »Gutmensch« unterwegs sind, drückt sich der Ärger nur in wütenden Gedanken aus und wir hüten uns, ihn äußerlich kundzutun. Das ist auch nicht viel besser.

Oder wir verdrängen den Ärger, weil wir wissen, dass das Ausleben von Ärger uns nicht hilft und meist kontraproduktiv wirkt. Selten ant-

85 Buddha, Kusala Sutta, Aṅguttara Nikāya 2.19

wortet eine Person, der wir sagen, sie sei ein Idiot: »Genau! Da hast du Recht! Vielen Dank!« Stattdessen folgt die Retourkutsche. Darum schlucken wir den Ärger runter und tun nett, bis uns dann mal der Kragen platzt! Auch dies ist nicht besonders hilfreich.

Ärger zu ergründen erfordert von uns, willens zu sein, ihn achtsam und aufmerksam auszuhalten, ihn innerlich zuzulassen und zu fühlen, wenn er präsent ist. Das ist nicht so schwierig, wie man meinen könnte, aber völlig ungewohnt und meist ziemlich unangenehm. Schon deshalb mögen wir es nicht. Aber sobald wir es versuchen und es uns gelingt, sind wir eigentlich schon frei. Das Gefühl ist da, seine Intensität ist unangenehm, aber es hat keine Macht mehr über uns. Es ist noch eine Weile unangenehm – aber dann zieht alles vorbei, ganz von selbst. Problem gelöst! Einfach damit in Kontakt sein, zulassen, wach und präsent sein, ohne etwas dafür oder dagegen zu tun. Klingt nach wenig, ist aber ganz viel! Wir lernen, den Ärger und ähnliche Emotionen zuzulassen und auszuhalten – und dann hinzuschauen, hinzuspüren.

An Bagatellen wachsen

Das kann man leichter bei kleinen Vorfällen üben, doch genau da finden wir es oft nicht nötig. Aber hier müssen wir ansetzen. Einige Beispiele:

- Die Straßenbahn fährt uns vor der Nase weg. »Er hat es genau gesehen: Mein Finger war nur ein paar Zentimeter vom grünen Licht weg und er hat es ausgeschaltet!«
- Er hat das schmutzige Geschirr schon wieder stehen lassen.
- Ein schönes Glas zerschlägt.
- Der Autofahrer hält nicht an beim Fußgängerstreifen.
- Eine Wolke verdeckt die Sonne.
- Das Internet hat Stau und ist viel zu langsam.

- Oder hier im Retreat: Der schöpft sein Essen so schrecklich langsam – und jetzt setzt er sich auch noch auf *meinen* Platz! Heute ist der neunte Kurstag und ich habe doch immer dort gesessen.
- Die duscht so ewig lange! Sie weiß doch genau, dass andere noch warten!

Lasst uns diese kleinen Gelegenheiten nutzen. Es gibt da so viel zu lernen, vor allem, wenn wir bereit sind, mit den schwierigen Gefühlen präsent zu sein. Immer wenn wir mit ihnen in gefühltem Kontakt sind, haben wir die richtige Haltung. Das ist etwas vom Wesentlichsten hier! Eine Haltung von Wachheit, Interesse und willkommen heißender Offenheit. Diese Haltung enthält bereits einen wesentlichen Aspekt der Herzensgüte, nämlich das Interesse daran, achtsam präsent zu sein. Thich Nhat Hanh schlägt vor: »Umarme deine Wut.« Wenn wir es ernst meinen und sie wirklich annehmen und nicht umarmen, um sie zu ersticken oder zu verdrängen, dann geht das in genau die gleiche Richtung.

Als Prinz Siddhartha, der zukünftige Buddha, in Uruvelā (Bodhgayā) unter dem Baum saß, wurde er von den Horden Māras angegriffen: den leidschaffenden Emotionen, wie eben Ärger, Wut, Hass und vielen anderen. Es heißt, dass er mit der Macht seiner Herzensgüte die Pfeile, Speere und Kriegsbeile Māras in Blumen verwandelt habe. Gemeint ist hier nicht sentimentale Liebe, sondern die Macht von achtsamem Gewahrsein, geduldigem Annehmen, interessiertem Ergründen und mitfühlender Gelassenheit. Jedes Mal, wenn es uns gelingt, diese Haltung einzunehmen, gibt es nichts, was wir zusätzlich tun müssten, außer eben darin zu verweilen. Im *Dhammapada*, einer Sammlung wesentlicher Aussagen des Buddhas und seiner Schüler, findet man Buddhas berühmte Aussage:

»Hass wird nie durch Hass überwunden,
Hass kann nur durch Güte geheilt werden.

Dies ist ein ewiges Gesetz, von alters her.«[86]

Genau das machte die außergewöhnliche Kraft von Martin Luther King aus: »Wir werden uns niemals zu Handlungen aus Hass hinreißen lassen.« Er hielt sich auch dann noch daran, als sie die Kirchen niederbrannten, und blieb auch dann klar, als Menschen aus seinem nächsten Umkreis umgebracht wurden! Genau das Gleiche können wir in den kleinen Dingen üben – zum Einstieg. Eine Voraussetzung dafür ist Vergebung, im Großen wie im Kleinen.

Der ehrwürdige Mahaghosananda, der ein kambodschanischer Mönch und Friedensaktivist war, hat sich während des Regimes der Roten Khmer lange Zeit in Thailand, in den Flüchtlingslagern an der kambodschanischen Grenze aufgehalten. Zehntausende von Kambodschanern waren vor den Roten Khmer geflüchtet und lebten in großen Lagern. Es war dort gefährlich für ihn, weil auch Spitzel aus Kambodscha unter den Flüchtlingen lebten. Jemand gab Mahaghosananda ein Flugbillett in den Westen und sagte ihm: »Geh dorthin, da bist du sicherer.« Er aber fuhr nach Bangkok, verkaufte das Flugbillett und ließ von dem Geld, das er dafür erhielt, Broschüren des Mettā-Sutta drucken, Buddhas Lehrrede über liebevolle Güte. Dann reiste er mit Tausenden von Broschüren zurück in die Lager und begann, Vergebung und liebevolle Güte zu lehren. Stunden-, tage-, wochenlang wurde eben dieser berühmte Vers Buddhas rezitiert:

»Hass wird nie durch Hass überwunden,
Hass kann nur durch Güte geheilt werden.
Dies ist ein ewiges Gesetz, von alters her.«

Alle hatten so viel Schreckliches erlebt, es gab über zwei Millionen Ermordete, und Herzensgüte war und ist die einzige Kraft auf der Welt, solche unvorstellbaren Wunden zu heilen. Formal sind es drei Aspekte der Vergebung, die wir üben können.

86 Dhammapada, 1.5

Sich und anderen vergeben

1. *Andere um Vergebung bitten:* »Wen immer ich auch verletzt, enttäuscht, hintergangen oder verlassen habe – absichtlich oder unabsichtlich: Ich bitte um Vergebung.« Dabei ist es wichtig, dass wir einzeln die Personen durchgehen, die wir verletzt haben.

2. *Sich selbst vergeben:* »So wie ich andere verletzt habe, so habe ich auch mich selbst verletzt, enttäuscht, verlassen – absichtlich oder unabsichtlich: Ich vergebe mir.« Das wirkt natürlich vor allem in spezifischen Fällen, in Bezug auf ganz bestimmte Dinge, Taten, Situationen, Haltungen.

3. *Anderen vergeben:* »Auch ich selbst bin in mancher Weise von anderen verletzt, enttäuscht, hintergangen oder verlassen worden – absichtlich oder unabsichtlich: Ich vergebe, ich biete meine Vergebung an.« Auch hier gilt: je spezifischer, je unmittelbarer dies auf bestimmte Personen und Geschehnisse bezogen ist, desto wirkungsvoller!

Das ist eine Praxis und bedeutet nicht, dass wir immer gleich vergeben können. Bei schlimmen oder grausamen Verletzungen kann es manchmal Jahre brauchen. Letztlich geht es immer darum, *das eigene Leiden zu beenden* – und sich aus der Gefangenschaft von Ärger, Wut und Hass und dem Anhaften an alten Verletzungen zu befreien!

Zwei ehemalige Kriegsgefangene treffen sich wieder nach Jahren. Sie tauschen alte, schmerzhafte Erinnerungen von damals aus. Dann fragt der eine: »Hast du eigentlich, nach all den Jahren, deinen Feinden, Häschern und Folterknechten verziehen?« – »Niemals würde ich das tun!« antwortet der andere. Worauf der Erste feststellt: »Dann halten sie dich also immer noch gefangen!«

Vergebung ist ein wesentlicher Teil von Herzensgüte. Sie kann aber nicht erzwungen werden. Es geht vielmehr um einen ständigen Prozess des Annehmens von schwierigen Gefühlen und des Loslassens von engen Mustern der Abneigung. Jemand prägte den eigenartigen, aber treffenden Satz:

»Vergebung bedeutet,
jegliche Hoffnung auf eine bessere Vergangenheit
aufzugeben.«[87]

Eva Kor, eine Überlebende von Auschwitz, schreibt:

»Ich glaube mit jeder Faser meines Wesens, dass allen Menschen das Recht zusteht, ohne den Schmerz der Vergangenheit zu leben. Die meisten Menschen haben ein großes Problem mit der Vergebung, weil die Gesellschaft Rache erwartet. … Wir müssen den Opfern Ehre erweisen, aber ich frage mich immer, ob meine toten Angehörigen wirklich wollen, dass ich bis zum Ende meines Lebens mit Schmerz und Zorn lebe. … Ich tue es für mich selbst. Vergebung ist nichts anderes als ein Akt der Selbstheilung und der Selbstermächtigung. Ich nenne es ein Wunderheilmittel: Es kostet nichts, es wirkt und hat keine Nebenwirkungen.«[88]

Ärger, Wut und Hass in sich zuzulassen, ohne sich in den Dramen zu verlieren, sie auszuhalten und zu ergründen, wie auch das Kultivieren von Vergebung, scheinen auf den ersten Blick gar nicht so viel mit Mettā oder Herzensgüte zu tun haben. Das ist eine Täuschung! Wir täuschen uns, weil wir oft glauben, liebevolle Güte habe mit schönen, angenehmen Gefühlen zu tun, die wir um uns streuen oder ausstrahlen. Das gibt es natürlich auch. Herzensgüte ist die Fähigkeit unseres Herzens, letztlich mit jeder Erfahrung, mit jeder Situation, mit jeder Person in Kontakt zu sein und sie willkommen zu heißen. Darum ist

87 Aus: Jack Kornfield, The Art of Forgiveness, Lovingkindness, and Peace, Bantam, 2008

88 Eva Kor in: Marci Shimoff, Glücklich ohne Grund, Goldmann, München, 2008

Herzensgüte auch die optimale innere Haltung in der Meditation. Mit jeder Erfahrung in Kontakt zu sein und sie willkommen zu heißen, ist anspruchsvoll und nicht immer angenehm. Aber genau hier liegt die große Stärke und Macht der Herzensgüte. Martin Luther King sagte in diesem Zusammenhang:

> »Gib nie der Versuchung nach, verbittert zu werden.
> Wenn du für Gerechtigkeit kämpfst,
> schau, dass du immer mit Würde und Disziplin handelst
> und nur die Mittel der Liebe anwendest.«[89]

Und er hat es vorgemacht! – Auch Ismael Khatib und seine Frau Ablah Khatib haben dies auf eindrückliche Weise vorgelebt. Ich werde euch diese Meldung vorlesen:

> »Im Flüchtlingslager Jenin im Westjordanland erschoss im November 2005 ein israelischer Scharfschütze den zwölfjährigen Ahmed Khatib. Dieser hatte ein Spielzeuggewehr getragen, das der israelische Soldat für echt hielt. Ahmeds Vater Ismael hatte bereits als 16-Jähriger gegen die israelischen Besetzer gekämpft. Er war gefangen genommen und eingekerkert worden – damals war es klar für ihn, dass man ›töten und rächen‹ muss. Doch es war ihm wichtig zu erwähnen, dass er nie einen Menschen getötet hatte. Mittlerweile, als 43-Jähriger, war er ein besonnener Mann geworden; er hatte zu viel erlebt, als dass ihn etwas leicht aus der Ruhe bringen konnte. Nach der Ermordung ihres Sohnes beschlossen er und seine Frau, die Organe des Jungen zu spenden – an Israelis. Dadurch wurden sechs Kinder gerettet! ›Es ist die Liebe zu den Kindern‹ antworteten sie auf die Frage, was

89 Martin Luther King in: Jack Kornfield, Art of Forgiveness, Loving Kindness and Peace, Bantam, 2008

sie zu dieser außerordentlichen Tat bewegt habe. ›Sie brauchen Hilfe, egal welchen Pass oder welche Religion sie haben.‹«[90]

Eine wichtige Praxis ist natürlich das direkte Üben und Anwenden von Bodhicitta und Lodjong – worüber ich vor einigen Tagen sprach – und natürlich von liebevoller Güte. Statt einen Teil des Tages mit gedanklichem oder verbalem Nörgeln, Kritisieren, Klagen, Sehnen oder Verurteilen zu verbringen, können wir uns immer wieder an diese Haltung der Herzensgüte erinnern:

»Mögen wir glücklich sein! Mögest du glücklich sein! Möge ich glücklich sein!«

Wir können diese Haltung im Alltag praktizieren und sie als die optimale innere Haltung in der Meditation üben – im Vipassanā genauso wie im Mahāmudrā. Sie kann auch gezielt als eigenständige Praxis geübt werden. Und man kann sie überall und jederzeit anwenden.

Die nahen und die fernen Feinde

Dabei ist ein klares Unterscheidungsvermögen wichtig, um mitzubekommen, wann wir in einen »nahen Feind« von Herzensgüte (*mettā*) abdriften. Solche nahen Feinde sind Gefühle wie Sehnsucht, Wunschdenken, Sinnesverlangen oder Liebe, die auf Gegenleistung beruht. Sie können wie liebevolle Güte aussehen. Statt zu sagen: »Möge ich glücklich sein«, wünschen wir: »Ach, wäre ich doch nur glücklich!« Der Unterschied besteht fast nur in der veränderten Tonlage, doch es ist eine ganz andere innere Haltung. Oder: »Oh, wäre Soundso doch nur glücklich!« und »Ach, wenn ich doch nur diese Person als Partner(in) haben könnte. Ich liebe sie so!« Hier sind eindeutig Ver-

90 Tages Anzeiger, 28.4.2009. DVD: Das Herz von Jenin, Lior Geller & Marcus Vetter (Regisseure), 2008/2009

langen und Wunschdenken im Spiel: Das ist verständlich – aber es ist nicht Mettā.

Oder wir denken: »Wenn du mir mehr Aufmerksamkeit (Zuwendung, Zeit oder Geld) geben würdest, würde ich dich auch mehr lieben.« Auch das ist verständlich, aber keinesfalls Mettā. Echte Herzensgüte stellt keine Bedingungen. Das ist sehr anspruchsvoll! Echte Herzensgüte wird auch nicht leiden, aus genau dem gleichen Grund: Weil sie nicht abhängig ist von Bedingungen und Voraussetzungen. Das ist das Wunderbare daran!

Welche Geisteshaltungen blockieren Herzensgüte?

Am offensichtlichsten tun es *Ärger*, *Wut* und *Hass*. Über diese gewaltigen Kräfte habe ich zu Anfang bereits gesprochen.

Gleichgültigkeit ist weit verbreitet und sehr lähmend. Herzensgüte benötigt ein Klima echten Interesses, sonst stirbt sie ab.

Faulheit, Trägheit, Bequemlichkeit: Herzensgüte bedarf der Lebendigkeit und Wachheit, sonst fehlt ihr die nötige Energie.

Auch das Gegenteil von Trägheit, *Geschäftigkeit*, kann Güte bedrohen oder zerstören. Denn Herzensgüte braucht Innehalten und Raum, sonst wird sie überfahren. Das ist ein bedeutendes und schwieriges Thema in unserem schnellen Alltag.

Ganz verhängnisvoll sind *Gefühle der Wertlosigkeit!* Sie blockieren uns oft uns selbst gegenüber. Wenn es uns an Zuwendung und Wertschätzung für uns selbst fehlt, ist es schwer, sich für andere zu öffnen.

Wohl am stärksten blockiert *Angst* die Herzensgüte; wobei es oft nur kleinliche Befürchtungen sind, die unser Herz eng machen. Meher Baba findet deshalb:

»Echte Güte ist nicht für die Zaghaften.«[91]

91 Meher Baba in: Jack Kornfield, The Art of Forgiveness, Loving kindness, and Peace, Bantam, 2008

Wir brauchen immer wieder Mut! Den Mut, unsere eigene Zaghaftigkeit, Feigheit und Bequemlichkeit zu überwinden. Auch deshalb ist Herzensgüte so anspruchsvoll! Für was genau brauchen wir Mut? Um diesen Gefühlen, welche die Güte blockieren, zu begegnen. Wir müssen ihnen mit Herzensgüte begegnen!

Wie soll das gehen, wo doch diese schwierigen Emotionen die Herzensgüte gerade blockieren? Eigentlich ist das einfach: Wir müssen willens sein, voller Aufmerksamkeit und Interesse hinzufühlen, und diese schwierigen Zustände studieren! Interesse und Zuwendung aufzubringen, ist bereits der Beginn von Güte! Das heißt auch: Hinschauen und Hinfühlen ohne Vorurteil, Wertung, Kritik oder Aversion. Dadurch entsteht ein innerer Raum, in dem diese blockierenden Geisteshaltungen sein dürfen. Wenn die annehmende, tolerante innere Haltung, mit der wir ihnen begegnen, echt ist, werden sie sich schließlich von selbst auflösen. Einfach weil die Bedingungen, die sie ansonsten aufrechterhalten, wegfallen. Aber die Zuwendung und das Interesse müssen echt sein. Sonst merken sie's!

Dies zu tun braucht Mut, Interesse, Respekt und Zuwendung, und genau das sind wesentliche Eigenschaften von Herzensgüte. Leichter gesagt als getan! Darum praktizieren wir hier – schließlich geht es uns um inneres Glück und echte innere Freiheit. Der kambodschanische Mönch und Friedensaktivist Mahaghosananda, den ich bereits erwähnte, fand, gerade dann, wenn es innen, außen oder überall schwierig ist, müsste unsere Praxis zum Zuge kommen:

> »Wenn wir nicht trotz unserer Schwierigkeiten glücklich sein können:
> Wozu ist dann unsere spirituelle Praxis gut?«

Gute Frage. Er musste es wissen! Er hatte ein schwieriges, ja schreckliches Leben unter der Herrschaft der Roten Khmer. Ein Großteil seiner Verwandtschaft und seiner Mönchskollegen wurden ermordet.

Zugleich war er einer der glücklichsten und frohesten Menschen, die ich kannte!

Die wichtigste Person sitzt neben dir

Ein weiterer Punkt, den ich in Bezug auf die Übung der Herzensgüte interessant und praktisch finde, ist der folgende: Manchmal ist liebevolle Güte ein tolles Gefühl. Das Herz ist offen, wir fühlen uns verbunden … und: Es stört uns gerade keiner! Die Menschen in meiner Umgebung lassen mich im Moment in Frieden. Was aber, wenn nicht? Beziehe ich sie trotzdem mit ein in meine Praxis der Herzensgüte? Den motzenden Nachbarn? Den unzufriedenen Partner? Die laut schimpfende Frau in der Straßenbahn? Den unwirschen Schalterbeamten? Ich finde das oft recht schwierig! Manchmal verpasse ich einfach die Gelegenheit und vergesse, dass liebevolle Güte in diesem Moment eine wunderbare Möglichkeit wäre. Schlechte Gewohnheit! Mein Lehrer Ven. Geshe Rabten[92] erinnerte uns oft:

> »Da macht ihr Bodhicitta-Übungen und wollt Buddha werden zum Wohle aller Lebewesen. Aber wenn eines dieser Lebewesen in eurer Nähe ein bisschen lästig ist, dann wird Bodhicitta leicht wieder vergessen!«

Kabir sagt:

> »Schaust du nach dem Heiligsten aus?
> Es sitzt im Sitz neben dir, seine Schulter an deiner!«[93]

92 Ven. Geshe Rabten, Mündliche Überlieferung

93 Aus: The Kabir Book, 44 of the Ecstatic Poems of Kabir, by Robert Bly, Beacon Press

Mutter Theresa aus Kalkutta berichtet von ihrer Arbeit, kranke und sterbende Menschen von der Straße zu holen, sie zu pflegen, zu heilen oder in Würde sterben zu lassen:

> »Ich sehe nicht die große Masse als meine Verantwortung. Ich schaue auf Individuen. Ich kann nur eine Person auf einmal lieben und nur eine Person auf einmal ernähren. Ich habe eine Person von der Straße geholt, damals. Wenn ich diese Person nicht von der Straße hereingeholt hätte, hätte ich vielleicht nicht 40 000 weitere hereingeholt …«[94]

Auch das ist ziemlich offensichtlich. Es zeigt aber auch genau, wo der Ort der Praxis ist: *Verbanne nie jemanden aus deinem Herzen.* Selbst wenn uns jemand kränkt oder verletzt oder gewaltig ärgert oder wütend macht: Verbanne sie nie endgültig aus deinem Herzen! Das gilt gerade für den Alltag.

Facetten der Herzensgüte

Dieses Juwel der Herzensgüte hat noch weitere Facetten:

Wenn wir in dieser Haltung der Herzensgüte dem Leid und Schmerz – bei uns oder bei anderen – begegnen, dann wird die Herzensgüte zu *Mitgefühl (karuṇā).*

Wenn wir in derselben inneren Haltung – bei uns oder bei anderen – Heilsames, Glück oder Erfolg sehen, dann wird diese Herzensgüte zu *Mitfreude und Wertschätzung (muditā).*

Wenn wir in dieser Haltung auf andere treffen, die etwas benötigen oder brauchen, was wir haben, dann wird die Herzensgüte zu *Großzügigkeit* (*dāna*).

Die Essenz der Herzensgüte aber ist wache, weise Gelassenheit, auch *Gleichmut* (*upekkhā*) genannt. Sie ermöglicht es, die »fernen Feinde«,

94 Mutter Theresa in: Jack Kornfield, The Art of Forgiveness, Loving kindness, and Peace, Bantam, 2008

die der Güte widerstrebenden Kräfte wie Ärger, Wut und Hass nicht mehr aufkommen zu lassen, und den »nahen Feinden«, wie Sehnsucht und Verlangen, die Macht zu nehmen. Es ist auch weise Gelassenheit, die liebevolle Güte vor Sentimentalität bewahrt und sie zudem davor schützt, eingebildet oder entmutigt zu werden durch Erfolge oder Misserfolge in unserem wohlwollenden, mitfühlenden Tun. So ist es letztlich weise Gelassenheit, die aus unseren guten Absichten echte Herzensgüte macht. Ich möchte mit Tarthang Tulku schließen:

> »Herzensgüte ist wie das Sonnenlicht,
> das die Wesen aufweckt und ihnen Freude schenkt.
> Die Schönheit dieser Herzensgüte ist wie ein Regenbogen,
> der die Herzen derer beglückt, die ihn sehen, die ihn erfahren.«[95]

95 Tarthang Tulku in: Jack Kornfield, The Art of Forgiveness, Loving kindness, and Peace, Bantam, 2008

Zehnter Tag

Gedanken als Helfer des Erwachens

Tilmann Lhündrup

Ich möchte das bereits vor einigen Tagen erwähnte Zitat vom Neunten Karmapa noch einmal aufgreifen:

> »Es ist äußerst wichtig, den Geist natürlich zu lassen,
> ohne Vorstellungen und offen,
> in einem gelösten Zustand, frei von Anhaften,
> und alle aufkommenden Gedanken mit unzerstreuter Achtsamkeit
> in ihrer wahren Natur zu betrachten,
> ohne sie zu leugnen oder zu bekräftigen
> und ohne etwas zu fabrizieren oder zu verändern.«[96]

Was ist mit »natürlich« gemeint? Ist der Geist dann etwa natürlich, wenn er verwirrt ist, natürlich im Anhaften, in spontanen Emotionen? Karmapa beschreibt das natürliche Sein als ein Sein »ohne Vorstel-

96 Ozean, S. 189

lungen« darüber, wie es zu sein hat. Den Einstieg ins natürliche Sein finden wir, indem wir die Vorstellung fallen lassen, irgendetwas müsste anders sein – ohne Vorbehalte, offen für alles, was gerade ist. Wir begegnen allem gelöst, entspannt und ohne Widerstand. Dies ist ein fließendes Annehmen, in dem wir anstrengungslos gewahr sind. »Gelöstes Sein« ist der letzte Schritt im berühmten Ānāpānasati-Sutta, wo der Buddha die Gewahrseinspraxis mit Hilfe des Ein- und Ausatmens lehrt. Dort kommen wir im letzten Schritt ins gelöste Sein, der auch das Ziel des Mahāmudrā-Ansatzes ist.

Was ist Anhaften?

Obwohl wir noch unbeholfen sind im gelösten Fließenlassen, beginnen wir die Mahāmudrā-Praxis genau damit. Wir erlauben es uns, jetzt so gelöst zu sein, wie es gerade möglich ist. Gelöst, frei von Anhaften, ohne uns faszinieren zu lassen von Gedanken, frei von Festhalten an dem, was gerade ist bzw. war. Immer wieder frisch, offen fürs Nächste.

Anhaften macht sich oft bemerkbar als der Wunsch, den Geist verlangsamen zu wollen und noch etwas im vorherigen Erleben zu verweilen, selbst wenn es unangenehm war. Oder es ist begleitet von Widerstand gegenüber dem Neuen, und es bewirkt, dass wir nicht fließen, sondern ein »Staccato-Leben« führen: Wir haften an, lassen dann aber doch los, dann haften wir wieder an, und obwohl dieses Staccato recht schnell gehen mag, ist es doch kein Fließen. Es ist ein Gefühl, von einem zum anderen zu gehen – als würde ein Ich von einem Erleben zum anderen gehen.

In diesem Staccato-Erleben entsteht durch kurzes Festhalten das Gefühl, es gäbe Momente. Im wahren Fließen sind aber keine Momente zu finden. Der Eindruck von Momenten entsteht durch ein Festhalten, das ein Vergleichen mit vorher und nachher erlaubt. Dieses Innehalten und Vergleichen erzeugt den irrigen Eindruck von tatsächlich existierenden Momenten. Gelöst zu sein, frei von Anhaften, bedeutet, frei von Widerständen gegenüber dem unaufhörlichen Fließen zu sein. Das mag uns verunsichern, weil wir nicht wissen, wohin uns dieses Fließen trägt, und es gerne ein bisschen kontrollieren würden. Genau das ist Anhaften: verweilen zu wollen bei dem, was gerade war.

Frei von Anhaften betrachten wir alle geistigen Bewegungen mit unzerstreuter Achtsamkeit in ihrer wahren Natur. Erleben ist immer Bewegung. Der Geist steht nicht still, es gibt kein Ende des Erlebens. Unzerstreut sein bedeutet, wach und vollständig zu erleben. Fred hat das Betrachten der wahren Natur der Dinge bereits erklärt; wir untersuchen nun drei täuschende Annahmen: (1) die Dinge oder Erfahrungen seien beständig, (2) sie könnten die Basis für dauerhaftes Glück sein, und (3) sie würden eigenständig existieren.

Wie Zeichnungen im Wasser

Die Mahāmudrā-Tradition benutzt Bilder, wie die schon erwähnten »Zeichnungen im Wasser«, um die Natur des Erlebens besser zu verstehen. Solche Bilder eröffnen uns ein intuitives Verständnis dafür, dass geistige Bewegungen (1) so unbeständig sind wie Zeichnungen im Wasser, (2) keine verlässliche Basis für Glück sein können und (3) keine eigenständige Existenz haben. So spricht dieses Beispiel alle drei Aspekte von Täuschung zugleich an und ermöglicht die ihnen entsprechenden drei Aspekte der Erkenntnis. Wenn es heißt: »Betrachte die wahre Natur aller Gedanken«, dann ist gemeint, diese drei einander bedingenden Aspekte zu untersuchen.

Denken ist deutlich wahrnehmbar, auch wenn es noch so flüchtig ist. Es ist ein deutliches, wenn auch nicht fassbares Erleben, ein schöpferisches Geschehen, das ganze Welten, spannende Filme, entstehen lässt, doch diese inneren Welten haben keinen Bestand – nur so lange, wie wir ihnen Aufmerksamkeit schenken und an ihre Wirklichkeit glauben. Diese Täuschung zu durchschauen bedeutet, zu einer klaren Sicht der nicht fassbaren Natur allen Seins zu erwachen. Karmapa fährt fort:

> »Ohne die geistigen Bewegungen zu leugnen oder zu bekräftigen«[97]

»Leugnen« beinhaltet neben dem Ablehnen des unangenehmen Erlebens auch das Nicht-Haben-Wollen aller geistigen Bewegungen. Das kann so weit gehen zu behaupten, es gäbe sie nicht: »Meine Gedanken sind nichts. Sie sind ein Nichts. Ich brauche denen überhaupt keine Aufmerksamkeit zu schenken.« Das ist eine eindeutig nihilistische Haltung. Geistesbewegungen *sind* aber durchaus, sie haben eine Kraft und gestalten unsere Welt, sogar wenn wir zu einer nihilistischen Anschauung tendieren! Ohne geistige Bewegungen wäre Erleben unmöglich. Sie sind unerlässlich. Leugnen meint also die nihilistische Einstellung, begriffliches Denken und alle anderen Geistesbewegungen seien nur Spuk und ohne Relevanz. Tatsächlich machen geistige Bewegungen alles aus, was wir Erleben nennen, unsere gesamte Welt, Saṃsāra wie auch Nirvāṇa – verstricktes wie auch freies Erleben.

»Bekräftigen« im obigen Zitat ist ebenso nicht nur das Festhalten am Angenehmen, das uns gefällt und mit dem wir uns identifizieren können, sondern beinhaltet den Glauben, Gedanken, Emotionen usw. würden wirklich existieren – und weil sie existieren, »muss« ich auf sie reagieren, ihnen folgen oder sie verdrängen. Geistigen Bewegungen wird auf diese Weise eine eigenständige Existenz zugeschrieben. Das ist das andere Extrem: der Wirklichkeitsglaube, der Glaube an die unabhängige Existenz der Elemente unseres Erlebens. Ein Beispiel: Nach dem Verlust eines geliebten Menschen spüren wir Trauer und fühlen uns in ihr wie gefangen, sie scheint uns fest im Griff zu haben. Wir erleben sie als eigenständig, als wäre sie unabhängig von uns und anderen Bedingungen. Der Wirklichkeitsglauben macht alles

97 Ozean, S. 189

fest und real, er »zementiert« die Erfahrungen. Es findet ein Vergegenständlichen statt, wodurch wir uns wie in ein Gefängnis hineinmanövrieren. Das ist die Bedeutung von Bekräftigen.

Eine neue Haltung zum Spiel der Erscheinungen einnehmen

Wir können aber eine andere, eine spielerischere Haltung einnehmen, ohne zu meinen, das Erleben habe keine Relevanz, und ohne zu glauben, es existiere als unabhängige Wirklichkeit, die mich im Griff hat. Wir können diese Welten, die sich im Spiel der Erscheinungen immer wieder aufbauen, mitgestalten. Wir sind Akteure in diesem Spiel – und je nachdem, ob wir dieses Spiel durchschauen oder nicht, nennen wir es Nirvāṇa oder Saṃsāra. Es ist dasselbe Spiel, wird aber ziemlich unterschiedlich erlebt.

Wenn wir unsere Erfahrungen vergegenständlichen und verleugnen, verfangen wir uns in Leid. Wir leben in Anspannung gegenüber unserem Erleben, in einem ständigen Kampf. Manche Aspekte mögen wir, andere nicht. Nirvāṇa ist Frieden. Das heißt aber nicht, dass dann das Erleben aufhört. So erlebte der Buddha nach seinem Nirvāṇa für weitere 45 Jahre diese Welt, aber ohne mit ihr im Konflikt zu sein. Er hatte den Frieden gefunden, den das durchdringende Erkennen der wahren Natur der geistigen Bewegungen mit sich bringt. Karmapa schreibt weiter unten:

> »Diese basis- und wurzellose Klarheit,
> in der unbehindert geistige Bewegungen entstehen,
> wird als Dharmakāya (Wahrheitskörper) bezeichnet.«[98]

Der nördliche Buddhismus (Mahāyāna) beschreibt das Erwachen des Buddhas als den Dharmakāya: völlig offenes Gewahrsein, Klarheit ohne Basis und ohne Wurzel. »Klarheit« bedeutet hier, dass das Erleben dynamisch ist und klar wahrnehmbar. Die Klarheit des Geistes ist

98 Ozean, S. 189

die unglaubliche Leuchtkraft unseres Erlebens. Es ist so präzise, so klar – wir können ganz feine Wahrnehmungen haben: hören, spüren, fühlen, sehen, riechen, schmecken, denken. Es gibt solch eine Vielfalt von klar wahrnehmbaren Erscheinungen.

»Basis- und wurzellos« weist darauf hin, dass es niemanden gibt, der das Spiel erzeugt, so wie Fred es gestern sagte: »Wahrnehmen findet einfach statt, ohne Wahrnehmenden.« Sehen, Riechen, Schmecken sind einfach Sehen, Riechen, Schmecken. Wurzellos bedeutet, dass es nirgendwo einen Schöpfer gibt. Dieses klare, deutliche Hören meiner Stimme ist in sich wurzellos, basislos. Es hat keinen Wesenskern. Sobald ich zu sprechen aufhöre, ist dieses Erleben vorbei – aus und vorbei, und ein anderes ist präsent. Erleben hat keine Substanz. Es ist wirklich, hat aber keine Kraft zu bleiben, sondern löst sich in sich selbst auf, in seiner eigenen wurzellosen und grundlosen Natur. So ist das Hineinschauen in die geistige Bewegung zugleich ein Hineinschauen in die Natur des Geistes. Lasst uns dies für ein paar Minuten anwenden.

… stille Meditation …

Wie Spiegelungen im Wasser

Geistige Bewegungen gleichen Spiegelungen im Wasser. Dieses Beispiel ist ein klein wenig anders als das vorherige mit den Zeichnungen im Wasser: Nachts sehe ich auf einer glatten Wasseroberfläche die weiße Scheibe des Mondes. Wenn ich dabei nur aufs Wasser schaue, kommt es mir vor, als sei da wirklich ein Mond. Diese leicht zu korrigierende Sinnestäuschung ist ein beliebtes Beispiel in der tibetischen Tradition für die trügerischen Aspekte der Wahrnehmungsprozesse im Zusammenspiel der sechs Sinne.

Nehmen wir als Beispiel, wie wir die Menschen um uns herum sehen: Die Netzhaut im Auge leitet Lichteindrücke durch die Depolarisation von Sehnervenzellen weiter an Hirnareale, die mit dem

Sehbewusstsein gekoppelt sind. Im visuellen Cortex wird das Wahrgenommene weiter verarbeitet: Farbflächen werden als formgebende Strukturen identifiziert und mit anderen Formen verglichen, räumliche Wahrnehmung entsteht. Aufgrund rasanter Vergleiche mit früheren Erfahrungen kommen wir zum Schluss: Vor mir sitzen Menschen, sie tragen offenbar Kleider, einige sind weiter weg, andere näher. Diese Schlüsse ziehen wir aufgrund einer aufwendigen, nachgeschalteten Verarbeitung der rudimentären visuellen Informationen, die von der Netzhaut bereitgestellt werden.

Dasselbe geschieht beim Hören, beim Spüren des Körpers, beim Riechen, beim Schmecken und auch beim Verarbeiten von inneren Impulsen und nicht-begrifflichen, intuitiven Vorgängen. Die primäre, ungeordnete Sinneserfahrung wird zu einem Bild gestaltet: Es entsteht eine geordnete Vorstellung, und dieses geordnete innere Bild wird dann sinngebend weiterverarbeitet. Wir können dieses Bild, oder besser gesagt Abbild, noch einige Zeit nach der Wahrnehmung wieder aufrufen und »erleben«, müssen uns aber bewusst sein, dass es sich dabei um eine bereits verarbeitete Wahrnehmung handelt. Es ist kein direktes Wahrnehmen – wir sind immer ein wenig hinterher. Das, was zum Beispiel unsere Netzhaut oder unser Ohr direkt wahrnehmen, ist uns nicht zugänglich. Was wir erleben sind innere Bilder, die – so wie der Mond im Wasser – das Ergebnis von sinngebenden Prozessen sind. Wir sehen nicht den eigentlichen Mond. So nehme ich den Tisch, den Boden oder die Personen hier als das wahr, was mein innerer Verarbeitungsprozess aus diesen Informationen macht.

Natürlich läuft dieser Prozess individuell leicht verschieden ab. So ist dieser Tisch für jeden von uns aufgrund der eigenen inneren Verarbeitung ein etwas anderer Tisch. Es gibt vielleicht irgendwo einen objektiven Tisch oder Mond, aber das vermute ich nur, denn meine sogenannte Wahr-nehmung (mein Fürwahrhalten) befasst sich stets mit Bildern, die persönliche Schlussfolgerungen sind und hierbei kommen unglaublich viele Einflüsse zum Tragen.

Ohne es zu merken, landen wir in drei Täuschungen: Wir halten das Wahrgenommene für (1) beständig, (2) für eine verlässliche Grundlage für Glück und (3) für wirklich. Das Bild der Spiegelung des Mondes im Wasser umfasst all diese Bedeutungen. Wir können diese Täuschungen durchschauen und uns bewusst werden, wie trügerisch unsere Interpretationen sind. So wandeln sie sich zum Beispiel unter dem Einfluss einer Gemütsstimmung. Mein Erleben kommt mir so wunderbar vor in einer freudigen Stimmung, erscheint aber ausgesprochen fade in einer traurigen Stimmung. Die Sonne, die mir sonst so strahlend, erfrischend und nährend vorkommt, erlebe ich plötzlich als viel zu grell und aggressiv und am liebsten würde ich die Vorhänge zuziehen. So kann, was scheinbar dasselbe ist, völlig verschieden wahrgenommen werden, nicht nur von verschiedenen Menschen, sondern auch von ein- und derselben Person! Welche dieser Interpretationen kann beanspruchen, wirklich oder wahr zu sein? Keine.

Weises Meditieren schwächt das Fürwirklichhalten von Wahrnehmungen, denn durch genaues Hinschauen bemerken wir, wie unterschiedlich Wirklichkeit wahrgenommen wird und wie naiv wir normalerweise dem Wirklichkeitsglauben auf den Leim gehen. Wenn unser Fixieren weniger wird, finden wir aus dem »Staccato-Erleben« in ein neues Fließen, in dem wir uns nicht mehr vergewissern müssen, »wirklich« zu existieren. Denn »wirklich« ist nur dieser nicht fassbare, stete Prozess des fließenden Erlebens. Wir öffnen uns für das unmittelbare Erleben und entwickeln tiefe Dankbarkeit für geistige Bewegungen und Gedanken, weil sie uns in der Natur des Seins unterweisen.

Wie Salz in Wasser

Pamo Drupa, einer der fünf Hauptschüler von Gampopa, sagt:

> »Wenn Gedanken aufkommen, erkenne ich klar,
> dass sie mein Lehrer sind.

Ich weiß, wie äußerst segensreich Gedanken sind.
Es besteht nicht der geringste Unterschied
zwischen dem Wahrheitskörper und Gedanken.
Diese feste Gewissheit ist mein untrüglicher Lehrer.
Da ich verstanden habe, dass Gedanken Geist sind
und dass der Geist ungeboren ist (ohne Substanz),
brauche ich weder Gedanken zu meiden,
noch brauche ich das zeitlose Gewahrsein,
das frei von begrifflichem Denken ist, zu erzeugen.
Gedanken, die so mannigfaltig erscheinen,
sind wie Salz, das in Wasser gestreut wird.«[99]

Gedanken, Bilder, einzelne Momente des Erlebens, haben etwas »Kristallines«, als ob sie klar abgrenzbar wären von allem anderen. Aber in der direkten Schau löst sich diese kristalline Struktur auf wie Salz, das in Wasser gestreut wird. Die geistigen Bewegungen werden eins mit dem grundlegenden Gewahrsein, und wir merken, dass sie nie davon verschieden waren. Hier jedoch stößt dieses Beispiel an seine Grenzen: Gedanken und Leerheit (d.h. ihre nicht fassbare Natur) sind nicht zweierlei, sie sind nicht so verschieden wie Salz und Wasser. Geistige Bewegungen haben immer diese nicht fassbare, leere Natur, sie besitzen kein Selbst, keinen Wesenskern.

»Der Lehrer, der mir dies zeigt,
ist der Lehrer, der das Tor der Weisheit öffnet.«[100]

Damit sind die Lehrerinnen und Lehrer gemeint, die diese Erkenntnis so kommunizieren, dass sich das Tor des Verstehens öffnet. Für Pamo Drupa war Gampopa der Lehrer, der ihm das Tor zur Erkenntnis öffnete. Wenn wir in das Erkennen hineinfinden, die geistigen Bewegungen wie Zeichnungen im Wasser oder wie die Spiegelung des

99 Ozean, S. 188
100 Ozean, S. 189

Mondes wahrzunehmen, dann wird dieses Gewahrsein zu unserem Lehrer. Wir lernen mithilfe des Erlebens, immer tiefer in das Verstehen der eigentlichen Natur des Geistes einzutreten, und finden darin Befreiung.

Unsere Fixierungen sind wie Salz temporäre, kristallin anmutende Strukturen, die sich im Gewahrsein auflösen, wodurch neue Möglichkeiten entstehen. Wenn sie sich lösen, können wir frisch ins nächste Erleben weitergehen. Das ist umwerfend einfach. Umwerfend daran ist, wie einfach dieses gelöste Erleben ist im Kontrast zu früher, als wir vor lauter Fixierungen keinen Ausweg aus emotionalen Sackgassen sahen. Der Weg in die Freiheit ist das Erkennen der Natur der Dinge. In diesem Erkennen kommt es nicht zum Fixieren, und dadurch haben wir ständig neue Möglichkeiten des Gestaltens. Bei allem Erleben kommt es darauf an, wie wir damit umgehen: heilsam denken, sprechen und handeln – sorglos, nicht fixierend, mitfühlend, empfänglich, ohne Barrieren im Austausch mit der Umwelt.

Die vier unermesslichen Qualitäten

Tilmann Lhündrup

Lasst uns zunächst einige Minuten meditieren, entspannt den Geist ruhen lassen, den Blick auf den Boden gerichtet oder in die Weite – was immer uns hilfreich erscheint.

… stille Meditation …

Einführung

Im Pāli-Kanon finden sich über 30 Stellen, an denen der Buddha über die vier unermesslichen Qualitäten (*Brahmavihāras*) spricht. Das Vertiefen von Liebe, Mitgefühl, Freude und Gleichmut folgt dort auf eine teilweise Beruhigung, Reinigung oder Läuterung des Geistes. Um ähnliche Voraussetzungen zu schaffen, beginnen wir die Praxis stets mit dem Entspannen des Geistes. Die Praxis dieser Qualitäten ist also in die Übung von Geistesruhe eingebettet. Wir beginnen in der Mahāmudrā-Tradition jede Meditation mit dem folgenden Herzenswunsch:

> »Mögen alle Lebewesen glücklich sein und die Ursachen des Glücks besitzen.
> Mögen wir frei von Leid und dessen Ursachen sein.
> Mögen wir niemals von wirklicher leidfreier Freude getrennt sein.
> Mögen wir bei nah und fern frei von Anhaften und Ablehnen in großem Gleichmut verweilen.«

Das sind die vier unermesslichen Qualitäten in Form eines Gebetes.

Liebe ist der Wunsch: »Mögen alle Lebewesen glücklich sein und die Ursachen des Glücks besitzen.« Glück bedeutet hier anhaltendes, dauerhaftes Glück. Natürlich freuen wir uns auch an zeitweiligem Glück, aber der tiefste Wunsch der Liebe ist, dass alle anhaltendes, dauerhaftes Glück erfahren. Die *Ursachen* des Glücks sind die heilsamen Einstellungen und Handlungen, aus denen Glück entsteht. Im obigen Wunsch schwingt also ein Bewusstsein von Ursache und Wirkung mit. Wir können uns und anderen Glück wünschen, aber dieser Wunsch wird nicht in Erfüllung gehen, solange nicht die entsprechenden Ursachen kultiviert werden. Wahre Liebe bedeutet, sich selbst und anderen zu helfen, die Ursachen für Glück zu schaffen. Heilsames Denken, Sprechen und Handeln führt zu vorübergehendem

Glück, aber erst das tiefe Auflösen dieser Einstellung, sich selbst für den Mittelpunkt der Welt zu halten, bringt dauerhaftes Glück.

Mitgefühl ist der Wunsch: »Mögen alle Lebewesen frei von Leid und dessen Ursachen sein.« Er ergänzt den Wunsch der Liebe: Nur wenn wir auch frei von Leid sind, sind wir glücklich. Mitgefühl hilft, aus einer etwas naiven Liebe herauszufinden. Wir würden uns gerne nur auf das Positive und Angenehme konzentrieren: den Lebewesen Glück wünschen. Aber es gibt viel Leid, und wir müssen uns auch den Ursachen des Leids und ihrer Beseitigung zuwenden. Wir können die Augen nicht vor den Problemen und Schwierigkeiten verschließen. Mitgefühl begleitet die Liebe und macht sie tiefer. Mitgefühl entsteht meist durch Kontakt mit eigenem Leid und Schmerz. Wenn ich durch Schweres gegangen bin, fällt es mir leichter, mit anderen mitzufühlen, die Ähnliches erleben. Ich schwinge in der Tiefe mit dem Schwierigen mit, das andere erleben, und daraus resultiert der Wunsch: »Mögen alle frei von Leid sein.«

Freude ist die Freude am Heilsamen mit dem Wunsch: »Mögen alle Lebewesen wirkliche, leidfreie Freude erfahren.« Hier geht es nicht um die überschwängliche Freude, die wir aufgrund äußerer Bedingungen erleben, weil mir jemand etwas geschenkt hat oder weil heute alles gut gelaufen ist, sondern um die tiefe innere Freude, die aus dem Verbundensein mit dem Heilsamen entsteht. Heilsam ist das, was uns und anderen wirklich gut tut und den Geist dauerhaft öffnet und freimacht. Sind wir im Kontakt mit dem, was wirklich heilsam ist, zieht Freude in unser Gemüt ein, eine Freude, die nicht aufdringlich ist, die nicht einmal sichtbar sein muss, es ist eher eine stille Freude und Gelöstheit. Sie begleitet uns, selbst wenn wir Schwierigkeiten und harten Herausforderungen begegnen. Auch schwere Krankheit oder der Verlust eines geliebten Menschen können relativ gut durchlebt werden, solange wir mit dem Heilsamen verbunden sind. Diese Freude bezieht jeden ein, dem wir begegnen. Was auch immer eine andere Person an Glück, an Hilfreichem oder Förderlichem erfährt, wir können uns neidlos mit ihr freuen.

Gleichmut ist vermutlich die wichtigste Qualität unter den Vieren. Gleichmut steht hier für Weisheit, die sich darin zeigt »bei Nah und Fern frei von Anhaften und Ablehnen im großen Gleichmut zu verweilen.« »Bei Nah und Fern« bedeutet, bei allen Menschen in allen Situationen frei von Anhaften und Ablehnen zu bleiben – bei denen, die mir lieb sind, bei denen, die mir fern sind und bei denjenigen, die meine Feinde zu sein scheinen. Wenn sich die Liebe mit dieser Qualität des Gleichmuts verbindet, mit Nicht-Haben-Wollen und Nicht-Wegstoßen, dann wird sie frei von Ichbezogenheit. Echter Gleichmut entsteht nur aus Weisheit: aus dem Verständnis, dass das Haften an dem, was mir lieb ist, und das Ablehnen von dem, was mir unlieb ist, Quelle von Leid ist. Das tiefe Verständnis, dass Anhaften und Ablehnen immer wieder Leid erzeugen, führt in den Gleichmut. Wenn dieses Verständnis tief wird, reagieren wir auf die angenehmen Situationen in unserem Leben, an denen wir normalerweise haften würden, in entspannter Freude und Offenheit. Auch dort, wo wir normalerweise in eine Abwehrhaltung geraten, verweilen wir in entspannter Offenheit.

Mit Gleichmut ist nicht gemeint, künstlich ein Ebenmaß in unserer emotionalen Befindlichkeit zu erzeugen. In wahrem Gleichmut ist alles Erleben von wohlwollender Freude durchzogen, da Erfahrungen in der Tiefe angenommen und nicht festgehalten oder weggestoßen werden. Frei zu sein von diesem Wechselspiel des Haben- und Nichthaben-Wollens, ist echter Gleichmut. Er entsteht durch das Erkennen der illusorischen Natur aller Phänomene. Wenn uns z. B. jemand anschreit und wir der illusorischen Natur dieser Worte gewahr sind, dann verstehen wir zwar die Worte, aber es kommt nicht zu einem Greifen nach ihrer Bedeutung. Die eigene Identifikation und Abwehr springen nicht an, und deswegen brauchen wir nicht impulsiv-zwanghaft zu reagieren. Stattdessen mag Verständnis spürbar werden – Mitgefühl. Auch wenn uns jemand lobt, Bewunderung entgegenbringt oder gar eine Liebeserklärung macht, könnten wir im Gewahrsein der illusorischen Natur aller Phänomene sein. Dabei bleiben wir innerlich offen für die Wärme in der Beziehung, aber zugleich frei von Identifikation und Greifen. Wir »gehen nicht auf den Leim« und »bleiben nicht am Honig kleben«. Das entspricht einer sehr tiefen Integration unseres Verständnisses der wahren Natur des Geistes in unser emotionales Erleben – und wir werden vermutlich viele Fluktuationen darin erleben. Bis wir stabil in dieser Weisheit fließen können, ist es förderlich, sich immer wieder an diese Unterweisungen zu erinnern. Sie können uns helfen, in diesen liebevoll-mitfühlenden, freudigen Gleichmut zu finden.

Die vier Qualitäten – Liebe, Mitgefühl, Freude und Gleichmut – ergänzen sich. Was wäre Liebe ohne Mitgefühl? Liebe ohne Gleichmut? Was wäre Mitgefühl ohne Freude? Und so weiter, in beliebiger Kombination. Zusammen beschreiben sie die erwachte Geisteshaltung, *Bodhicitta*, den Geist des Erwachens.

Eine Unterweisung des Buddhas

In folgendem Sūtra des Buddhas könnt ihr im Originalton hören, wie der Buddha diese vier Qualitäten als Meditation eingeführt hat. Das Zitat stammt aus dem Pāli-Kanon.

> »Hört, Freunde. Da verweilen Praktizierende[101], indem sie eine Himmelsrichtung mit einem Herzen durchdringen, das erfüllt ist von Liebe. Ebenso die zweite Himmelsrichtung, ebenso die dritte, ebenso die vierte Himmelsrichtung. Auch nach oben, nach unten, in alle Richtungen, überall hin, zu allen Lebewesen wie zu sich selbst. Sie durchdringen alle Himmelsrichtungen und verweilen, indem sie die allumfassende Welt, den Kosmos, mit einem Herzen durchdringen, das von Liebe erfüllt ist,

101 Damit sich weibliche Praktizierende gleichermaßen angesprochen fühlen, wird der Text hier im Plural übersetzt. Das Original spricht von einem *Bhikkhu,* einem voll ordinierten männlichen Praktizierenden, evtl. zu verstehen als ein Hinweis auf den Buddha selbst.

unerschöpflich, erhaben, unermesslich, ohne Feindseligkeit und ohne Übelwollen.

Sie verweilen, indem sie eine Himmelsrichtung mit einem Herzen durchdringen, das erfüllt ist von Mitgefühl. Ebenso die zweite, ebenso die dritte, ebenso die vierte Himmelsrichtung. Auch nach oben, nach unten, in alle Richtungen, überall hin, zu allen wie zu sich selbst verweilen sie, indem sie die allumfassende Welt mit einem Herzen durchdringen, das von Mitgefühl erfüllt ist, unerschöpflich, erhaben, unermesslich, ohne Feindseligkeit und ohne Übelwollen.

Sie verweilen, indem sie eine Himmelsrichtung mit einem Herzen durchdringen, das erfüllt ist von Freude. Ebenso die zweite, ebenso die dritte, ebenso die vierte Himmelsrichtung. Auch nach oben, nach unten, in alle Richtungen, überall hin, zu allen wie zu sich selbst verweilen sie, indem sie die allumfassende Welt mit einem Herzen durchdringen, das von Mitfreude erfüllt ist, unerschöpflich, erhaben, unermesslich, ohne Feindseligkeit und ohne Übelwollen.

Sie verweilen, indem sie eine Himmelsrichtung mit einem Herzen durchdringen, das erfüllt ist von Gleichmut. Ebenso die zweite, ebenso die dritte, ebenso die vierte Himmelsrichtung. Auch nach oben, nach unten, in alle Richtungen, überall hin, zu allen wie zu sich selbst verweilen sie, indem sie die allumfassende Welt mit einem Herzen durchdringen, das von Gleichmut erfüllt ist, unerschöpflich, erhaben, unermesslich, ohne Feindseligkeit und ohne Übelwollen. – Dies wird unermessliche oder grenzenlose Herzensbefreiung genannt.«[102]

102 Majjhima Nikāya (Sammlung der Mittellangen Lehrreden), 43. Lehrrede, 31. Absatz

Weiter erklärt der Buddha, dass wahre, grenzenlose, unermessliche Herzensbefreiung frei ist von Verdinglichen, was bedeutet, dass wir beim Praktizieren dieser Qualitäten die Trennung von Subjekt und Objekt nicht weiter zementieren mit einer Haltung, in der Ich, der Liebende, getrennt von anderen bin, denen ich meine Liebe zukommen lasse. Die Erkenntnis der Leerheit, der Abwesenheit eines Selbst, ist letztlich die Voraussetzung dazu. Die Meditation von beispielsweise Freude, die alle Himmelsrichtungen durchdringt, wird daher idealerweise so ausgeführt, dass man sich nicht auf ein Ich fixiert, das Freude übt. Auch diejenigen, denen wir uns in Freude öffnen oder zu denen unsere Freude »strahlt«, werden nicht vergegenständlicht. Alles wird als Prozess erkannt.

Der Buddha weist darauf hin, dass wir nicht »an Merkmalen haften« sollten. Das bedeutet, die Intensität und den Inhalt von Worten zu hören, Formen und Farben zu sehen, und auch auf allen anderen Sinneskanälen differenziert wahrzunehmen, ohne aber die äußeren Merkmale für das Wesentliche zu halten. Dies ermöglicht, frei von persönlichen Vorlieben zu bleiben und zum Beispiel einen verunstalteten Menschen genauso lieben zu können wie einen Menschen mit harmonischer Gestalt – jemandem, der uns schroffe Worte gesagt hat, mit derselben Offenheit zu begegnen wie jemandem, der uns liebe Worte gesagt hat. Nur so bleibt die Praxis der vier unermesslichen Qualitäten frei von Begierde, Hass und Verblendung – frei von Anhaften, Ablehnen und dem Nichterkennen der Wirklichkeit. Das ist fürwahr ein hohes Ziel, aber jeder kleine Schritt in diese Richtung ist befreiend.

Die schrittweise Praxis der vier Unermesslichen

Wir beginnen mit dem stillen Sitzen, um in ein ruhiges Gewahrsein zu finden. Dann erinnern wir uns an die Grundhaltung: »Zu allen wie zu sich selbst« und beginnen mit dem Wunsch: »Möge ich glücklich sein und die Ursachen des Glücks besitzen.« Wenn ich mir den Satz innerlich sage, trifft er auf Widerstände? Oder wird er voll angenommen? Öffnet es sich in mir, wenn ich mich fürsorglich-liebevoll mir selbst zuwende? Lasst uns das für einige Momente ausprobieren: »Möge ich zutiefst glücklich sein. Möge ich die wahren Ursachen von Glück in meinem Herzen freisetzen.« Wir können diese Wünsche verstärken, indem wir einen Buddha in unserem Herzen visualisieren, der uns durch Licht seine Liebe schenkt. Dabei geht es darum, dass wir uns ganz darauf einlassen, diese Liebe zu empfangen – so eng und beschränkt wir uns auch fühlen mögen.

... stille Meditation ...

Wenn uns dies leicht fällt und die liebevolle Zuwendung wie Butter in uns schmilzt, ohne dass Widerstand in uns aufkommt, dann können wir den nächsten Schritt gehen und dieses Wohlwollen einer anderen Person entgegenbringen. Wir wählen dafür am besten eine Person, die wir mögen und mit der wir eine grundlegend liebevolle Herzensverbindung haben. Wir wünschen ihr genauso wie zuvor uns selber: »Mögest du glücklich sein, zutiefst glücklich. Mögest du unendlich viele Quellen des Glücks entdecken. Mögest du in all deinem Denken und Handeln Glück bewirken und erfahren!«

Wir fühlen hin, ob wir dieser Person wirklich rückhaltlos alles Gute wünschen können. Lasst uns das für ein paar Sekunden mit einer Person machen, der wir höchst dankbar und in Liebe verbunden sind. Da fällt es uns für gewöhnlich leicht, so zu denken. Es kann unterstützend sein, sich als Brücke für diese Herzensgüte auch hier einen Buddha im Herzen vorzustellen, von dem Licht zu der anderen Person ausstrahlt. Das erleichtert es, Zugang zu dieser liebevollen Zuwendung in uns zu bekommen. Aber wir dürfen uns nicht hinter diesem Buddha »verstecken«, sondern sind mit unserem ganzen Herzen dabei.

... stille Meditation ...

Wenn wir bei der ersten Person spüren, wie wir uns öffnen und ihr ganzen Herzens ein solches Glück wünschen können, dann nehmen wir eine weitere Person hinzu, der wir liebevoll verbunden sind. So machen wir weiter, bis wir eine Gruppe von Personen beisammen haben, mit denen uns die Übung leicht fällt und der wir als Ganzes unsere Herzenswärme schicken.

Es wird empfohlen, dasselbe dann auch mit Menschen zu praktizieren, denen wir neutral gegenüberstehen, bei denen wir also weder Anhaftung noch Ablehnung verspüren. Die Zahl solcher Menschen, mit denen wir wenig intensive Beziehungen haben, ist natürlich groß. Unter Umständen kommen wir hier mit vielen inneren Widerständen in Berührung: Wieso soll ich jemandem Gutes wünschen, den ich gar nicht kenne? Vielleicht ist er ein Schurke oder ein ausgeprägter Egoist? Bei solchen Bedenken können wir uns fragen. »Kann es schaden, wenn ich jemandem Gutes wünsche? Gebe ich dadurch das Heft aus der Hand, die Kontrolle? Habe ich Angst, dass ich mich dann nicht mehr abgrenzen kann und nicht mehr Nein sagen darf, wenn der etwas von mir möchte?« Es ist wichtig, sich diese Fragen anzuschauen.

Wenn unser Geist weich und geschmeidig geworden ist und sich diese Grundhaltung vertraut anfühlt, werden wir diese Praxis zunehmend mit Menschen ausüben, die schwierig für uns sind. Wir würden so lange damit arbeiten, bis unser Herz auch für diese Personen aufgeht. Aber Vorsicht: Seien wir hier nur nicht zu schnell!

Lasst uns das mit einer neutralen Person versuchen.

… stille Meditation …

Wenn wir an irgendeinem Punkt der Praxis merken, dass wir aus dem Gleichgewicht kommen, kehren wir am besten zum Annehmen von uns selbst zurück oder in die stille Meditation. Dabei drücken wir dieselben guten Gedanken, die wir für andere kultivieren, wieder uns selbst gegenüber aus, so dass kein Ungleichgewicht entsteht zwischen dem, was ich anderen wünsche, und dem, was ich mir selbst zugestehe. Wir sind manchmal etwas voreilig und wünschen anderen etwas, das wir selber nur mit größter Mühe annehmen können. Manchmal haben wir sogar Mühe anzunehmen, auch nur einen Moment glücklich zu sein! Einfach nur entspannt und glücklich sein, ohne etwas dafür tun zu müssen, ohne etwas beweisen zu müssen … Es klingt so einfach, ist es aber oft nicht.

In der Praxis geht es um wahres, authentisches, leidfreies Glück und seine Ursachen. Wir könnten auch einfach sagen: »Möge ich (mögest du) vollkommen erwacht sein«. Das würde diese vier Wünsche in einem zusammenfassen. Plötzlich müssen wir vielleicht schlucken: »Ich, vollkommen erwacht?!« oder: »Und wenn die jetzt *vor mir* erwachen?« – Dann können wir uns sagen: »Ja genau, vollständiges Erwachen für dich selbst und für andere!«

Wenn wir mit uns selbst anfangen und dann jede Woche in täglicher Praxis mit einer Person arbeiten, haben wir innerhalb eines Jahres mit 52 Personen diese liebevolle Haltung geübt – was glaubt ihr, wie das unser Leben verändert? Wenn wir uns jeden Tag nur eine Viertelstunde Zeit nehmen, wie anders sieht das Leben aus in einem Jahr! Können ihr euch das vorstellen? Das ist ein »Sonderangebot« von Buddha Śākyamuni! Kostet nix! – Ganz einfach! Braucht nur etwas tägliche Praxis. Im zweiten Jahr können wir die Gruppe über die 52 Personen hinaus ausdehnen und die Grenzen erweitern.

Viele Praktizierende würden am liebsten sofort in die grenzenlose Liebe vorstoßen – doch die würde zunächst sehr abstrakt bleiben. Denn der Prozess braucht seine Zeit und bedarf immer wieder der Integration mit den Herausforderungen unseres Lebens. Es darf nicht nur abstrakte Liebe bleiben! Es geht konkret um mich und meine nächsten Beziehungen und um alle, die mir auf den Nerv gehen – ein reiches Übungsfeld! Aufgrund unserer starken Muster zeigt sich nur allmählich eine authentische Herzensöffnung, in der sich die Welt nicht nur um mich selbst dreht. Aber mit zunehmender Übung wird der Weg leichter, weil wir mit ihm vertraut werden und wissen, wie gut es tut, und dass uns schlussendlich doch nichts anderes übrig bleibt, als unser Herz zu öffnen. Ich »ergebe mich« der Weisheit, dass ohnehin nur Liebe und Verstehen heilt.

Es kann sein, dass wir wochen- oder monatelang nur mit dem ersten Schritt beschäftigt sind, zum Annehmen von uns selbst zu kommen. Das ist völlig in Ordnung so und wird uns vermutlich unser ganzes Leben immer wieder begleiten. Dieser erste Schritt der Selbstannahme und des Selbstmitgefühls ist nicht zu unterschätzen, er ist sehr wichtig. Ich bin dankbar, wenn Praktizierende so ehrlich und mutig sind, sich nicht in die Praxis der Herzenswärme für andere zu stürzen, bevor nicht die Selbstfürsorge und Wärme für einen selbst in ausreichendem Maße vorhanden ist. Natürlich bedingen sich diese beiden Aspekte der Liebe, aber viele von uns müssen sich mehr Zeit geben, die Selbstannahme und Liebe für uns selbst zu finden. Vor allem sollten wir jedes Mal dort beginnen.

Wenn wir die *Liebe* praktizieren, stellen wir uns vor, was uns oder jemand anderem gut tut, was die Person sich wünscht und stellen uns vor, dass sie all das im Einklang mit dem Weg des Erwachens erhält. Das wünschen wir zunächst aus ganzem Herzen, dann stellen wir uns vor, dass sich die Wünsche genauso erfüllen und die Person glücklich ist, und schließlich freuen wir uns darüber, bis uns die Freude an ihrem Wohlergehen ganz erfüllt. Diese drei Schritte beschreiben einen abgerundeten Prozess, was die Liebe angeht.

Bei der Praxis von *Mitgefühl* stellen wir uns vor, was uns oder einem anderen Leid verursacht und erspüren, was wohl die Ursachen dieses Leides sein mögen. Ich wünsche mir oder dieser Person dann, frei zu sein von all dem Leid, das jetzt sichtbar ist, und frei von all dem Leid, das noch kommen mag, sowie frei von allen Ursachen des Leides, den Denkweisen und Handlungen, die immer wieder neues Leid verursachen. Dann stelle ich mir vor, wie das Erwachen dieser Person (oder dieses Lebewesens) aussehen könnte, das frei ist von allem Leid. Ich freue mich daran und fühle mit meinem ganzen Wesen, wie mich diese mitfühlende Freude am Wohlergehen des anderen erfüllt, und so verankert sich dieses Erleben tief in mir. Dies führt direkt zur nächsten Praxis.

Die Praxis der *Freude* besteht darin, sich an allem Heilsamen zu freuen, das es in dieser Welt gibt, und wir beginnen auch hier bei uns selbst – auch wenn es nur ein paar freundliche Worte waren, ein kleines Lächeln für jemanden oder ein spontanes Geschenk. Ich freue mich an all dem Heilsamen, was schon gewesen ist, auch an den fünf Minuten, die ich es geschafft habe zu meditieren. Es geht nicht um die zehn Minuten, die ich nicht meditiert habe. Es geht darum, auch das Geringste aufzuspüren, an dem ich mich freuen kann und das zu Glück, Offenheit und Entspannung beiträgt.

Lasst uns das mit einer uns lieben Person versuchen.

… stille Meditation …

Dann mache ich dasselbe mit einer anderen Person. Vielleicht habe ich Situationen beobachtet, in denen diese Person heilsam gehandelt hat, für sich selbst oder für andere. Ich freue mich an jedem Moment heilsamen Handelns dieser Person. Ich stelle mir vor, wie das Heilsame in uns immer mehr zunimmt und freue mich auch bereits im Voraus über all das Heilsame, das wir noch ausführen werden. Für die Freude macht es keinen Unterschied, wer die heilsamen Handlungen ausführt – es zählt nur, dass es geschieht, dass es in der Welt ist!

Freude wie auch Mitfreude haben diese unglaubliche Kraft, hindernde Grenzen aufzulösen. Ich bekomme zum Beispiel mit, wie jemand einem anderen etwas schenkt, und spüre, wie es genau das Richtige ist, diesem Menschen jetzt das zu schenken. So wie in der berühmten Legende: Eine Person schlottert vor Kälte und der heilige Martin teilt seinen Mantel und die Person am Wegesrand friert nicht mehr. Was auch immer die heilsame Handlung ist: Ich freue mich so an ihr, als würde ich sie selber ausführen – hätte der heilige Martin den Mantel nicht geschenkt, hätte ich ihn geschenkt. Freude bedeutet, sich in vollem Einklang mit der Handlung des anderen zu freuen, frei von Neid. Einfach toll, dass jemand so etwas gemacht hat! Eine selbstlose Mitfreude, die nicht aus dem Ich heraus geboren ist. Freude daran, Leid zu mildern und Glück zu stärken.

Wenn wir *Gleichmut* in alle Himmelsrichtungen ausstrahlen lassen, dann beinhaltet das, über das Freisein von Anhaften und Ablehnen zu kontemplieren. Ich kann so beginnen: Ich freue mich, in einer Situation mein reaktives Anhaften oder Ablehnen bemerkt und zumindest ein wenig losgelassen zu haben, wodurch sich mehr Herzensweite und Gleichmut einstellten. So kontempliere ich verschiedene Situationen, in denen es mir möglich war, nicht den Reaktionen von Anhaften und Ablehnen auf den Leim zu gehen. Ich kontempliere, wie hilfreich die großen Qualitäten von Herzensweite und Gleichmut in konkreten Situationen sind, und stelle mir vor, wie es sein könnte, auch bei schwierigen Herausforderungen in einem weisen, mitfühlenden und dadurch gleichmütigen Verstehen zu bleiben. Ich achte darauf, dass ich in meinem Gleichmut empathisch bezogen bleibe und mich nicht der Situation entziehe.

Lasst uns das mit uns selbst versuchen.

… stille Meditation …

Dann stelle ich mir eine liebe Person vor, wie sie in ihrer Freude, ihrer Liebe, ihrem Mitgefühl frei wird von Anhaften und Ablehnen. Ich wünsche ihr zutiefst, dass sich diese zusätzliche Dimension der gleichmütigen Weisheit in allem zeigt, was sie tut, und dass sie die letztendliche Gleichwertigkeit aller Phänomene verwirklicht. Dies stelle ich mir für eine Person nach der anderen vor, bis es auch bei den für mich ganz unangenehmen Menschen möglich ist, die heftige Gefühle auslösen.

Lasst uns auch das direkt umsetzen mit einer Person, bei der es uns relativ leicht fällt, das Herz zu öffnen.

… stille Meditation …

Viele von uns sind im Rahmen von herausfordernden Partnerschaften heftigen Gefühlen begegnet – oder Widersacher im beruflichen Umfeld haben uns arg zugesetzt. Wir erinnern uns, welche Ablehnung wir gespürt haben, wie intensiv die Abneigung war, die Wut, vielleicht sogar Hass – und beginnen, die Meditation des Gleichmutes auf diese Situationen anzuwenden.

Dann erinnern wir uns daran, wie wir verliebt waren, voller Anhaften. Es gab Situationen, in denen wir nur noch an einen Menschen dachten und ohne ihn nicht glücklich waren. Auch diese Situationen durchdringen wir mit Gleichmut, mit dem Erkennen, wie Anhaften zu Leid führt. Es hilft nichts, sich den Gleichmut einzureden. Wir müssen eine Analyse von Ursache und Wirkung vornehmen: Was macht frei, was macht unfrei, was macht glücklich, was macht unglücklich? Und zugleich hilft es, sich selbst und den anderen zu verstehen. Wenn wir die Situationen mit weisem, mitfühlendem Verstehen durchdrungen haben, wird sich allmählich Gleichmut einstellen.

Lasst uns dies direkt mit einer Situtation üben, in der wir nicht besonders gleichmütig waren. Wir rufen uns die Situation in Erinnerung und gehen mit einem feineren Gewahrsein in sie hinein, ganz langsam, um sie auf neue Art zu erleben.

… stille Meditation …

Diesen Gleichmut dehnen wir dann allmählich auf weitere Situationen aus und stellen uns zudem vor, dass er auch in all denen entsteht, an die wir denken.

Dann stellen wir uns dasselbe für Tiere vor und gehen im Denken an sie alle vier Qualitäten durch. Dann machen wir dasselbe für alle unsichtbaren und unbekannten Lebewesen, und schließlich stellen wir uns vor, dass diese Geisteshaltung den ganzen Kosmos durchdringt. Vielleicht gibt es belebte Sterne in diesem Universum oder Lebewesen, die einfach im Raum existieren und nicht auf Nahrung angewiesen sind. In unserer Vorstellung dehnen wir unsere Übung in alle Richtungen des Universums aus und nehmen alle möglicherweise existierenden Universen mit dazu.

Nondualität

Doch noch sind wir nicht am Ende der Unermesslichen angekommen. Erst wenn die Grenze zwischen Subjekt und Objekt wegfällt, werden – so heißt es – die vier *Brahmavihāras*, die reinen Geisteshaltungen, wirklich grenzenlos, ohne die Grenze zwischen mir und anderen. Die vier Qualitäten sind wie Sprungbretter, die uns das Tor der Weisheit auftun. Wenn wir in die Grenzenlosen eintauchen, verliert sich das Gefühl eines getrennten Ichs. Wir »verlieren uns« in den vier Grenzenlosen, wir vergessen uns. Genau dann geht das Tor der Weisheit auf und die Praxis wird grenzenlos. Dann gibt es kein Ausstrahlen mehr von einem Zentrum in eine Himmelsrichtung, sondern nur das Verweilen in dem, was gerade ist, natürliches Sein. Konzepte, Vorstellungen, persönliche Geschichten fallen weg. Das ist der Eintritt in die Dimension der Befreiung, die Nondualität.

Der Buddha benutzte dafür den Ausdruck »Stromeintritt«. Wir treten in den Strom des Erwachens ein. Die Praxis besteht darin, sich immer häufiger zu vergessen und dem Unterschied zwischen sich und anderen keine Bedeutung beizumessen. Für einen Buddha existiert das Gefühl von wirklichem Getrenntsein offenbar gar nicht. Die Unterschiede zwischen selbst und anderen werden wahrgenommen, ohne sich dabei irrtümlich für ein abgegrenztes Ich zu halten – denn in der Tiefe sind wir nicht getrennt.

Die vier Grenzenlosen sind große Beschleuniger des Weges. Deshalb beginnt man in der Kagyü-Linie jede Praxis mit dem oben zitierten Vierzeiler. Wenn wir dem Kontemplieren von Liebe, Mitgefühl, Freude und Gleichmut unsere volle, unabgelenkte Aufmerksamkeit schenken, werden sie ihre volle Kraft entwickeln, und dann gibt es nichts Besseres, als genau das zu meditieren.

Selbst oder Nicht-Selbst: wer sind wir wirklich?

Fred von Allmen

Zu Beginn eine Geschichte: Der 5. Dalai Lama war ein großer Herrscher über Tibet. Er erweiterte das damalige Reich, festigte es politisch und ließ damals auch den berühmten Potala-Palast in Lhasa erbauen. Leider verstarb er viel zu früh, der Bau und viele politische Geschäfte waren noch unvollendet. Seine Stellvertreter beschlossen kurzerhand, seinen Tod geheim zu halten. Es wurden also weiterhin Botschaften *von ihm* an das Volk vermittelt und *seine* Befehle wurden ausgegeben. Zu Zeiten, in denen er üblicherweise öffentlich aufgetreten wäre, hieß es, er sei im Retreat. So *wusste* jeder im Volk, dass der Dalai Lama wie üblich in seiner Residenz war – oder im Retreat. Das dauerte 13 Jahre! Schließlich kam der günstige Moment und seine Stellvertreter verkündigten, dass der 5. Dalai Lama jetzt gestorben sei und man einen Nachfolger, den 6. Dalai Lama, gefunden habe.

Genauso, wie alle Tibeter während 13 Jahren glaubten, ja wussten, dass der Dalai Lama in seinem Palast zu finden sei, dass er dort lebe, genau so glauben wir, dass in unserem Körper und/oder Geist ein unabhängig existierendes *Selbst*, ein reales *Ich* zu finden sei. Dieser Frage nach dem vermeintlich existierenden Selbst möchte ich diesen Vortrag widmen und dabei ergründen, wer wir wirklich sind. Dabei werde ich über *anatta* sprechen, meist übersetzt als *Nicht-Selbst*.

In der buddhistischen Praxis geht es darum, befreiende Weisheit und tiefes Mitgefühl zu verwirklichen. Letztlich geht es um Befreiung von allen Leiden schaffenden, täuschenden und quälenden Zuständen von Herz und Geist, den *Kleśas*[103], und um die Entfaltung aller wunder-

103 Belastende Geisteszustände, Verstrickungen, auf Pāli: *kilesa*, Sanskrit: *kleśa*

baren Qualitäten[104]. Um dies zu ermöglichen, müssen wir verstehen, wie diese täuschenden und quälenden Gefühle, Emotionen und Funktionen entstehen und wie sie die innewohnende Freiheit behindern und blockieren. Um es kurz zu fassen: Sie werden verursacht durch Unwissenheit bzw. Verblendung, weil wir uns dadurch in Bezug auf die Natur aller Dinge täuschen: innen und außen, körperlich, sinnlich, emotional und geistig.

Verkehrte Wahrnehmungen

Was unbeständig ist, nehmen wir gefühlsmäßig so wahr, als sei es beständig. Von Erfahrungen, die an sich immer unzulänglich sind, erhoffen wir Erfüllung, bleibende Befriedigung. In Erfahrungen und Dingen, die an sich nicht Ich, nicht mir, nicht mein sind und die nicht in unserer Kontrolle sind, sondern ihren eigenen Naturgesetzen folgen, erfahren wir ein *Ich,* ein *Selbst*, ein *Subjekt,* ein Zentrum, das die Erfahrungen scheinbar *hat* oder *macht*. Wir sehen also Unbeständiges als beständig, Unzulängliches als erfüllend und Unpersönliches als Ich, mich, mein oder mir. Das sind die problematischen Täuschungen (*vipallāsa*), denen wir praktisch von Moment zu Moment – meist unbewusst – zum Opfer fallen und die endlose Universen des Leidens in uns erschaffen.

Unbeständig statt dauerhaft

Angenommen, ein wertvoller Besitz oder ein geliebter Mensch, kurz, etwas Angenehmes, an dem wir hängen, vergeht, verschwindet, läuft ab, haut ab, verlässt uns, geht kaputt oder stirbt. Dann sind Gefühle von Verlust, Enttäuschung, Trauer, Schmerz, Niedergeschlagenheit, Empörung, Ärger oder Eifersucht einige der leidvollen Folgen, falls wir tief innen damit gerechnet haben, dass es bleiben würde. Hier-

104 *Sobhana* (Pāli) bedeutet »schön«, »geschmückt«. Heilsame Qualitäten von Herz und Geist

durch wird offensichtlich, warum wir uns mit der Unbeständigkeit auseinandersetzen müssen, wenn wir in echtem Frieden in Körper und Geist in dieser Welt verweilen möchten.

Genau das üben wir in der Erkenntnis-Meditation. Vipassanā bedeutet: die Dinge erkennen, wie sie wirklich sind, zum Beispiel als unbeständig, vergänglich. Dieses Erkennen muss zur unmittelbaren Moment-zu-Moment-Erfahrung werden.

Über die Unbeständigkeit zu kontemplieren, macht für die meisten von uns Sinn: Es ist nachvollziehbar, warum das eine wesentliche Praxis ist. Nicht dasitzen und auf eine schöne Meditationserfahrung hoffen, sondern sich zutiefst mit der Vergänglichkeit auseinandersetzen – Tag und Nacht, in direkter Meditation und auch im alltäglichen Denken. Damit sich unser Griff auf die Dinge zu lösen beginnt. Bis der Leim nicht mehr klebt und wir tief Luft holen und durchatmen können! Darum geht es. An einem Haus an der Kollerstrasse in Bern heißt es:

»Glück und Unglück, beides trag in Ruh.
Alles geht vorüber – und auch Du.«

Das ist uns längst klar. Aber diese Erkenntnis konsequent in unser Leben umzusetzen, das ist die Praxis!

Unzulänglich statt erfüllend

Etwas schwieriger ist es mit der zweiten Täuschung, die bewirkt, dass wir Unzulängliches als erfüllend sehen oder erhoffen. Ich vermute, dass hier das Problem zu einem guten Teil darin besteht, dass wir diese unverrückbare Tatsache des Daseins nicht sehen *möchten*, nicht akzeptieren wollen, ja, sogar glauben, es sei schlecht, sie anzunehmen. Aber, wenn alles, was entstanden ist, wieder vergeht, alles was geboren ist, wieder stirbt, dann kann uns auch nichts *bleibende* Befriedigung oder Erfüllung bieten. Genau das erhoffen wir uns aber immer wieder, meist unbewusst. Mit dem Verstand ist uns das klar, emotional und intuitiv aber versteckt sich tief in uns die Hoffnung, ja sogar Anspruch auf Erfüllung – sei es durch die nächste Zigarette, die geplante Reise, durch die richtige Partnerin, durch die lieben Kinder, den neuen Job oder die nächste Meditation.

Dukkha[105] bedeutet *unzulänglich*, aber auch *leidvoll*. Dieses Dasein ist tatsächlich oft leidvoll: Wichtige Unternehmungen misslingen. Wir werden krank. Ein geliebter Mensch stirbt. Das Flugzeug stürzt ab. Die Erde bebt. Das Meer oder der Fluss tritt über die Ufer. Ein Vulkan bricht aus. Das Atomkraftwerk explodiert. Dukkha ist eine unumstößliche Tatsache unseres Daseins.

Manchmal könnte man glauben, das Gesetz, bekannt als »Murphy's Law«, würde tatsächlich in jedem Moment wirken. Es lautet:

»Wenn etwas schief gehen kann, dann wird es schief gehen!«

Zum Glück ist es meist nicht ganz so schlimm. Dennoch möchten wir die Tatsache von Dukkha lieber verdrängen. Dabei wäre es außerordentlich befreiend, wenn wir sie voll und ganz sehen und akzeptieren könnten – und zwar nicht: sehen und dann verdrängen, sondern: sehen und vollständig annehmen. Das heißt nicht, dass wir fatalistisch werden sollen. Aber realistisch!

Oft sind wir überzeugt, dass es ein Fehler ist, wenn jemand krank wird; dass etwas falsch gelaufen ist, wenn ein Unglück oder eine Katastrophe geschieht; dass es die Schuld von jemandem sein muss, wenn etwas schief geht. Natürlich gibt es Unfälle, an denen jemand die Schuld trägt. Aber das trifft sicher nicht für alles Leiden zu, das uns widerfährt. Oft geben wir uns selbst Schuld oder sind überzeugt, dass es unser Fehler ist, wenn Dinge schwierig sind, wenn etwas schief geht. Es gibt ja sogar diese schreckliche New-Age-Vorstellung, dass jeder, der eine schwere Krankheit hat, selber schuld ist.

Dukkha ist ein Naturgesetz, eine Eigenschaft des Daseins. Schwieriges geschieht nicht, weil mit dem Leben etwas (noch) nicht okay ist, weil Gott mich straft oder weil ich nicht gut genug bin. Die Dinge

105 Unzulänglichkeit, Leid auf Pāli: *dukkha*, Sanskrit: *duḥkha*

sind deswegen unzulänglich und manchmal schmerzlich oder gar schrecklich, weil es ein Gesetz des Daseins ist. Dukkha klar zu sehen und zu akzeptieren, ist sehr befreiend. Das unmittelbare Erkennen dieses Sachverhalts – in der Meditation – gehört zu unserer Praxis. Wenn wir versuchen, über den Dingen zu schweben, sind Bruchlandungen vorprogrammiert. In Meditationskreisen ist es nicht unüblich zu versuchen, angenehme Zustände zu erschaffen in der Annahme, das genüge, um letztlich die Beschwerlichkeiten des Lebens umschiffen zu können.

Schwieriger ist das Durchschauen der dritten Täuschung, sich als ein konkretes, abgetrenntes Ich zu erfahren, das in Wahrheit so nicht existiert. Dies bedeutet auch, eine dualistische Welt mit Subjekt und Objekt zu erleben, was nicht der Wirklichkeit entspricht. Unsere Hauptaufgabe ist als *anatta* (Nicht-Selbst) zu erkennen, was für *atta*[106](Selbst) gehalten wird.

Warum es ein Problem ist, ein Selbst zu ergreifen

Anatta ist schwerer zu verstehen als die anderen beiden Punkte, weil es um etwas geht, das es nicht wirklich gibt, von dessen Existenz wir aber zutiefst überzeugt sind, ähnlich wie die Tibeter, als sie von der Existenz des Dalai Lama im Palast überzeugt waren, obschon es ihn in diesen 13 Jahren gar nicht mehr gab. Am treffendsten wird für mich die Problematik mit dem folgenden chinesischen Ausspruch beschrieben:

> »Es ist schwer, eine schwarze Katze in einem völlig dunklen Raum zu finden –
> vor allem, wenn gar keine drin ist.«

106 *Selbst* auf Pāli: *atta*, auf Sanskrit: *atman*. Das hinzugefügte »an-« ist eine Verneinung und beschreibt die Abwesenheit von etwas.

Die Schwierigkeit liegt darin, dass wir davon überzeugt sind, dass es in dem Raum die Katze wirklich gibt, beziehungsweise, dass da wirklich jemand oder etwas in uns vorhanden ist, das unabhängig vom Körper, vom Sehen, Hören, Fühlen und Denken, von der Wahrnehmung, der Entscheidungsfähigkeit und vom Bewusstsein existiert. Ob man es *Ich*, *Selbst*, *Seele* oder was auch immer nennt – philosophisch, religiös, intuitiv und emotional ist die Überzeugung, dass da noch ein zusätzlicher Jemand ist, der alle Erfahrungen ist oder *hat*, tief in uns verwurzelt. So fühlt sich auch unsere alltägliche Wahrnehmung an: da bin *Ich*, der etwas erfährt und erlebt – eben dualistisch. Wesentlich ist deshalb zu verstehen, was gemeint ist mit diesem Selbst, von dem es keines geben soll – und warum diese verkehrte Wahrnehmung Probleme und Leiden schafft.

Aber zuerst einmal möchte ich Folgendes klarstellen: Niemand sagt, es gäbe uns nicht – keine Sorge. Die Erkenntnisse und die Lehren des Buddhas sind nicht naiv, sondern ziemlich genial. Natürlich gibt es uns, aber als Prozess, als Zusammenspiel zahlloser Elemente und Ereignisse, als Symphonie – oder manchmal als Kakophonie. Aber es gibt kein festes, die Zeit überstehendes Ich oder Selbst, keinen Wesenskern, irgendwo in uns, auch wenn es sich meist eindeutig so anfühlt, denn wir erfahren tatsächlich dieses glaubhafte *Ich-Gefühl*, das den Eindruck eines scheinbar soliden Ichs erzeugt.

Es ist soweit auch gut, dass wir wissen: Ich bin jemand. Ich bin ein fühlendes und denkendes Lebewesen. Das ist völlig unproblematisch, weil es korrekt ist. Die Komplikationen beginnen mit der Identifikation und dem Anhaften an diesem Ich-Gefühl. Wir sind überzeugt, dass wir dieses Ich, dieses Selbst sind. Solchermaßen identifiziert, erfahren wir uns als Zentrum des Universums und hoffen und versuchen ständig, dieses innere und äußere Universum unter Kontrolle zu bringen. Weil das Universum und das Leben aber nicht unseren Wünschen und Hoffnungen folgen, sondern seinen eigenen Gesetzen, ist enormes Leiden vorprogrammiert.

Darum ist es so wichtig, *Selbst* – Ich, Mich, Mein – richtig zu verstehen und zu erfahren, wie es wirklich ist. Nochmals: Es geht darum, zu erkennen, wie das Sich-Identifizieren mit *Ich* und *mein* inneres Leiden schafft – und wie das Durchschauen dieser Täuschung davon befreit.

Wie Selbst erscheint

Wie erscheint ein Ich oder Selbst in uns? Es gibt eine nützliche und eine problematische Weise, in der es auftritt.

Als Erstes gibt es den ganz praktischen Aspekt von *Ich*:

- Es ist sinnvoll und nützlich, über sich als *Ich* zu denken und zu sprechen. Ich, Fred, anders als Du, Michael oder Sylvia.
- Es ist sinnvoll und praktisch, in Begriffen wie *mich* zu denken und zu sprechen. Ich weiß, im Moment hört ihr *mich* sprechen, nicht den Stuhl, oder die Wand.
- Es ist sinnvoll und praktisch, in Begriffen wie *mir* und *mein* zu denken und zu sprechen. Dieser Schal gehört mir, ich nehme ihn mit, wenn ich abreise. Dieser Wecker gehört nicht mir, ich lasse ihn hier, wenn ich gehe. Ich weiß, welcher Mantel meiner ist. Du weißt, welche Schuhe nicht deine sind.

Das ist alles ganz praktisch – und wir können weiter so reden wie bisher: Ich, mich, mein. Okay? Darüber müssen wir nicht diskutieren. Es ist die korrekte Verwendung von Ich, mich und mein.

Als Zweites gibt es eine problematische Art und Weise, in der das *Ich* oder vielleicht besser das *Ich-Gefühl* erscheint. Wir sind überzeugt, da ist Jemand. *Ich*. Es *fühlt* sich nicht nur so an, sondern es *ist* so. Ich fühle mich heute so und vor 20 Jahren fühlte ich mich anders, aber auch damals war es *Ich*. Das Ich-Gefühl und alles, was dazu gehört, erscheint ziemlich solide: *mein* Aussehen, *meine* Kleidung, *mein* Besitz, *meine* Partnerin, *meine* Kinder, *meine* Meinungen (d.h., so wie ich meine, dass es tatsächlich ist!), *meine* Überzeugungen, *meine* Zukunft usw.

In buddhistischer Terminologie definiert man dies als Identifikation mit (oder Anhaften an) den fünf Daseinsgruppen[107]: *mein* Körper, *meine* Gefühle, *meine* Wahrnehmungen, *meine* Entscheidungen und Handlungen, *mein* Bewusstsein. Um diesen Sachverhalt in unserer eigenen Erfahrung klar zu erkennen, brauchen wir achtsames Gewahrsein, Interesse und Ergründen – im Retreat wie im Alltag, tagein, tagaus. Hier findet echte Praxis statt: im Schauen, Spüren, Sehen! Wie ist es? Wie fühlt es sich an? Wie gehe ich damit um? Wie wirkt es auf mich?

Einbildung (māna)

Einbildung, Stolz, Dünkel (*māna*) ist ein ganz wichtiges Thema, um das Erscheinen von Ich-Gefühl(en) zu verstehen. Einbildung oder Dünkel entsteht durch Vergleichen: *Ich* versus *Du* – *Ich* im Vergleich zu *Anderen*. Wie stehe *ich* da, im Vergleich zu *Jenen*?

- Bin ich besser als …? wichtiger als …? interessanter als …? intelligenter als …? attraktiver als …? stärker als …?
- oder bin ich schlechter als …? unwichtiger als …? langweiliger als …? dümmer als ….? unattraktiver als …? schwächer als …?
- oder bin ich gleich gut wie …? gleich wichtig wie …? gleich interessant wie …? gleich intelligent wie …? gleich attraktiv wie …? gleich stark wie …?

Im Prozess des sich Vergleichens mit Anderen kann das Ich-Gefühl sehr gut wahrgenommen werden. Ich weiß, dass viele von euch bestens vertraut sind mit diesem wunderbaren Praxis-Feld des Beobachtens von Selbst oder Ich, mich, mein und mir. So viel also zu der Frage, wie ein *Ich* oder *Selbst* oder das *Ich-Gefühl* in uns erscheinen. Ent-

107 Daseinsgruppen, Aggregate auf Pāli: *khandha*, Sanskrit: *skandha*

scheidend ist hier, dass wir diese Sachverhalte nicht als philosophische Erkenntnis oder als buddhistische Darlegung betrachten, sondern dass wir sie in unserer direkten Wahrnehmung überprüfen und verstehen lernen.

Wer oder was wir sind

In einer Rezension von *Ego-Tunnel*, dem spannenden Buch des Philosophen und Ethikers Thomas Metzinger stand:

> »Eine der wichtigsten Fragen, die Metzinger zu beantworten versucht, lautet in etwa: Wie kommt es zu so etwas wie einem *ganzheitlichen Ich-Gefühl*? Die vereinfachte Antwort lautet: Das menschliche Gehirn bewerkstelligt es, dass seine Träger sich fühlen, als hätten sie ein Selbst, ein Ich. Das aber haben sie in Wahrheit gar nicht: Ganz im Gegensatz zu dem, was die meisten Menschen glauben, war oder hatte niemand je ein separat und unabhängig existierendes Selbst.«

Ein unbekannter Autor liefert den humorvollen Beweis mit einer Aussage, die wohl viele von uns unterschreiben könnten:

> »Wenn ich wirklich ich wäre, dann wäre ich ziemlich anders, als ich jetzt bin.«

Der britische Neuropsychologe Paul Broks schreibt, was es aus wissenschaftlicher Sicht mit dem Selbst auf sich hat:

> »Aus einer neurowissenschaftlichen Perspektive sind wir alle gespalten und dis-kontinuierlich. Die … Prozesse, die unserem Selbstgefühl zugrunde liegen – die Gefühle, Gedanken und Erinnerungen – sind in verschiedenen Zonen des Gehirns verstreut. Es gibt keinen speziellen Punkt, an dem sie

> zusammenlaufen. Kein Cockpit der Seele. Kein Seelen-Pilot. Sie fließen zusammen in einem Erzeugnis der Dichtung, der Fiktion. Ein Mensch ist ein geschichtenerzählender Lebens-Prozess. Das Selbst ist eine Geschichte. Das bedeutet nicht, dass unsere Leben nur Fiktionen sind. ... Wir sind eingebettet in ein Universum mit physischen und moralischen Dimensionen, in dem sich jeder Gedanke und jede Handlung in eine Million Wirkungen aufspaltet. Wer erzählt die Geschichte des Selbst? Das ist, als würde man fragen: Wer donnert den Donner oder wer regnet den Regen? Es sind nicht so sehr wir, welche die Geschichte erzählen, sondern die Geschichte, die uns erzählt.«[108]

Könnt ihr das sehen, in der Meditation? Unser Geist erzählt sich ständig, wer wir sind. Die Fragen in Bezug aufs Nicht-Selbst, die ich am öftesten höre, lauten: »Wenn es kein Selbst, kein Ich gibt, wer denkt dann? Wer entscheidet? Wer hat einen Willen?« Die Antwort sollte nun ziemlich offensichtlich sein, nach dem was wir von Broks aus der Neurowissenschaft gehört haben:

Es ist:
das Sehen, das sieht
das Hören, das hört
das Denken, das denkt
der Wille, der will
das Fühlen, das fühlt
der Hass, der hasst
die Liebe, die liebt
das Bewusstsein, das bewusst ist
die Achtsamkeit, die achtsam ist
das Selbst, das selbstet
das Anhaften, das anhaftet
die Gelassenheit, die gelassen ist

108 Paul Broks, Into The Silent Land: Travels in Neuropsychology, Atlantic Monthly Press, 2004

die Ruhe, die ruhig ist
das Erkennen, das erkennt

Der Buddha entdeckte genau das schon vor zweieinhalbtausend Jahren. In Sāvatthi sprach er zu Bāhiya:

»So sollst du dich üben, Bāhiya:
Im Sehen gibt es nur das Gesehene,
im Hören ist nur das Gehörte,
im Empfinden ist nur das Empfundene,
im Wahrnehmen ist nur das Wahrgenommene …«[109]

Und weiter, vereinfacht ausgedrückt:

»Dann, Bāhiya, gibt es kein *Ich*
in diesem Sehen, Hören, Empfinden, Wahrnehmen …
und genau dies ist das Ende des Leidens …«

Bāhiya soll die Bedeutung dieser Aussage sogleich vollkommen verwirklicht haben: Leiden endet, weil Erfahrungen – seien sie angenehm, schmerzhaft oder neutral – keinem scheinbaren Zentrum, Mittelpunkt, Ich oder *mir* widerfahren. Identifikation, Ergreifen und Anhaften fallen weg und Freiheit ist da. Die Erfahrungen sind noch immer die gleichen, aber niemand hat ein Problem damit. »No Self – no Problem!« Und wo kein Ich zu finden ist, fallen auch mich, mir, mein und alles Anhaften daran weg. Ajahn Buddhadassa, der große Thai-Meister, schrieb:

»Den folgenden Ausspruch zu hören heißt,
jeden Satz der Lehre gehört zu haben:
›Sabbe dhamma nalam abhinivesaya‹,

109 Buddha, Bāhiya Sutta, Die Lehrrede über Bāhiya, Udāna 1.10

was besagt: ›Nichts soll erfasst und festgehalten werden‹.[110]
Dies gehört zu haben bedeutet, die gesamte Lehre vernommen zu haben.
Seinen Sinn zu praktizieren heißt, sämtliche Praktiken zu üben.
Die Früchte dieser Praxis zu erlangen bedeutet,
die Früchte der gesamten Buddha-Lehre erlangt zu haben.«

Kein Ding, kein Wesen, keine Situation, keine Erfahrung und auch kein *Ich* oder *Ich-Gefühl* soll erfasst oder festgehalten werden. Das ist alles.

Die Praxis

Und nun nochmals ganz praktisch: Schaut immer und immer wieder hin, im Retreat und im Alltag. Spürt, wie es sich anfühlt, wenn ihr euch zum Beispiel beleidigt, angegriffen oder einsam fühlt, wenn euch nicht passt, was ich hier sage, oder wenn ihr euch erfolgreich, bewundert oder sonstwie besonders fühlt. Spürt, wie da ein Einswerden mit diesem Ich stattfindet: *Ich* bin gekränkt. Er hat *mich* getäuscht, verlassen oder gelobt, bewundert. Da ist kein Zweifel an der Realität dieses *Ich* und dessen, was *mir* widerfährt. Das zu sehen ist spannend und sehr aufschlussreich. So findet wirkliche Meditation statt. Es sind ideale Gelegenheiten, um zu sehen, wie das Selbst-Gefühl entsteht, und zu beobachten, ob wir uns damit identifizieren – oder ob wir offen, gewahr und frei bleiben können.

Dann können wir das Ganze noch von einer anderen Seite beobachten, mit einem Blick auf die Gesetzmäßigkeiten des Lebens, im Körper, in den Gefühlen und im Geist: Nach einem Hoch geht's wieder runter, nach einer leichten Phase wird's wieder mühsam, nach Gesundheit kommt Krankheit, mal sind wir müde, mal frisch, mal

110 Aṅguttara Nikāya 7.58. Aus Buddhadasa Bhikkhu, Heartwood of the Bodhitree

lebendig und mal schlapp. Alles in einem Prozess des abhängigen Entstehens und Vergehens. Durchaus nicht zufällig, aber leider nicht entsprechend unseren Hoffnungen, Erwartungen und Vorstellungen. Kontrolle ist möglich, aber ausschließlich im Rahmen der Gesetzmäßigkeiten des Daseins.

Erwünschtes und Unerwünschtes wird erfahren, oft scheinbar aus dem Nichts auftauchend, wie in einem Kino, in dem alle zwei Minuten ein anderer Film gezeigt wird. Denken wir: Fehler? Oder sehen wir die Gesetzmäßigkeiten des bedingten Entstehens am Werk? Wenn der Luftdruck sinkt und feuchte Luft eindringt, regnet es – nicht, weil wir wieder einmal etwas falsch gemacht haben. Bei hohem Luftdruck wird es schön – nicht, weil wir gehorsam waren oder gut meditiert haben. Die Lebensprozesse vollziehen sich vielmehr auf Grund von abhängigem Entstehen.

In der Vipassanā-Meditation wird dieser Tanz der Erfahrung sehr schnell sichtbar, vorausgesetzt, wir sind mit echtem Interesse dabei. Wie könnte in einem Daseins-Prozess, in dem alles unbeständig und vergänglich ist, ein Teil davon, ein Zentrum, unveränderlich sich selbst bleiben? Unmöglich! Um dies zu sehen, ist konsequentes Betrachten der Unbeständigkeit und des abhängigen Entstehens unerlässlich. Es erlöst uns – sachte, aber unaufhaltsam – vom Leiden des Festhaltens an einem scheinbaren Selbst oder an sonst irgendetwas.

In dieser interessierten, offenen Präsenz gibt es auch immer wieder Momente, in denen das Ich-Gefühl weg ist und einfach niemand da ist. Alles ist immer noch gleich: Sehen, Hören, Fühlen, Denken, nur dass keiner da ist, der es hat. Es gibt keine Subjekt-Objekt-Erfahrung mehr. Wir sind im non-dualen Erleben. Das sind befreiende Momente der Erkenntnis. Wir beginnen, die Tatsache von Anatta, Nicht-Selbst, zu verstehen. So wird es möglich, diese zentrumsfreie Wirklichkeit öfter zu sehen und für Momente darin zu ruhen. Das bedeutet nicht gleich, dass wir erleuchtet sind, es sei denn, das Selbst-Gefühl und das Anhaften würden nie mehr auftauchen. Aber es sind sehr befreiende Momente der Erkenntnis, die uns weiterbringen.

Fragen

Eine Frage, die hier aufkommen kann, lautet: »Wenn niemand da ist, dem all das widerfährt und der diese Person ist, wird man dann nicht nachlässig und desinteressiert oder gar fatalistisch?« Tsoknyi Rinpoche gibt eine Illustration zu diesem Punkt:

> »Unsere Situation als Mensch ist vergleichbar mit dem Bewohnen eines Hotelzimmers. Es gehört mir für zehn Tage. Ich richte mich ein soweit möglich, mache Ordnung, bin respektvoll und freundlich mit dem Personal, ich kümmere mich um alles, aber tief innen weiß ich: Es gehört mir nicht.«

Wir sind also beides: aufmerksam, sorgfältig, verantwortlich und zugleich innerlich entspannt – »no problem«. Alles ist eine Frage der Praxis des kontinuierlich interessierten, achtsamen Gewahrseins. Chögyam Trungpa Rinpoche beschreibt, was die Erkenntnis von Nicht-Selbst und die daraus folgende Verbundenheit bewirken kann:

Die Regie des Lebens

»Wohin wir auch kommen,
bauen wir unsere kleine Bühne auf,
nehmen eine bestimmte Haltung ein
und sehen die Dinge in unserem Licht.
Dann suchen wir Mitspieler und inszenieren unser Stück.

Manchmal, in den Pausen,
haben wir Zeit, unsere Bühne zu untersuchen.
Wir erschrecken vielleicht über die Enge des Raumes,
die Stereotypie unserer Haltung,
die Einfarbigkeit des Lichts

und die Monotonie unseres Stücks.

Dann entdecken wir,
dass unsere Mitspieler nicht auf unsere Regieanweisungen
warten,
sondern ihre eigenen Bühnen, Haltungen, Farben und Stücke
haben –
unglaublich viele verschiedene;
dass der Raum viel größer ist, als wir dachten –
genau genommen unbegrenzt groß;
dass das Welttheater längst im Gang ist –
spannender als unser Stück.

Und zuletzt merken wir,
dass wir unser Stück nicht unbedingt durchsetzen müssen.
Wir sehen uns selbst und all die übrigen ›RegisseurInnen‹ in
anderem Licht,
berührt und lächelnd vielleicht,
mit mehr Wachheit, Offenheit, Wärme und Spielfreude.«

Elfter Tag

Segen erfahren

Tilmann Lhündrup

Zunächst meditieren wir wieder, um in ein offenes Gewahrsein zu finden. Wir beginnen damit, dass wir den gesamten Körper spüren, bewusst hören, bewusst sehen und erspüren, wie wir uns innerlich fühlen: »Wie fühle ich mich eigentlich gerade?« Wir öffnen uns, soweit wir das können, für unser gegenwärtiges Erleben und nehmen es an. Wir versuchen nicht, jemand anders zu sein.

... stille Meditation ...

Sich nicht identifizieren, auch nicht mit Schmerzen

Was immer wir gerade spüren, hören, sehen, was immer gerade im Geist auftaucht, alles hat die Natur einer Spiegelung des Mondes im Wasser. Was, wie gesagt, nicht bedeutet, dass es unser Erleben nicht gäbe. Vielleicht habe ich gerade Schmerzen – im Rücken, in den Hüften, in den Knien oder Kopfschmerzen. Diese Schmerzen sind geistige Erfahrung. Sie sind da und jetzt kommt es darauf an, wie ich damit umgehe, ob ich den Zoom auf sie richte, ob ich sie vergegenständliche und mich mit ihnen identifiziere. Immer wieder entstehen neue »Spiegelungen« des Schmerzes. Es ist nie ganz derselbe Schmerz, er ist stets ein wenig anders und doch im Wesentlichen so wie vorher. Und immer wieder haben wir die Möglichkeit, anzuhaften und abzulehnen oder auch annehmend zu entspannen.

Bei solchen Unterweisungen denken wir vielleicht, im Erkennen der traumgleichen Natur der Erscheinungen würden die Erfahrungen tatsächlich verschwinden. Aber auch wenn wir darüber meditieren, dass die Geräusche vom Traktor da draußen ähnlich wie in einem Traum wahrgenommen werden, hören die Geräusche trotzdem nicht auf. Genauso ist es mit visuellen Wahrnehmungen, mit Körperempfindungen und mit allen anderen Wahrnehmungen. Wir erkennen ihre wahre Natur und werden dadurch frei von zwanghaften Reaktionen. Doch Wahrnehmungen hören nicht auf, wenn wir sie als traumgleich erfahren.

Wie alles Erleben sind auch Schmerzen Prozess. Wie wir diesen Prozess leben, hängt davon ab, wie wir damit umgehen. Ein Schmerz kann größer und kleiner werden und zeitweilig auch mal verschwinden, wenn wir mit anderem beschäftigt sind oder uns angenehmer hinsetzen. Aber er kann auch wieder auftauchen. Hier sollten wir uns eines klar machen: Mahāmudrā ist keine besondere Kunst, das Unangenehme wegzumachen, sondern eine Tradition, die einen Zugang zu tiefem, weisem Gleichmut aufzeigt, d. h. zu der Fähigkeit, unsere Erfahrungen unvoreingenommen und offen zu erleben. Wir arbeiten mit dem, was wir ändern können: mit unserem Reagieren. Daneben gibt es das, was wir nicht ändern können, sondern akzeptieren müssen. Ob wir uns gegen ein Geräusch auflehnen, uns darüber freuen oder aber seine wahre Natur erkennen, sind grundverschiedene Haltungen, die ebenso verschiedene Wirkungen zeigen.

Es mag sein, dass manche Leute, die gut geübt sind, beim Zahnarzt keine Anästhesie brauchen, selbst für Wurzelbehandlungen. Aber das ist nur möglich, wenn sie sich wirklich durchgehend nicht mit ihrem Körper und den Schmerzen identifizieren und sich das nicht nur einbilden. Sobald wir an der Empfindung festhalten, haben wir Schmerzen. Aber Nicht-Identifikation üben wir nicht allein, um Schmerzen zu entkommen, sondern auch, damit unser Geist frei ist für Sinnvolles, z.B. für unsere Aufgaben. Wenn wir auf körperlich bedingte Schmerzen nicht mehr automatisch reagieren, sind wir weniger gefangen und freier. Das bedeutet aber nicht, dass die Empfindungen an sich verschwinden. Wenn wir eine gewisse Meisterschaft erlangt haben, uns mit Empfindungen nicht zu identifizieren, fühlen wir durchaus unseren Körper, wir haben Körperempfindungen, aber ohne zwanghaft darauf zu reagieren und sie als angenehm oder unangenehm zu erfahren.

Segen und der spirituelle Meister

Ich möchte nun darüber sprechen, welche Rolle das Erleben von Segen haben kann. Es heißt an vielen Stellen, dass Mahāmudrā nicht ohne Segen zu erfahren sei, und der Neunte Karmapa schreibt:

> »Die Quelle aller meditativen Erfahrungen und Erkenntnisse
> ist die Meditation auf den Meister (Guru-Yoga). …
> Sobald Du Segen empfängst,
> erfährst Du augenblicklich alle Erkenntnisse.«[111]

Die Kagyü-Übertragungslinie ist eine Segenslinie, und als Quelle diesen Segens wird der persönliche Lehrer, die persönliche Lehrerin betrachtet. Karmapa führt hier ein Zitat aus dem Schmuck der Mahāyāna-Sutren an:

> »Stütze Dich auf einen spirituellen Freund,
> der gelassen, stabil und beherrscht ist,

111 Ozean, S. 88

der überlegene Qualitäten hat,
unermüdlich und reich an Textübertragungen ist,
der die Soheit vollständig verstanden hat
und geschickt im Kommunizieren ist,
der eine liebende Natur besitzt
und niemals überdrüssig ist.«[112]

Zum Glück gibt es solche Menschen! Es ist ein großes Glück, bei solch einem Lehrer praktizieren zu dürfen und tatsächlich diesen Segen zu erfahren.

Ein anderer Ausdruck für Segen ist »inspiriertes Vertrauen« – eine der drei Formen von Vertrauen, die bereits angesprochen wurden. Wir fühlen eine tiefe Inspiration, von der wir gar nicht recht wissen, woher sie eigentlich kommt. Wenn wir in die Nähe eines solchen Lehrers oder inspirierenden Menschen kommen, entspannt und öffnet sich unser Geist ohne eigenes Zutun – wir wissen gar nicht, wie uns geschieht. Es passiert einfach. Der Geist geht auf und die Probleme, die wir vorher hatten, fallen ab. Die Fragen, die wir gerade noch hatten, bevor wir die Türe aufmachten, sind wie weggeblasen. Wir fühlen uns zu Hause im eigenen Geist und das Herz ist offen. Die Begegnung mag noch lange nachwirken und überrascht fragen wir uns: »Was ist denn da passiert?« Wenn wir das immer wieder erfahren, wenn wir mit dem Meister oder der Meisterin Kontakt haben, persönlich oder wenn wir an ihn denken, sagen wir vielleicht: »Dieser Mensch hat eine erstaunliche Segenskraft«.

Segen ist eine besonders heilsame, öffnende Ausstrahlung, die von jemandem ausgeht. Das tibetische Wort für Segen ist *djin-lab*. *Lab* heißt Welle und *djin* ist etymologisch mit dem Wort Wärme verbunden. Segen ist also so etwas wie eine wärmende Welle, die wärmende, inspirierende Geistesschwingung eines völlig offenen Menschen. Wir schwingen mit, gehen in Resonanz. In Gegenwart dieses Menschen schwingt etwas in uns so stark mit, dass es das andere, was uns eben

112 Ozean, S. 90

noch bedrückt und vernebelt hat, unwichtig macht und auflöst. Es ist nicht mehr spürbar, nur noch eine Erinnerung. Tief innen schwingen wir mit in der Offenheit und Wärme des Gegenübers und alles, was mehr oberflächlich ist, hat kaum eine Chance, sich zu halten. Aber es geht nicht jedem so. Andere werden in der Begegnung mit diesem Menschen nicht auf die gleiche Weise mitschwingen. Es ist nicht für alle gleich und auch für uns selbst nicht zu allen Zeiten gleich – es ist einfach ein Glück, wenn wir eine solche Öffnung erfahren.

Die inspirierende Begegnung mit LehrerInnen spielt eine große Rolle beim »Empfangen« des Mahāmudrā. Wir bekommen eine Ahnung davon, wie sich der Geist öffnen kann, wie es sich anfühlt, wenn er entspannt ist und nicht mehr haftet. Wir erahnen, wohin die Praxis geht. Wenn es mit solchen Lehrern zu einem Austausch über unsere Meditationserfahrungen kommt, wird sich dieses innere Gespür für den Weg weiter verfeinern.

Segen kann nicht »gegeben« und auch nicht »genommen« werden. Meister treffen keine Entscheidung, Segen zu geben oder Segen zurückzuhalten. Immer wenn diese große geistige Offenheit da ist, strahlt ganz natürlicherweise Segen aus, und alle, die sich dafür öffnen, können mitschwingen und davon erfasst werden. Die gesamte Person, der gesamte Geistesstrom eines erwachten Meisters ist in Schwingung. Aber bloß, weil jemand anders erwacht ist, bedeutet das noch längst nicht, dass seine oder ihre Schwingung bei uns ankommt. Wir müssen das Mitschwingen zulassen – und das kommt durch Vertrauen. Segen ist ein wechselseitiges Phänomen. Vertrauensvolle Öffnung ermöglicht, dass bei uns eine Art Resonanz entsteht, ein Mitschwingen. Manchmal »erwischt« uns Segen aber auch, obwohl wir uns gar nicht öffnen wollten – vermutlich, weil uns die liebevolle Offenheit in unbewussten Tiefen erreicht, die sich danach sehnen.

Diese Erfahrung von Segen braucht nicht einmal die physische Anwesenheit des Lehrers oder der Lehrerin. Segen kann schon erfahren werden, wenn wir einfach nur an sie denken. Es kann sogar sein, dass wir von dieser Person nur gehört haben. Auf diese Weise können wir den Segen des Buddhas erfahren, obwohl wir ihn nie persönlich erlebt haben. Manchmal reicht schon das Lesen eines Buches, um Segen zu erfahren – bewegende, inspirierende Inhalte, die uns in der Tiefe ansprechen. So ist es möglich, den Segen des Dharma zu erfahren. Etwas im Text bewirkt, dass wir in der Tiefe eine Resonanz erleben, und aus diesen intuitiven Tiefen breitet sich eine Offenheit aus, ein freies, offenes, fließendes Sein, das ganz unbesorgt ist, obwohl wir ansonsten vielleicht von Kopf bis Fuß voller Sorgen sind und alle Mühe haben, uns nicht von unseren Emotionen davontragen zu lassen. Aber in diesen Situationen passiert etwas anderes.

Ich wurde gegen Ende meines zweiten Retreats von meinem Lehrer gebeten, den »Kostbaren Schmuck der Befreiung«, ein tibetisches Werk von über 300 Seiten zu übersetzen. Der längste tibetische Text, den ich bis dahin mit Mühe und Not anhand einer englischen Version übersetzt hatte, war nur 30 Seiten lang, und mein Tibetisch war extrem dürftig. Doch Gendün Rinpoche sagte: »Du schaffst das, du weißt das.« Weil er dreimal insistierte und mir dann auch seinen Segen gab und den Reispapier-Blockdruck schenkte, musste ich die Aufgabe annehmen. In einer Mischung aus Verzweiflung und Vertrauen betete ich an jeder schwierigen Stelle zur Übertragungslinie und zum Autor des Buches, dem Mahāmudrā-Meister Gampopa, sie mögen mir die Lösungen zeigen. Fast immer lösten sich die grammatikalischen und inhaltlichen Rätsel morgens beim Aufwachen im Halbschlaf, wo ich empfänglicher war und weniger besorgt oder kontrollierend. So »erhielt« ich die Antworten. Das ging vier Monate so, bis ich das Buch abgeschlossen hatte. Ich konnte ganz darauf vertrauen. Inzwischen weiß ich, dass auch nicht-religiöse Menschen diese Erfahrung kennen und frühmorgens Inspiration und Klärung erfahren. Ich persönlich erlebte dabei, was der »Segen der Übertragungslinie« im Detail bewirken kann, und lernte, mir nicht mit meinen Sorgen im Wege zu stehen, sondern zu vertrauen, aufrichtig zu beten und mir helfen zu lassen … Vielleicht inspiriert das diejenigen von euch, für die der Gedanke zu beten befremdlich ist, ihre Scheu zu überwinden und es einmal zu versuchen, um sich auf diese noch ungewohnte Weise dem erwachten Gewahrsein zu öffnen.

Die eigentliche Quelle des Segens

Die eigentliche Quelle des Segens, so heißt es in den Texten des Mahāyāna, ist nicht der Lehrer oder die Lehrerin, sondern der *Dharmakāya*, der Wahrheitskörper, die offene Dimension des Geistes selbst. Diese Dimension des Erwachens, die uns allen innewohnt, erschließt sich, wenn wir starkes Vertrauen haben: Selbstvertrauen, Vertrauen in den Dharma und Vertrauen in die Übertragung. Über dieses Vertrauen können wir zu Quellen des Erkennens Zugang finden, die wir vielleicht noch nicht genutzt haben.

Segen ist ein Tor zu unserem eigenen inneren Sein und Wissen. Es geht auf durch Vertrauen und Inspiration, kann aber nicht vom Verstand aufgestoßen werden. Dieses Tor braucht einen Schlüssel, der unser Vertrauen inspiriert – das kann der Buddha sein oder jeder andere Lehrer oder Lehrerin. Dabei ist nicht entscheidend, was für Qualitäten sie haben, sondern vielmehr, ob wir Vertrauen und Hingabe haben. Wenn Vertrauen da ist, heißt es, werden alle Buddhas diese Lehrer segnen, so dass sie uns erscheinen, als ob sie der Buddha selbst wären.

Vom Verstand her wissen wir, dass der Lehrer nicht der Buddha ist, aber wir erleben eine Öffnung, als würden wir in Gegenwart des Buddhas selbst sitzen, der uns unterm Bodhibaum persönlich die tiefsten Erklärungen gibt – genau die, die wir brauchen. Wir sollten dann aber nicht den Fehler machen zu behaupten: »Mein Lehrer ist ein Buddha und besser als andere Lehrer. Ich erlebe so großen Segen und deswegen muss er großartig sein.« Nein, es ist einfach so, dass unser Geist durch Vertrauen aufgeht. Dies ermöglicht uns, in ein offenes Sein hineinzufinden, so wie uns auch Dharmatexte oder Naturerlebnisse als Brücken in die Offenheit dienen können.

Segen kann auch durch schmerzhafte Erfahrungen ausgelöst werden. Es ist sehr überraschend, wo und wann manchmal Segen erfahren wird. Irgendetwas öffnet das innere Türchen und wir betreten eine andere Sicht des Seins, die nicht vom Verstand geschaffen ist. Deswegen heißt es wohl, dass Mahāmudrā nur durch Segen zu erfahren ist – weil es nicht vom Verstand erzeugt werden kann, sondern durch Intuition erfahren wird.

Segen zu erleben ist eine normale Funktion des eigenen Geistes. Eigentlich ist unser Geist schon offen, weshalb wir jederzeit Zugang zu dieser Offenheit finden können. Wo das passiert, wird das Leben zeigen. Wenn wir es aber von vorneherein ausschließen, hat es Mühe sich zu zeigen. Doch wenn wir uns dafür öffnen, zum Beispiel durch ein Gebet, das unser Vertrauen ausdrückt, dann kann sich dieses intuitive Verstehen leichter zeigen.

Beten

Vielleicht haben wir die Vorstellung, Beten oder die Praxis von Hingabe wären nur etwas für religiöse Menschen, die an einen Gott glauben. Aber eigentlich bahnen sich beim hingebungsvollen Beten einfach unsere innewohnenden Qualitäten, wie durch eine kleine Bresche, ihren Weg in unser Bewusstsein. Dies ist ein ganz natürlicher Prozess, den auch nicht-religiöse Menschen nutzen können, denn es braucht für ein Gebet kein göttliches Gegenüber. Es braucht nur etwas, was diese Öffnung ermöglicht. Das ist oft die Begegnung mit inspirierenden Lehrern, es kann aber genauso gut ein Satz aus einer Unterweisung sein. Beim Lesen des Satzes durchströmt es uns von oben bis unten – alles öffnet sich beim Lesen dieses wahren Wortes. Es kann auch ein Bild oder eine Musik sein, die uns im Innersten öffnen und alles andere vergessen lassen. In dem Moment ist dann nur noch dieses offene Sein. Es ist also eigentlich etwas ganz Selbstverständliches. Jeder von uns trägt diese Möglichkeit in sich. – Lasst uns wieder ein wenig still sitzen.

Geführte Visualisation, in Gegenwart des Buddhas zu sein

Wer möchte, kann sich vorstellen, dem Buddha zu begegnen,
vielleicht im Schatten eines großen Baumes,
und in seine liebevolle Präsenz einzutreten.
Vielleicht spricht er zu uns: »Komm, meine Tochter, komm, mein Sohn!«
Wir setzen uns an seine Seite
und hören innerlich vielleicht eine so einfache Botschaft wie:
»Dein Geist ist wie meiner!«
Und plötzlich macht das für uns vollkommen Sinn.
In seiner Gegenwart haben wir keinen Zweifel,
denn wir beginnen seine innere Schau zu teilen.
In diesem vertrauensvollen Sein könnten wir uns fühlen, als würde der Buddha sagen:
»Bisher hast du immer gedacht, du müsstest etwas gegen deine Gedanken tun.
Aber wieso eigentlich? Schau einmal richtig hin: Kaum dass du sie bemerkst, haben sie sich bereits wieder aufgelöst!«
In diesem Segensfeld werden die vertrauten Dharma-Unterweisungen völlig offenkundig.

Beten war lange nicht leicht für mich und auch heute fällt mir der Anfang nicht immer leicht. Manchmal beginne ich so: »Buddhas und Bodhisattvas, ich weiß nicht einmal, ob da jemand zuhört …«, und damit beginne ich zu sprechen. Ich öffne mein Herz und gehe in eine Art Dialog mit einem gefühlten Gegenüber, ohne mir wirklich ein Gegenüber vorzustellen. Es vollzieht sich dann ein ganz feiner Prozess, im Stillen. Zögernd beginne ich zu sprechen, als wären meine Lehrer anwesend. Ich brauche mich nicht zu vergewissern, ob da jemand zuhört, denn inzwischen weiß ich, wie gut mir das Beten tut. Dies können wir von den Tibetern lernen, denn sie beten ständig zu den Buddhas, Bodhisattvas, ihren Lehrern und Lehrerinnen. Man kann auch Gebete an Unbekannt oder SOS-Stoßgebete an alle Buddhas richten … Auf jeden Fall stimuliert dies den Dialog mit dem erwachten Aspekt unseres Geistes. Es lohnt sich, es auszuprobieren.

Vipassanā und Mahāmudrā im Vergleich

Zusammenfassung einer Gesprächsgruppe
Fred von Allmen und Tilmann Lhündrup

Fred von Allmen:

In der Essenz nahe verwandt

Ich möchte in diesem Gespräch heute Nachmittag die Ähnlichkeiten, Unterschiede und besonderen Akzente beider Traditionen, Vipassanā und Mahāmudrā, beleuchten. Dabei werde ich auch versuchen, auf Fragen, die im Verlauf des Retreats aufgekommen sind, einzugehen.

Zu Beginn möchte ich die wesentlichen Bereiche hervorheben, in denen Vipassanā und Mahāmudrā – und auch die meisten anderen buddhistischen Erkenntnis-Traditionen – meines Erachtens übereinstimmen. Da sehe ich vor allem ihre letztendliche Zielsetzung als die bedeutendste Übereinstimmung. Die buddhistischen Traditionen, über den ganzen Erdball verstreut, haben sehr ungleiche Entwicklungen durchgemacht. Jahrtausende getrennter Entwicklung führten zu enormen Unterschieden in der Wortwahl, und zudem wurden endlose Geringschätzungskampagnen gegeneinander geführt, so dass fast unüberwindliche Gräben zwischen den Traditionen entstanden sind. Dennoch bin ich überzeugt, dass die wesentlichen

Ziele der buddhistischen Traditionen dieselben geblieben sind: vollständige Befreiung von Herz und Geist – und großes Mitgefühl für alle Wesen.

In den vier Jahrzehnten meines Lebens unter großen Meistern und Meisterinnen in verschiedenen buddhistischen Traditionen ist mir mehr als klar geworden, dass das Hauptproblem des gegenseitigen Unverständnisses einmal mehr die Unwissenheit ist. In diesem Falle das Nicht-Kennen, das Nicht-Verstehen und das Nicht-Interessiertsein an den reichen und befreienden Lehren, den Praxiszugängen und den Verwirklichungen der anderen Traditionen. Dies ist für mich einer der Gründe, warum ich unser Retreat hier so wertvoll und für das Erblühen der buddhistischen Praxis im Westen auch so bedeutungsvoll finde.

Das Wesentliche in allen buddhistischen Erkenntnis-Traditionen ist die bleibend transformierende Erkenntnis der letztendlichen Natur des Geistes und aller Dinge, die Herz und Geist von den täuschenden und quälenden Geisteszuständen, den Kleśas, befreit – und es ist das große Mitgefühl, das sich in unermüdlichem Wirken zum Wohle der Lebewesen ausdrückt. Manche Kulturen beschreiben diese Zugangsweisen in klaren und einfachen Anweisungen, wie im Falle des historischen Buddhas. Andere wiederum schmücken ihre präzisen und subtilen Erklärungen des Weges zum Erwachen mit glanzvollen, faszinierenden Bildern und Worten, wie das im indo-tibetischen Vajrayāna der Fall ist, und wieder andere verwenden Ausdrucksweisen, die das rationale Denken provozieren, um tiefe, unmittelbare Erkenntnisse auszulösen, wie es in gewissen Zen-Schulen zum Beispiel mit Hilfe der Koans praktiziert wird. Die Essenz der Botschaften bleibt dieselbe.

Ob es um die Erkenntnis der Natur des Geistes geht oder um die Verwirklichung des Unbedingten, *Nibbāna* (*Nirvāṇa*) – immer ist es eine Einsicht in das Wesen von »Erfahrung«, die uns von der Identifikation mit einem Selbst und mit allen Inhalten des Geistes befreit und zum Nicht-Ergreifen von Erfahrung jeglicher Art führt.

Dadurch werden die Kleśas ernsthaft geschwächt und schließlich aufgelöst und die innewohnenden, wunderbaren Qualitäten des Geistes, wie Weisheit und Mitgefühl, werden zum Leuchten gebracht.

Bisweilen glauben wir, dass die möglichen Verwirklichungen unserer eigenen Tradition höher und besser seien als diejenigen aller anderen. Tatsächlich geht es aber überall ausnahmslos um das zutiefst befreiende Erkennen des Wesens der Wirklichkeit, die Krone menschlicher Verwirklichungen und Lebensweisen. Was letztlich zählt ist, wie weit die einzelnen Praktizierenden diese Ideale selbst verwirklicht haben und auch tatsächlich leben.

Ein wesentlicher Unterschied

Vipassanā könnte als ein Weg von A nach B beschrieben werden. Man fängt unten an und geht höher durch Stufen, die zur Erkenntnis der letztendlichen Wirklichkeit, des Unbedingten, führen. Eine klassische Aussage in einem Zugang von A nach B ist die ermutigende Anleitung, die Goenka-jee, ein hochgeschätzter, burmesisch-indischer Meister, oft gewählt hat:

> »Jeder Schritt auf dem Weg bringt dich näher zum Ziel.«

Das ist gut verständlich – es macht Sinn. Unser Geist ist von den Kleśas verunreinigt und wird mittels der Praxis davon befreit. Was aber westliche Praktizierende dabei oft hören, lautet: »Hier, wo ich jetzt bin, ist es nicht gut genug. Ich müsste viel besser werden!«, eine klassisch christlich-abendländische Einstellung. Wir finden uns nicht okay und strengen uns an, besser zu werden. Selbst wenn die Lehrenden immer wieder betonen: »Seid gegenwärtig mit dem, was ist«, entsteht oft die Tendenz, präsent sein zu wollen, um endlich anderswo anzukommen – eben in B, dort, wo alles richtig und gut ist.

Natürlich finden wir diese Tendenz in uns allen, nicht nur in den Vipassanā-Meditierenden. Aber die Sichtweise von Mahāmudrā –

und übrigens auch die von Dzogchen – ist diesbezüglich etwas aufbauender: Es ist ein »Weg« von A nach A. Was wir erkennen und verwirklichen wollen, ist unsere ureigene wahre Natur – und diese ist näher als unser eigener Augapfel. Wie Lama Surya Das erklärt:

> »Die Frage lautet nicht, wie wir von hier nach dort gelangen,
> sondern wie wir von hier nach hier gelangen.
> Dies ist das Rätsel unseres Daseins:
> Wie können wir das werden, was wir sind?«

Im Mahāmudrā wird oft schon am ersten Tag der Belehrungen von der letztendlichen Wirklichkeit, der Natur des Geistes, gesprochen. Ich erlebte dies bereits vor Jahrzehnten, als der frühere Djamgön Kongtrül Rinpoche einen Vortrag im Kirchgemeindehaus von Bern-Rossfeld mit einer tiefgründigen Erklärung über die Natur des Geistes eröffnete – des Geistes eines jeden Anwesenden. Dies ist eine Sichtweise, die ich allen Vipassanā-Praktizierenden nahelegen möchte. Wohin wir wollen, ist da, wo wir schon sind. So werden wir vermehrt die Natur von Erfahrung ergründen, jene Aspekte der Praxis, die wirklich befreien.

Schweige-Retreats: Unterstützung und Auseinandersetzung

Sobald wir einmal verstanden haben, worum es im Wesentlichsten geht, müssen wir es in unser Leben integrieren. Wie Śāntideva sagt:

> »Lasst uns diese Lehren in die Praxis umsetzen,
> denn sonst sind wir wie Kranke,
> die bloß medizinische Texte lesen.«[113]

Gerade dieser Aspekt der Praxis wird an klassischen Vipassanā-Retreats sehr stark unterstützt. Für viele von uns, mit Jobs und Familie,

113 Śāntideva, Bodhicaryāvatāra, 5.109

ist es kaum möglich, lange Monate und Jahre in Zurückziehung zu verbringen. In den Zeiten, in denen wir uns aber doch zurückziehen können, bieten die klar strukturierten Schweige-Retreats eine wertvolle Gelegenheit, in kurzer Zeit tief in die Prozesse *und* in die Natur unseres Geistes und Herzens vorzudringen. Ich wünsche allen Mahāmudrā-Praktizierenden hier, dass sie sich soweit auf diese Form der Praxis einlassen, dass sie die Tiefe und Klarheit erleben, die in solchen Retreats möglich ist, wenn wir sie konsequent nutzen.

Als einen wunden Punkt sehe ich bei Vipassanā-Praktizierenden, dass sie das Ziel der Befreiung aus den Augen verlieren können und sich zu sehr mit ihren Unvollkommenheiten herumschlagen, weil ihnen in der Moment-zu-Moment-Achtsamkeit so viele davon begegnen. Umgekehrt sehe ich bei den Mahāmudrā-Praktizierenden eine mögliche Tendenz, gar nicht in Erwägung zu ziehen, sich mit den mühsameren Aspekten der Praxis, wie unangenehmen Körpererfahrungen und schwierigen Emotionen auseinanderzusetzen, weil sie ihren Blick auf (vermeintlich) Höheres gerichtet halten. Ich bin überzeugt, dass beide Traditionen hier voneinander Wertvolles lernen können, wenn wir uns wirklich dafür interessieren.

Kultur- und religionsfrei

Bei dieser Gelegenheit möchte ich einen Aspekt betonen, den ich an der Vipassanā-Praxis sehr schätze und von dem ich glaube, dass er für viele Menschen im Westen den Zugang erleichtert: Vipassanā kann frei von kulturellen und religiösen Komponenten praktiziert werden. Das ist vergleichbar mit dem Vorgehen des historischen Buddhas, der sich nicht in die bestehenden religiösen Strömungen einbinden ließ, sondern einen rein auf innere Entwicklung und Befreiung ausgerichteten Praxisweg lehrte.

Obschon ich seit Jahrzehnten in der tibetischen Tradition zu Hause bin und auch bestimmte Praxis-Verpflichtungen[114] einhalte, habe

114 *Samaya*

ich mich nie vollständig mit den religiösen Aspekten anfreunden können. Ich verspürte auch in jungen Jahren nie eine große Affinität zur christlichen Religion. Ich kann mir aber vorstellen, dass manche sich in religiösen Ritualen, Praktiken und Glaubenssätzen zu Hause fühlen, und diese in einer religionsfreien Praxis vermissen würden. Heute haben wir die Freiheit – oder das Dilemma – unsere eigenen Zugangsweisen wählen zu können.

Samatha und Vipassanā: Eine Begriffsklärung

In den tibetischen Traditionen ist oft von Sammlung oder Geistesruhe[115] mit oder ohne Stütze die Rede. »Mit Stütze« bezieht sich auf ein gesammeltes, ruhevolles Verweilen auf einem äußeren oder inneren Objekt: einem Berg, einer Buddha-Statue, einer Meditationsgottheit (*yidam*), dem Atem, etc. »Ohne Stütze« meint ein offenes Gewahrsein, bei dem die verschiedenen Wahrnehmungen kommen und gehen. Dabei wechseln die Objekte, aber der Geist ruht präsent, stetig und unabgelenkt in der gegenwärtigen Erfahrung.

Wenn in den verschiedenen Vipassanā[116]-Schulen von Sammlung oder Geistesruhe gesprochen wird, ist meist Geistesruhe »mit Stütze« gemeint. Man spricht in der Theravāda-Tradition von 40 Objekten der Sammlung. Die Skala reicht von Objekten der heilsamen Reflektion, über Atembetrachtungen bis zu Objekten der reinen Form und der Formlosigkeit. Viele davon können bis in tiefe Versenkungsstufen kultiviert werden.

Sobald der Geist nun ruhig, gesammelt und stetig ist, wird das achtsame Gewahrsein auf die ständig entstehenden und vergehenden Objekte gerichtet. Dabei spricht man aber nicht von Geistesruhe »ohne Stütze«, da der Begriff nicht bekannt ist. Es ist vielmehr der Beginn der Vipassanā- oder Einsichts-Meditation. Tatsächlich kann man

115 Meditation der Geistesruhe, Pāli: *samatha*, Sanskrit: *śamatha*, Tibetisch: *zhi-gnas* (gesprochen Schine).

116 Einsichtsmeditation, Pāli: *vipassanā*, Sanskrit: *vipaśyanā*, Tibetisch: *lhag-mthong* (gesprochen: Lhaktong)

aber erst dann von Vipassanā sprechen, wenn die ersten Stufen der Erkenntnis erreicht sind, das heißt, dass die Daseinsmerkmale[117] sich uns in der direkten, unmittelbaren Erfahrung offenbaren. Dazu gehören das direkte Sehen und Erfahren der Tatsache, dass es kein unabhängig existierendes Ich oder Selbst gibt, die Erfahrung des rapiden Erscheinens und Verschwindens aller Moment-zu-Moment-Erfahrungen, das unmittelbare Sehen der Tatsache, dass Anhaften in all seinen Formen Leiden schafft und Nicht-Ergreifen davon befreit, sowie letztlich tiefste Gelassenheit und Öffnung des Geistes ins Unbedingte.

Die Ausrichtung auf die Objekte, die anfangs stärker betont wird als im Mahāmudrā, beinhaltet nicht, sich in Inhalten und Geschichten zu verlieren. Je besser der Geist Moment-zu-Moment voll in Kontakt sein kann mit der jeweiligen Erfahrung und dabei ungestört und gelassen bleibt, desto mehr innere Freiheit und Unbeschwertheit ist da. Wir erleben eine Freiheit und Gelassenheit inmitten dieses Lebens und schweben nicht über den Dingen, was im Auf und Ab des realen Lebens nicht wirklich hilfreich ist.

Anders als in den allgemeinen Reflektionen über die Unbeständigkeit des Lebens und aller Dinge, wie sie in der tibetischen und in anderen buddhistischen Traditionen empfohlen und angewandt werden, bemühen wir uns im Vipassanā darum, Vergänglichkeit auf einer tiefen, unmittelbaren Ebene erfahren. Wir erleben sie als Fluss von rapide erscheinenden und verschwindenden Moment-Erfahrungen, die uns dazu zwingen, den Griff zu lockern, den Fluss des Daseins in Ruhe und Gelassenheit zuzulassen.

117 Die drei Daseinsmerkmale: 1. Unbeständigkeit (Pāli: *anicca*, Sanskrit: *anitya*), 2. Unzulänglichkeit (Pāli: *dukkha*, Sanskrit: *duḥkha*), 3. Nicht-Selbst der Person und aller Phänomene (Pāli: *anattā*, Sanskrit: *anātman*)

Tilmann Lhündrup:

Betrachtungen aus der Sicht des Mahāmudrā

Ich stimme zu, dass die wesentliche Zielsetzung beider Traditionen dieselbe ist: vollständige Befreiung von Herz und Geist – und ein Wirken zum Wohle aller aus umfassendem Mitgefühl. Die Betonung liegt hier in den Mahāyāna-Lehren stärker auf dem mitfühlenden *Wirken* in der Welt als auf der kontemplativen Entwicklung von Mitgefühl unter zurückgezogenen Bedingungen. Aber es sei dahingestellt, ob es dann praktisch wirklich einen Unterschied macht.

Auch ich bin in meiner Tradition einem erschreckenden Desinteresse an anderen buddhistischen Traditionen begegnet, sowie der Überzeugung, selber das buddhistische Nonplusultra zu praktizieren und zur authentischsten Linie von allen zu gehören. Solch eine selbstüberzogene Sicht engt den Blick ein und hält uns im Nicht-Wissen gefangen. So macht es mich umso glücklicher, unseren Austausch weiter zu pflegen. Auch für mich zählt unterm Strich nur, wie weit die einzelnen Praktizierenden einer Tradition ihre Ideale selbst verwirklicht haben und auch tatsächlich leben. Und dabei schaue ich vor allem darauf, wie sie miteinander umgehen.

Das Bild eines »Weges« von A nach A beschreibt treffend das Vorgehen in der Mahāmudrā- und der Dzogchen-Tradition, doch auch in diesen beiden Mahāyāna-Traditionen gibt es einen stufenweisen Weg von A nach B, der über das Entwickeln der befreienden Qualitäten (*Pāramitā*) Schritt für Schritt aus der leidvollen Erfahrung dieser Welt in Richtung Buddhaschaft führt. Dieser stufenweise Weg hat sich sehr bewährt, auch in Tibet, und hat seinen Platz vor allem in den ersten Jahren der Einführung in den Dharma.

Das eigentliche Mahāmudrā ist, genau wie du, Fred, es beschreibst, ein befreiendes Erleben des Jetzt, wie es gerade ist, ohne es irgendwie ändern zu müssen. Tatsächlich sprach auch Gendün Rinpoche, so wie du es bei Djamgön Kongtrül Rinpoche erlebt hast, in jedem öffentlichen Vortrag über die Natur des Geistes, und dabei passierte es immer wieder, dass einige Zuhörer dies unvermittelt erlebten, ohne bereits einen längeren spirituellen Weg zurückgelegt zu haben – einfach nur durch ihre spontan entstehende Offenheit und Klarsicht. Hierin liegt also eine große Kraft, denn solch eine unvermittelte Einführung in die Natur des Geistes kann den spirituellen Weg enorm abkürzen.

Anders als im Vipassanā gab es in der Mahāmudrā-Tradition bisher keine Gruppenretreats für stille Meditation. Die tibetischen Lehrer bevorzugen die Vajrayāna-Praktiken für die Gruppenpraxis und führen sogenannte »Drubtschö« aus, in denen gemeinsam Visualisationen, Gebete und Mantras in Verbindung mit Meditationsgottheiten praktiziert werden. Dabei wird der Blick tatsächlich auf »Höheres« gerichtet – Ziel ist, ganz in die »reine Sicht« der Erwachten einzutreten, was leider manchmal dazu führt, dass unsere irdische Bedingtheit nicht genug berücksichtig wird. In Tibet war die stille Meditation im Stil des Mahāmudrā der persönlichen Praxis vorbehalten und wurde in mehrmonatigen oder mehrjährigen Einzel-Retreats geübt. In den Theravāda-Ländern kamen die meditativen Gruppenretreats für Laien, soweit ich weiß, in der Mitte des 20. Jahrhunderts auf und haben sich seitdem vor allem für berufstätige Menschen als effektive Methode bewährt, die Meditation zu vertiefen.

Erst allmählich befreit sich die Mahāmudrā-Praxis aus dem religiösen Kontext der gläubigen tibetischen Tradition. In dieser Hinsicht sind die Vipassanā-Bewegung wie auch das Zen schon deutlich weiter fortgeschritten und beide machen heute vielfältige nichtreligiöse Angebote für einen nichtreligiösen Weg der Befreiung. Diese Möglichkeiten werden von vielen Menschen genutzt. Im tibetischen Umfeld ist das noch gewöhnungsbedürftig. Denn obwohl die Mahāmudrā-Lehre mit allen Glaubenssätzen aufräumt und frei von religiösem Überbau ist, so ist sie doch in ein stark gläubiges Umfeld eingebettet, in dem es nicht wirklich erwünscht ist, den Erkenntnisweg aus seiner kulturellen und religiösen Einbettung zu lösen. Aber dies wird für die Mehrzahl der Übenden in der westlichen Welt unumgänglich sein. Sie lieben das Mahāmudrā, wollen sich aber nicht mit der tibetischen Sprache und Kultur befassen.

Es gibt zweierlei Meditieren »ohne Stütze« im Mahāmudrā – das eine ist das offene Verweilen, wo alle auftauchen Erfahrungen (»Erscheinungen«) in ihrer vergänglichen, nicht fassbaren Natur erkannt werden. Also sehr ähnlich wie im Vipassanā, wo die Aufmerksamkeit so rasch wird wie die auftauchenden Erfahrungen. Wir sprechen da von »shar-dröl« – »Befreiung im Erscheinen«. Dabei bemerken die Praktizierenden, dass auftauchende Erfahrungen, geistige Bewegungen, keinerlei Verweildauer haben, sondern sich sofort auflösen, wenn es kein Haften gibt. Ihr Entstehen und Vergehen wird als simultan erlebt. Es gibt also durchaus diese Praxis der rapiden, feinen Aufmerksamkeit, nur spricht man nicht von einer Praxis von Moment-zu-Moment, da solche Momente bei genauerem Hinschauen nicht zu finden sind.

Die zweite Art des Meditierens ohne Stütze ist das Ruhen des Gewahrseins in sich selbst. Dabei geht es nicht mehr darum, die auftauchenden Erscheinungen in ihrem Wesen wahrzunehmen, sondern der Geist wendet sich seiner eigenen, nicht-fassbaren Qualität zu und ruht darin, in einem dynamischen, nicht greifenden Grundgewahrsein, in dem es keine Rolle spielt, ob Sinneserfahrungen auftauchen oder nicht. Mir ist nicht klar, ob diese Art der Meditation im Vipassanā bekannt ist.

Ein weiterer Unterschied zwischen Mahāmudrā und Vipassanā ist mir gestern aufgefallen: Im Vipassanā wird viel über die drei Daseinsmerkmale Unbeständigkeit, Unzulänglichkeit und Nicht-Selbst (*anicca, dukkha, anattā*) meditiert, wodurch wir aus der Täuschung herausfinden. Wir tun dies mit der Haltung von jemandem, der eine mögliche Täuschung untersucht. Die Betonung liegt hier darauf, die Täuschung, d. h. das Problem, zu entlarven. Im Mahāmudrā hingegen wird nach Möglichkeit die Sicht des Erwachens eingenommen, wie z. B. »Lass den Buddha in dir meditieren«. Dadurch kann sich ein direkter Zugang zum gelösten Sein eröffnen. Die Betonung liegt hier stärker auf der Lösung als auf dem Problem. Wir praktizieren mit der Ahnung oder Sicht, wie es sein könnte, wenn man wie ein Buddha völlig gelöst und frei von Haften ist. Das entspannt die Praktizierenden und erscheint mir als ein Unterschied im Vorgehen der beiden Traditionen, denn die Akzente werden anders gesetzt. Ich selber habe von beiden profitiert.

Fred von Allmen:

Frei inmitten allen Erlebens

Ich sehe da eine mögliche Gefahr im vorzeitigen Einnehmen der lösungsbetonten Sicht des Erwachens. Manche meditieren, um irgendwelche Höhen zu erreichen, von denen sie hoffen, dass sie diese dann behalten und mit nach Hause nehmen können. Das scheint sie daran zu hindern, Erfahrungen von Nicht-Selbst und Nicht-Ergreifen zu realisieren. Die Vorstellung des erwachten Seins ist verlockender als die echte Auseinandersetzung mit der oft harten Realität unseres Daseins. Hier geht es aber darum, *inmitten aller Erfahrungen* frei zu sein, nicht irgendwo außerhalb. Darum ist es mir so wichtig, direkt mit den sich ständig verändernden, unzulänglichen Moment-zu-Moment-Erfahrungen in Kontakt zu sein. Darum betone ich auch die Wichtigkeit der nicht-manipulativen Präsenz. Freiheit ist kein Resultat vorhergehender Perfektionierung, sondern ein vollständiges Erkennen oder Durchschauen des Wesens aller Dinge – oder der Natur des Geistes, wer diesen Wortgebrauch vorzieht. Wenn wir dann die leere, ungeborene Natur allen Seins realisieren, entsteht Freiheit inmitten der zehntausend Dinge des Lebens, nicht anderswo.

Meditierende scheinen oft mit dem Versuch beschäftigt zu sein, die Dinge anders hinzukriegen – besser, richtiger, den eigenen Vorstellungen und Erwartungen entsprechend, wobei der Grundton natürlich der Wunsch ist, Unangenehmes loszuwerden und es sich angenehm einzurichten. Dabei bringt gerade diese Haltung gar nichts. Es gibt überhaupt nichts zu tun! Wenn es ein Bemühen gibt, dann ist es das, was es braucht, um möglichst kontinuierlich wach und gewahr zu sein. Ich frage mich, ob dies wohl in einem Mahāmudrā-Zugang einfacher zu erreichen ist – was meinst du, Tilmann?

Tilmann Lhündrup:

Der Wirklichkeit nicht ausweichen

Natürlich gibt es beim Meditieren an sich überhaupt nichts zu tun – das ist tatsächlich ein starker Aspekt des Mahāmudrā. Aber Möchtegerne, die nur ein Schein-Mahāmudrā praktizieren, sollten in Vipassanā-Retreats gehen, damit sie lernen zu meditieren, ohne der harten Wirklichkeit auszuweichen. Mein Bemühen als Lehrer ist, den Übenden genau das beizubringen, denn ich stelle fest, dass es ihnen oft an Präzision mangelt, an einer Achtsamkeit im Augenblick. Allzu viele landen in der falschen Haltung, auf die schöne Vorstellung einer vermeintlich reinen Sichtweise zu meditieren, statt wirklich im Kontakt mit ihrer Erfahrung zu sein. In einem mehrjährigen Retreat fliegt das natürlich auf, da rettet einen keine Einbildung mehr, aber in den kürzeren Retreats kommen sie damit leider doch immer noch durch.

Meiner Erfahrung nach halten die meisten Praktizierenden im Langzeit-Retreat im ersten Jahr noch eine Meditationspraxis aufrecht, die von den eigenen Ambitionen und ihrem bisherigen Selbstbild geprägt ist. Aber je länger das Retreat dauert, desto mehr Lücken und Unstimmigkeiten zeigen sich in der bisher gehegten Vorstellung von sich selbst, und irgendwann bricht die künstliche Praxis völlig zusammen. Sie können dann nicht mehr ihr normales Selbstbild und auch nicht das bisher selbstverständliche Gefühl eines real existierenden Ichs aufrechthalten. Wenn man da mit einem ganz wachen Gewahrsein am Ball bleibt, beginnt die Praxis richtig spannend und fruchtbar zu werden.

Ich bin aber auch kein Fan davon, eine Situation so straff und eng zu gestalten (wie vielleicht im Zen), dass diese Identitäts-Einbrüche forciert werden, weil der Boden oft noch nicht genug vorbereitet ist, um das in einer guten Art durchzustehen und Nutzen davon zu haben. Ich habe nicht das Gefühl, dass der eine oder andere Weg irgendwie schneller ist. Wir sind verschiedene Charaktere und Typen und fühlen uns unterschiedlich angesprochen von dem Flair einer bestimmten Unterweisung. Das müssen wir, glaube ich, bei all diesen Überlegungen zu verschiedenen Traditionen berücksichtigen.

Ein Dharma

Vielleicht noch eine Bemerkung zur gefühlten Einheit beider Traditionen: Die Pāli-Lehrreden des Buddhas, auf denen die Vipassanā-Tradition aufbaut, sind für mich erkennbar als die Grundlage des Mahāmudrā. Ich höre Mahāmudrā in diesen Lehrreden. Manchmal lehre ich das Ānāpānasati-Sutta über das Meditieren mit dem Atem, habe auch das Satipaṭṭhāna-Sutta und das Mahā-Satipaṭṭhāna-Sutta zum vierfachen Kultivieren von Gewahrsein gelehrt, und diese Lehrreden sind für mich reines Mahāmudrā. Zumindest ist für mich offensichtlich, inwiefern diese Unterweisungen die Vorläufer des Mahāmudrā sind. Ich möchte als Beispiel hierfür den Refrain des Mahā-Satipaṭṭhāna-Suttas anführen, eine wirklich zentrale Stelle dieser Lehrrede, die nach jedem der vier Kapitel wiederholt wird:

> »So verweilen wir im Betrachten des Körpers [bzw. der Empfindungen, des Geistes oder der Dharmas (Gesetzmäßigkeiten)] innerlich, äußerlich, oder beides zugleich. Wir kontemplieren das Wesen des Erscheinens, Auflösens oder beides zugleich in Bezug auf den Körper [bzw. auf die Empfindungen, den Geist oder die Dharmas]. Das Gewahrsein, ›da ist ein Körper [bzw.

> Empfindungen, Geist, Dharmas]‹, wird so weit in uns verankert, wie es für bloßes Wissen und stetes Gewahrsein nötig ist, und wir verweilen unabhängig, an nichts in der Welt haftend.«[118]

Genau dieses Betrachten ist Kernstück der Lehren über das Entwickeln von Intuitiver Einsicht im Mahāmudrā. Auch wird dort beständig das Augenmerk auf das gleichzeitige Entstehen und Vergehen aller Erscheinungen gerichtet, und es geht in der Mahāmudrā-Praxis um genau dieses Verankern im Erkennen der Natur körperlicher und geistiger Gestaltungen und aller Dharmas. Dabei kultivieren wir diese zutiefst unabhängige innere Haltung: an nichts in der Welt haftend. Ich fasse diese zentrale Stelle als einen Vorreiter der Mahāmudrā-Lehren auf.

Andere Lehrer in unserer Tradition sehen das vielleicht nicht so, aber für mich ist der Dharma seit Buddhas Zeiten nur immer wieder neu formuliert worden. Es ist nichts wirklich Neues dazugekommen, alles war schon da in seinen Unterweisungen. So manche Stellen im Pāli-Kanon lassen sich auffassen als »Keimzelle« der Mahāmudrā-Haltung oder sogar der Praxis des Guru-Yogas als Weg des Vertrauens und der Hingabe usw. – die Mahāyāna-Lehrer haben mit der Zeit einfach andere Aspekte der Lehre aufgegriffen und betont als die Theravāda-Lehrer. Es ist und bleibt dieselbe Lehre – *ein* Dharma.

118 Eigene Übersetzung von: Pāli-Kanon, Majjhima Nikaya 10 und Digha Nikaya 22, *Die Lehre Buddhas zum Kultivieren von Gewahrsein.* Wie stark die Sichtweise eine solche Übersetzung beeinflusst, lässt sich an einschlägigen Stellen vergleichen, zum Beispiel http://www.accesstoinsight.org/tipitaka/mn/mn.010.nysa.html und: http://www.accesstoinsight.org/tipitaka/mn/mn.010.than.html

Fred von Allmen:

Der Blickwinkel: Objekte oder Gewahrsein?

Ja, da stimme ich zu. Aber da wir hier gerade auch über Unterschiede zwischen Vipassanā und Mahāmudrā sprechen, ist es vielleicht gut zu wissen, dass es in keiner der beiden Traditionen eine einzige richtige Art gibt, diese zu praktizieren. Ich habe in der Gelugpa-Tradition viele Belehrungen zu Mahāmudrā erhalten, die dort meist auf der Grundlage der Prāsaṅgika-Madhyamika-Sichtweise gegeben werden, die in Terminologie und Zugangsweise recht verschieden vom Kagyü-Mahāmudrā ist, das wir hier üben. Davon abgesehen werden auch noch Sūtra-Mahāmudrā, Tantra-Mahāmudrā und Essenz-Mahāmudrā unterschieden.

Ähnlich ist es mit den verschiedenen Vipassanā-Schulen. Zwar sind sie allesamt Teil der Theravāda-Tradition, aber die Unterschiede sind beträchtlich. Die Art, in der wir hier Vipassanā lehren, stammt ursprünglich aus der Mahāsī-Übertragungslinie in Burma. Sie wurde auf ihrem Weg in den Westen schon in einigen Aspekten modifiziert, wenn auch die wesentlichen Elemente dieselben geblieben sind. Ein methodisch deutlich anderes Vorgehen kennt man in der burmesischen Übertragungslinie von U Ba Khin, mit ihren im Westen sehr bekannten Meistern S. N. Goenka und Mother Sayama, unter deren Leitung Tilmann Vipassanā praktiziert hat. Nochmals anders sind das Vorgehen und zum Teil auch die Terminologie in der Erkenntnis-Meditation der Übertragungslinien der thailändischen Waldklostertraditionen von Ajahn Chah oder aber von Ajahn Mun und Ajahn Maha Boowa. Ajahn Sumedho, unter dessen Leitung Ursula lange praktiziert hat und der ein bekannter Nachfolger von Ajahn Chah ist, macht eine für einen traditionellen Theravāda-Mönch sehr un-theravādische Aussage:

»Gewahrsein ist deine Zuflucht … denn es ist unzerstörbar …«[119]

Diese Aussage erinnert eher ans Mahāmudrā als an die Theravāda-Tradition, denn in der klassischen Theravāda-Sichtweise entstehen und vergehen alle Objekte, d. h. alle Erfahrungen, gleichzeitig mit dem Bewusstsein, das sie wahrnimmt. Und achtsames Gewahrsein ist eine Funktion eben dieses Bewusstseins. Allesamt entstehen und vergehen sie als rapide sich verändernde Prozesse. Wie könnte ein Aspekt davon eine bleibende Zuflucht sein? Und doch braucht man hier keinen Widerspruch zu sehen. Wenn an gar nichts mehr festgehalten wird – auch nicht an einem noch so subtilen Gewahrsein –, dann ist die Freiheit komplett, egal welche Lehrkonzepte den Weg ermöglicht haben.

Ein auffälliger, wenngleich meines Erachtens nicht so wesentlicher Unterschied zwischen den beiden Traditionen ist die weitgehende Ausrichtung entweder auf Objekte im Theravāda oder aber auf das Gewahrsein im Mahāmudrā. Wie schon erwähnt, kann dieser Unterschied schon zwischen burmesischen und thailändischen Lehrern festgestellt werden. Aber noch eindeutiger ist er zwischen burmesischem Vipassanā und Mahāmudrā. Im burmesischen Vipassanā wird das kontinuierlich achtsame Gewahrsein grundsätzlich auf Objekte, also Empfindungen, Geräusche, Formen, Geruch, Geschmack und Gedanken, Gefühle und Emotionen ausgerichtet. Dadurch entsteht von selbst eine gute Verankerung im Körper, die uns kopflastigen Westlern oft fehlt, und der geschickte und heilsame Umgang mit Gefühlen und Emotionen – auch mit schwierigen – wird so unumgänglich. Aber wer nicht eindeutig auf Befreiung ausgerichtet ist, kann leicht vergessen – oder überhaupt nicht merken –, wo das letztliche Ziel der Praxis liegt.

119 Ajahn Sumedho, Intuitive Awareness, Amaravati Publications, 2004. »Awareness is your refuge: (…) Stay with that, because it's a refuge which is indestructible. It's not something that changes. (…)«

In der Mahāmudrā-Meditation lernt man hingegen, mit weit offenen Sinnen im Gewahrsein zu ruhen, ohne sich auf etwas auszurichten oder sich auf die Erfahrungen einzulassen und ohne sich dabei in Zerstreuung zu verlieren. Es ist von Anbeginn klar, um was es letztlich geht und wo die Befreiung verwirklicht werden kann. Das ist aber nicht immer so leicht, wie es vielleicht klingen mag.

Segen

Wo ich auch einen deutlichen Unterschied zwischen den beiden Traditionen sehe, ist beim Thema »Segen« – der Segen der Gurus, der Buddhas und Bodhisattvas und überhaupt aller Verwirklichten. In der tibetischen Tradition kennt man sehr viele zusätzliche geschickte Mittel. Segen ist eines der wichtigsten, wie Tilmann bereits dargelegt hat. Wenn Vertrauen und Hingabe echt und tief sind, fließt der Segen zwischen LehrerIn und SchülerIn und beschleunigt den Fortschritt in der Praxis. Es wird oft als der schnellste und leichteste Zugang zur Verwirklichung beschrieben.

Explizit kennt man diese Möglichkeit in der Vipassanā-Praxis nicht. Man spricht von den spirituellen Kräften, den Indriyas, die wir Praktizierenden entwickeln. Die erste ist Vertrauen, Hingabe. Sie werden aber nicht durch Segen erreicht. Vertrauen entsteht hier vor allem durch die Erfahrung, dass ernsthafte Praxis uns wirklich transformiert und wir dadurch frei werden.

Ich sehe aber auch, dass zum Beispiel die Menschen in Burma ein sehr hingebungsvolles Verhältnis zu ihren Lehrern haben. Man kann die Sayādaws, die Lehrer, entspannt auf ihrer Chaiselongue sitzen sehen, umgeben von Anhängern in interessierter Unterhaltung, wobei einer dem Lehrer die Füße massiert. Da kann man außerordentliche Bewunderung und Hingabe spüren, wodurch sicher ein Kraftfeld des Segens entsteht. Um den Sachverhalt psychologisch zu betrachten: Die Präsenz von Menschen – Meistern, Meisterinnen oder anderen edlen Individuen –, für die wir Respekt oder gar Bewunderung hegen, wirkt immer inspirierend und motivierend auf uns, ob wir uns nun darüber im Klaren sind oder nicht. Es ist eine Art von Segensprozess. Ein anderer Ort, wo Segen fließen kann, sind die »Chantings«, die Rezitationen der Zuflucht, Ehrerbietung und Widmung, vorausgesetzt, es handelt sich um echte Hingabe und nicht Sentimentalität. Aber es werden keine spezifischen Methoden gelehrt, um Segen zu erfahren, und das Thema Segen wird kaum angesprochen.

Tilmann Lhündrup:

Mir geht es auch so, dass ich das Thema Segen oft nicht anspreche, sondern den Segen lieber von selber wirken lasse. Je mehr wir darüber sprechen, desto unnatürlicher wird unsere Haltung gegenüber den Lehrern und Lehrerinnen als den vermeintlichen Quellen des Segens. Es braucht eine Weile, bis wir verstehen, dass der Segen aus dem eigenen Geist kommt. Bis dahin meinen wir vielleicht, den Segen außen erhaschen zu können, und stellen uns in lange Warteschlangen, um von Lehrern gesegnet zu werden. Vielleicht beginnen wir auch, gesegnete Objekte, Seidenschals, Schützerknoten und dergleichen zu sammeln und geradezu einen Kult um unsere heiligen Lehrer, Gegenstände und Orte aufzubauen. Das Aufwachen mag dann eines Tages ein bitteres sein, denn obwohl dieser Segen tatsächlich eine tiefe Erfahrung ist, wird auf der Suche nach dem Segen allzu leicht die kontinuierliche eigene Praxis vergessen. Wenn die Buddhas durch ihren Segen ins Erwachen versetzen und dann auch darin stabilisieren könnten, hätten sie das schon längst getan! Es braucht aber das eigene Erkennen, die eigene Stabilität und Ausdauer.

Fred von Allmen:

Theravāda und Mahāyāna

In der Theravāda-Tradition und auch in den frühen Lehrreden des historischen Buddhas wird nicht von »Wirklichkeitsglaube« gesprochen. Die Realität wird nicht als »bloße Erscheinung« bezeichnet oder gar als Erscheinung innerhalb des Geistes. Es wird den Dingen mehr Eigenständigkeit zugesprochen als im Mahāyāna und es gibt eine Außenwelt, wenn diese auch vergänglich und substanzlos ist. Hingegen ist von zentraler Bedeutung, dass alle Dinge in Abhängigkeit entstehen und vergehen und es kein Selbst oder Ich gibt, das sie erfährt oder »hat«. Dabei wird von der Erfahrung des Nicht-Selbst (*anattā*) gesprochen, nicht von »non-dualer« Wahrnehmung. Letztlich hat nur die Verwirklichung oder das Erkennen des Unbedingten die Macht, die emotionalen Verstrickungen (*kleśas*) zu entwurzeln, bis sie alle aus dem Geist der Praktizierenden verschwunden sind und vollständige Befreiung verwirklicht ist.

Ein sehr positiver Aspekt vieler, wenn auch nicht aller Theravāda-Schulen, ist das Praktizieren der sogenannten Brahmavihāras[120] von Güte (*mettā*), Mitgefühl (*karuṇā*), Mitfreude (*muditā*) und Gelassenheit (*upekkhā*). Diese vier Herzensqualitäten, über die Tilmann als »die vier Unermesslichen« gesprochen hat, werden nicht nur rezitiert, sondern in der Form von Sammlungsmeditationen rege praktiziert. Normalerweise werden sie in unseren Vipassanā-Retreats sogar einmal täglich für eine Sitzperiode gepflegt. Daneben sind auch längere Retreats dieser Art üblich. In diesem Retreat hier sehen wir davon ab, weil wir eh schon das Zweifache an Information vermitteln müssen.

120 *Brahmavihāras*, die Seinszustände der höchsten Götter, der Brahmās, auch *appamaññā*, die Unermesslichen genannt, weil sie unbegrenzt viele Lebewesen einschließen: Güte, Mitgefühl, Mitfreude, Gelassenheit.

Bedeutend sind auch die Lehren und die Praxis der Pāramī, der Vervollkommnungen, die auf dem Weg der Befreiung wesentlichen Geistes- und Herzensqualitäten, wie wir sie auch hier an unserem Retreat lehren: Ethisches Verhalten, Geduld, liebevolle Güte, Gelassenheit, befreiende Erkenntnis und andere mehr[121].

Bodhicitta, der altruistische Entschluss, zum Wohle der Lebewesen Buddha zu werden, ist hingegen nicht Teil der Belehrungen. Aber gerade in Burma wird oft von Meistern gesagt, sie seien auf dem Weg der »Bodhisattas«[122]. Tatsache ist, dass auch Theravāda-Meister und Meisterinnen ihr ganzes Leben damit verbringen, unermüdlich da zu sein für die Menschen, die Belehrungen und Führung in der Praxis brauchen. Sie bauen Spitäler und Schulen und leiten viele Projekte zum Wohle der Menschen. Sie engagieren sich manchmal auch in gewaltlosen politischen Aktivitäten, was vielen dieser Mönche und Nonnen lange Gefängnisstrafen eingebracht hat. Ich fühle da große Bewunderung und habe längst aufgehört, Menschen nach ihren philosophischen oder religiösen Lehren einzuschätzen. Ihre menschlichen Qualitäten und ihr Engagement scheinen mir da viel entscheidender. Und obschon im frühen Buddhismus der letztendliche Ausstieg aus diesem Daseinskreislauf angestrebt wird, sind liebevolle Güte und Mitgefühl – gerade auch »in action« – wesentliche Motivationen.

Die Vipassanā-Bewegung hier im Westen ist vielleicht etwas untypisch im Vergleich zu den Ursprungsländern, was die fortschreitende Integration von Mahāyāna-Ansätzen angeht. Die Vipassanā-Bewegung bildete sich in den siebziger Jahren in Indien – im Umfeld der Retreats mit S. N. Goenka, Anagarika Munindra, aber auch um Ven. Geshe

121 Im Theravāda werden die folgenden Qualitäten als Pāramīs oder Pāramitās betrachtet: Großzügigkeit, ethisches Verhalten, Abkehr, befreiende Erkenntnis, enthusiastisches Bemühen, Geduld, Wahrhaftigkeit, Entschlusskraft, liebevolle Güte und Gelassenheit. Im Mahāyāna kennt man die folgenden Pāramitās: Großzügigkeit, ethisches Verhalten, Geduld, enthusiastisches Bemühen, meditative Stabilität, befreiende Erkenntnis, geschickte Mittel, Wunschgebete, Kraft und zeitloses Gewahrsein.

122 Pāli: *Bodhisatta*, Sanskrit: *Bodhisattva*

Rabten, Kalu Rinpoche und sogar Neemkaroli Baba herum. Joseph Goldstein und Sharon Salzberg aus der burmesischen Tradition, aber auch Jack Kornfield aus der thailändischen Waldkloster-Tradition waren dann die ersten von uns, die in diesem neuen Stil zu lehren begannen. Wir haben längst viele Anstöße und Inspirationen aus dem Mahāyāna übernommen und in die äußerst wertvollen Praxiszugänge des Vipassanā integriert.

Vielen Dank!

Meditation »Wie ein heißer Stein«

Tilmann Lhündrup

Geführte Meditation zur Selbstbefreiung allen Erlebens

Wir fühlen uns ein in das jetzige Erleben …
Alle Sinne sind offen. Wir spüren … sehen … hören … bewegtes Erleben …
Wie fühlt es sich an zu hören? …
Wie ist es zu hören, wenn plötzlich Stille ist? …
Wenn wenig zu hören ist, wird das Hören weiter und ist weniger objektbezogen.
Mit dieser Weite spüren wir den Körper, sehen, hören, riechen, schmecken und sind der geistigen Bewegungen gewahr.
Wie ist das Erleben jetzt gerade? …
Wandelt es sich? …
Ist Wandel im körperlichen Empfinden zu bemerken? …
Ist Wandel im Sehen zu erleben? …

Ist Wandel im Hören zu erleben? …
Wie ist es mit dem Riechen? …
Spürt ihr die Bereitschaft zu riechen? …
Oder die Bereitschaft zu schmecken? …
Die Bereitschaft, geistige Bewegungen wahrzunehmen? …
Falls es an Gedanken mangelt, können wir einfach einen denken, z. B. »Ich«.
Wir denken den jeweiligen Gedanken ganz deutlich und dann lassen wir ihn gehen …
Wie fühlt es sich an zu denken: »Ich«? …
Wie ist es zu denken: »die Anderen«? …
Wie ist es zu denken: »Wir«? …
Probiert bitte einmal abwechselnd diese verschiedenen Gedanken und achtet dabei darauf, was sie auslösen …
Jetzt beobachtet, was für Gedanken spontan aufsteigen. Dafür lassen wir den Geist ganz frei …
Kurzes Hinschauen: Sind da Gedanken? Geistige Bewegungen? …
Schaut noch genauer: Wenn Sinneswahrnehmungen auftauchen, gibt es Kommentare dazu? …

Um dieses feine Wahrnehmen zu üben, können wir zunächst bewusst Kommentare erzeugen. Das Empfinden unseres vollen Bauches bekommt vielleicht den Kommentar: »Du hast zu viel gegessen!« …

Jetzt machen wir eine kleine Pause, ohne auf irgendetwas zu achten …

Und weiter geht es: Was ist unser aktuelles Erleben? …

Wie fühlt es sich jetzt gerade an zu sein? …

Benennen ist die einfachste Form von Kommentar. Da ist zum Beispiel ein körperliches Erleben und etwas denkt: »Jucken«. Da ist ein

Geräusch und etwas sagt: »Hubschrauber«. Da ist Stille und es kommt der Gedanke: »Stille«. Achtet bitte für eine Weile auf diese Kommentare, die wie von selbst auftauchen …

Inwieweit ist es möglich, dieses benennende, kommentierende Denken zu entspannen? …

Es ist möglich, wenn wir ganz wach im Erleben bleiben. Ein waches Gewahrsein ist wie ein heißer Stein, auf dem die Schneeflocken unserer Gedanken sich sofort auflösen …

Ebenso löst sich, was immer auftaucht, in seiner eigenen Natur auf. Es bleibt kein Schnee liegen, es formen sich keine Gedankenketten, es entsteht kein geistiger Nebel …

Ganz warm halten wir das Gewahrsein, ganz wach – wie ein heißer Stein …

Das wache Gewahrsein wird auch »Weisheitsfeuer« genannt, das Feuer des Gewahrseins, das alle dualistischen Erscheinungen verzehrt, indem es erkennt, dass nichts Substanz hat …

Immer frisch, immer neu, erbarmungslos – alles löst sich auf! …

Keine geistige Bewegung wird ausgenommen – alle werden in ihrer Natur erkannt …

Schaut auch in das Gefühl, da sei jemand, der erkennt – das »Ich«, das Gefühl, es gäbe ein Zentrum …

Doch sollten wir nicht zu sehr insistieren, sondern uns gleich wieder entspannen …

Wir brauchen nichts zu tun, damit sich die »Schneeflocken« auflösen – das tun sie sowieso …

Wo kein Verlangen ist und kein Ergreifen, löst sich alles von selber auf …

Und immer wieder zeigt sich neues Erleben, immer wieder neu, immer wieder neu …

Güte – Mitgefühl – Gelassenheit: grenzenloses Wohlwollen

Ursula Flückiger

Pema Chödrön, eine amerikanische Nonne in der tibetischen Tradition, Schülerin von Trungpa Rinpoche, findet, es gehe in der Praxis ums »Lernen, mit der Panik zu entspannen«. Mit der Panik, die sich einstellen kann, wenn wir begreifen, dass all unsere inneren und äußeren Erfahrungen ununterbrochen fließen und unfassbar sind. Wir sehen, dass es keinen optimalen, bleibenden Zustand gibt für unseren Charakter, unsere Beziehungen, unsere Arbeit oder unsere Meditation. Alles verändert sich ständig, abhängig von Ursachen und Bedingungen. Lernen mit dieser Tatsache zu entspannen, wie Pema Chödrön vorschlägt, ist leichter gesagt als getan.

Herzens- und Geistesschulung heißt letztlich, aus der Verspannung der Ängste in die Entspannung des Vertrauens zu finden. Sie bedeutet, Sorge zu tragen für unseren eigenen Körper, Geist und Herz und auch

Sorge zu tragen für den anderen, für die ganze Welt. Das heißt, Leiden verringern, wann immer möglich. Dazu eine Zen Geschichte:

Gib das Leiden auf!

Ein bereits älterer Mönch kam zu einem Zen-Meister und sagte: »Ich habe in meinem Leben eine Vielzahl von spirituellen Lehrern aufgesucht und nach und nach immer mehr Vergnügungen aufgegeben, um meine Begierden zu bekämpfen. Ich habe lange Zeit gefastet, mich jahrelang dem Zölibat unterworfen und mich regelmäßig kasteit. Ich habe alles getan, was von mir verlangt wurde und ich habe wahrhaft gelitten! Doch die Erleuchtung wurde mir nicht zuteil. Ich habe alles aufgegeben, jede Gier, jede Freude und jedes Streben fallen gelassen. Was soll ich jetzt noch tun?« Der Meister erwiderte darauf: »Gib das Leiden auf!«[123]

Es geht darum, Leiden, das wir uns und anderen antun, aufzugeben. Um dorthin zu gelangen, braucht es eine radikale Hinwendung zu uns selber und zum Leben in all seinen Manifestationen. Eine äußerst intime Angelegenheit, in der es kein Verstecken gibt, was manchmal ganz schön hart sein kann. Weil wir nämlich unserer Selbstverurteilung, dem Stolz, dem Neid oder unseren Ängsten, Hoffnungen und Begierden begegnen. Zum Glück kommen wir jedoch auch in Kontakt mit unserer Güte, unserem Humor, unserer Großzügigkeit, Gelassenheit, Weisheit und der Leichtigkeit des Seins. Wir merken, dass es, neben all den schwierigen Gefühlen, auch eine große Portion an Offenheit, Mitgefühl und Freude in uns gibt. Und, wie auch Tilmann sagt: »Alles muss eingeschlossen werden«. Dazu ein Gedicht von Rumi:

> »Wenn Gott sagen würde: ›Rumi, erweise allem Ehre, was dich in meine Arme geführt hat.‹ Dann gäbe es keine Erfahrung meines Lebens, keinen einzigen Gedanken, kein einziges Gefühl,

123 Marco Aldinger, Geschichten für die kleine Erleuchtung, Herder Spektrum, 2006

keine einzige Handlung, vor der ich mich nicht verbeugen würde.«[124]

Es sind die Qualitäten von Mitgefühl und Gelassenheit, die in uns das Vertrauen schaffen, angesichts der Unsicherheit des Lebens und der Panik zu entspannen, ja, uns sogar innerlich davor zu verbeugen. Sie machen es möglich, dass sich unsere Gefühle von Angst und Isolation aufweichen können. Es sind jene Herzens- und Geistesqualitäten, welche die scheinbaren Barrieren zwischen mir und dir, zwischen uns und den andern, zwischen unterschiedlichen Teilen in uns selbst, als Illusion entlarven.

Es geht nicht darum, sich in der Praxis abzumühen, um eines Tages, wenn wir den Kampf gewonnen haben, liebevollere, weisere Menschen zu werden. Vielmehr lernen wir, uns stetig mit der Güte, der Weisheit und dem Gleichmut in uns zu verbinden.

Gleichmut – mit allem »gleich mutig« bleiben

In der formalen Meditation der Gelassenheit wird über das Gesetz von Ursache und Wirkung kontempliert, der Tatsache, dass alles, was wir Lebewesen erfahren, aus Ursachen und Bedingungen entsteht, aus unserer Konditionierung, aus unseren gewohnheitsmäßigen und karmischen Tendenzen. Dabei besteht die Gefahr, dass wir in eine Haltung der Teilnahmslosigkeit verfallen, weil wir finden, wir könnten eh nichts am Wohl und Wehe der Wesen ändern. Deshalb ist eine tiefe Herzensverbindung von Güte und Mitgefühl mit den Lebewesen eine unverzichtbare Voraussetzung. Diese Kontemplation über die Gesetzmäßigkeit des Lebens hilft uns, die Offenheit und Entspannung zu finden, die uns erlaubt, die Last abzulegen, für alle verantwortlich zu sein.

124 Übersetzt aus: Daniel Ladinsky, Love Poems from God, Penguin Compass, 2002

Gleichmut ist auch ein Thema bezüglich widriger Lebensumstände. Doch manchmal behandeln wir das, was nicht sein sollte oder nicht sein darf, wie Atommüll und fragen uns, wohin wir das Unerwünschte, das unserem Glück im Weg zu stehen scheint, exportieren oder wo wir es einsargen können – sei es die enttäuschende Liebesbeziehung, die gescheiterte Prüfung oder der nicht erfüllte Kinderwunsch.

Das anteilnehmende Gewahrsein offenbart uns, dass unsere Bewertungen und Schlussfolgerungen, unsere Hoffnungen und Befürchtungen, mit denen wir unseren Lebensspielraum einengen, auf Sand gebaut sind. Ob wir am Erfolg festhalten oder uns mit Misserfolg identifizieren, in beiden Fällen werden wir leiden. Genau das sehen wir zunehmend klarer dank des wachsenden Gewahrseins. Die Natur aller gewünschten und gefürchteten Erfahrungen ist fließend und offen, wenn wir sie nicht durch unser Festhalten an Vorurteilen und Konzepten zementieren. Die folgende Geschichte illustriert, wie unangemessen und solide unsere Vorstellungen sein können:

Ein Mann spricht einen anderen auf der Straße an:
»Hübner, was ist los mit Ihnen?
Früher waren Sie klein, nun sind Sie groß,
früher waren Sie dick, jetzt sind Sie mager,
früher hatten Sie eine Glatze, jetzt haben Sie lange Haare,
früher ….«
»Ich heiß doch gar nicht Hübner«, unterbricht ihn der Passant.
»Was? Hübner heißen Sie auch nicht mehr?«[125]

Gefangen im Festhalten und Wegstoßen, können wir die transparente, vergängliche Natur des Lebens nicht sehen. Eine knappe Praxisanleitung könnte lauten: »Bleibe bei dem, was gerade ist!« Dies gilt auch, wenn du überzeugt bist, jemanden nicht zu mögen, und die Faust nicht öffnen kannst. Wenn wir bereit sind, in der Katastrophe

125 Marco Aldinger, Geschichten für die kleine Erleuchtung, Herder Spektrum, 2006

des Lebens gegenwärtig zu sein, ohne Rechtfertigung oder Verurteilung, sehen wir sogar die flüchtige Natur einer geschlossenen Faust oder eines in Stein gemeißelten Entschlusses. Das macht uns freier.

Gleichmut ist nicht gleichgültig, sondern bedeutet, mit allem *gleich mutig* zu sein. Sind wir gleichgültig, ist unser Geist kontaktlos und erstarrt in Furcht vor der Verbundenheit, vor dem »in Kontakt gehen« mit der gegenwärtigen Erfahrung. Sind wir gelassen, ist unser Geist beweglich, verbunden und furchtlos. Gelassenheit wirkt als starkes Rückgrat für ein offenes und berührbares Herz. Ohne sie könnten wir diese Verletzlichkeit nicht ertragen. Gelassenheit ist also nicht das Gegenteil von Güte und Mitgefühl, sondern ihre Gefährtin. Das Gegenstück zu dieser Herzenshaltung ist der reaktive Geist, der im »Dafür« oder »Dagegen« verfangen ist, der bewertet, angreift oder abwehrt.

Güte und Mitgefühl sind wie die Wärme – im weiten, blauen Himmel der Gelassenheit. Dazu ein Gedicht über die Milde der Gelassenheit von Franz von Sales, Bischof von Genf und Ordensgründer im 16. Jahrhundert:

»Im Winter ist Gelassenheit Feuer und im Sommer Tau.
Sie weiß in Überfluss zu leben und Armut zu ertragen,
sie zieht in gleicher Weise Nutzen aus Ehrungen und
Verachtung,
nimmt Freude und Schmerz mit nahezu gleich gestimmtem
Herzen an
und erfüllt uns mit einer bewundernswerten Milde.«

Güte – Freundschaft mit sich selbst und anderen

Gütig und mitfühlend sein bedeutet, Freundschaft mit sich selbst und mit anderen Menschen zu schließen. Wir finden Güte und Respekt für die geschätzten Anteile in uns, genauso wie für die geliebten Lebewesen. Wir finden aber auch Güte und Verständnis für jene Anteile in uns, die unschön sind und für die wir uns schämen. Auch hier versuchen wir gegenüber allem *gleich mutig* zu sein.

Oscar Wilde fand, nicht das Vollkommene, sondern das Unvollkommene bedürfe unserer Liebe. Nicht dass wir es gutheißen, verteidigen oder beschönigen, aber dass wir es so sein lassen können, wie es gerade ist. Wir lernen deshalb, auch dem aggressiven Geist in einem Klima der Nachsicht zu begegnen. Bekämpfen wir die Aggression mit Ablehnung, wird sie hart wie Granit. Begegnen wir ihr aber mit Güte, erkennen wir, dass sie nicht wirklich solide ist, sondern flüchtig und instabil. Was zuerst wie Gift erscheint, wird zu Medizin. Die Umwandlung erfolgt durch die Milde der Güte und der Gelassenheit.

Pema Chödrön benutzt für die Güte das Bild einer Vogelmutter. Diese beschützt und füttert ihre Jungen, damit sie stark werden und eines Tages wegfliegen können. Pema meint dazu:

> »Gütig zu sein heißt nicht,
> jemanden in deinem Nest zu behalten
> und ihm für immer Würmer zu bringen.«

Güte macht uns mutiger, zuversichtlicher und flexibler, denn sie bedeutet Achtung für uns selbst und für andere.

Mitgefühl

In Momenten, in denen wir nicht in Vorurteilen und Reaktionen verfangen sind und uns gerade nicht als das Zentrum der Welt wahrnehmen, ist es ganz natürlich, dass wir mit Mitgefühl reagieren angesichts des eigenen Leides oder dem der anderen. *Karuṇā*, Mitgefühl, hat mit unserer Beziehung zu Schmerz zu tun. Es ist der Aspekt der Güte, wenn das Leben schwierig ist. Güte verschließt sich nicht vor dem Leiden. Mitgefühl birgt den Mut, den Kontakt mit dem Schmerzhaften zu behalten und dabei zu entspannen, statt dagegen anzukämpfen. Alles darf so sein, wie es ist, ohne bewertet zu werden. Natürlich gelingt dies nicht immer. Gerade zu Beginn unserer Praxis sind wir damit oft überfordert und fühlen uns ohnmächtig, »ohne Macht«. Dann reagieren wir angesichts von Leid mit Aggression, werden wütend und schlagen um uns. Dabei geht es in diesen Momenten einfach wieder darum, auch die Ohnmacht liebevoll anzunehmen.

Manchmal gleiten wir in den sogenannten *nahen Feind* von Mitgefühl ab. Es sieht wie Mitgefühl aus, ist aber tatsächlich Mitleid. Wir fühlen nicht mit, sondern leiden mit. Wir sind mit dem Leiden identifiziert und verwickelt. Das können wir aber nicht lange ertragen, weshalb wir mit Aktivismus reagieren: Wir wollen sofort eine Lösung finden! Hier ein Beispiel: Jemand beginnt zu weinen in der Meditationshalle. Sofort gehen wir zu der Person hin, um sie zu trösten – weil wir das Weinen nicht aushalten können. Sie tut uns echt leid, zusätzlich stört uns dieses Leiden aber auch, weil es unangenehme Gefühle auslöst und wir diese schleunigst loswerden möchten. Zudem versorgt uns das Trösten mit einem weiteren Effekt: Befriedigung, Nahrung für unser Ego-Gefühl. Wenn wir helfen können, fühlen wir uns besser: »Ich bin die Retterin und du bist die Bedürftige«. Das aber schafft eine Asymmetrie in der Beziehung: Ich stehe oben und du unten. Ich fühle mich wichtig, stehe im Zentrum und erhöhe meinen Selbstwert.

Mitgefühl ist völlig anders, da sich eine andere Absicht dahinter verbirgt: Mitgefühl entsteht aus dem Gefühl, gleichwertig zu sein. Dies bedeutet nicht, dass wir nie jemanden trösten sollen, doch entscheidend ist, ob es im richtigen Moment und in der rechten Absicht geschieht. In dem Maße, wie wir mit den eigenen Schwierigkeiten mitfühlend sein können, verfügen wir auch über die Fähigkeit, für das Leiden der Anderen offen zu sein.

Den Mitgefühlsmuskel trainieren

Wenn es schmerzt, wenn alles auseinanderbricht, suchen wir allzu schnell einen Schuldigen: Ich selbst, den Anderen, die ganze Gruppe.

Wir beginnen zu schimpfen, werden bitter und vergiften so uns selbst. Wie können wir hier Mitgefühl wachsen lassen und den Herzmuskel des Mitgefühls trainieren? Indem wir lernen, wahrzunehmen, welchen Unterschied es gibt zwischen den unangenehmen Gefühlen und Körperempfindungen einerseits und dem Inhalt, der Geschichte und den Gedanken darüber andererseits. Ein Beispiel: Ich bereite mich auf ein vermutlich unangenehmes Gespräch vor und spiele es in Gedanken immer wieder durch, mit der Hoffnung, so das Gefühl der Unsicherheit loszuwerden. Wenn wir den planenden Geist von dem unsicheren Gefühl im Körper unterscheiden können, dann ist es möglich, aus der Geschichte auszusteigen, indem wir einfach die unangenehmen Empfindungen wahrnehmen: die Enge im Körper, das Gefühl der Einsamkeit, die Trauer – auch wenn sie bleiben. Unsere Bereitschaft, die rohe Erfahrung zu fühlen, weicht die Verbitterung und Härte auf.

Pema Chödrön benutzte hierfür ein starkes Bild: Wir erlauben, dass unser Herz bricht. Das ist nicht gerade das, was wir uns wünschen. Aber wir bringen den Mut auf, das zuzulassen, wovor wir uns am meisten fürchten. Durch diese Bereitschaft werden wir empfänglicher und weicher, auch wenn es weh tut. Es ist ähnlich wie in der Homöopathie: Bevor die Symptome sich bessern, werden sie schlimmer. Ajahn Chah, ein Mönch aus der thailändischen Waldklostertradition, meinte:

> »Es gibt Leid, das zu mehr Leid führt, und es gibt Leid, das zum Ende des Leides führt.«

Indem wir Einsamkeit oder Hass voll und ganz erfahren, ohne sie durch eine persönliche Geschichte zu vereinnahmen, erfahren wir die Einsamkeit, die Wut von allen Lebewesen. Statt Isolation entsteht dadurch Verbundenheit. Oft ist nicht gleich klar, was wir durch die Bereitschaft *dazubleiben* lernen, doch längerfristig werden sich die Früchte der Praxis zeigen.

Meine ersten Praxisjahre verbrachte ich in einem buddhistischen Kloster in England. Der Tagesablauf war durchstrukturiert mit Meditation, Rezitation, Arbeit und ähnlichem. Zwischen dem 17 Uhr-Tee und der Meditation um 19.30 Uhr blieb aber unverplante Zeit, in der in diesen 1 ½ Jahren fast stets eine unsägliche Langeweile in mir aufkam, die ich irgendwie durchstehen musste. Erst nach dem Verlassen des Klosters, zurück in der Schweiz, ergaben sich Situationen, in denen ich die antrainierte Geduld endlich klar spüren konnte in Momenten, wo eigentlich Ungeduld zu erwarten war. Genau da wurde mir klar, wieviel Heilsames in diesen Zeiten der Langeweile gewachsen war. Wir dürfen darauf vertrauen, dass die Praxis längerfristig Früchte bringt und uns freier macht.

Nochmals eine Geschichte von Pema Chödrön: Einer ihrer langjährigen Schüler betrat einen Billardclub in Los Angeles und hängte dort seine Lederjacke über einen Stuhl. Kurze Zeit später bemerkte er, dass die Jacke verschwunden war. Drei große, kräftige Männer lachten hämisch und beschimpften ihn. Normalerweise wäre der Mann in einer solchen Situation ausgerastet. Doch dieses Mal kamen ihm ganz spontan all die Menschen in den Sinn, die wie er gerade kleingemacht und verhöhnt wurden – und sogleich wurde ihm ihr geteiltes Schicksal bewusst. Dadurch entstanden Mitgefühl und Verbundenheit, anstelle von Ärger und Wut. Und noch eine wichtige Ergänzung: Seine Lederjacke hat ihm das nicht zurückgebracht. Die Geschichte hat ein anderes Happy End oder besser, einen glücklichen Anfang: den Beginn von Mitgefühl und Verbundenheit.

Überheblichkeit wegraspeln

Noch ein Beispiel aus meinem Leben: Vor einigen Jahren durchlebte ich die bislang schwierigste Zeit meines Lebens. Ich war an Gürtelrose erkrankt und mein Körper schmerzte in einem kaum erträglichen Ausmaß. Erschwerend kam hinzu, dass meine Mutter an Alzheimer litt und es auch meinem Vater gesundheitlich sehr schlecht ging – und ich habe keine Geschwister. Ich erlebte Gefühle der Verzweiflung – es erschien mir wie lange Strecken in der Wüste, auf denen alle Lebensfreude für immer verloren schien. Doch völlig überraschend funkelten immer wieder Momente des Mitgefühls wie Rubine und Diamanten in mir auf. Ich merkte, wie die Auseinandersetzung mit dem Leid meiner Eltern und mit meinem eigenen die Neigung zu Arroganz unaufhaltsam wegraspelte; dieses Bild tauchte damals in mir auf. In Zeiten, in denen es uns gut geht und alles läuft, wie wir es uns wünschen, schleicht sich dagegen leicht Überheblichkeit ein: Wir bilden uns ein, all dies sei unser eigenes Verdienst! Eine Geschichte von Mullah Nasrudin über diesen Dünkel illustriert dies:

Die Rettung des Mondes

Mitten in der Nacht kriegte Mulla Nasrudin Durst und ging hinaus zum Brunnen, um Wasser zu schöpfen. Als er sich über den Brunnenrand beugte, um den Zieheimer hinunterzulassen, erblickte er zu seinem Erstaunen das Spiegelbild des Mondes im Wasser in der Tiefe des Brunnens und rief erschrocken: »Der Mond ist in den Brunnen gefallen! Ich muss ihn retten!« Er sah sich um und fand ein Tau mit einem Haken am Ende. Er warf es in den Brunnen und rief hinunter: »Greif den Haken, Mond, und halte dich fest! Ich werde dich herausziehen.« Das Tau verfing sich an einem Felsen, der sich in dem Brunnen befand. Der Mulla zog aus Leibeskräften, aber nichts rührte sich. Plötzlich rutschte der Haken vom Felsen und Nasrudin fiel hintenüber auf den Rücken. Als er dort lag, sah er den Mond hoch oben am Himmel. Er stieß einen Seufzer der Erleichterung aus und sagte: »Das war ja wirklich nicht einfach! Aber es ist ein wunderbares Gefühl zu wissen, dass ich den Mond aus dem Brunnen befreit habe.«[126]

126 Marco Aldinger, Geschichten für die kleine Erleuchtung, Herder Spektrum, 2006

So sind wir Menschen manchmal: leicht größenwahnsinnig. Wenn wir dies erkennen, ist das schon viel. Vielleicht gelingt es uns sogar, mit Gelassenheit oder Humor zu reagieren. Es ist entspannend, wenn man über sich selber lachen kann und sich nicht so wichtig zu nehmen braucht. In diesen gesegneten Momenten von großer Offenheit, Sanftheit und Verletzlichkeit, in denen für einen kurzen Moment sämtliche Vorurteile und alles Sich-Beschweren und Klagen abfallen, bleibt einzig die Menschlichkeit übrig und der Wunsch, Leiden, wo immer es sich manifestiert, lindern zu helfen.

Denn Liebe macht das

Zum Schluss eine wundersame Geschichte des Mystikers Meister Eckhart über die Magie der Liebe:

> Den ganzen Tag schuftet ein kleiner Packesel,
> manchmal mit schweren Lasten auf seinem Rücken,
> manchmal nur mit Sorgen über Dinge,
> die nur Esel bekümmern.
> Und Sorgen, wir wissen es alle, können erschöpfender sein
> als körperliche Arbeit.
> Ab und zu kommt ein gütiger Mönch in seinem Stall vorbei
> und bringt ihm eine Birne – mehr noch,
> er schaut ihm in die Augen und streichelt seine Ohren.
> Und für ein paar Sekunden ist der Esel frei
> und scheint sogar zu lachen,
> denn Liebe macht das.
> Sie befreit.[127]

127 Übersetzt aus Daniel Ladinsky, Love Poems from God, Penguin Compass, 2002

Zwölfter Tag

Abhängiges Entstehen und Meditation

Tilmann Lhündrup

Ursula erzählte, dass der berühmte Chan-Meister Sheng Yen aus Taiwan das abhängige Entstehen für seine wichtigste Unterweisung hielt. Auch viele tibetische Meister betrachten sie als die zentrale Lehre des Buddhas und so möchte ich mich heute dieser Lehre widmen. In der Mahāyāna-Tradition ist sie das Thema des Reissprössling-Sūtras (Śalistambha-Sūtra). Dort zeigt der Buddha auf eine Reispflanze und sagt zu seinen Schülern:

> »Mönche! Wer diesen Reissprössling versteht, der versteht abhängiges Entstehen.
> Wer das abhängige Entstehen versteht, der versteht den Dharma.
> Wer den Dharma versteht, der versteht Buddhaschaft.
> Mönche! Weil dies vorhanden ist, kommt jenes hervor.

Weil dieses entstanden ist, entsteht jenes.«[128]

Dann erklärt er eine Kette aufeinander aufbauender Ursachen und Wirkungen, die zu Verstrickung und Leid und allgemein zu Wiedergeburt in Saṃsāra führen, sowie das Auflösen dieser Kette in umgekehrter Reihenfolge, das zur Befreiung von Leid, ins Erwachen und ins Nirvāṇa führt. Hierbei gibt es zwei Unterweisungen zum abhängigen Entstehen im Mahāyāna-Buddhismus: in Hinblick auf *Ursachen* und in Hinblick auf *Bedingungen.*

Interdependenz – Abhängiges Entstehen in Hinblick auf Bedingungen

Nichts entsteht unabhängig von Bedingungen. Die fünf äußeren Elemente – das sind traditionell Erde (Festigkeit), Wasser (Kohäsion), Feuer (Temperatur), Wind (Bewegung) und Raum – verbinden sich mit dem sechsten Element Bewusstsein immer wieder neu, was zu den äußeren Objekten und ihrem Erleben führt. Die unaufhörlich wechselnden Bedingungen beim Zusammenkommen der physikalischen, chemischen und biologischen Naturkräfte (im asiatischen Kulturkreis »Elemente« genannt) mit mentalen, psychischen, kulturellen und gesellschaftlichen Kräften bedingen unser wechselndes Erleben und die sich unaufhörlich wandelnde Welt.

Diese Lehre des abhängigen Entstehens aufgrund von Bedingungen wird zutreffend als »Interdependenz« bezeichnet, also als »wechselseitige Abhängigkeit«, weil sich alles gegenseitig bedingt. Nichts bleibt ohne Einfluss auf das andere, alles entsteht und wandelt sich in Abhängigkeit von diesen sich wandelnden Bedingungen. Solange zum Beispiel die Bedingungen für diesen Tisch konstant bleiben, bleibt er als solcher bestehen. Doch sobald andere Kräfte auf ihn einwirken, Wasser oder Feuer, oder wir ihn fallen lassen, an ihm kratzen oder sägen, dann

128 Zitiert nach Gampopa, Der Kostbare Schmuck des Erwachens, Norbu Verlag, S. 196

verändert sich dieser Tisch, weil die Bedingungen sich verändern. Er hat eine relative Stabilität, solange die Bedingungen ausreichend stabil sind. Doch nie sind die Bedingungen vollkommen stabil und genau das bedingt Wandel. Selbst wenn der Tisch gut gepflegt wird, sieht er in 10 Jahren doch etwas anders aus als jetzt.

Doch ich möchte jetzt nicht ausführlicher über Interdependenz sprechen, denn es ist leicht zu verstehen, dass sich alles, was wir denken und erleben, alles, was wir berühren, sehen, hören, riechen und schmecken, unter dem Einfluss von Bedingungen wandelt.

Wie es zu Leid kommt – Abhängiges Entstehen in Hinblick auf Ursachen

Der Buddha erklärt im Reissprössling-Sūtra den sich immerfort wiederholenden Zyklus der Ursache-Wirkungskette, die zu Leid führt. Und wir setzen mit unserer Meditationspraxis an den entscheidenden Stellen dieser Kette an, um die Glieder zu entkoppeln und in die Freiheit zu finden.

1. Des Buddhas Beschreibung der Ursachen von Leid beginnt mit *mangelndem Gewahrsein* als erstem Glied. Wir sind der Natur des Seins nicht gewahr und halten für wirklich, was nicht wirklich ist. Auch jetzt sind wir nicht voll gewahr, denn verschleiernde Muster sind aktiv.
2. Mangelndes Gewahrsein bewirkt, dass die geistigen Prozesse von Kräften gestaltet werden, die Ausdruck dieses unvollständigen Verstehens der Natur des Seins sind. Diese durch mangelndes Gewahrsein bedingten *Gestaltungskräfte* beeinflussen den geistigen Rahmen, in dem sich unser Erleben abspielt.
3. Sie beeinflussen, wie wir Erlebtes interpretieren und wie wir darauf in unserer begrenzten Schau reagieren. Dies wird *dualistisches Bewusstsein* genannt – ein Bewusstsein, das in »Ich« und »Anderes« unterscheidet und geprägt von den Mustern

des Anhaftens, Ablehnens und Nicht-Wissen-Wollens die Welt erlebt. Das dualistische Bewusstsein ist die Summe aller Gestaltungskräfte, die aufgrund von mangelndem Gewahrsein in uns wirken.

4. Aufgrund dieses dualistischen Bewusstseins kommt es zwangsläufig zur Identifikation mit dem eigenen Erleben, *Name und Form* genannt. »Form(en)« steht hier für die Identifikation mit den über die körperlichen Organe erfahrenen Sinneswahrnehmungen wie Spüren, Sehen, Hören, während »Name« für die Identifikation mit den daran gekoppelten Empfindungen, Unterscheidungen, Gestaltungen und Bewusstseinszuständen steht. Zusammen sind dies die fünf Aggregate oder Daseinsgruppen, die wir in der westlichen Kultur Körper und Geist nennen und mit denen wir uns identifizieren.
5. Die Identifikation mit Körper und Geist hat zur Folge, dass wir uns auch mit den *Sinnesquellen* identifizieren. Wir sprechen von *meinen* Augen, meiner Nase, meinen Ohren, meiner Zunge, meinem Körper, meinem Geist und sagen: Ich sehe, ich rieche, ich höre, ich schmecke, ich fühle, ich denke, ich erlebe …
6. In diesen durch Identifikation vereinnahmten Sinnesquellen kommt es zu *Kontakt*, wodurch Erfahrungen entstehen. »Kontakt« beschreibt hier das Zusammentreffen eines Sinnesreizes mit dem Sinnesorgan und dem entsprechenden Sinnesbewusstsein. Wenn wir in Hörbereitschaft sind, entsteht Kontakt mit akustischen Reizen wie dem Ton der Klangschale hier. Klänge sind Erfahrungen von akustischem Sinneskontakt und Gleiches gilt für die anderen Sinne.
7. Weil der Sinneskontakt von Identifikation (sprich: mangelndem Gewahrsein) begleitet ist, wird die Wahrnehmung eingefärbt mit Gefühlstönungen oder *Empfindungen*. Es wird als angenehm empfunden, was *mir* gefällt, und als unangenehm, was *mir* nicht gefällt, und als neutral oder irrelevant, was *für mich* keine besondere Bedeutung hat. Es kann sein, dass wir den Klang der

Klangschale als »angenehm« empfunden haben. Wie aber wäre es gewesen, wenn ich sie mit der Holzseite des Klöppels angeschlagen hätte, sodass der erzeugte Klang schrill und durchdringend gewesen wäre? Vermutlich hätten wir das als »unangenehm« empfunden. Es ist keineswegs festgelegt, wie wir bestimmte Sinnesreize erleben. Es hängt stets von unserer persönlichen Vorliebe und unserer situationsbedingten Einschätzung ab.

8. Aufgrund dieser Einschätzung mit korrespondierender Gefühlstönung entsteht *Verlangen*, auch »Durst« genannt. Verlangen beinhaltet das Haben-Wollen wie auch das Nichthaben-Wollen als quasi-automatische Reaktionen auf angenehme und unangenehme Empfindungen. Wenn das Bewusstsein angenehme oder unangenehme Empfindungen mit Verlangen erlebt, dann möchte es mehr vom Angenehmen und weniger vom Unangenehmen.
9. Dieses Verlangen führt zum *Ergreifen*. Im Kontakt mit einem begehrenswerten Objekt kommt es zu einer angenehmen Gefühlstönung und das Verlangen nach diesem Objekt entsteht, was zu einem mentalen Ergreifen führt – das wahrgenommene Objekt wird fixiert. Diese Fixierung findet bei Angenehmem wie bei Unangenehmem statt. Wir fixieren gleichermaßen die Auslöser von Ärger wie von lustvollen Erfahrungen. Es sind nur andere Inhalte.
10. Das auf Verlangen beruhende Ergreifen von Angenehmem wie Unangenehmem schafft Muster, die das weitere Leben und *Werden* bestimmen. Diese Werde-Kräfte gestalten die Zukunft und führen zusammengenommen zur nächsten Existenz. Im Tod, wenn sich der Geist vom Körper löst, bestimmen diese Muster des Wollens und Nicht-Wollens den weiteren Prozess. Dieses »Werden« vollzieht sich auch gerade jetzt. Aufgrund dessen, was wir jetzt gerade verstehen, annehmen, ablehnen usw., gestaltet sich gerade unser weiteres Werden. Die jeden Moment aktiven

Geisteskräfte gestalten den Werde-Prozess: Sie beeinflussen, was wir als Nächstes denken, fühlen und tun.

11. Die Summe dieser Prozesse des Werdens ist existenzbestimmend: Sie bewirken die *Geburt* des nächsten Erlebens. Die Kräfte, die jetzt in unserem Bewusstsein aktiv sind, beeinflussen die nächste Wahrnehmung; sie gestalten das nächste Erleben oder gar die nächste Existenz. Nach Aussage der Meister tun sich nach dem Tod (bzw. nach jeder so durchlebten Situation) verschiedene Existenzbereiche als Möglichkeiten auf. Sie entsprechen den verschiedenen »karmischen Filmen«, die sich dem Geistesstrom aufgrund seiner prägenden Muster aufdrängen. Wenn wir sie für wirklich halten und uns auf sie einlassen, werden wir in die entsprechende neue Existenz hineingeboren.
12. *Altern und Tod* sind die zwangsläufigen Folgen von Geburt. Alles was einen Anfang hat, eine Geburt, wird zwangsläufig ein Ende haben, einen Tod. Dazwischen ist es aufgrund des unabdingbaren Wandels dem Altern unterworfen. Nichts bleibt. Diese Beschreibung können wir auf kurze Situationen beziehen oder auf ganze Leben. Geborenwerden, Altern und Sterben sind aufgrund von Identifikation mit Kummer und Schmerz verbunden. Das von Verlangen aufgewühlte Bewusstsein verstrickt sich im Erleben, was zwangsläufig zu Anspannung, Unglücklichsein und auch körperlichem Leid führt.

Das waren »die zwölf Glieder abhängigen Entstehens«. Sie werden unter anderem im »Kostbaren Schmuck der Befreiung« von Gampopa dargestellt, im 16. Kapitel zu »Meditativer Stabilität«. Sie dienen den Praktizierenden als Hilfe, um über ein Verstehen dieser Prozesse in tiefe Meditation zu finden. Das Verstehen dieser zwölf Glieder enthüllt den wesentlichen Zusammenhang zwischen mangelndem Gewahrsein und Leid und zeigt, wo wir mit der Praxis ansetzen können.

Wie das Verstehen des Abhängigen Entstehens befreit

Wer diese Zusammenhänge versteht, kann die ansonsten wie automatisch ablaufende Kette unterbrechen und ihre völlige Umkehr bewirken: (1) Wo kein mangelndes Gewahrsein ist, kommt es nicht mehr zu solchen (2) Gestaltungskräften und das (3) dualistische Bewusstsein wird nicht mehr verstärkt, da die direkte Schau der Natur des Seins erfahren wird. So entsteht keine Identifikation mehr mit (4) Name und Form, also mit geistigen Prozessen und physischem Erleben. Die (5) Sinnesquellen sind nicht mehr von einem vermeintlichen »Ich« besetzt, und wenn sie in (6) Kontakt treten, werden die (7) Empfindungen nicht mehr interpretiert im Sinne von »Will ich das?« oder »Will ich das nicht?«, sondern mit Weisheit und Gleichmut erfahren. Es kommt nicht mehr zu (8) Verlangen und Ablehnen, mit (9) Ergreifen und Wegstoßen. Deshalb zeigen sich auch nicht die darauf aufbauenden Ego-zentrierten Prozesse des (10) Werdens und der Selbstbestätigung. Dadurch kommt es nicht zu erneutem (11) Geborenwerden in eine das Erleben in »Ich« und »Anderes« aufspaltende Wahrnehmung, die stets Leid mit sich bringt, weil sie im Konflikt mit der Wirklichkeit ist. Es gibt kein Auflehnen mehr gegen Wandel, (12) Altern und Sterben, und aufgrund des Gewahrseins vollzieht sich das Leben im Einklang mit der Natur des Seins.

Wo unsere Meditation in der Kette ansetzt

Je mehr wir gewahr sind, desto weniger greifen die alten, leiderzeugenden Mechanismen. Die Glieder in dieser Kette, bei denen wir am ehesten ansetzen können, sind in dem Bereich, wo aufgrund von Kontakt Empfindungen entstehen, auf die wir mit Verlangen und Ergreifen reagieren. In diesem Segment der Zwölferkette kann unsere Meditationspraxis diesen automatisch ablaufenden Prozess am leichtesten unterbrechen. Deshalb gehen wir diese Stelle als Allererstes an. Dies tun wir auf mehrere Weisen:

- Bei den vielen angenehmen und unangenehmen Erfahrungen, die wir durch die sechs Sinne machen, entspannen wir die unmittelbaren Reaktionen, die normalerweise anspringen, und schauen einfach mal, was passiert, wenn wir nicht sofort reagieren: Wir entdecken, dass sie sich von selbst auflösen.
- Wir beobachten, wie jedes Mal Anspannung im Geist entsteht, sobald die Impulse des Verlangens und Ergreifens auftauchen, und schenken uns stattdessen Zeiten des Nichthaftens. Nach und nach entdecken wir sogar, dass dieses Nichthaften freudvoll ist, was uns zusätzlich motiviert, uns aus dem Haben- und Nichthabenwollen zu befreien.
- Wir lösen bei den auftauchenden Sinneserfahrungen die Identifikation mit dem erlebenden Subjekt auf, indem wir dort hinschauen, wo wir das vermeintliche »Ich« vermuten: »Gibt es da ein Ich, einen Wesenskern? Wie entsteht dieses Mittelpunktsgefühl? Ist es immer da oder nur manchmal? Ist es stabil oder verändert es sich?«. So entdecken wir die prozesshafte Natur des Erlebens und machen die Erfahrung eines Erlebens ohne Selbst – das »Nicht-Selbst«, die nicht fassbare Natur des vermeintlichen Subjektes, auch Leerheit genannt.
- Wir schauen in die Bedingtheit der Objekte, ihre Vergänglichkeit, den steten Wandel aller Sinneserfahrungen, und dadurch lässt das Greifen nach diesen vermeintlich stabilen »äußeren« Objekten nach.
- Auch untersuchen wir, ob es tatsächlich eine Trennung zwischen Subjekt und Objekt im Erleben gibt, und erfahren das Nichtgetrenntsein, dic nicht-fassbare Einheit des Erlebens, wodurch kein Greifen nach etwas vermeintlich anderem stattfindet.

Wir üben Gewahrsein, immer wieder Gewahrsein, und durchschauen die Zusammenhänge, die in der Zwölferkette beschrieben werden: wie Leid entsteht und wie Freiheit erfahren wird. Immer tiefer schauen wir hin. Wenn wir durchdringend erfahren, dass die fünf Aggregate (Formen, Empfindungen, Unterscheidungen, Gestaltungen und Bewusstseinsformen), die »Name und Form« genannt werden, keinerlei Wesenskern haben und kein konstantes, persönliches Selbst ausmachen, dann löst sich die Ich-Illusion auf.

Wir entdecken, dass das »Ich« ein ständiger Prozess untrennbaren Erlebens ist, in dem Subjekt und Objekt nicht als zwei getrennte Größen existieren. Der Glauben an ein stabiles, persönliches Ich lässt sich nicht mehr aufrechterhalten. Diese Einsicht ist so durchdringend, dass sie der Ich-Illusion den Teppich unter den Füßen wegzieht. In Momenten, in denen dieses Gewahrsein zum Vorschein kommt, entsteht kein Verlangen und Ergreifen mehr, womit auch alles andere – Kummer, Klagen, Leid usw. – ein Ende hat. Wenn dieses Gewahrsein vorhanden ist, kehrt sich die Zwölferkette um. Es wird nicht mehr Leid sondern Freiheit erfahren. Das ist das umgekehrte Entstehen in Abhängigkeit von Ursachen in Bezug auf Nirvāṇa. Eine solche Umkehrung kann in einem einzigen Augenblick in voller Kraft erfahren werden, doch ist sie nicht von Dauer, so lange sich die alten Muster nicht vollständig aufgelöst haben.

Wenn sich das Gewahrsein vertieft und klarer wird, schwächt sich die Zwölferkette ab. Die Früchte unserer Praxis zeigen sich darin, dass wir weniger gefangen sind in diesem Zyklus des Verlangens und Ergreifens mit resultierendem Leid. Unsere Identifikation wird schwächer, die dualistischen Muster lassen nach, die emotionalen Reaktionen sind weniger heftig und das psychische Leid wird weniger. Wir sind deutlich weniger verstrickt, zeitweise erleben wir uns vielleicht sogar als frei von Verstrickung. Der Weg geht weiter, bis das Gewahrsein so alldurchdringend und allumfassend ist, dass diese alten Muster, diese ganze Kettenreaktion, gar nicht mehr in Gang gesetzt wird. Dann, so sagt der Buddha, gibt es keine Ursachen des Werdens mehr. Alle Kräfte des Werdens, alle leiderzeugenden Kräfte sind erloschen und die Kräfte der erwachten Qualitäten des Geistes sind aktiv.

Diese Unterweisung zum abhängigen Entstehen ist die Basis der Meditationspraxis in der Mahāmudrā- wie auch der Dzogchen-

Tradition, sie ist die Basis der Chan- und der Zen-Tradition und wird auch – wie Fred mir gerade bestätigt – völlig identisch in der Vipassanā-Tradition gelehrt. Auf dieser gemeinsamen Basis bewegen wir uns. Die Methoden, die wir benutzen, um dieses Ergreifen aufzulösen, sind jedoch ein wenig verschieden.

Zusammenfassung und Meditation

Im ersten Teil der Unterweisung beschrieb ich das abhängige Entstehen in Hinblick auf Bedingungen – das ist die Unterweisung in wechselseitiger Abhängigkeit, Interdependenz. Wir untersuchen, wie sich alles gegenseitig bedingt. Das ist wesentlich, um die Leerheit, das Nicht-Selbst aller Phänomene zu verstehen. Wer die wechselseitige Abhängigkeit versteht, begreift, dass nichts aus sich selbst heraus existiert, und versteht damit auch Karma. Wir durchschauen, wie Denken, Sprechen und physisches Handeln die Bedingungen verändern und zu neuem Erleben führen. Wir erkennen auch, dass die Summe von Kräften, die wir »Ich« oder »Selbst« nennen, abhängig von Bedingungen das Erleben immer wieder neu gestaltet.

Der zweite Teil der Unterweisung beschreibt eine Kette von Ursachen. Ursachen sind etwas anderes als Bedingungen. Eine Ursache führt zwangsläufig zu einer Wirkung, während eine Bedingung eine Situation nur mitgestaltet. Der Buddha wollte diese Unterweisung so verstanden wissen, dass mangelndes Gewahrsein oder Unwissenheit *immer* zu Leid führt. Es gibt keine Ausnahme, deswegen wird es »Ursache« genannt. Immer wenn es zu Verlangen und nachfolgendem Ergreifen kommt, folgt Anspannung und Leid. Feines Greifen führt zu feinen Formen von Anspannung und Enge im eigenen Geist. Grobes Ergreifen führt zu gröberen Formen von Leid.

Wenn wir die Ursachen umkehren können, wird die neue Ursache – volles Gewahrsein – unweigerlich Befreiung zur Folge haben. Wo Gewahrsein ist, gibt es keine Identifikation, wo keine Identifikation ist, kommt es zwangsläufig nicht mehr zu einem Ergreifen der Sinneseindrücke, wodurch automatisch Frieden und Freiheit erfahren werden. Das ist die umgekehrte Ursache-Wirkungskette. Auch hierdurch verstehen wir Karma: Es entsteht dort, wo Verlangen und Ergreifen zu den Kräften des Werdens führen und wo aufgrund von mangelndem Gewahrsein karmische Gestaltungskräfte in uns aktiv sind, die eine bestimmte Sicht der Wirklichkeit auslösen, die dann wieder die Identifikation unterstützt.

Dies sind also zwei zentrale Unterweisungen der buddhistischen Lehre, die den Hintergrund für alle Meditationsanleitungen bilden. – Gampopa sagte:

> »Du bist in dem Maße verspannt,
> in dem du Gedanken als Fehler ansiehst.«[129]

Ich bitte euch, beim Meditieren diesen Satz mit den Unterweisungen zu den zwölf Gliedern abhängigen Entstehens in Verbindung zu bringen. Gedanken sind eine Erfahrung von Kontakt im sechsten Sinnesfeld, dem Bewusstsein oder Geist. Sie sind geistige Bewegungen, die von dem mit einem Ich identifizierten Bewusstsein wahrgenommen werden, das sie in angenehm, unangenehm und irrelevant unterscheidet. Wenn in unserem Geist das Verlangen entsteht, frei von bestimmten Gedanken oder frei von allen Gedanken zu sein, dann führt das stets zu Anspannung und Leid, weil es zu einem Fixieren mit Verlangen und Ergreifen gekommen ist. Deswegen meditieren wir so, dass sich diese Form des Verlangens und Ergreifens auflöst.

… stille Meditation …

129 Ozean, S. 187

Abhängiges Entstehen und Leerheit: Verantwortung und Freiheit

Fred von Allmen

Ich werde an Tilmanns Thema von heute Vormittag anknüpfen, aber mit etwas anderen Worten und Bildern: Die Lehren des *abhängigen Entstehens* und der *Leerheit von Selbst* gehören untrennbar zusammen und sind das Herzstück des Dharma. Sie werden in vielen Traditionen, vor allem in jenen des Mahāyāna, als die *zwei Wahrheiten* oder die *zwei Aspekte der Wirklichkeit* bezeichnet. Die als Prozess des abhängigen Entstehens erscheinende Wirklichkeit aller Dinge wird konventionelle Wirklichkeit genannt.[130] Die Leerheit von einem Selbst oder die Leerheit von Selbstexistenz wird als letztendliche Wirklichkeit bezeichnet.[131] Die konventionelle Wirklichkeit ist die Art und Weise, in der uns alle Dinge des Daseins erscheinen. Die letztendliche Wirklichkeit ist die Art und Weise, in der alle Dinge tatsächlich existieren. Ich möchte diese beiden Blickwinkel auf die Wirklichkeit erläutern und zugleich beleuchten, wie sie mit Verantwortung einerseits und Freiheit andererseits verbunden sind. »Verantwortung« bezieht sich hier auf den optimalen Umgang mit abhängigem Entstehen. »Freiheit« meint den Geisteszustand, der durch das Erkennen der Leerheit von einem Selbst verwirklicht wird.

Der Buddha erklärte: Wer das abhängige Entstehen sieht, sieht den Dharma, die Lehre über die Wirklichkeit. Genauso umgekehrt: Wer den Dharma versteht, versteht das abhängige Entstehen.[132] An

130 *Saṃvṛti-satya.* Oft wird hier der Begriff »relative Wirklichkeit« verwendet.

131 *Paramārtha-satya.* Oft wird auch der etwas weniger treffende Begriff »absolute Wirklichkeit« verwendet.

132 Buddha, Mahā-hatthipadopama Sutta: Die große Lehrrede von der Elefantenspur. Majjhima Nikāya 28 (III,8)

anderer Stelle fragt er: Was geschieht, wenn man das abhängige Entstehen nicht versteht? Und er führt aus:

> »Tiefgründig, Ānanda, ist bedingtes, abhängiges Entstehen und auch tiefgründig erscheint es. Infolge des Nicht-Erkennens und Nicht-Durchdringens dieses Gesetzes gleicht die Menschheit einem verwirrten Fadenknäuel, einem Vogelnest, einem Schilf- und Röhricht-Gestrüpp, und der Mensch entrinnt nicht dem niederen Dasein, den Leidensfährten; er entrinnt nicht dem Kreislauf des Leidens.«[133]

Was ist dieses bedingte oder abhängige Entstehen, das wir verstehen sollten, wenn wir nicht wollen, dass unser Geist einem verwirrten Fadenknäuel oder Gestrüpp gleicht und wir auf den Leidensfährten wandeln müssen?

Bedingtes, abhängiges Entstehen

Tilmann (bzw. Gampopa) nannte das überall ständig ablaufende abhängige Entstehen »abhängiges Entstehen in Hinsicht auf *Bedingungen*« – und das Modell der zwölf Glieder heißt dort »abhängiges Entstehen in Hinsicht auf *Ursachen*«. Im Theravāda wird vor allem Letzteres gelehrt. Das allgemein gültige Entstehen in Hinsicht auf Bedingungen hingegen wird selten erläutert. Dies nur als Zusatzinformation.

Unter bedingtem oder abhängigem Entstehen in Hinsicht auf Bedingungen versteht man die Tatsache, dass alle Dinge in diesem Dasein, einschließlich aller Lebewesen, in einem dynamischen Ablauf von Bedingungen entstehen und auch wieder vergehen. Wir, das Leben, sind ein ständig sich wandelnder Prozess, der sich immerfort neu erschafft, um gleich wieder zu verschwinden und im nächsten

133 Buddha, Mahā-nidāna Sutta: Die große Lehrrede von den Ursachen. Digha Nikāya 15

Moment ersetzt zu werden durch die nächste Erfahrung, und dies in rasantem Wechsel – endlos. Erkenntnis-Meditation, gleich welcher Art, betrachtet und versteht das Wesen dieser Prozesse auf tiefgründige Art und Weise.

Wir kennen diese Vorgänge auf der materiellen Ebene. Nehmen wir als Beispiel eine Sojabohne. Sie ist klein, grün und hart, und man wird sie kaum essen wollen. Wenn sie nun drei oder vier Tage unter den richtigen Bedingungen gehalten wird, wandelt sie sich in eine weiße, knackige Sojasprosse, die essbar ist. In wenigen Tagen ist in Abhängigkeit von der ursprünglichen Bohne etwas entstanden, was völlig verschieden ist. Man kann die Sojasprosse nicht nur essen, sondern sie würde, unter den richtigen Bedingungen, das heißt eingepflanzt in die Erde, mit der richtigen Dosis von Sonne und Wasser, sich in einen Sojabusch verwandeln, den man wiederum nicht essen kann. Am Sojabusch wachsen Sojaschoten und darin neue Bohnen. Das Laub verdorrt und wird zu Kompost und schließlich zu Erde …

Dieselben Prozesse laufen auch im größeren Maßstab dieses Daseins ab: Das Meer – eine riesige Wasserfläche – wird von der Sonne bestrahlt. Durch die Wärme beginnt das Wasser langsam zu verdunsten. Es entstehen Regenwolken. Ein Wind kommt auf und bläst die Wolken über das Land. Wenn sie auf Hügel treffen, steigen sie auf, werden abgekühlt und entleeren sich. Es regnet. Dort, wo das Wasser auf die Erde fällt und auf Samen trifft, beginnen diese zu sprießen. Wenn die richtigen Bedingungen zusammentreffen, wachsen Bäume. Sind die Bäume groß genug, rücken die Holzfäller an und fällen sie. Es folgt der Transport in die Papierfabrik, wo sie zu Papier verarbeitet werden. Von dort wandert es in die Papierwarenhandlung, wo es gekauft werden kann, zum Beispiel in der Form von Schreibblocks, auf die man Dharma-Vorträge schreibt. Schließlich wird das Papier in den Abfall geworfen und verbrannt – oder es findet den Weg in die Papiersammlung, wonach es wiederverwertet wird.

Das Leben in all seinen Formen und Aspekten ist solch ein komplexer, endloser Prozess von Ursachen, von Einflüssen und

Bedingungen und von Wirkungen und Resultaten, die ihrerseits wieder Bedingungen und Ursachen sind. Jedes Lebewesen, jedes Ding, jede Situation, jedes Ereignis und natürlich auch jede innere Erfahrung, sie alle entstehen in Abhängigkeit, als Prozess bedingten Entstehens. Deshalb spricht man von *bedingtem Entstehen*, ganz im Gegensatz zu *unabhängigem* oder *unbedingtem Entstehen*, einer offensichtlichen Unmöglichkeit.

Auch das Menschsein ist solch ein dynamischer Prozess: Unser Körper wird auf Grund von Produkten anderer Körper in dieses Dasein geworfen. Er wächst und gedeiht, dank allerlei Substanzen und Flüssigkeiten, die wir oben am Körper in eine Öffnung einfüllen, zu Brei zerkleinern und schlucken, worauf sie verdaut und verwertet werden. Der Körper tut all dies auf wunderbare Art und Weise, ohne dass wir selbst zu verstehen brauchen, was da wirklich vor sich geht. Er fährt fort, die Nahrung weiter zu verarbeiten und schließlich die Reste auszuscheiden. Die darauf folgenden Vorgänge sollen hier nicht weiter beschrieben werden. Aber die Prozesse der bedingten Veränderungen laufen natürlich endlos weiter.

Auch Sinneseindrücke beeinflussen uns ständig, in jedem Moment: Wir hören, sehen, riechen, schmecken, empfinden und denken. Unser ganzes Leben hindurch werden wir erzogen und belehrt, wir lernen aus Erfahrungen, wir erschaffen und produzieren Mannigfaltiges. Manche kreieren sogar neue Körper. Schließlich werden wir alt, zerfallen und sterben. Der Körper wird zu Asche oder zu Erde: ein endloser, dynamischer Prozess abhängigen, bedingten Entstehens. In den Erkenntnis-Meditationen sehen wir diese Abläufe in der direkten Erfahrung.

Karma: Wie wir uns selbst prägen

Im menschlichen Geist laufen ebenfalls Prozesse ab, die ich hier als psycho-ethisch bezeichnen möchte. Sie haben einen außerordentlich starken Einfluss auf unser Wohl und Wehe, auf unser Glücklichsein und unser Leiden. Es sind vor allem diese psycho-ethischen Abläufe, die wir verstehen müssen, wollen wir uns nicht im verwirrten Fadenknäuel verlieren, nicht auf den Fährten des Leidens wandeln. Und verstehen heißt hier, die Prozesse direkt in unserer unmittelbaren Erfahrung zu sehen, wollen wir, dass dieses Sehen und Erkennen die Kraft hat, uns wirklich zu befreien.

Zu diesem Zweck müssen wir ein paar Eckpunkte in Bezug auf das Funktionieren von Karma kennen, das heißt, von unseren Handlungen und den Rückwirkungen, die sie auf uns selbst haben. Es sind Abläufe, die nach bestimmten Gesetzmäßigkeiten funktionieren und zwar sowohl die inneren, karmischen Prozesse wie auch alle äußeren.

Auf der materiellen Ebene ist uns das meist klar: Die Gesetze der Schwerkraft, die Gesetze der Fliehkraft und ähnliche bestimmen unser Sein. Dass aus Tulpenzwiebeln Tulpen wachsen und nicht Rosen ist uns geläufig. Dass Kühe Kälber zur Welt bringen und nicht Krokodile, scheint uns selbstverständlich. Tatsächlich zeigt sich hier aber eine strikte Gesetzmäßigkeit. Nichts geschieht zufällig: Zucker süßt, Essig macht sauer, und zwar nicht nur ab und zu, sondern jedes Mal. Unser Dasein ist ein Prozess der ständig in Bewegung ist und gleichzeitig unbestechlichen Gesetzmäßigkeiten folgt.

Karma und die Wirkungen von Karma unterliegen einer Gesetzmäßigkeit auf der psycho-ethischen Ebene. Bevor ich die Funktionsweise beschreibe, werde ich illustrieren, wie sehr unsere gewohnheitsmäßige, konditionierte, oft stark verfestigende Art zu denken und das Leben zu betrachten, die Erfahrungen unserer persönlichen Welt prägt. Und dies nicht erst im nächsten Leben – falls es denn ein solches gibt – sondern schon hier und jetzt. Ein und dieselbe Realität wird völlig verschieden wahrgenommen und erlebt, entsprechend unserer kulturellen und persönlichen Konditionierung und unserer individuellen inneren Tendenzen. Tendenzen, die genau durch diese karmischen Prozesse geprägt werden. Eine Illustration bietet die Geschichte von der weisen Frau.

> Am Stadttor sitzt eine Wahrsagerin. Ein Reisender will wissen, wie die Menschen sein werden, die er in der Stadt antreffen wird. Die weise Frau fragt: »Wie waren die Leute in der Stadt aus der du gerade herkommst?« »Recht unfreundlich, kleinlich und wenig hilfreich«, lautet seine Antwort. Nun schaut sie tief in ihre Kristallkugel und klärt ihn alsbald auf: »Die Menschen in dieser Stadt werden nicht sehr freundlich sein. Du wirst sehen, dass sie oft kleinlich sind und nur selten hilfsbereit.« Enttäuscht wendet sich der Mann ab und marschiert voller böser Vorahnungen in die Stadt. Bald nähert sich ein anderer Reisender. Auch er möchte von der Frau wissen, wie die Menschen sein werden, die er in dieser Stadt treffen wird. Wieder fragt diese, wie die Leute waren, die er in der letzten Stadt verlassen hatte. »Recht freundlich, offen und manchmal auch sehr hilfsbereit«, befindet der Mann. Die Seherin blickt tief in ihre Kugel und meint schließlich: »Die Menschen in dieser Stadt werden freundlich zu dir sein, meist auch sehr offen und hilfsbereit!« Der Mann bedankt sich und betritt guten Mutes die Stadt.

Die Geschichte zeigt auf, wie sehr wir jedem Moment dieses Lebens mit der uns eigenen Konditionierung und Prägung begegnen. Diese wird nicht nur durch unser Umfeld geformt, sondern noch entscheidender durch unser Handeln und dessen Rückwirkung auf uns selbst. Eben durch Karma und seine Wirkung. Die psycho-ethische (karmische) Gesetzmäßigkeit besagt, dass auf unheilsame Absichten und Tendenzen hinter unserem Tun unangenehme, leidvolle Wirkungen für uns selbst folgen. Umgekehrt entstehen bei heilsamen Absichten und Tendenzen hinter unserem Tun angenehme freudvolle Resultate für uns selbst. Genauer gesagt: Denken, Reden und Handeln aus Verlangen und Anhaften, aus Begierde und Geiz, aus Ärger und Hass, aus Neid, Eifersucht oder aus Arroganz schaffen leidvolle Resultate für die Handelnden selbst. Aber Denken, Reden und Handeln aus einer offenen, großzügigen Haltung, aus Liebe und Mitgefühl, aus

Wertschätzung und Mitfreude oder aus Weisheit und Gelassenheit schaffen angenehme, glückvolle Resultate für die Handelnden selbst. Der Buddha erklärt:

> »Alle Dinge entstehen im Geist, sind unseres mächtigen Geistes Schöpfung.
> Rede mit unreinem Geist oder mit unheilsamer Absicht,
> handle mit unreinem Geist oder unheilsamer Absicht
> und Leid wird dir folgen, wie der Wagen dem Ochsen folgt, der den Wagen zieht.
> Alle Dinge entstehen im Geist, sind unseres mächtigen Geistes Schöpfung.
> Rede mit reinem Geist oder mit heilsamer Absicht,
> handle mit reinem Geist, mit heilsamer Absicht,
> und Glück wird dir folgen, wie der Schatten dem Körper folgt und nicht weicht.«[134]

Der Prozess, welcher in gesetzmäßiger Weise Leid oder Glück schafft, uns bindet oder befreit, läuft in Sequenzen der zwölfgliedrigen Kette des abhängigen Entstehens ab, welche sowohl im Mahāyāna als auch im Theravāda gelehrt wird (was Tilmann heute Morgen *abhängiges Entstehen durch Ursachen* genannt hat). Hier der für uns wesentliche Ausschnitt:

- Abhängig von den sechs Sinnen (Hören, Sehen, Riechen, Geschmack, Empfindung und Denken/Fühlen) entsteht Kontakt.
- Abhängig vom Kontakt entsteht Vedanā, eine Gefühlstönung, d. h. die Weise, wie sich eine Erfahrung anfühlt, nämlich angenehm, neutral, unangenehm oder gar schmerzhaft.
- Daraufhin, abhängig von Vedanā, entstehen Verlangen oder Abneigung.

134 Buddha, Dhammapada, Vers 1

- Abhängig von Verlangen oder Abneigung entstehen Ergreifen oder Loswerden wollen.
- Wiederum abhängig von Ergreifen entsteht Werden, existenz-bestimmendes Werden –

… und schon befinden wir uns in Zuständen, die entsprechend unserer Reaktionsweisen angenehm oder leidvoll sind. Wir finden uns »auf den Leidensfährten« wieder oder – bei geschickter, dharmisch heilsamer Umgehensweise – in Zuständen, die angenehm und erfreulich sind, also »auf den Fährten des Glücks«.

Dasselbe nochmals etwas ausführlicher (eine teilweise Wiederholung von heute Morgen): Wenn unsere Augen offen sind, wenn Licht und Raum vorhanden sind und wir wach sind, nicht im Tiefschlaf, in einer Ohnmacht oder völlig abgelenkt, dann entsteht unweigerlich Kontakt. Im Moment von Kontakt ist Sehbewusstsein da. Wann immer sich unsere Augen zum Beispiel auf die Wand hier richten, entsteht die Erfahrung von Weiß. Wenn unsere Ohren intakt sind, wir wach sind und die Klangschale erklingt, findet Kontakt statt und damit die Erfahrung des Hörens. Wenn unsere Nase intakt ist, wir wach sind und ein würziger Geruch aufkommt, findet Kontakt statt und damit die Erfahrung des Riechens.

Mit jeder dieser Erfahrungen zusammen tritt eine Gefühlstönung auf, eben Vedanā: mit der Seherfahrung, mit der Hörerfahrung, mit der Geruchs-, Geschmacks-, Berühr- sowie der Denkerfahrung. Diese Gefühlstönungen sind ausnahmslos immer entweder angenehm, neutral oder unangenehm. Die angenehmen merken wir uns, denn wir möchten sie wiederholen. Die neutralen verpassen wir oft, obwohl vielleicht zwei Drittel der Erfahrungen in unserem Leben neutral sind. Die unangenehmen, schmerzhaften möchten wir vermeiden. Dies ist unsere ganz normale und natürliche Umgehensweise.

Vedanā: Wie es sich anfühlt – wie wir damit umgehen

Es sind nicht so sehr die Erfahrungen des Sehens, Hörens, etc. selbst, sondern die verschiedenen, mit ihnen auftretenden Gefühlstönungen (*vedanās*), auf die wir reagieren. Wir können dies in der Meditation bestens beobachten. Wir sehen, wie der Geist ständig und sofort auf die Gefühlstönungen reagiert. Meist reagiert er auf *angenehm* mit Verlangen und Anhaften, auf *unangenehm* mit Abneigung, Ärger oder Hass und auf *neutral* mit Gleichgültigkeit und Teilnahmslosigkeit. Genau dies sind die Absichten, die unser Denken, Reden oder Tun *unheilsam* machen: Anhaften, Gleichgültigkeit, Abneigung, Anhaften, Gleichgültigkeit, Abneigung – in endloser Folge, ein ständiges Hin- und Her-Geworfensein. Genau dies sind die Reaktionsweisen, auf welche Leiden folgt. Mit Aufmerksamkeit und klarer Präsenz wird dies auch sogleich spürbar. Dabei geht es nicht um eine religiöse Theorie darüber, ob es in den zukünftigen Leben leidvoll werden wird oder nicht. Vielmehr erkennen wir in der unmittelbaren Erfahrung, was wir uns da ständig antun. Wir erkennen, wie das Leiden entsteht, das uns nachfolgt, wie der Wagen den Pferden folgt, die ihn ziehen. Es ist diese Reaktivität, die uns im Röhricht-Gestrüpp festhält, uns auf die Leidensfährten befördert.

Wie wir wissen, kann man dies ändern. Hier liegt sogar einer der Angelpunkte der Dharmapraxis: Wir üben uns darin, im Moment von Kontakt mit Sinnes-, Denk- oder Gefühlserfahrung achtsam, gewahr und präsent zu sein und dadurch zu ermöglichen, anstatt mit Anhaften oder mit Abneigung zu reagieren, mit weiser Gelassenheit präsent zu sein. Genau das üben wir in unserer Praxis, immer und immer wieder, von früh bis spät. Wenn achtsames Gewahrsein da ist, können wir wählen, ja, müssen wir wählen und zwar immer wieder von neuem. Manchmal wachen wir erst auf, nachdem wir uns bereits in Verlangen oder Ärger verfangen haben. Zuweilen erkennen wir die Reaktivität, fallen ihr aber trotzdem anheim. Immer öfter aber nehmen wir die

Gefühlstönung bewusst wahr und bleiben präsent und gelassen, statt uns wie üblich in Festhalten oder Aversion zu verlieren.

Wenn achtsames Gewahrsein inmitten des Verlorenseins in Verlangen oder Abneigung zurückkehrt, wir also *aufwachen*, können wir die unheilsame Reaktionsweise sogleich loslassen. Oder wir erinnern uns erst: »So habe ich schon Hunderttausende von Malen reagiert und es hat, außer Leiden, nie etwas gebracht!« – und dann lassen wir los. Wir sehen und spüren, was läuft, und erinnern uns daran, wie viel einfacher doch alles ist, wenn wir gelassen sind.

Die Umgangsweise, die wir am meisten anwenden, ob gewohnheitsmäßig oder durch bewusste Praxis, wird zu der Umgangsweise, die zur Gewohnheit wird. Wie in der Geschichte von den Wölfen: Wir haben zwei Wölfe in uns drinnen, die um Führung ringen. Einen unfreundlichen, aggressiven, gierigen und einen liebevollen, weisen Wolf. Welcher der beiden wird siegen? Derjenige, den wir füttern, natürlich! Ziemlich offensichtlich. Können wir die Konsequenzen daraus auch in unser tägliches Leben umsetzen?

Wenn wir also mit einer angenehmen Erfahrung achtsam und gegenwärtig sind, ist es möglich, mit gelassener Offenheit anstatt mit Anhaften oder Verlangen präsent zu sein – sei es nun eine wünschenswerte Meditationserfahrung, eine schöne Aussicht oder ein feines Mittagessen. Wenn wir umgekehrt mit einer unangenehmen Erfahrung achtsam und gegenwärtig sind, ist es möglich, mit Geduld, Güte oder Mitgefühl präsent zu sein, anstatt mit Ärger oder Hass – sei es eine frustrierende Meditationserfahrung, ein lauter Nachbar oder gar ein herber Verlust. Jedes Mal, wenn uns dies gelingt, kommt es einem Wechsel gleich, vom wirren Röhricht-Gestrüpp zu den Fährten des Glücks. Wir üben uns darin, seltener Albträume und öfters förderliche und segensreiche Träume hervorzubringen.

Verantwortung

Wollen wir in dieser dynamischen, gesetzmäßigen Wirklichkeit glücklich und für andere hilfreich leben, müssen wir die heilsamen inneren Qualitäten kultivieren: Zuwendung, Mitgefühl, Großzügigkeit, Dankbarkeit, Wertschätzung, Geduld und Gelassenheit. Das Wesen dieser Herzens- und Geistesqualitäten wird mit dem Pāli-Begriff *sobhana* passend illustriert: wunderschön, leuchtend, strahlend.

Soweit wir uns immer wieder für einen heilsamen Umgang entscheiden, übernehmen wir in tiefstem Sinne Verantwortung für unser eigenes Leben, für unser eigenes Glück. Wir übernehmen aber auch Verantwortung für unsere Mitwelt, für die Mitmenschen und ihr Wohlergehen, soweit das in unseren oft beschränkten Möglichkeiten liegt. Wir können Dinge, zumindest innerlich, zum Bessern verändern, wir wollen Hilfreiches in unserem Herzen kultivieren – und auch entsprechend handeln. In diesem dynamischen Dasein, diesem konventionellen Aspekt der Wirklichkeit, ist Verantwortlichkeit eine der wesentlichen Qualitäten der Praxis.

Freiheit

Nun zur letztendlichen Wirklichkeit, dem zweiten »Blickwinkel auf die Wirklichkeit«: Egal wie großzügig, liebevoll und mitfühlend wir sind, egal wie glücklich uns diese Praxis macht, tiefste innere Freiheit kann damit nicht erreicht werden. Denn was in Abhängigkeit entsteht und aufgrund von wechselnden Bedingungen existiert, kann keine endgültige Freiheit sein. Um Erwachen im Sinne der Befreiung von täuschenden, quälenden Geistes- und Herzensfaktoren zu erlangen, müssen wir die *Natur,* das *Wesen* dieses Daseins, der sogenannten konventionellen Wirklichkeit, erforschen.

Im ersten Teil des Vortrages haben wir die Funktionsweise der Wirklichkeit untersucht, weil wir einen weisen und verantwortungsvollen Umgang damit kultivieren möchten. Um innere Freiheit zu erlangen, müssen wir jedoch parallel dazu ihre leere, nicht fassbare Natur ergründen – oder besser gesagt, sie erkennen, uns dafür öffnen.

Lasst uns nochmal zum Beispiel des Träumens zurückkehren: Durch korrektes Praktizieren können wir Albträume vermeiden und zunehmend gute Träume, d.h. angenehme Erfahrungen in diesem Leben, hervorbringen. Aber um frei zu sein, müssen wir im Traum merken, dass wir träumen. Letztlich geht es um das Aufwachen aus dem Traum, ums Erwachen. Nāgārjuna schreibt:

> »So, wie ein Maler vor der fürchterlichen Figur eines Dämons, den er selbst gemalt hat, erschrickt, so fürchten sich weltliche Menschen vor ihren eigenen Vorstellungen von der Welt. So, wie der Narr in einem Morast versinkt, in den er selbst gestiegen ist, so versinken die Lebewesen im Morast falscher Begriffe und getäuschter Vorstellungen, unfähig, sich zu befreien. Hält man etwas Unwirkliches für wirklich, wird man Leiden erfahren. Die Lebewesen werden gequält vom Gift ihrer falschen Wahrnehmung.«[135]

Freiheit heißt, aus diesen getäuschten Vorstellungen aufzuwachen.

Was ist gemeint mit »letztendlicher Wirklichkeit«? Dass alle Dinge leer sind von einem *Ich*, einem *Selbst*, von *Jemandem*, der all die individuellen Erfahrungen hat oder ist. Es bedeutet auch, dass Erleben frei ist von dualistischer Trennung in Subjekt und Objekt und dass die Dinge des Daseins nicht wirklich auffindbar sind, wenn man sorgfältig nach ihrem Kern sucht. Wie sollte dies auch anders sein in diesem sich ständig wandelnden Prozess des Lebens? Vielmehr sind alle Dinge – die Welt, der Körper, Herz und Geist – leer von jeglicher Art von Selbstexistenz, d.h., sie haben kein unabhängiges Dasein und existieren nicht aus sich selbst heraus, als ein »Ding«, und können deshalb in keiner Art und Weise festgehalten werden. Genau dies ständig zu versuchen, erzeugt alles Leid.

135 Nāgārjuna, Mahāyānaviṃśaka (8–11)

Dinge sind zwar leer von Selbstexistenz oder unwirklich, wie Nāgārjuna es ausdrückt, doch dürfen wir nicht vergessen, dass diese Unwirklichkeit den erwähnten Gesetzmäßigkeiten folgt, die Freude oder Leiden bewirken. Diese »Unwirklichkeit« bringt leidvolle Wirkungen hervor, wenn wir sie falsch wahrnehmen.

Wenn wir in einem schlechten Traum gefangen sind, ohne zu merken, dass wir träumen, sind wir völlig ausgeliefert und leiden. Sobald wir aufwachen, sind wir frei. Doch auch wenn wir im Traum selbst bemerken, dass es nur ein Traum ist, sind wir bereits freier. Dasselbe gilt für den Wachzustand: Wenn wir aus unseren Gedanken, Emotionen und Dramen aufwachen und merken, wie sehr wir in diesem unbeständigen, nicht greifbaren, traumgleichen Dasein gefangen sind, ändert sich etwas. Wir werden freier, uns selbst und anderen weniger Leiden zu schaffen. Freier, uns für Heilsames zu entscheiden.

Was bindet uns und lässt uns im Traum verharren? Das mangelnde Gewahrsein und die damit verbundene Täuschung. Wir verstehen nicht, wie die Identifikation und das Verwickeltsein mit unseren Gedanken, Vorstellungen und Dramen uns einschränken. Verblendung hindert uns daran, die Wirklichkeit und den Glauben an ein Jemand, ein Ich, das alles erfährt, zu durchschauen – so als würden wir im Halbdunkel wegen einer Schlange vor uns am Boden in Panik geraten, ohne zu erkennen, dass es sich in Wahrheit nur um ein gewundenes Seil handelt.

Das Selbst erkennen und durchschauen

Um zu verstehen, was Leerheit von Selbst bedeutet, müssen wir beobachten, wie die Gefühle und Gedanken von einem Ich oder Selbst erscheinen, wie sie sich anfühlen und was die Identifikation mit ihnen bewirkt.

Nehmen wir ein Beispiel: Ich möchte in einem Geschäft ein Gerät kaufen. Der Verkäufer blickt mich irritiert an – er ist offenbar gerade zu sehr mit seinem Computer beschäftigt, um sich von einem Kunden stören zu lassen. Was ich denn wolle, schnauzt er mich schließlich an. Ich dachte, der Kunde sei König, und finde dieses Verhalten ziemlich kränkend. – Wie ist dieses Gefühl von Kränkung entstanden? Wie findet die Identifikation mit einem Ich statt? Kann ich spüren, wie ein starkes Gefühl von getrenntem Selbst präsent ist? Hier können wir beobachten, wie stark Identifikation und Ergreifen von Selbst uns plagen können.

Oder: Ich schöpfe mein Essen im Speisesaal des Meditationszentrums. Gesammelte, schweigende Achtsamkeit und Präsenz erfüllen den Raum. Plötzlich gleitet meine Hand vom Tellerrand und mein Essen saust krachend zu Boden. Oh Schreck! Die Sauce schwappt dabei auch noch auf die weiße Hose der sympathischen Frau direkt hinter mir. Ich suche das sprichwörtliche Mauseloch am Boden, in das ich mich blitzschnell verkriechen möchte.

Genau jetzt, bevor wir ins Handeln gehen (uns entschuldigen, aufwischen, usw.), können wir hinspüren: Wie fühlt sich dieser Moment an? Ist da Verbundenheit? Oder überragt ein scheinbar unabhängig existierendes Gefühl von getrenntem Ich alle anderen Gedanken und Gefühle? Denke ich an meinen Ruf, was andere von mir denken, wie ich dastehe …? Hier können wir Ich-Gefühle *in Aktion* erkennen und verstehen lernen.

Genau diesen Prozess des »*Selbstens*« können wir beobachten, wenn uns etwas peinlich ist oder wir angeklagt werden oder wir Ärger und Hass erleben. Wir alle kennen solche Momente, ob sie nun trivial oder dramatisch sind. Meist übersehen wir, was sich innerlich abspielt, weil wir gerade mit Schadensbegrenzung beschäftigt sind. Darum brauchen wir eine kontinuierliche Achtsamkeit, die auch präsent bleibt, wenn Turbulenzen auftreten – seien es unerhebliche oder dramatische. Je klarer wir sehen, wie das Ich oder das Selbst entsteht, desto schneller durchschauen wir den Prozess, fallen nicht mehr darauf herein und atmen freier.

Wenn der Glaube an ein solides Ich abnimmt, entsteht innerer Freiraum. Wenn das Ergreifen des scheinbar soliden Ichs schwindet, entsteht großer Freiraum. Wenn dieses Ergreifen sogar dann nicht auftritt, wenn es unangenehm, brenzlig oder gar beängstigend, schmerzhaft oder gefährlich wird, dann zeigt sich enormer innerer Freiraum.

Selbstexistenz überall durchschauen

Was wir in Bezug auf unser Ich oder Selbst sehen, erkennen wir nun auch bei allen anderen Dingen. Sie alle entstehen und vergehen in ständigem Wandel. Eine Erfahrung nach der anderen wird gleich von der nächsten ersetzt. Wie Rumi es beschreibt:

> »Erfahrungen kommen anmarschiert, in einer langen Kolonne.
> Sobald die eine ankommt, sagt die nächste schon: Hau ab, jetzt bin ich dran!«

Nicht nur sind alle Erfahrungen vergänglich, sondern sie sind auch leer in sich selbst, d. h. nicht greifbar, traumähnlich, nicht selbstexistent. Je sorgfältiger und näher wir sie betrachten, desto weniger finden wir – wie der Dalai Lama oft sagt: »Man kann keinen Ort finden, auf den man den Finger legen könnte«, – wenn man genau hinschaut.

Alles entsteht in komplexer Abhängigkeit. Die Wirklichkeit ist viel durchlässiger und ungreifbarer, als wir je dachten. Das betrifft nicht irgend eine abstrakte Wirklichkeit, sondern alles, was wir sind und was es gibt: Körper, Gefühle, Gedanken, Menschen, Tiere, Häuser, Zentren, Firmen, Jobs, Mahlzeiten, Kleider, Autos, Fahrräder, Besitzverhältnisse, Verbindungen, Beziehungen, Politiker, Kriegszeiten, Friedenszeiten, das Wetter … Die konventionelle Wirklichkeit wie auch das Ich oder Selbst sind bedingte, abhängig entstehende Prozesse, leer in sich selbst.

Aufgrund von Verblendung wird die leere, nicht aus sich heraus existierende, traumgleiche Natur des Daseins nicht erkannt, was bewirkt, dass wir uns mit äußeren Dingen und inneren Erfahrungen identifizieren und glauben, ein solides Selbst lebe und handle in einer soliden Welt. Darum werden wir im Lankāvatāra-Sūtra gewarnt:

> »Die Dinge sind nicht, was sie zu sein scheinen,
> noch sind sie irgendwie anders.«[136]

Unsere Welt ist nicht solide und selbst-existent, sondern »leer« von dieser Art des Existierens. Das heißt aber nicht, dass sie nicht da ist. Um das zu sehen, braucht es Erkenntnis und genau für diese praktizieren wir hier. Sie entsteht dadurch, dass wir hinschauen und die Wirklichkeit in unmittelbarem und direktem Kontakt erforschen. Das Kultivieren von Weisheit oder befreiender Erkenntnis, welche die letztliche Natur aller Dinge korrekt versteht, ist der zweite der beiden wesentlichen Aspekte der Dharma-Praxis.

Weisheit und Mitgefühl: die zwei Flügel eines Vogels

Wir übernehmen Verantwortung für uns selbst und für unsere Mitwelt und berücksichtigen deshalb bei unserem Handeln die Gesetzmäßigkeiten der konventionellen Wirklichkeit, innerhalb derer alles Tun wirkt. Befreiende Erkenntnis oder Weisheit, welche die Leerheit von unabhängiger Selbstexistenz richtig und klar sieht, führt zu innerer Freiheit: Wir wissen, dass das Dasein wie ein Traum ist. Gleichzeitig üben wir uns aber darin, bessere Träume zu träumen, indem wir karmisch heilsam handeln. Und da alle Lebewesen Teil des Traumes sind, kultivieren wir die Qualitäten, die auch ihnen das Dasein erleichtern: Großzügigkeit, Liebe und Mitgefühl.

Über dem Altar hängt eine Darstellung von Avalokiteśvara, der Personifizierung des großen Mitgefühls aller Buddhas. Seine Hände sind

136 Lankāvatāra-Sūtra, Kap. 3, 65, 37

in der Mitte zusammengelegt und umfassen ein »wunscherfüllendes Juwel«. Wenn heilsames, mitfühlendes Tun zusammenkommt mit dem Erkennen des nicht fassbaren, leeren Aspektes dieses Tuns, werden alle Wünsche erfüllt. Wir brauchen beides: großes Mitgefühl und befreiende Weisheit. In Mitgefühl leben wir unsere Verantwortung im Dasein – und durch klar erkennende Weisheit sind wir innerlich frei. Wir brauchen beides, großes Mitgefühl und befreiende Weisheit, so wie Vögel zwei Flügel brauchen, um zu fliegen.

Unser Geist: Weit wie der Himmelsraum

Tilmann Lhündrup

Tilopas Erklärungen

Der indische Mahāmudrā-Meister Tilopa sagt:

> »Nimm den Himmelsraum als Beispiel.«[137]

Während unser Geist so weit und offen ist wie der Himmel, handeln wir so präzise wie beim Einfädeln eines Fadens in ein Nadelöhr. Zunächst entdecken wir in der stillen Meditation, dass Gewahrsein in jedem Moment diese raumgleiche Natur hat. Dann bringen wir diese raumgleiche Weite hinein ins konkrete, präzise Handeln. Mit dem Herzensatem, der weiter unten noch genauer erklärt wird, können wir diese Gleichzeitigkeit von Weite und Präzision üben, indem wir konkret einzelne Personen oder Situationen ins weite Bewusstsein holen. Die Herzensweite wird mit der Zeit die kleinen wie die

137 Ozean, S. 212

großen Handlungen durchdringen, sei es ein einfaches Tischdecken oder das Eingehen lebenslanger Verpflichtungen. Alle Handlungen werden so zu einem präzisen Ausdruck der weiten, nicht identifizierten Geisteshaltung, die wir in der Meditation üben.

Der Himmelsraum ist ein Beispiel für die Natur des Geistes. Der Himmel hat keine Farbe und Form – er wechselt seine Farbe abhängig von klimatischen Bedingungen. Aber er bleibt immer der »Himmel«, egal welche Farbe er annimmt. Um eine Form zu haben, müsste der Himmel einen Anfang und ein Ende haben. Doch der Himmelsraum ist einfach überall um uns herum, er ist, wie Tilopa sagt:

> »... jenseits von Farbe und Form,
> unbeeinflusst von Weiß und Schwarz,
> und er ist unwandelbar.«[138]

Raum bleibt genau wie Geist unbeeinflusst von Stimmungen und Farben. Die Qualität des Raumes, weit zu sein, ist etwas Unwandelbares, genau wie die Qualität des Geistes, bewusst zu sein. Vieles mag sich im Himmel abspielen – Wolken, Stürme, Satelliten und Flugzeuge. All das ist für den Himmelsraum unerheblich. Es gibt nichts im Himmelsraum, was sich den Flugzeugen oder dem Spiel der Wolken, dem Wind usw. widersetzen würde. Er ist unwandelbar und bleibt unbeeinflusst. Tilopa sagt weiter:

> »Genauso ist die Natur des Geistes jenseits von Farbe und Form,
> unbeeinflusst von weiß und schwarz,
> von heilsamen und schädlichen Handlungen.«[139]

Welche Farbe hätte wohl der Geist? Dazu müssten wir ihn erst einmal finden und als Form erfassen können. So wie der Himmels-

138 Ozean, S. 212
139 Ozean, S. 212

raum hat auch Gewahrsein, Geist genannt, weder Anfang noch Ende. Wir können ihm keine Form zuordnen und keine Farbe. So wie im Himmel spielt sich viel ab im Geist – unzählige Farben und Formen erscheinen. Aber keine von ihnen ist die Farbe oder Form des Geistes. Er bleibt unbeeinflusst von Weiß und Schwarz, also von den Höhen und Tiefen unseres Erlebens. Ob heilsame Geisteszustände oder verstrickte Geisteszustände, sie verändern nicht die eigentliche Natur des Geistes, auch unsere Handlungen beeinflussen ihn nicht. Tilopa fährt fort:

> »Nimm den Himmelsraum als Beispiel.
> Du kannst ihn zwar als leer bezeichnen,
> doch der Himmelsraum an sich ist nicht zu beschreiben.«

»Leer« bedeutet, dass nichts zu finden ist – und genauso verhält es sich mit dem Geist: Er wird als transparent, leer, nicht fassbar beschrieben. Aber diese Beschreibung ist kein Beweis, dass er als ein Ding existiert. Alles Erleben findet in diesem Gewahrsein statt, das an sich nicht fassbar ist, aber alles hervorbringt. Tilopa sagt weiter:

> »Die Natur des Geistes ist von jeher wie der Himmelsraum
> und es gibt kein Phänomen, das nicht darin enthalten ist.«[140]

Geist ohne Mittelpunkt

Tilopa fährt fort:

> »Der Geist ohne Zielrichtung ist Mahāmudrā.«[141]

Ein Ziel zu haben bedeutet, von einem Subjekt auf ein Objekt gerichtet zu sein. Ein Geist ohne Zielrichtung nimmt nicht von einem Mittel-

140 Ozean, S. 212
141 Ozean, S. 212

punkt aus wahr. Ein solcher Mittelpunkt ist nicht zu finden. Es gibt keinen. Das ist eine weitere Parallele: So wie der Himmelsraum ist auch das Gewahrsein von Natur aus mittelpunktslos. Gewahrsein ist gewahr, Erleben findet statt, aber ohne einen Mittelpunkt dieses Erlebens. Es ist raumgleich, mittelpunktslos, ohne Zielrichtung. Tilopa beschließt mit dem Satz:

> »Wer sich dies zur vertrauten Gewohnheit macht,
> der erlangt unübertreffliches Erwachen.«[142]

Wer es sich zur vertrauten Gewohnheit macht, in diese panoramische Sicht hinein zu entspannen und gewahr zu bleiben, was die wahre Natur des Geistes ist, der wird völlige Freiheit erleben.

Mahāmudrā – die Weite in der Enge finden

Den Geist so weit wie den Himmelsraum zu lassen, befreit von der Enge, die sonst fast ständig auf subtile Weise spürbar ist. Diese *gefühlte* Weite ist immer noch eine Erfahrung des dualistischen Gewahrseins, wirkt aber bereits tief heilsam. Wenn sie nicht mehr dualistisch erfahren wird, dann ist es Mahāmudrā. Da gibt es dann keinen beobachtenden Meditierenden mehr, der sich sagt: »Ah, jetzt ist mein Geist aber schön weit!« Wenn sich das Beobachten völlig entspannt, dann ist es Mahāmudrā, das völlig natürliche Sein, das nicht unterscheidet zwischen Enge und Weite.

Es mag verführerisch sein, aus der Enge in die Weite zu flüchten. Das ist der »nahe Feind« der Mahāmudrā-Praxis: Wir richten es uns in einer vermeintlichen Weite ein, die nur eine Vorstellung ist. Solch ein Geist ist nicht wirklich sorglos, denn es sind Muster in uns aktiv, aus der Enge heraus zu wollen – also eine gewisse Abneigung –, und in der Weite Erleichterung zu finden – eine gewisse Anhaftung. Dies löst sich auf, wenn wir die Weite in der Enge finden, also die

142 Ozean, S. 212

Weite des Himmelsraumes direkt im verstrickten Erleben entdecken. Dafür ist es wichtig, ohne mit der Wimper zu zucken wirklich im schwierigen »engen« Erleben zu bleiben, ohne wegzulaufen, und in der Erfahrung des schmerzenden Ichs die Natur des Geistes zu entdecken, nirgendwo sonst. Kein Aussteigen in eine vermeintliche Weite, sondern Einswerden mit dem jeweiligen Erleben und darin die Natur des Geistes entdecken. Meine Sorgen, mein Nichtwissen, mein verwirrtes Sein, alles hat genau diese Natur des Geistes, die mit dem Himmelsraum verglichen wird.

Der Herzatem: Mitgefühl und Mahāmudrā als Einheit praktizieren

Deswegen ist es so hilfreich, zusammen mit der Mahāmudrā-Meditation die *Lodjong*-Praxis auszuführen, die Praxis des Mahāyāna-Geistestrainings. *Lo* ist der verstehende Geist und *djong* heißt Training. Die zentrale Praxis des Lodjong-Geistestrainings ist der Herzatem, auf Tibetisch *Tonglen* genannt. *Tong* bedeutet Geben und *len* heißt Nehmen – wir geben, schenken oder teilen das Angenehme, Positive und Freudvolle und nehmen das Unangenehme, Schwierige oder Leidvolle in unserer Vorstellung an, wobei wir dies mit dem Ein- und Ausatmen verbinden. Hier kommt es darauf an, sich beim Einatmen wie beim Ausatmen im Herzen zu öffnen. Wir schwingen im Herzen mit und unser Geist weitet sich, so dass sie weit wie der Himmelsraum und zugleich voller Liebe sind. Der Herzatem öffnet uns für die konkreten Herausforderungen unseres Lebens. Er verbindet jeden Atemzug mit einem weiten, liebevollen Herzensgewahrsein. Wenn wir erleben, wie wohltuend dies ist, dann möchten wir nichts lieber, als mit der Weite, die sich aus der meditativen Erfahrung entwickelt hat, ins verstrickte Erleben hineinzugehen. Wir holen unsere größten Sorgen und schwierigsten Erfahrungen hinein in den Herzensgeist, der so weit und annehmend ist wie der Himmel und zugleich alles völlig präzise und nuanciert erlebt.

Wir beginnen mit dem Herzatem stets bei uns selbst, um uns selbst tiefer anzunehmen, mit all den Unzulänglichkeiten, dem Schwierigen, der Unsicherheit und dem erlebten Mangel und all dem, was in uns rumort. Wenn wir das Gefühl haben, uns tatsächlich darin angenommen zu haben, dann weiten wir das aus in das Erleben mit anderen Menschen.

Frage: Macht es Sinn, mit leichten Erfahrungen zu beginnen und erst später die schwierigen einzuladen?
Antwort: Das ist völlig richtig. Wenn wir uns mit dem Herzatem vertraut machen, üben wir erst mit leichteren Erfahrungen und mit Menschen, bei denen es uns leicht fällt, das Herz zu öffnen. Solange wir uns dabei noch unsicher fühlen, bleiben wir bei der Selbstannahme und einfacheren Erfahrungen; die starken Emotionen kommen erst später. Wenn wir jedoch mit der Praxis vertraut sind und uns stabil fühlen, gehen wir schnurstracks auf das Schwierige zu, zu den großen Herausforderungen. Da wir keine Zeit zu verlieren haben, nehmen wir allen Mut zusammen und begegnen dem Schwierigen mit offenem Herzen – dort liegt die Praxis. Dabei vereinen wir die Weite der Sicht mit dem genauen Erforschen konkreter emotionaler Belastungen. Wir holen das schwierige Erleben hinein in die stille Praxis – das könnte sich zunächst wie eine Störung anfühlen! Doch nach der Störung kommt die Erleichterung, weil sich so die unbewussten Schatten auflösen. So vorzugehen macht unsere Praxis stabil. Wir verlieren die Angst vor unseren Schattenseiten, weil wir sie alle anschauen und tief mit ihnen vertraut werden, bis sich keine Scham mehr erhebt. Zugleich werden wir immer sicherer darin, Wege ins fließende, liebevolle Gewahrsein zu finden. Wenn sich das einstellt, sind wir wirklich im Geistestraining angekommen.

Frage: Brauchen wir nicht einen gewissen Abstand, speziell zu den schwierigen Situationen?

Antwort: Diesen inneren Abstand können wir in der *Tonglen*-Praxis dadurch finden, dass wir uns einen Buddha in der Herzgegend vorstellen und diesen Buddha das Schwierige ein- und das Angenehme ausatmen lassen. Meist visualisieren wir *Avalokiteśvara*, den Buddha des erwachten Mitgefühls, aber es kann auch Buddha Śākyamuni sein oder eine andere Repräsentation des Erwachens. Die Vorstellung, ein Buddha verweile in unserem Herzen, macht es deutlich leichter, sich nicht mit dem Erleben zu identifizieren und Zugang zu Weisheit, Liebe und Mitgefühl zu finden.

Frage: Ist es möglich, diesen Herzatem auch im Alltag anzuwenden?
Antwort: Das ist nicht nur möglich, sondern sehr zu empfehlen, in jeder Situation! Damit uns das leichter fällt, können wir uns bereits morgens auf diese Praxis einstimmen, dann lässt sie sich tagsüber schnell aktivieren. Menschen, die in ihrer Praxis des Gebens und Annehmens im Einklang mit dem Herzatem bereits fortgeschritten sind, können ihre Übung nach und nach ausweiten, bis jeder Atemzug mit Geben und Annehmen verbunden ist und jeder Atemzug im Alltag aus diesem mitschwingenden Gewahrsein heraus getan wird. Das wäre ein wunderbares Geschenk an uns selbst wie an die anderen! Aber bitte macht daraus kein erdrückendes Ideal, sondern nehmt es als eine beflügelnde Inspiration, euch vorzustellen, wie es wäre, jeden Moment eures Lebens in diesem Gewahrsein zu atmen.

Der Herzatem verbindet das relative und letztendliche Bodhicitta: Liebe und Mitgefühl in konkreten Situationen und die raumgleiche Natur des Gewahrseins. Die Verbindung dieser beiden ist der Herzensatem.

Dreizehnter Tag

Wie ermüdend, nach Vollendung zu streben!

Tilmann Lhündrup

Saṃsāra und Nirvāṇa sind gleichwertig

Von dem indischen Meister Dombhi Heruka wird folgender Ausspruch überliefert:

»In der Einfachheit sind Saṃsāra und Nirvāṇa gleichwertig.
Wie ermüdend, nach Vollendung zu streben!
Im ungehinderten Raum sind Körper und Geist nicht
zweierlei.
Was für ein Jammer, sie für verschieden zu halten!
Im Dharmakāya [dem Wahrheitskörper] sind Selbst und
Andere nicht zweierlei.
Wie bemitleidenswert an Gut und Schlecht festzuhalten![143]

143 Ozean, S. 213

Mit Einfachheit oder einfachem Sosein ist die einfache Präsenz des nicht-haftenden Gewahrseins gemeint. In diesem einfachen, nicht-haftenden Sosein sind das Erleben von emotionaler Verstrickung, also Saṃsāra, und das Erleben von völliger Freiheit und Frieden, also Nirvāṇa, nicht zweierlei – sie sind gleichwertig, d. h., sie haben denselben »Geschmack« der Natur des Geistes. Ob düsteres Erleben oder helles Erleben, ob verstricktes Erleben oder freies Erleben, alles ist in seiner grundlegenden Natur gleichwertig. Denn alles ist Geist, alles ist Erleben, und Erwachen ist in jeder dieser Erfahrungen möglich. Wenn erwachtes Gewahrsein Chaos wahrnimmt, so hat es denselben Geschmack der Natur des Geistes wie das Erleben reiner Bewusstseinsbereiche.

Wie ermüdend, nach Vollendung zu streben! Die vermeintliche »Vollendung«, anderswo als im augenblicklichen Erleben zu suchen, weil wir bezweifeln, dass das Erwachen in unserem emotionalen Erleben, in unserer Verwirrung, zu finden ist! Wir sind voller Zweifel und Selbstkritik, weil es uns nicht gelingt, wirklich mitfühlend und liebevoll zu sein. Ein Aspekt des Problems ist, dass *ich versuche* zu lieben. Das geht irgendwie nicht – wir können Liebe und Mitgefühl nicht erzeugen, sondern nur zulassen.

Wenn Dharma zu Drama wird …

Viele Jahre streben manche von uns nun schon nach Vollendung. Ich und mein Erwachen: Es ist so ermüdend! Aber auch wenn wir uns das Erwachen schon abgeschminkt haben, wollen wir wenigstens bessere Menschen sein. Ach, wenn ich doch nur ein besserer Mensch würde! Dieses ständige Streben macht Dharma zum Drama – ein aufreibendes, ständiges Streben nach dem besseren Sein. Umso erleichternder ist es zu entdecken, dass das Erwachen nirgendwo anders ist, als jetzt gerade hier in meinem Drama, meinem täglichen Spektakel.

Wenn uns die Gut-Mensch-Inszenierung gelingt, sind wir glücklich und hoffnungsvoll, aber wenn sie daneben geht, sind wir traurig und verzweifeln. Wir könnten uns aber die Frage stellen, wo dieses Drama eigentlich stattfindet. Die Antwort ist natürlich: Im eigenen Geist. Das ganze Dharma-Drama findet im Geist statt. Wie Wolken zieht ein Akt nach dem anderen durch den Geist. Mal sind es lichterfüllte, von der aufgehenden Sonne angestrahlte Wolken und dann wieder düstere Sturmwolken, die Unheil ahnen lassen. Wir vergessen darüber die raumgleiche Natur des Geistes, in dem dieses ganze Schauspiel stattfindet. Genau dieser Geist hat die raumgleiche Natur, von der Tilopa spricht. Beim Meditieren können wir diese raumgleiche Qualität vielleicht erspüren, vielleicht war da für eine Weile eine Ahnung von der Natur unseres Gewahrseins. Wir erahnen sie, weil etwas in uns sie schon kennt. Wie ermüdend, etwas vollenden zu wollen, das schon vollendet ist. Wie sinnlos, es noch besser machen zu wollen. Es geht nur darum zu sehen, was die eigentliche Natur unseres Erlebens ist – alles ist bereits da.

Körper und Geist sind nicht getrennt

Dombipa nimmt in der nächsten Zeile eine weitere klassische Spaltung aufs Korn: die Trennung von Körper und Geist. Er sagt:

> »Im ungehinderten Raum sind Körper und Geist nicht zweierlei.«

Körperliches Erleben ist geistiges Erleben. Es handelt sich um Sinneswahrnehmungen, die im Geist stattfinden. Alles, was wir über den eigenen Körper oder den Körper anderer aussagen können, kommt durch Sinneserfahrungen. Entweder haben wir ihn berührt oder von innen her mit Hilfe unseres Tastsinns, Gleichgewichtsinns, Wärmeempfindens usw. erfahren, oder wir haben ihn angeschaut, gehört, gerochen, geschmeckt oder uns vorgestellt. Alle sechs Sinne sind am Erleben des Körpers beteiligt. »Körper« ist ein Sammelbegriff für eine Gruppe von Sinneserfahrungen im Geist. Dieser an sich sinnvolle

Begriff hat sich in unserer Sichtweise verselbständigt als die Idee von einem separat existierenden Körper. Auch das ist geistiges Erleben. Aber wie sollte der Geist einen von ihm getrennten Körper wahrnehmen? Körperliches Erleben vollzieht sich im Geist. Bei genauem Hinsehen lässt sich die übliche Trennung von Körper und Geist nicht aufrechterhalten. Was für ein Jammer, sie für verschieden zu halten, sagt Dombipa, denn daraus resultiert viel Leid.

Selbst und Andere(s) sind nicht zweierlei

Im Dharmakāya, das heißt in der Erfahrung des zeitlosen Gewahrseins, sind Selbst und Andere bzw. Anderes nicht zweierlei. Es ist nicht möglich, etwas zu erleben, was nicht im eigenen Geist wäre. Das jeweils andere, von unserem vermeintlichen Ich Getrennte, findet in unserem eigenen Gewahrsein statt. Ein Erleben des Anderen ist Erleben im eigenen Geist.

Wenn Erleben ohne Ich-Bezug stattfindet, ohne Mittelpunktsbezug, einfach so, werden andere Menschen erlebt, ohne dass eine Unterscheidung in »ich hier« und »der andere dort drüben« gemacht wird. Im unmittelbaren Erleben finden wir keine Grenzen zwischen Ich und Anderen. Es sei euch selbst überlassen, das genauer zu untersuchen. Die Grenze zwischen Ich und Anderem wird nachträglich gezogen, sie ist nicht von sich aus vorhanden im Erleben. Im zeitlosen Gewahrsein, dem Gewahrsein der Erwachten, gibt es sie nicht. Deshalb heißt es auch, dass Erwachte ein »Mitgefühl frei von Bezugspunkten« erleben. Mitgefühl ist fühlendes Erleben. Alles, was im Erleben aufsteigt, wird von diesem liebevollen, offenen, nichthaftenden Gewahrsein durchdrungen, egal, ob selbst oder andere. Das erwachte Gewahrsein setzt sich nicht aus einem Ich heraus zu einem Anderen in Beziehung.

Wenn Ich und Andere nicht getrennt sind, verändert das auch die dualistischen Vorstellungen von Gut und Schlecht. Dombipa rüttelt mit der Aussage »wie bemitleidenswert an Gut und Schlecht festzuhalten«

an einer zentralen Überzeugung von uns Gut-Menschen, denn schließlich ist heilsames Handeln doch das Fundament aller Dharmapraxis. Heilsames Handeln führt zu allem Glück und zum Erwachen, und schädliches Handeln führt zu immer mehr Verstrickungen und Leid. Nun aber zur Sicht des Erwachens: In diesem zeitlosen, mittelpunktfreien Gewahrsein werden auch alle heilsamen und nicht heilsamen Geistesregungen in ihrer wahren Natur wahrgenommen. Da gibt es keine Geistesregungen, die per se heilsam oder schädlich wären – alles hat den Geschmack des raumgleichen Gewahrseins.

Wir würden uns aber völlig irren zu meinen, es gäbe keinen Unterschied zwischen Heilsamem und Schädlichem. Nur was die Natur des Erlebens, die tiefste Qualität des Seins angeht, gibt es keinen Unterschied. Aber in den Auswirkungen unseres Denkens, Sprechens und Handelns zeigen sich weiterhin die bekannten Unterschiede. Wir dürfen nicht in die Verirrung fallen, Heilsames und Schädliches zu nivellieren. In ihren Auswirkungen sind sie völlig verschieden und in ihrer Natur als Erleben sind sie von gleichem Geschmack. Ob etwas heilsam oder schädlich ist, lässt sich an seinen Auswirkungen ermessen: was es mit uns selbst macht, mit anderen und mit unserer Umgebung. Wenn jemand in der mittelpunktlosen Erfahrung des Soseins aufgeht, zeigen sich keine Impulse mehr, die auf ein vermeintliches Ich bezogen sind, und darum kommt es auch nicht mehr zu schädlichem Handeln. Wir handeln schädlich, weil wir an einem vermeintlichen Ich festhalten, womit ein Verlust des panoramischen Gewahrseins einhergeht, das alle und alles mit einbezieht. Wenn wir frei sind von Ich-Denken, ist es daher nicht möglich, schädliche Handlungen auszuführen.

Ein Dharma und viele Wege – den inneren Kompass justieren

Eigentlich gibt es nur eine Unterweisung, nur einen Dharma: den Geist des Erwachens, die Natur des Gewahrseins. Dies ist der zentrale Punkt, um den sich im Dharma alles dreht. Im Grunde genommen wurde keine einzige Unterweisung gegeben, die ein anderes Thema hätte. Verschiedene Zugänge werden aufgezeigt, verschiedene Begriffe benutzt, verschiedene Tore des Verstehens geöffnet, um in dieses Gewahrsein zu finden. Aber eigentlich wird nie etwas anderes gelehrt als dieses wache Sein.

Darin treffen sich alle Schulen, alle Traditionen, alle Wege der Befreiung – und wir suchen uns die geeigneten Unterweisungen und Methoden aus, die uns öffnen. Bei dieser Wahl müssen wir uns selbst vertrauen, wir können die Verantwortung, wie wir unseren Weg gehen, nicht an andere abgeben. Wir testen, was wir als heilsam erleben, wir lassen uns beraten und anleiten, aber entscheiden selber, wie wir diesen Weg gehen. Das dürfen wir nicht aus der Hand geben, sonst versuchen wir, den Weg anderer Menschen zu gehen. Unser Weg kann nicht derselbe sein wie der unseres Lehrers oder unserer Lehrerin. Wir müssen ihn immer wieder an unsere persönliche, aktuelle Situation anpassen und selber schauen, was uns hilft. Dafür brauchen wir unseren inneren Kompass.

Wenn wir inspirierenden Unterweisungen begegnen, geht unser Herz auf. Wir fühlen eine Erleichterung und die Bereitschaft, genau das anzuwenden. Hier beginnt das Einstellen unseres Kompasses: Ich justiere ihn mit Hilfe der frischen Inspiration. Auch wenn es nicht unbedingt leicht sein wird, die Unterweisungen anzuwenden, spüre ich: »Ja, das fühlt sich wahr an. Es stimmt mit meinem Erleben überein und ich möchte es ausprobieren.« Dann erprobe ich die Unterweisungen in der Praxis, achte auf ihre Wirkung und nehme laufend weitere Feineinstellungen des Kompasses vor.

Manchmal glauben wir, wir dürften nicht wirklich unserem eigenen Kompass folgen, sondern müssten stets exakt den vermeintlich engen Vorgaben folgen. Uns ist nicht klar, welch großen Spielraum wir nutzen können, ohne dabei den Lehrern oder der Tradition untreu zu werden. Nach einigen Jahren einer recht ›linientreuen‹, aber wenig an unsere Bedürfnisse angepassten Praxis stellt sich bei manchen das Gefühl ein, sich selbst untreu geworden zu sein. Das muss unbedingt korrigiert werden, denn es geht ja darum, dass wir zutiefst authentisch werden und in den Bereichen authentisch bleiben, wo wir es schon sind. Ich bin vielen Menschen begegnet, die sich zu sehr an eine Tradition angepasst haben. Diese Anpassung ist Ausdruck des bereits angesprochenen Gefühls, anders sein zu müssen, um zu einer unverfälschten Praxis zu gelangen, gepaart mit einem Mangel an Vertrauen in sich selbst. Um sich daraus zu befreien, hilft es, immer wieder diesen inneren Kompass zu justieren und auf die eigenen Werte und Prioritäten einzustellen.

Meditation der offenen Sinne

Tilmann Lhündrup

Geführte Meditation

Lasst uns gemeinsam so meditieren, als würden wir gerade von der Arbeit kommen und eine halbe Stunde Zeit haben.

Zunächst brauchen wir einen Moment, um anzukommen und uns zu spüren …

Wir fühlen den Körper und schauen, dass er einigermaßen entspannt ist, in einer Haltung, die es uns ermöglicht, frisch und präsent zu sein …

Der Blick verweilt vor uns, dort wo es sich angenehm anfühlt …

Wir spüren den gesamten Körper von den Fußsohlen bis zum Scheitel. Da sind viele Empfindungen – und inmitten all dieser Empfindungen wird der Atem besonders deutlich spürbar …

Wir spüren ihn oben an den Nasenflügeln, im Brustraum, und verfolgen die Atembewegungen hinunter in Bauch, Becken und Hüften und hinauf zu den Schultern bis in den Nacken …

Gewahr atmen wir ein, gewahr atmen wir aus …

Wir lassen unser Gewahrsein auf dem Atem reiten, beim Ein- und beim Ausatem …

Innig verbinden wir uns mit dem Erleben der Atemzüge, bis wir ganz eins werden mit der Erfahrung des Atmens …

Einatmend nehmen wir den ganzen Körper wahr und ausatmend nehmen wir den ganzen Körper wahr …

Dabei üben wir uns, einfach nur wahrzunehmen, ohne irgendetwas zu beabsichtigen …

Dann weiten wir das Gewahrsein aus und nehmen die Hörempfindungen hinzu. Einatmend sind wir uns des Hörens bewusst und ausatmend ebenfalls …

Dann nehmen wir das Sehen hinzu. Wie ist es zu sehen? Wie fühlt es sich an zu sehen? …

Dann verbinden wir das Sehen mit dem Hören und Spüren des Körpers – alles zusammen …

Und nehmen auch das Riechen und Schmecken hinzu …

Die fünf Sinne sind offen und inmitten all dieser Empfindungen fließt der Atem …

Bewusst nehmen wir nun die geistigen Bewegungen hinzu. Ist da gedankliche Aktivität? …

Alle Sinne sind offen, alles darf sich zeigen …

Nun schauen wir noch genauer hin. Wie fühle ich mich eigentlich? In welcher Stimmungen bin ich? Wie ist mein Gesamtempfinden? …

Alles ist willkommen. Wir freuen uns, gewahr zu sein, völlig lebendig …

Wir bemerken, wie sich Erleben kontinuierlich wandelt …

Immer neues Erleben zeigt sich: im Spüren, Hören, Sehen, Fühlen, Denken. – Ein ständiger Wandel …

Auch Müdigkeit und Dumpfheit können vom Gewahrsein durch und durch erlebt werden …

Erleben entsteht im Wandel. Gewahrsein erlebt sich in den Erscheinungen, immer wieder neu …

Wandelndes Erleben, vergleichbar mit Bildern in einem Spiegel; Erscheinungen im weiten Raum; Wellen im Wasser …

Frei von Haften, lösen sich alle Bewegungen von selbst auf. Was auch immer erscheint, ist von selbst befreit …

Alle sechs Sinne sind weit offen, wach, frei von Haften …

... stille Meditation ...

So könnte eure Meditation zu Hause aussehen, wenn ihr euch eine halbe Stunde lang Zeit nehmt. Gibt es Fragen?

Fragen zum Meditieren mit offenen Sinnen

Frage: Bringt es etwas, diese Praxis auszuführen, wenn es völlig chaotisch in mir zugeht?
Antwort: Je mehr inneres Chaos, desto dringlicher ist es, den Weg aufs Sitzkissen oder aufs Sofa zu finden – irgendwo in eine ruhige Ecke. Gerade weil es so chaotisch ist, wird es uns nur gut tun, zu entspannen und wieder mehr Kontakt zu unserem Gewahrsein aufzunehmen. Auch wenn uns dies erst nicht so recht zu gelingen scheint – selbst der geringste Zuwachs an Gewahrsein wird uns helfen, weniger Zeit durch emotionale Reaktionen und Unachtsamkeit zu verlieren. Im Chaos haben wir leider oft das Gefühl, keine Zeit mehr zu haben, um zu meditieren. Wir verlieren leicht den Blick dafür, dass wir durch wiederholtes Entspannen und Gewahrseinstraining letzten Endes viel Zeit und Energie gewinnen. Denn wenn wir entspannter und klarer sind, machen wir weniger Fehler, verwickeln uns weniger und haben weniger starke emotionale Kämpfe. Das Leben verläuft dann einfach ruhiger, mit weniger Ecken und Kanten.

Frage zum Auflösen von Dumpfheit und Schläfrigkeit
Antwort: Wir können versuchen, den Faden der Achtsamkeit durch den dumpfen, schläfrigen Zustand hindurch aufrechtzuhalten. Das ist wie ein Weg durch einen Tunnel. Am Ende wird es dann wieder hell und der Geist findet in größere Frische zurück. Wenn wir dabei einschlafen, ist das nicht tragisch. Vielleicht haben wir den Schlaf ja gebraucht. Wenn wir das Einschlafen jedoch verhindern wollen, können wir aufstehen oder im Sitzen die Hände über dem Kopf zusammenlegen und den Blick nach oben ins Licht richten. Das hilft,

um wacher zu werden. Besonders wirksam ist, im Stehen weiter zu meditieren – es ist noch selten jemand im Stehen eingeschlafen. Und meditieren können wir im Stehen ebenso wie im Sitzen.

Frage: Ich habe Schwierigkeiten, mit offenen Augen zu meditieren. Das Sehen lenkt mich von den anderen Empfindungen ab. Wenn ich dann versuche zu schauen, ohne etwas Bestimmtes zu sehen, dann bin ich in einer Art hypnotischem Zustand.
Antwort: Ja, das sind ganz natürliche Erfahrungen. Wenn viel Aufmerksamkeit im Sehen ist, dominiert das Sehen so stark, dass alles andere zurücktritt. Wenn wir dann das Sehen entspannen, stellt sich manchmal ein feines Fixieren mit einer hypnotisierenden Wirkung ein, als würden wir das Nichthinschauen fixieren. Auch das entspannen wir, bis unser Sehen sich soweit gelockert hat, dass wir nichts mehr aktiv anschauen. Der Blick ruht einfach so, darf sich aber bewegen, ohne Aufmerksamkeit zu beanspruchen. Dann haben auch andere Empfindungen wieder mehr Raum. Eine Möglichkeit, dies zu lernen ist, die Augen offen zu halten, aber gezielt auf die Hörempfindungen oder auf andere Sinneswahrnehmungen zu achten, damit der Sehsinn weniger stark angesprochen wird. Ihr werdet dann vermutlich eine erstaunliche Erfahrung machen: Ihr wart mit eurer Aufmerksamkeit eine Viertelstunde bei Klängen oder Körperempfindungen und die Augen sind ohne irgendeine Anstrengung offen geblieben, ohne sich zu verspannen – ganz einfach weil kein Wollen mehr im Schauen war. Probiert das mal. Ihr werdet sehen, die Augen haben keine Mühe damit. Sie sind es gewohnt, den ganzen Tag offen zu sein. Was ihnen Mühe macht, ist, wenn wir zu stark mit dem Sehen beschäftigt sind.

Frage: Was sind diese kleinen Augenbewegungen, durch die wir die Augen entspannt halten können?
Antwort: Es handelt sich um ein feines Oszillieren im Blick durch natürliche kleine Bewegungen der Augenmuskeln, die wir normalerweise gar nicht bemerken. Genau wie die winzigen Bewegungen im

Körper, in der Wirbelsäule, die man von außen kaum sieht und an die der Körper eigentlich gewöhnt ist.

... stille Meditation ...

Eine heilsame und heitere Lebenshaltung kultivieren

Fred von Allmen

An diesem letzten Abend unseres Retreats stellt sich die Frage, wie wir im Alltag eine heilsame und heitere Lebenshaltung kultivieren können. Was braucht es, um unser tägliches Leben in hilfreicher Weise zu verändern? Da wir die meiste Zeit mit Alltäglichem verbringen, muss die Praxis genau da ansetzen – so oft wie möglich, bei jeder Gelegenheit.

Bevor ich aber fortfahre, möchte ich zunächst die grundlegenden Begriffe *heilsam* und *unheilsam* klären.[144] *Heilsam* ist, was dem Wohlergehen dient, heilend wirkt, Glück schafft und kein Leid – dazu zählen Geisteszustände wie echte Güte, Mitgefühl, Gelassenheit, Mitfreude, wohlwollende Achtsamkeit, befreiende Erkenntnis und viele mehr. *Unheilsam* ist, was nicht zu Heil und Wohlergehen, sondern zu Leiden führt: Hass, Begierde, Neid, Eifersucht, Dünkel, Verblendung und Ähnliches.

Infolge unseres christlich-abendländischen Hintergrundes missverstehen manche diese Begriffe als gut – schlecht, oder gar: gut – böse,

144 Heilsam ist *kusala* bzw. *kuśala*; nicht heilsam oder unheilsam ist *akusala* bzw. *akuśala* in Pāli bzw. Sanskrit.

was wenig förderlich ist. Unheilsam bedeutet nicht sündig, sondern dass etwas Leiden schafft – ein gewaltiger Unterschied. Heilsame wie unheilsame Kräfte wirken wohl schon seit uranfänglichen Zeiten. Vermutlich haben gerade auch Verlangen und Begierde, Wut und Hass uns Lebewesen das Überleben ermöglicht seit wir Amöben waren. Es ist denkbar, dass sie gar unsere Höherentwicklung bewirkt haben. Vielleicht sind sie darum so tief in uns verwurzelt. Sie sind nicht *schlecht.* Aber sie haben die Eigenschaft, Leiden in uns zu schaffen, statt Frieden und Glück. Inwieweit dies zutrifft, müssen wir in der eigenen Erfahrung erforschen.

Heilsames

Ich möchte hier auf *sechs heilsame Aspekte* oder Qualitäten eingehen, die ich für besonders relevant halte. Ihre Reihenfolge ist beliebig:

- Altruistische Motivation: das Interesse am Wohlergehen vieler
- Großzügigkeit
- Liebevolle Gelassenheit
- Weiser Humor
- Unkompliziertheit in Bezug auf Erwartungen und Vorstellungen
- Dankbarkeit, Wertschätzung und Mitfreude.

Sicher würden auch ethisches Verhalten und einige weitere Qualitäten hierhin gehören. Dazu werden wir morgen etwas mehr sagen. Letztlich hängen all diese Aspekte davon ab, wie präsent und achtsam wir sind und in welcher inneren Haltung wir Situationen begegnen.

Die altruistische Ausrichtung

… möchte ich als Erstes nennen – die innere Haltung, die sich vermehrt um die Interessen und das Wohl anderer kümmert, und sich weniger eng um die persönlichen Probleme dreht. Es ist zwar nicht die einfachste der spirituellen Übungen, aber eine der wirkungsvollsten. Tilmann hat bereits viel dazu gesagt. Eine altruistische Haltung macht unser Herz, unsere Meditation und unseren Alltag offener und weiter. Umgekehrt macht uns Selbstzentriertheit eng und eingeschränkt. Selbstbezogenheit wirkt, als ob wir uns ständig selber im Weg stehen würden.

Wenn wir erkältet sind, wenn sich unser Zug verspätet hat, wenn wir eine ersehnte Anstellung nicht bekommen, wenn uns die Partnerin verlässt, wenn die Steuerrechnung höher ausfällt als angenommen, dann ist dies nicht gar so schlimm und ärgerlich, wenn es uns gelingt, den Rest der Menschheit im Auge zu behalten. Zum Beispiel: Während wir Kopfschmerzen oder Heuschnupfen haben, sterben pro Minute sechs Menschen, vor allem Kinder, weil sie keinen Zugang zu sauberem Wasser haben. Oder während unser Zug sieben Minuten Verspätung hat, haben zahllose Menschen gar keinen Zugang zu Zügen oder zu anderen Transportmitteln.

Wenn unsere Aufmerksamkeit vermehrt anderen gilt, wird unser eigenes Wohl und Wehe etwas weniger wichtig. Wir entlasten uns selbst. Das schafft innere Geräumigkeit und dadurch mehr Licht, mehr Heiterkeit und mehr Unbeschwertheit. Darum üben wir hier jeden Morgen *das Gute am Anfang*, diese altruistische Motivation zum Wohle vieler. Auch im Alltag können wir uns an diese innere Haltung erinnern und sie praktizieren – jeden Morgen, zu Beginn jeder Meditation, wann immer. Darum üben wir hier auch jeden Abend *das Gute am Schluss*: Wir wertschätzen die heilsamen Qualitäten, die wir kultiviert haben, verteilen und widmen sie dem Wohlergehen aller. Auch das können wir im Alltag immer wieder praktizieren und in diesem Sinne unseren Geist und unser Herz öffnen. Eine altruistische Motivation erleichtert und befreit uns selbst und ist – vor allem – gut für die anderen um uns herum.

Großzügigkeit

... wirkt auf wunderbare Weise und ist keine schwierige Praxis. Aber auch hier sind wir so oft damit beschäftigt zu schauen, was wir noch für uns rausholen könnten, was wir noch zulegen und besitzen könnten an Geld, Gegenständen, Möbeln, Kleidern, Vergnügungen, Unterhaltung, Kulturveranstaltungen, Büchern, Videos, Musik oder auch angenehmen Meditationszuständen. Wir versuchen, etwas mehr Aufmerksamkeit, Zuwendung, Bewunderung, Respekt und Ehre zu gewinnen – eine endlose Liste von Dingen, die *ich* für *mich* haben möchte. Das ist anstrengend und meist nicht sehr heilsam. Oft sogar unheilsam, weil die leidschaffenden Gegenkräfte von Großzügigkeit, nämlich Verlangen, Begierde, Sehnsucht, Sucht, Wunschdenken, Anhaften, Horten und Geiz gestärkt werden. Sie schaffen Leiden, nicht Heiterkeit. Wann immer wir in diesem Modus verharren, verspüren wir inneren Mangel und fühlen uns arm, egal wie viel wir haben, weil wir glauben, Dinge zu brauchen, die wir *nicht* haben.

Ganz anders ist es, wenn wir offenherzig, großzügig, gebefreudig, gastfreundlich und entgegenkommend sind. Dann ist dies bereits eine heilsame und heitere Lebenseinstellung, denn wir fühlen uns verbunden mit denen, die wir beschenken, egal ob wir Materielles, Aufmerksamkeit oder Zuwendung spenden. Es heißt ja, man *schenkt* seine Aufmerksamkeit. Immer wenn wir großzügig sind, fühlen wir uns innerlich reich, ob wir nun einen Straßenmusikanten unterstützen, ein Kind beschenken, unser Wissen weitervermitteln, jemandem den Weg erklären, freundlich grüßen, der Partnerin Aufmerksamkeit schenken oder unser Vermögen nach Eritrea schicken. Wir fühlen inneren Reichtum immer dann, wenn es echte Großzügigkeit ist, wir fühlen Freude, Heiterkeit und Unbeschwertheit. Wir pflanzen den Samen heilsamen Tuns in unseren Herzen.

Es gibt eine radikale Aussage des Buddhas über Großzügigkeit[145]. Ich habe sie ein bisschen vereinfacht. Der Buddha zeigt, wie verkehrt wir oft denken und wie die Wirklichkeit aussieht. Der Text macht Sinn, sobald wir verstehen, wie unsere Handlungen – und die Absichten dahinter – auf uns selbst zurückwirken.

»Was wir hergeben, ist unser.
Was wir zu Hause behalten, ist nicht unser.

Was wir hergeben, hat für uns Wert.
Was wir zu Hause behalten, ist wertlos.

Was wir hergeben, brauchen wir nicht zu schützen
(d. h., es macht uns unbeschwert).
Was wir zu Hause behalten, müssen wir schützen
(d. h., es ist anstrengend).

Was wir hergeben, macht keine Sorgen.
Was wir zu Hause behalten, macht Sorgen.

Was wir hergeben, bringt unerschöpflichen Wohlstand.
Was wir zu Hause behalten, wird sich erschöpfen.

Was wir zu Hause behalten, führt als nächstes zu Negativität
(d. h., zu Anhaften und Festhalten).

Was wir hergeben, führt auf direktem Weg in die Erleuchtung,
(d. h., in Freiheit, Heiterkeit, Unbeschwertheit, Frieden und Mitgefühl).

145 Frei nach: Das von Ugra erbetene Sūtra (Ugraparipṛcchā), übers. v. Lama Sönam Lhündrup (Tilmann Borghardt) in Gampopa, Der kostbare Schmuck der Befreiung, Norbu Verlag, 2007

Ein besonders eindrückliches Beispiel von Großzügigkeit war mein und Tilmanns indischer Vipassanā-Lehrer *Anagārika Munindra*[146], der vor einigen Jahren verstorben ist. Er hatte nie irgendwelchen Besitz, seine Taschen hatten »große Löcher«: Was immer da hineinfloss, wurde sogleich weitergegeben und verteilt. So lebte er in Kalkutta, wo man nicht von einer Sozialversicherung unterstützt wird, wenn man alt und arbeitslos ist. Dabei war er einer der heitersten, fröhlichsten und vor allem unbeschwertesten Menschen, die ich je gekannt habe. Soviel zur altruistischen Haltung des Mitgefühls und der Großzügigkeit.

Gelassenheit

... ist heilsam und befreiend. Oft plagt uns die eigene Reaktivität: Ständiges Haften an Angenehmem und Festhaltenwollen strengt an. Endloses Verlangen und Erwarten von Angenehmem ist anstrengend. Häufige Abneigung und Wut auf Unangenehmes und Schmerzhaftes ist anstrengend. Es ist schon mühsam genug, dass wir Unangenehmes und Schmerzhaftes erfahren und dies unvermeidlich immer wieder so sein wird. Es ist schon unbefriedigend genug, dass Angenehmes immer wieder vergeht. Aber zusätzlich noch ständig mit leiderzeugenden Emotionen, Gedanken und Taten darauf zu reagieren, ist gnadenlos anstrengend – und weit weg von einer heilsamen und heiteren Lebenseinstellung. Gelassenheit ist hier die ultimative Lösung. Es ist *die* Geistes- und Herzensqualität, die direkt zu innerer Befreiung führt. Es geht um einen inneren Raum der Durchlässigkeit oder Weite. Ein Gefühl dafür mag der bekannte Vers aus der Zen-Tradition vermitteln:

146 Siehe: Fred von Allmen, Buddhas tausend Gesichter, Legenden und Lehren Erleuchteter, Kap. Die Erkenntnismeditation wird wiederentdeckt, Anagarika Munindra – Unbeschwerte Hingabe auf dem Weg, Edition Steinrich, Berlin 2012. Siehe auch: Mirka Knaster (Edit.), Living this Life Fully, Stories and Teachings of Munindra, Shambhala, 2010

»Lass den Vogel fliegen: im unermesslichen Himmel deiner Gelassenheit.
Befreie den Fisch: im bodenlosen Ozean deiner Toleranz.«

Woraus bestehen Gleichmut, Gelassenheit und innere Balance? Sie bestehen aus Annehmen und Loslassen. Das ist ein wesentlicher Aspekt unserer Praxis. Wir üben uns unentwegt im Annehmen der unerwünschten, mühsamen Erfahrungen und Situationen. Es ist doch schon unangenehm genug, wenn der Mitarbeiter unfreundlich ist, der Kaffee lauwarm, das Wetter nasskalt und das Knie schmerzt. Wenn wir nun zusätzlich noch Ärger, Enttäuschung und Verstimmung produzieren, ist das wirklich nicht sehr geschickt. Warum tun wir das immer wieder? Ist es nicht erstaunlich? Annehmen wäre die einfache und praktische Lösung – Problem erledigt. Natürlich können wir beim Kellner reklamieren, wenn wir glauben, dass es hilft. Aber sich ärgern nützt niemandem.

Annehmen bedeutet hier aber nicht, alles in dieser Welt okay zu finden und zu meinen, wir müssten es nur annehmen. Allzu vieles in dieser Welt ist nicht okay und verlangt, dass wir unsere Stimme erheben, helfen und unser Bestes tun. Annehmen bezieht sich in Praxis-Instruktionen immer auf die Erfahrung des Moments. Es bedeutet, dass wir gelassen in Kontakt mit dem Erleben bleiben können, ohne gleich reagieren zu müssen. Dies erlaubt uns, auf die gegebene Situation mit Bedacht, Klarheit und Mitgefühl antworten zu können.

Loslassen ist das Gegenstück zu Annehmen: Es reicht schon, wenn die freundliche Mitarbeiterin die Firma verlässt, wenn der schöne Samstagabend vorbei ist, wenn die kostbare Rose verblüht ist, wenn Schönes vergeht, wenn der angenehme Meditationszustand verklingt oder abrupt aufhört. Zusätzlich noch Anhaften, Festhalten, Enttäuschung und Trauer zu produzieren, ist nicht besonders hilfreich oder unterstützend. Und doch tun wir es immer wieder. Ist es nicht erstaunlich? Loslassen wäre hier die einfache und praktische Lösung –

Problem erledigt. Aber wir müssen uns erst an diese Möglichkeit erinnern und zwar gleich im aktuellen Moment – und dann tatsächlich loslassen; gerade auch im Alltag, in kleinen Dingen: in der Firma, im Verkehr, zu Hause. Es gibt zahllose Gelegenheiten.

Wir brauchen nicht zutiefst erleuchtet und gleichmütig zu sein, um unser Leben heilsam und heiter zu machen. Gelassenheit hilft. Hier eine tiefgründige Beschreibung:

> »Wenn du still sitzen kannst bei schlechten Nachrichten;
> wenn du in Finanzkrisen vollkommen ruhig bleibst;
> wenn du ansehen kannst, wie deine Nachbarn an fantastische Ferienorte reisen, ohne den geringsten Neid zu hegen;
> wenn du völlig zufrieden bist mit jeder Art Essen, die man dir vorsetzt;
> wenn du nach einem vollen Tag des Herumrennens einschlafen kannst, ohne einen Drink oder eine Pille;
> wenn du immer Zufriedenheit findest, wo immer du bist,
> dann bist du wahrscheinlich – ein Hund.«

Altruistische Haltung, Großzügigkeit, Gelassenheit und …

Weiser Humor

Humor erfrischt, doch wie oft nehmen wir uns selbst todernst! Wenn alles klappt und läuft, wie wir es wünschen, sind wir fröhlich, aber manchmal selbst dann nicht. Vor lauter Ernst vergessen wir, dass es uns ja gut geht. Ein Glücksforschungsinstitut in London hat festgestellt, dass die Bangladeschis von allen Völkern der Welt die glücklichsten sind – sie sind eines der ärmsten Völker der Welt. Wir Schweizer sind nur an der 50. Stelle der Glücklichen, obschon wir zu den fünf reichsten Ländern der Welt gehören.

Können wir unsere Heiterkeit auch dann bewahren, wenn wir haben oder bekommen, was wir nicht möchten, oder wenn wir nicht haben und nicht bekommen, was wir unbedingt haben möchten? Können wir auch schmunzeln, wenn wir in Schwierigkeiten sind? Gerade in Schwierigkeiten kommt die Kunst des weisen Humors zum Tragen.

Durch Humor können wir etwas Abstand schaffen und sehen: Gemessen am Universum ist mein momentanes Problem nicht soo gewaltig! Humor erweitert unsere Perspektive in Bezug auf uns selbst und aufs ganze Leben. Dabei ist nicht der Humor auf Kosten anderer gemeint – der ist zwar weit verbreitet und auch manchmal wirklich lustig, aber nicht heilsam oder weise. Über sich selbst zu lachen befreit, erleichtert und stimmt heiter. Sich selbst auf den Arm zu nehmen, ist eine der heilsamsten Turnübungen, die es gibt. Weisen Humor gibt es auch über so todernste Dinge wie das Sterben. Kurt Tucholsky z. B. fand:

> »Ach, ich werde mir doch mächtig fehlen, wenn ich einst gestorben bin.«

Martin Luther schien Humor geschätzt zu haben, denn er sagte:

> »Wenn Gott keinen Spaß verstünde, so möchte ich nicht im Himmel sein.«

Er kann aber beruhigt sein, denn jemand hat herausgefunden:

> »Unser Verstand ist der Beweis für den Humor Gottes!«

Während ein anderer erkannt hat:

> »Wer zuletzt lacht, stirbt wenigstens fröhlich!«

Altruistische Motivation, Großzügigkeit, liebevolle Gelassenheit, weiser Humor …

Unkompliziertheit

… anstelle von komplexen Ansprüchen, Vorstellungen und Erwartungen, wie die Dinge sein sollten, ist eine weitere wesentliche Qualität. Dabei geht es auch um Gelassenheit, aber vorwiegend in Bezug auf die kleinen Dinge des Alltags. Ich werde es an Beispielen illustrieren.

Ferien am Strand: Wir freuen uns auf den schönen Sandstrand. Es stellt sich heraus, dass der Strand nicht aus Sand, sondern aus Kies oder Geröll ist. Das soll manchmal vorkommen. Davon stand nichts im Prospekt. Sind wir frei genug zu sagen: »Okay! Sand wäre schöner, aber lasst uns die Ferien genießen, anstatt sie wegen ein paar Quadratmetern Kies zu ruinieren«?

Übrigens haben wir auf dem Prospekt auch Bilder von der schönen Aussicht aufs Meer gesehen. Unser Zimmer liegt nun aber auf der Rückseite des Hotels, mit Sicht auf eine verkehrsreiche Straße. Die Zimmer mit Meersicht sind sehr viel teurer und bereits ausgebucht. Sind meine Ferien immer noch okay? Spätestens jetzt kann man sie ruinieren, wenn nicht sogleich die Praxis der Gelassenheit einsetzt.

Andere Szene: Der Parkplatz, auf den ich fest gezählt habe, ist vollständig besetzt – ausgerechnet heute Morgen, wo ich eine wichtige Besprechung habe. Im Quartier sind auch alle belegt. Immer noch alles okay? Oder entscheide ich mich für Ärger und Stress?

Im Wartezimmer der Arztpraxis warten heute elf statt wie üblich vier Leute. Ist immer noch alles in Ordnung?

Wir kaufen Tulpenzwiebeln – für rote Tulpen. Der Frühling kommt und siehe da: *gelbe* Tulpen! Auf der Packung waren sie rot. Gelbe Tulpen sind schrecklich! Der ganze Frühling ist ruiniert.

Ein Gentleman besitzt einen schönen Rasen. Doch zu seinem Leidwesen beginnt Löwenzahn zu sprießen. Er schneidet ihn ab, gräbt ihn aus, streut Löwenzahn-Vernichtungspulver – aber der Löwenzahn sprießt weiter. In seiner Verzweiflung schreibt er ans Landwirtschaftsdepartement in London und fragt um Rat. Nach angemessener Frist kommt die Antwort: »Dear Sir, wir schlagen vor, dass Sie Löwenzahn schätzen und lieben lernen.«

Ihr denkt vielleicht, ich übertreibe? Da möchte ich euch folgenden Zeitungsartikel vorlesen. Er ist ein bisschen lang, aber lohnend.

»Gestützt auf eine Untersuchung des britischen Verbandes der Reisebüros hat die Londoner Zeitung Daily Telegraph die unmöglichsten Klagen von britischen Touristen in einer Liste zusammengestellt:

- ›Der Strand war viel zu sandig‹, beschwerte sich ein Reisender.
- Ungehalten reagierte eine Familie auf den Badeurlaub am Meer: ›Niemand hat uns gewarnt, dass Fische im Wasser sein würden. Die Kinder waren ganz verschreckt.‹
- Erstaunlich oft ist die Fremde den Touristen offenbar sehr fremd. ›In Indien gibt es in jedem Restaurant Curry, das ist grässlich‹, klagte ein Tourist.
- ›Die Siesta sollte verboten werden‹, forderte eine Britin auf Italien-Reise, ›Ich muss oft zu dieser Zeit etwas einkaufen und die Läden sind immer geschlossen.‹
- (Bei der folgenden Klage braucht es etwas Geografie-Kenntnisse …) Auch ungerechte Behandlung macht die Reisenden wütend: ›Wir brauchten neun Stunden, um von Jamaica nach England zu fliegen. Die Amerikaner werden aber in nur drei Stunden nach Hause gebracht.‹«

Altruistische Haltung, Großzügigkeit, Gelassenheit, weiser Humor, Unkompliziertheit in Bezug auf unsere Vorstellungen und Erwartungen …

Dankbarkeit, Wertschätzung und Mitfreude

… sind wunderbare, erfrischende Herzenseigenschaften, die in *Muditā*[147] vereint sind, eine der einfachsten und erfreulichsten Praktiken, für die sich zudem laufend Gelegenheiten bieten:

- Ein Mensch lacht, jemand ist freundlich zu einer anderen Person, jemand hat gewonnen, jemand hat Erfolg, jemand kriegt Lob, jemand ist gesund – alles Gründe für *Mitfreude*.
- Ein Mensch ist großzügig, jemand ist ehrlich, jemand ist weise oder gelassen – alles Gründe für *Wertschätzung*.
- Wir haben eine warme Wohnung, wir haben genug zu essen, der Himmel fällt uns nicht auf den Kopf – alles Gründe für *Dankbarkeit*.

Unser Problem ist, dass wir *Muditā* vergessen, so wie Max beim Spaziergang mit dem Dorfpfarrer am wunderschön verschneiten See. Der Pfarrer ruft aus: »Ist es nicht wunderbar, wie Gott diesen See hat zufrieren lassen!« Worauf Max meint: »Kein Kunststück im Winter!« – Nehmen wir zu viele Dinge für selbstverständlich? Dankbarkeit, Wertschätzung, Mitfreude sind außerordentlich wertvoll. Sie nehmen das Schöne, Heilsame und Kostbare nicht für selbstverständlich, sondern schätzen die Qualitäten, die positiven Handlungen und die guten Dinge von uns und anderen. Śāntideva schrieb:

> »Ich freue mich über die heilsamen Taten der Lebewesen,
> durch die sie dem Leiden entkommen.
> Ich freue mich an heilsamen Gedanken und Taten,
> die auf das Glück der Lebewesen gerichtet sind
> und ihr Wohlergehen verwirklichen.«[148]

147 *muditā*, Wertschätzung oder Mitfreude in Pāli und Sanskrit
148 Frei nach: Śāntideva, Bodhicaryāvatāra, 3, 1–3

Und der Dalai Lama sagt:

»Können wir Freude entwickeln
über die guten Eigenschaften und Taten anderer,
haben wir automatisch an der kraftvollen Energie teil,
die von diesen guten Eigenschaften ausgeht.«[149]

Wir können diese wunderbare Praxis in so vielen Bereichen des Alltags einsetzen. Da ist unendlich viel mehr drin, als täglich ein bisschen zu meditieren. Wir können unseren Tag mit einer heiteren und wirklich heilsamen Haltung leben, auf dem Weg zu mehr Verbundenheit und letztlich auf dem Weg zu tiefer Erkenntnis und innerer Freiheit. Altruistische Haltung, Großzügigkeit, Gelassenheit, weiser Humor, Dankbarkeit, Wertschätzung und Mitfreude zusammen mit ethischem Verhalten sind einige der Qualitäten, die wir im Alltag kultivieren können. So erschaffen wir eine heilsame und heitere Lebenshaltung, in der wir unbeschwerter durchs Leben gehen können und mehr Energie und Freiraum finden, um uns in allen Situationen ganz der befreienden Praxis des Dharma widmen zu können.

149 Dalai Lama, Der Friede beginnt in dir, O. W. Barth, München, 1997

Vierzehnter Tag – Morgen

Weitergehen

Fred von Allmen
Ursula Flückiger
Tilmann Lhündrup

Fred von Allmen:

Der wichtigste Moment ist der, in dem wir den Ort der formalen Meditation verlassen, denn dann beginnt die eigentliche Praxis! Das klingt cool – ist aber schwer umzusetzen. Unser System mit regelmäßigen Retreats verführt zu dem Denken: »Retreat gemacht!« – Wie sonntags nach der Kirche: Predigt besucht! – »Nun reicht es wieder für ein paar Monate.«

Annehmen und Loslassen

Eigentlich geht es darum, im Retreat die Werkzeuge unserer Praxis zu schärfen, um sie dann im Alltag tatsächlich anzuwenden. *Dort* findet die Praxis statt, in all den Bereichen und mit all den Qualitäten, die ich gestern Abend erwähnte. Da möchte ich nochmals an die Gelassenheit erinnern, denn es *könnte* ja sein, dass wir nicht durchgehend, nahtlos achtsam sind im Alltag, von früh bis spät – oder? Falls wir also gerade nicht besonders präsent sind, gibt es spätestens, wenn wir uns wieder einmal im Leiden wiederfinden, etwas Wichtiges zu beachten. Dieses innere Leiden, sei es beträchtlich oder unerheblich, können wir als Signal nutzen, das uns zur Achtsamkeit aufweckt: »Hallo! Es ist Zeit, wirklich hinzuschauen, hinzufühlen!« Wenn wir das tun, finden wir meist, dass Annehmen oder Loslassen gefragt sind: Annehmen der unangenehmen Erfahrung und Loslassen der vergangenen angenehmen Erfahrung – und zwar sogleich, in diesem Moment.

Dabei müssen wir uns im Klaren darüber sein, wann Annehmen und wann Loslassen gefragt ist. Manchmal denken wir bei unangenehmen Erfahrungen: Loslassen! Wir lassen sie los, aber sie gehen nicht weg. Hier stimmt etwas nicht! Wenn ein Widerstand gegen eine Erfahrung das eigentliche Hindernis ist, dann ist Annehmen dran! Wie schon erwähnt, soll damit nicht gesagt sein, dass alles in dieser Welt in Ordnung ist und wir es einfach annehmen sollen. Bei manchem sollten wir unsere Stimme erheben und uns aktiv für Verbesserungen einsetzen. Aber gegenüber unangenehmen Erfahrungen, die jetzt erlebt werden, ist *immer* zuerst Annehmen die optimale Strategie. Die wache, mitfühlende Gelassenheit ermöglicht uns, in einer gegebenen Situation zu entscheiden, welches die hilfreichste und weiseste Antwort oder Handlung sein könnte. Umgekehrt ist natürlich bei angenehmen Erfahrungen, die gerade vergehen oder längst vergangen sind, eindeutig Loslassen dran. Annehmen würde hier nichts bringen.

Saṅgha

Innerlich geht es darum, den eigenen Geist vor nichtheilsamen Geisteszuständen zu schützen. Äußerlich ist wesentlich, darauf zu achten, welchen Einflüssen wir uns aussetzen, denn wir Menschen sind leicht beeinflussbar. Je nachdem, wie unser Leben eingerichtet ist, können wir mehr oder weniger frei bestimmen, welchen Einflüssen wir uns aussetzen wollen. Dabei haben wir relativ große Freiräume – vermutlich größere als wir uns eingestehen. Wir haben Freiräume, die uns erlauben, jene Einflüsse aufzusuchen, die unterstützend sind und unsere Werte mittragen, statt sie zu untergraben.

In unserer Gesellschaft werden wir ständig mit Behauptungen und Aufforderungen bombardiert, die oft das radikale Gegenteil von unseren eigenen Werten sind. Die Werbeindustrie ist genial darin, uns ihre Botschaften glaubwürdig unterzujubeln. Im Grunde lauten sie: Wenn du unser Produkt kaufst, bist du glücklich. Tatsächlich wollen wir glücklich und frei sein. Dabei müssen wir aber klar sehen, wo Glück und Freiheit zu finden sind und wo nicht. Hier ein paar Beispiele von Werbebotschaften:

- Ein Großinserat in einer Wochenzeitung sagt: »Freude ist der schönste Start in den Tag! Freude ist der neue BMW X1«.
- Eine Werbung für Haartransplantate verkündet: »Früher kahl – jetzt glücklich!«
- In einer Kleiderwerbung heißt es: »Man kann nie gut genug aussehen«. – Was ist das für eine enorme Last im Leben: Es ist nie genug!
- Wahrscheinlich kennt ihr den Slogan von »Media Markt«: »Kauf dich glücklich!«
- In einem Beauty-Laden kann man erfahren: »Hinter jeder starken Frau – steht eine starke Creme«.
- Überzeugender noch ist der Spot einer Anti-Aging-Crème: »Für eine Schweiz ohne Falten!«

Das mag lustig sein. Aber es wirkt auch auf uns! Tagein, tagaus sind wir diesen Einflüssen ausgesetzt. Wohin wir schauen, werden uns diese Botschaften aufgedrängt. Dabei reicht es nicht, sich klar zu machen: In Wirklichkeit ist das Glück nie dort zu finden. Nein, wir müssen zusätzlich bewusst andere Einflüsse aufsuchen. Am Nachhaltigsten ist, sich gezielt mit Menschen zu treffen, die uns positiv beeinflussen und uns an das erinnern, was heilsam und befreiend ist: lokale *Saṅghas*, Gruppen von Leuten mit den gleichen Werten wie wir, die sich regelmäßig treffen und sich im Klaren sind, wie echtes Glück zu erschaffen ist – und es auch tun.

Es gibt viele solche Gruppen – und auch längere Wege lohnen sich, um einen Abend zusammen zu meditieren und sich auszutauschen. Bereits die bloße Anwesenheit in solchen Treffen ist eine deutliche Aussage: »Dharma-Praxis ist wertvoll im Leben – und wir unterstützen einander darin.« Natürlich sind auch Retreats immer wieder hilfreich und es gibt viele Möglichkeiten, unsere wertvolle Zeit im Retreat zu verbringen.

Ursula Flückiger:

Viele von euch sind damit vertraut, vom Schweigen ins Sprechen, vom Retreat in den Alltag zu wechseln. Für andere wird diese Erfahrung neu sein, ungewohnt. Oft erleben wir dabei einen heftigen energetischen Wechsel, wie auch zu Beginn eines Retreats. Vielleicht könnt ihr euch noch erinnern …

Nachsicht

Wir ersparen uns viel Leid, wenn wir dem Alltag ohne eine Idealvorstellung, wie er sein sollte, begegnen. Vielleicht bemerken wir beim Nachhausefahren, dass wir unruhig oder gehetzt sind oder dass uns Mitreisende im Postauto ärgern … Wenn wir dann denken »Ich müsste doch jetzt friedlich sein«, »Ich sollte mich nicht ärgern«, haben wir vergessen, dass es einfach darum geht, das wahrzunehmen, was jetzt zu spüren ist. Die Praxis erfordert die Wahrhaftigkeit und Demut, mit dem zu sein, was gerade ist. Manchmal missbrauchen wir Dharma als Richter, indem wir uns verurteilen und uns damit das Leben schwer machen. Dafür ist diese Praxis nicht gedacht – vielmehr soll sie Leichtigkeit und Frieden in unser Leben bringen. Gerade in den Momenten, wenn wir die Balance verloren haben, brauchen wir Nachsicht für uns selbst.

Genügsamkeit

Ajahn Sumedho, einer meiner Lehrer, sprach immer wieder einen weiteren wichtigen Punkt an: Uns nicht darin zu verlieren, ideale äußere Bedingungen schaffen zu wollen! Die Bedingungen hier bei uns in der Schweiz, in Deutschland, sind schon gut genug, um zu praktizieren. Das bedeutet, das ständige Optimieren der Lust zurückzuschrauben – was in unserer Gesellschaft wenig populär ist – zugunsten der Qualitäten von Loslassen und Genügsamkeit.

In Spirit Rock, einem Retreat-Center in den USA, fließt neben der Meditationshalle ein Bach. Es wird erzählt, dass während eines zweimonatigen Schweige-Retreats ein Meditierender im Plätschern des Baches ständig die Nationalhymne hörte. Dadurch wurde er dermaßen frustriert, dass er schließlich ins Bachbett stieg und die Steine im Wasser anders arrangierte, um eine andere Melodie zu hören. Auch wir versuchen im Leben oft, Steine neu zu arrangieren. Das kann allerdings sehr anstrengend sein – je nach Größe der Steine!

Ethisches Verhalten

In unserer Praxis ist zudem das ethische Verhalten von großer Wichtigkeit: Das Leben respektieren, nicht nehmen, was uns nicht gehört, einfühlsam und ehrlich sein – dieses Geschenk können wir uns selbst und anderen darbringen. Es wird auch das »Geschenk der Furchtlosigkeit« genannt. Heraklit sagte, wie ich schon zu Beginn des Retreats erwähnte:

> »Ethik ist der Schutzengel des Menschen.«

Wir können demnach ein Schutzengel für andere sein, aber auch für uns selber. Wenn wir einen friedvollen Geist und ein unbekümmertes Herz möchten, ist es unerlässlich, in unseren Entscheidungen, Worten und Taten Sorgsamkeit walten zu lassen. Dadurch erfahren wir weniger Schuld- und Reuegefühle. Ein respektvoller Umgang trägt zu innerer Ruhe und sorgenfreiem Leben bei. Karl Valentin meinte:

> »Heute ist die gute alte Zeit von morgen.«

Wenn wir heute ein rücksichtsvolles Leben führen, wird die Erinnerung daran erfreulich sein. Es geht nicht um das Befolgen von in Stein gemeißelten Geboten und wir sind nicht perfekt. Es geht um eine gewaltfreie innere Ausrichtung, die wir immer wieder neu mit Leben füllen.

Motivation und Widmung

Abschließend möchte ich das regelmäßige Kontemplieren von Motivation und Widmung erwähnen. Diese Praxis ist absolut einfach, weil sie keinen speziellen Rahmen braucht. Wir verbinden uns mit unserer heilsamen Motivation, sei es zu Beginn einer Meditation oder zu Beginn des Tages:

> »Möge das, was ich heute tun und sagen werde,
> meinem Wohl und dem aller Lebewesen gewidmet sein!«

Wir werden uns wohl kaum ständig hieran erinnern, können aber immer wieder auf die Haltung der Großzügigkeit zurückgreifen, von der Fred gestern sprach. Was immer wir tun, ob wir Kinder hüten, als Ärztin arbeiten oder den Haushalt besorgen – wir haben die Wahl, entweder zu schauen, was wir dabei für uns selbst herausholen können, oder es mit Großzügigkeit zu tun, um zu mehr Glück und Frieden in uns allen und in der Welt beizutragen.

Desgleichen erinnern wir uns jeden Abend daran, die positiven Handlungen und inneren Qualitäten, die Früchte unserer Praxis, in einer Haltung des Loslassens, der Offenheit und der Großzügigkeit zu teilen und zu verschenken und somit allen Lebewesen zu widmen.

Diesen Frühling starb meine Mutter. Sie litt während der letzten sieben Jahre an Alzheimer-Demenz und ich engagierte mich in dieser Zeit sehr für sie. Manche von euch sind vielleicht mitten in einer solchen Lebensphase, in der ihr euch für alte Eltern, für ein krankes Kind oder für den Partner, die Partnerin einsetzt. Weil wir das Leiden nur lindern und nicht wegnehmen können, kann das beengende, verzweifelte Gefühl auftauchen: »Was immer ich tue, es ist doch nie genug!« Fred hat mich in diesen schweren Zeiten oft erinnert: »Hast du die Widmung gemacht?« Es war enorm unterstützend, den Tag mit dem Anerkennen meiner Großzügigkeit und dem symbolischen Verschenken alles Positiven zu beenden. Auch konnte ich mich beim Widmen mit all denen verbinden, die sich in einer ähnlichen Situation befinden.

Tilmann Lhündrup:

Abschließende Wünsche

Fred und Ursula, jetzt, nach Eurer wunderbaren Überleitung in die Zeit nach dem Retreat, möchte ich mich darauf beschränken, einige Wünsche auszusprechen.

Ich wünsche allen, dass wir auf dem Weg umfassender Heilung
weitergehen können.
Mögen wir uns von der Zuflucht leiten lassen
und den Dharma immer umfassender und tiefer verstehen.
Möge unsere innere Flexibilität weiter zunehmen,

so dass wir keine Standpunkte und Fixierungen mehr brauchen.
Mögen wir im Fluss des Gewahrseins bleiben,
ohne ins Stocken zu geraten, auch wenn Hindernisse auftauchen,
sondern wie Wasser einfach um die Steine herum fließen.
Und mögen wir in diesem Fließen viele heilsame Impulse setzen.

Ich wünsche allen, dass wir jeden Tag als Geschenk erleben und unser Leben zu einem riesigen »Dana-Unternehmen« wird, also zu einem Leben in Freigebigkeit, ganz im Fluss, von morgens bis abends und die ganze Nacht hindurch, bis zum letzten Atemzug!

Möge sich niemand einsam fühlen, egal wie allein wir im Äußeren sind, sondern uns erinnern, wie innig wir mit allen Lebewesen verbunden sind, mit den Erwachten und mit jenen, die noch dabei sind zu erwachen. Mögen wir uns verbunden fühlen mit jedem Stein, mit jedem Grashalm, mit jedem Lufthauch, mit der Erde, dem Wasser, der Luft und uns wirklich als Teil des Ganzen erleben.

Ich wünsche allen, die diesen Ort hier noch nicht kennen, dass sie ihn entdecken, und denjenigen, die diesen Ort kennen, dass sie ihn weiterhin gut und so viel wie möglich nutzen.

Was immer hier an Heilsamem entstand, möge es sich mit allem anderen Heilsamen in allen Universen verbinden und dem Glück und Erwachen aller Lebewesen gewidmet sein. Mögen alle erwachen! Mögen die Buddhas ihren Segen zu dieser Widmung geben und bewirken, dass sie genauso in Erfüllung geht. Möge unsere Praxis des Heilsamen stets weiter zunehmen, und frei von jeglicher Identifikation bleiben, natürlich, spontan und völlig offen.

Anhang

Die Autoren / Bücher / Adressen

Tilmann Borghardt (Lhündrup)

wurde 1959 geboren und studierte Medizin und Homöopathie in Freiburg. Nach Anfängen im Zen und im Vipassanā meditierte er sieben Jahre in Zurückziehung unter der Leitung des tibetischen Meisters Gendün Rinpoche in Frankreich. Von 1990 bis 2011 lebte er im tibetisch-buddhistischen Kloster Dhagpo Kundreul Ling in der Auvergne und betreute dort siebzehn Jahre lang die traditionellen drei- und sechsjährigen Retreats der Karma-Kagyü-Linie. Seit Ende 2011 lebt er in Freiburg im Breisgau, unterrichtet Meditation in der Mahāmudrā-Tradition, schreibt eigene Texte, übersetzt aus dem Tibetischen und unterrichtet wesentliche Aspekte der buddhistischen Lehre in Fortbildungen des Instituts für Essentielle Psychotherapie: www.essentielle-psychotherapie.de.

Seine persönliche Webseite ist: www.awakeningtosanity.net, und seine Übersetzungen sind im Norbu Verlag veröffentlicht: www.norbu-verlag.de. Sein besonderes Anliegen ist auch der »Ekayana – Stiftungsfonds für zeitgemäßen Buddhismus«: www.ekayana.de.

Ursula Flückiger

geboren 1954 in Bern, fand ihre spirituelle Heimat erstmals 1980 in der thailändischen Waldklostertradition von Ajahn Chah und lebte 1½ Jahre als Laie (als nicht-ordinierte Praktizerende) im buddhistischen Kloster Chithurst in England unter der spirituellen Leitung von Ajahn Sumedho. Danach praktizierte sie Vipassanā-Meditation mit verschiedenen Lehrenden wie Joseph Goldstein, Christina Feldman u. a. in intensiven, zum Teil bis dreimonatigen Schweigeretreats. Sie erhielt auch viele Belehrungen in der tibetischen Mahāyāna-Tradition und fühlt sich vor allem durch deren Mitgefühlspraktiken sehr inspiriert. 17 Jahre engagierte sie sich als Vorstandsmitglied im Verein »Dhamma Gruppe Schweiz« für dessen Organisation und die Durchführung von über 130 Retreats und arbeitete während zehn Jahren in eigener Praxis für Hakomi-Psychotherapie. Seit 1990 wirkt sie in Deutschland und der Schweiz als Meditationslehrerin und ist Mitbegründerin sowie Stiftungsrätin des Meditationszentrums Beatenberg.

Ihre Website: www.karuna.ch → Zentrumslehrende → Ursula Flückiger

Fred von Allmen

(*1943 in Bern) studiert und praktiziert den buddhistischen Weg des Erwachens seit über vierzig Jahren unter Lehrenden der tibetischen Dzogchen- und Gelug-Traditionen sowie der Theravāda-Vipassanā-Tradition, davon sieben Jahre in Asien, vier Jahre in den USA und fünf Jahre in der Schweiz. Insgesamt sieben Jahre verbrachte er im Retreat. Seit 1984 lehrt er weltweit – heute vor allem in der Schweiz und in Deutschland – einen Weg zur befreienden Erkenntnis von Herz und Geist, auf der Basis einer altruistischen Motivation des Mitgefühls. Er ist Autor einer Anzahl von Büchern über Buddhismus und Meditation und ist Mitbegründer und Co-Leiter des Meditationszentrums Beatenberg: www.karuna.ch.

Seine persönliche Webseite: www.fredvonallmen.ch

Seine Bücher

- Die Freiheit entdecken, Grundlagen buddhistischer Einsichtsmeditation für den Westen, Norbu Verlag (ab Ende 2015).
- Mit Buddhas Augen sehen, Buddhistische Meditation und Praxis, Edition Steinrich, Berlin.

- Buddhismus: Lehren-Praxis-Meditation, Theseus/Kamphausen-Verlag, Bielefeld.
- Buddhas Tausend Gesichter, Legenden und Lehren buddhistischer Erleuchteter, Edition Steinrich, Berlin.

Ursula Flückiger und Fred von Allmen sind Mitbegründer des »Meditationszentrums Beatenberg«, Waldegg, CH-3803 Beatenberg, www.karuna.ch / info@karuna.ch / +41 33 841 2131

Das Meditationszentrum Beatenberg

Im Zentrum Beatenberg werden Meditationsformen aus dem großen Reichtum der buddhistischen Geistes- und Herzensschulung vermittelt. Dabei wird eine 2500-jährige Tradition fortgesetzt, welche mit Methoden umgesetzt wird, die vom heutigen Menschen als lebendig und hilfreich erkannt werden. Das Hauptgewicht des Programms liegt auf Vipassanā- und auf anderen Erkenntnis-Meditationen sowie den Meditationen des Herzens (Mettā, Karunā, Tonglen u. a.). Ziel dieser

Die Lehrenden Tilmann, Fred und Ursula

Praxis ist die Erkenntnis der wahren Natur allen Seins, die daraus entspringende innere Freiheit und eine Haltung der Liebe und des Mitgefühls.

Blick vom Zentrum auf das Jungfrau-Massiv

Zentrum Beatenberg

Weitere Bücher des Norbu Verlags

Mahamudra
Das Licht des wahren Sinnes

Ein praxisbezogener Überblick über den Mahamudra-Weg

mit einer ausführlichen Biographie von Djamgön Kongtrül und den Lebensgeschichten der wichtigsten Mahamudra-Linienhalter

gebundene Ausgabe, 1 Lesebändchen
387 Seiten | € 28,90
ISBN 978-3-944885-00-1

Gendün Rinpoche

Herzensunterweisungen eines Mahamudrameisters

mit ausführlicher Biografie von Gendün Rinpoche

gebundene Ausgabe mit Schutzumschlag, 1 Lesebändchen
288 Seiten | € 21,90
ISBN 978-3-940269-03-4

Lodjong
Der große Weg des Erwachens

Grundlagentexte des Mahayana-Geistestraining

mit einer ausführlichen Biographie von Djamgön Kongtrül und den Lebensgeschichten der wichtigsten Mahamudra-Linienhalter

gebundene Ausgabe mit Schutzumschlag, 2 Lesebändchen

416 Seiten | € 28,90

ISBN 978-3-940269-02-7

Gendün Rinpoche

Der große Pfau

Die Umwandlung der Emotionen

im tibetischen Buddhismus

Taschenbuch

144 Seiten | € 14,90

ISBN 978-3-940269-01-0

Gampopa

Der kostbare Schmuck der Befreiung

gebundene Ausgabe mit Schutzumschlag, 2 Lesebändchen

304 Seiten | € 26,90

ISBN 978-3-940269-00-3

Milarepas gesammelte Vajra-Lieder

Band 1

gebundene Ausgabe mit Schutzumschlag

264 Seiten | € 21,90
ISBN 978-3-944885-03-2

Milarepas gesammelte Vajra-Lieder

Band 2

gebundene Ausgabe mit Schutzumschlag

272 Seiten | € 21,90
ISBN 978-3-944885-04-9

Texte zur Meditationspraxis finden Sie auf unserer Webseite

NORBU VERLAG

Norbu Verlag GbR
Klemmbachstr. 39, D-79410 Badenweiler
Tel.: +49 – (0) 76 32 - 59 66
E-Mail: info@norbu-verlag.de
Web: www.norbu-verlag.de

Karmapa Rangdjung Dordje

Das Mahāmudrā-Wunschgebet des Wahren Sinnes

Broschüre

20 Seiten | € 6,00

ISBN 978-3-944885-05-6

15. Karmapa Khakyab Dordje

Fortwährender Regen zum Wohle aller Wesen

Kommentar zur Meditation auf Avalokiteśvara

Broschüre

32 Seiten | € 8,00

ISBN 978-3-944885-06-3

Gampopa

Die kostbare Girlande für den höchsten Weg

Mündliche Unterweisungen von Djetsün Gampopa

Taschenbuch

104 Seiten | € 14,90

ISBN 978-3-944885-02-5